उड़ान

आसमाँ से आगे

प्रो. संजय सिंह बघेल

वाणी प्रकाशन

वाणी बिज़नेस

वाणी प्रकाशन

4695, 21-ए, दरियागंज, नयी दिल्ली 110 002

फ़ोन : +91 11 23273167 फ़ैक्स : +91 11 23275710

शाखाएँ

अशोक राजपथ, पटना 800 004, बिहार

कॉफ़ी हाउस कैम्पस, महात्मा गाँधी मार्ग, इलाहाबाद 211 001, उत्तर प्रदेश

महात्मा गाँधी अन्तरराष्ट्रीय हिन्दी विश्वविद्यालय, वर्धा 442 001, महाराष्ट्र

www.vaniprakashan.com
marketing@vaniprakashan.in
sales@vaniprakashan.in

Udaan : Aasman Se Aage
by Prof. Sanjay Singh Baghel

ISBN : 978-93-5518-151-0
Management/Self-Help

प्रथम संस्करण : 2022, प्रकाशित प्रतियाँ : 600

मूल्य : ₹ 499

आर. टेक ऑफ़सेट प्रिंटर्स, दिल्ली-110 032 में मुद्रित

वाणी प्रकाशन का लोगो मक़बूल फ़िदा हुसेन की कूची से

प्रसिद्ध फ़िल्म निर्माता–निर्देशक स्टीबन स्पीलवर्ग के अनुसार "आपको आगे जीवन में क्या करना है यदि किसी को समय रहते इस बात का पता लग जाये तो इससे महत्त्वपूर्ण चीज़ कोई दूसरी हो ही नहीं सकती। सफलता के सन्दर्भ में भी यही बात लागू होती है। जैसे मुझे 18 वर्ष की उम्र में पता था कि मुझे जीवन में क्या करना है। इसलिए मैं आज इस मुकाम तक पहुँच पाया। सच्चाई यह है कि अधिकतम लोगों को लगभग 25 वर्ष तक यही पता नहीं होता कि उन्हें जीवन में करना क्या है। कारण आपके मन में आपके पैरेंट्स और टीचर द्वारा दी गयी जानकारी की अनुगूँज आपके कानों में लगातार सुनाई पड़ती रहती है और आप समझ ही नहीं पाते कि आपको करना क्या है। और यही यदि आप जीवन–पर्यन्त करते रहे तो आप अपने दिल की आवाज़ कभी सुन ही नहीं सकते। बिल्कुल नेल्सन के उस गाने की तरह जिसमें वह कहता है 'एवरीबडी वाज टॉकिंग' मतलब 'आप हर किसी की आवाज़ सुनने के चक्कर में अपनी स्वयं की आवाज़ को नहीं सुन पाते।' "

यह किताब इसी अन्तस की आवाज़ को सुनने मात्र की एक कोशिश भर है, क्योंकि किताब का ध्येय वाक्य यही है कि "कितने भी गहनतम अन्धकार में कोई क्यों न पहुँच जाय वह स्वयं तो शेष रह ही जाता है स्वयं को जानने और पहचानने के लिए।" बिल्कुल लियो टॉल्सटॉय के इस कथन की तरह "Kingdom of god within you" अर्थात् "ईश्वर का साम्राज्य स्वयं के भीतर है।" पुस्तक का प्रयास इसी स्वयं को खोजना और स्वयं की पहचान करना है।

–प्रो. संजय सिंह बघेल

समर्पण

अपने उन सभी पाठकों और श्रोताओं को
जिनकी वजह से
यह पुस्तक लिखने की मुझे प्रेरणा मिली।

भूमिका

जीवन में सफलता तो सभी पाना चाहते हैं। लेकिन अधिकतम लोगों को यह पता नहीं होता कि सफलता का कोई शॉर्टकट नहीं होता। अनायास नहीं है कि 100 मीटर की दौड़ के लिए दुनिया के सबसे बड़े धावकों में शुमार उसेन बोल्ट ने जब पहली बार यह प्रतियोगिता जीती थी तो इसके पीछे कोई एक–दो दिन की मेहनत का प्रतिफल नहीं था; बल्कि इसके पीछे 15–20 वर्षों का वह निरन्तर संघर्ष रहा जो उन्होंने यहाँ तक पहुँचने के लिए किया था। मतलब एक 15 सेकंड की प्रतियोगिता के पीछे 15 वर्षों की मेहनत होती है तब जाकर कोई दुनिया का बेताज बादशाह बन पाता है।

इससे भी बड़ी रोचक कहानी है माइकल फ्रेड फेलप्स की जिनके नाम तैराकी के इतिहास का अभी तक का सबसे बड़ा कीर्तिमान दर्ज है। तैराकी में 28 गोल्ड मेडल जीतने का रिकॉर्ड अभी तक उन्हीं के नाम है। बात 2008 बीजिंग ओलम्पिक की है। जब फेलप्स ने बीजिंग ओलम्पिक में अपना आठवाँ गोल्ड मेडल जीता तो एक पत्रकार उनके पास आकर बोला, "मि. फेलप्स, आज का दिन आपके लिए भाग्यशाली दिन (lucky day) था कि आपने मार्क स्पिट्ज़ के 40 वर्ष पुराने रिकॉर्ड को तोड़ दिया। यह सुनकर माइकल फेलप्स को थोड़ा गुस्सा भी आया। लेकिन उन्होंने बिना अपना मानसिक सन्तुलन खोये उस पत्रकार को अपने पास बुलाया और कहा, "आपने जो कहा वह सुनने में अच्छा नहीं लगा, आपको मैं बताना चाहूँगा कि मार्क स्पिट्ज़ ने जिस 7 गोल्ड को जीतने के लिए म्यूनिख ओलम्पिक से

लेकर मैक्सिको के ओलम्पिक तक इन चार वर्षों में 10,000 घण्टों की मेहनत की थी उतने ही गोल्ड जीतने के लिए मैंने अपनी प्रैक्टिस, जब मैं मात्र 8 वर्ष का था, तब से लेकर आज तक लगभग पूरे 15 वर्ष तक मैंने 25,000 घण्टे की मेहनत की तब जाकर यह उपलब्धि मुझे मिली है। मतलब लगभग 8 घण्टे रोज़।" यह सुनकर पत्रकार भी थोड़ा अचम्भित हुआ। इसके पहले पत्रकार कुछ बोल पाता, फेलप्स ने आगे कहा कि "पत्रकार महोदय, जिस दिन से आप आठ घण्टे रोज़ पूरे 15 वर्ष तक पानी में बिताना प्रारम्भ कर देंगे न, आपका यह शरीर सूजकर पकौड़ा बन जायेगा। और आप भाग्य की बात करते हैं। भाग्य बस इतना ही है कि आज मैं स्विमिंग पूल में जब उतरा तो किसी प्रकार की मानसिक और शारीरिक कठिनाइयों का सामना नहीं करना पड़ा और मेरा उत्साह कम नहीं हुआ। बस इसी को आप भाग्य समझ सकते हैं तो समझ लीजिए।" साथ ही उन्होंने उस पत्रकार से कहा कि "यदि कोई व्यक्ति सफलता के उच्चतम शिखर तक पहुँचना चाहता है तो उसे अपना लक्ष्य इतना ऊँचा रखना होगा जिसके बारे में दूसरे व्यक्ति सोच भी नहीं सकते।" यह सुनने के बाद उस पत्रकार के पास कोई सवाल ही नहीं था, जो वह आगे फेलप्स से कुछ पूछ पाता।

दरअसल सफलता एक ऐसी प्रक्रिया का नाम है जिसको एक–एक करके चरणबद्ध तरीक़े से प्राप्त किया जाता है। ये चरणबद्ध प्रक्रिया क्या है, कैसे इसके रास्ते पर चला जा सकता है और कैसे किसी काम में महारत हासिल की जा सकती है, इसका प्रशिक्षण किसी कोचिंग संस्थान, किसी ट्रेनिंग सेंटर या किसी स्कूल और कॉलेज में नहीं दिया जाता। यह तो एक ऐसी प्रणाली का नाम है जिसको जीवनानुभव से ही सीखा जा सकता है अथवा किसी प्रशिक्षित गुरु के मार्गदर्शन से।

यदि आप अपने आस–पास के वातावरण और लोगों को देखें तो पायेंगे जैसे सभी लोग आपस में एक–दूसरे से आगे निकल

जाना चाहते हैं। फिर चाहे बच्चा हो, या जवान, औरत हो या मर्द। सब लोग आज एक–दूसरे से आगे निकल जाना चाहते हैं बिना यह जाने और स्वयं का मूल्यांकन किये कि सम्बन्धित कार्य जिसको आप करना चाहते हैं, वह आपके अनुकूल है भी या नहीं। मसलन यदि आपके पड़ोस के बच्चे का आई.आई.टी. अथवा मेडिकल में हो जाता है, तो आप भी अपने बच्चे को भी बिल्कुल वैसा ही बनाना चाहते हैं जैसे आपके पड़ोस का बच्चा बना अथवा आपके भाई और बहन का बच्चा।

यही बात बड़ों के लिए भी लागू होती है। मसलन आपके मुहल्ले में एक अग्रवाल की मिठाई की दुकान खुलती है और सौभाग्य से चल जाती है, तो उसके आस–पास से आते–जाते आपके मन में यही सवाल उठने लगते हैं क्यों न हम भी ऐसी ही एक मिठाई की दुकान खोल दें। क्योंकि खाने–पीने का स्कोप तो कभी भी ख़त्म ही नहीं होने वाला। बिना यह जाने कि आपके भीतर यह कार्य करने की क्षमता है भी या नहीं। आपका स्वभाव इस कार्य को करने के अनुकूल है भी या नहीं।

वास्तव में, हम सबसे बड़ी भूल यही कर बैठते हैं। अपने आस–पास के वातावरण को देखकर, विज्ञापन और मीडिया आदि के झाँसे में आकर आप न सिर्फ़ इस क़दर फँस जाते हैं जिसका कोई परिणाम वास्तविक जीवन में नहीं निकलता। इसका सबसे बेहतर उदाहरण कुछ वर्ष पूर्व हमने उत्तर प्रदेश सरकार द्वारा आयोजित उस चपरासी (Peon) की परीक्षा में देखा जहाँ 250 रिक्तियों के लिए 23 लाख आवेदन आये। और इसमें से छह से सात लाख लोग इंजीनियर की डिग्रीधारी थे। पाँच से छह लाख लोग बी.बी.ए. (BBA) और एम.बी.ए. (MBA) थे। बी.ए. और एम.ए. डिग्री वालों की तो संख्या भी याद नहीं। हाँ! पता चला इसमें से दो से तीन हज़ार पीएच.डी. (डॉक्ट्रेट) धारक भी थे। (आँकड़े कुछ इधर–उधर हो सकते हैं।) जबकि चपरासी की परीक्षा पास करने की न्यूनतम योग्यता दसवीं पास थी।

कौन है ये लोग जो छह से आठ लाख रुपये देकर कुकुरमुत्तों के जैसे उग आये प्राइवेट संस्थानों से बड़ी–बड़ी डिग्री तो ले लेते हैं अथवा रामभरोसे चल रहे सरकारी संस्थानों से बड़ी–बड़ी डिग्री तो जुगाड़ लेते हैं लेकिन काम में दक्षता और जानकारी एक कारपेंटर, इलेक्ट्रिशियन, एक ओवरसियर के बराबर भी नहीं है कि वह अपने दम पर पन्द्रह से बीस हज़ार की नौकरी ढूँढ़ सकें।

इस तरह की समूची समस्या का समाधान न तो कोई कोचिंग संस्थान दे सकता है, न कोई डिग्री दे सकती है और न ही कोई मोटिवेशनल स्पीकर दे सकता है, जो दूसरों की कहानियों को पढ़कर अपने लहजे में सुनाकर आपकी वाहवाही लूटकर चला जाता है। इस समस्या का समाधान अपने भीतर ही छुपा है। आपके उन संस्कारों में, उन मूल्यों में, उस व्यवहाँर में, उस कर्म में जो आप काम करते हुए, किसी से बात करते हुए, एक–दूसरे के साथ निभाते हैं। हाँ! इसके लिए आपके पास एक ऐसे गुरु का होना ज़रूरी है, जो आपके अन्दर छुपी हुई प्रतिभा को पहचान कर बाहर निकाल सके अथवा आपकी स्वयं की उस क्षमता पर निर्भर करता है कि आप अपनी प्रतिभा को स्वयं पहचान सकें। इसके लिए ज़रूरत होती है तो अपने भीतर उस क़ाबिलियत को पैदा करने की जिसके सहारे आप बड़ी–से–बड़ी मंज़िल हासिल करना चाहते हैं।

इस किताब में ऐसी ही कुछ ख़ूबियों और प्रक्रियायों का विश्लेषण किया गया है जिसको अपना कर एक सामान्य व्यक्ति शून्य से सफलता के शिखर तक पहुँच सकता है। इस किताब में सफल व्यक्तियों की कहानियों और जीवनियों का भरपूर उपयोग किया गया है। लेकिन सिर्फ़ कहानी सुनाने के उद्देश्य से नहीं बल्कि उनकी कहानियों के माध्यम से उन सब प्रक्रियाओं को जानने की कोशिश भी की गयी है

जिसका अभी तक मेरी जानकारी में दुनिया की कोई पुस्तक विश्लेषण नहीं करती।

और अन्त में बस इतना ही कि कोई भी व्यक्ति, कोई भी लेखक, कोई भी गुरु, कोई भी मोटिवेशनल स्पीकर, कोई भी ट्रेनर आपकी ज़िन्दगी तब तक नहीं बदल सकता जब तक कि आप स्वयं न बदलना चाहें। किताब में लिखी हुई बातों को यदि आप डॉक्टर द्वारा लिखी गयी दवाइयों की प्रिस्क्रिप्शन (दवाई के पर्चे) की तरह उपयोग करते है तो ज़रूर आपके हालात सुधरेंगे। यदि दवाइयों की पर्ची की तरह पढ़कर एक–दो दिन खाकर आपने यह कहकर छोड़ दिया कि अब तो ठीक हो गया, अब खाने की ज़रूरत क्या है। तो फिर आपको कुछ दिनों बाद फिर से आपको डॉक्टर के पास जाना पड़ सकता है।

इसीलिए मेरा निवेदन बस इतना है कि किताब को ध्यान से पूरा पढ़ें। एक–एक लाइन को अंडरलाइन करें और (डॉक्टर के द्वारा बतायी गयी पूरी दवाई की प्रिस्क्रिप्शन की तरह पूरे कोर्स का पालन करें) किताब में लिखी हुई पूरी प्रक्रियाओं का दैनिक जीवन में उपयोग करें। मुझे पूरा विश्वास हैं आपके जीवन में ज़रूर कुछ–न–कुछ परिवर्तन आयेगा। जैसा कि मैंने पहले ही कहा "सफलता का कोई शॉर्टकट नहीं होता।" आपको बताये गये उस पूरे कोर्स को तो पूरा करना ही होगा, जो आप बनना चाहते है। और वह क़ाबिलियत भी पैदा करनी ही होगी, जिसके सहारे आप सफलता की सीढ़ियाँ चढ़ सकते हैं। अनायास नहीं है कि 'थ्री ईडियट्स' फ़िल्म का नायक रनछोड़ दास़ श्यामल दास चाँचड़ उर्फ़ आमिर खान जब अपने दोस्तों को यह कहता है "क़ाबिल बनो, क़ाबिल। अपने अन्दर क़ाबिलियत पैदा करो, सफलता झक मार कर आयेगी" तो आपके अन्दर जोश भर जाता है और आप रोमांचित हो उठते हैं।

बस इसी जोश और रोमांच के साथ यदि आप इस पुस्तक को पढ़ेंगे और इसमें लिखी हुई बातों को जीवन में अपनायेंगे तो मुझे पूरा विश्वास है एक दिन सफलता आपके क़दम चूमेगी।

आपके सुझावों की मुझे प्रतीक्षा रहेगी।

पुस्तक अथवा इसमें व्यक्त किये गये विचारों से सम्बन्धित आपके मन में कोई सवाल है तो आप मुझे इस मेल आई–डी (ctdindia2020@gmail.com/sanjaysingdu@gmail.com) पर अपने विचार व्यक्त कर सकते हैं।

–प्रो. संजय सिंह बघेल

अनुक्रम

आत्मावलोकन बनाम अन्तर्ज्ञान

एक बार एक फ़क़ीर के पास सत्य को जानने के लिए और अपनी प्रतिभा को पहचानने के लिए तीन युवक आये। उस फ़क़ीर ने कहा कि इसके पहले तुम अपने आप को जानने की यात्रा पर निकलो एक छोटा–सा काम कर लाओ। उसने एक–एक कबूतर उन तीनों को दे दिया और कहा कि ऐसी जगह जाकर कबूतर की गर्दन मरोड़ डालना, जहाँ कोई भी देखने वाला न हो।

पहला युवक रास्ते पर गया। दोपहर थी। रास्ता सुनसान था। लोग अपने–अपने घरों में सोये हुए थे। देखा कोई देख नहीं रहा है। गर्दन मरोड़ कर भीतर आकर फ़क़ीर के सामने रख दी। दूसरे युवक ने सोचा कि अगर रास्ते पर गर्दन मरोड़ूगा तो पता नहीं, कोई बीच से निकल न आये। कोई खिड़की से झाँक न ले। वह एक गली में गया लेकिन अभी दिन था। उसने सोचा रात तक रुक जाऊँ, पता नहीं कोई एकदम से गली में न आ जाये। जहाँ मैं आ सका हूँ, वहाँ कोई दूसरा भी तो आ सकता है। उसने रात तक प्रतीक्षा की, जब अँधेरा हो गया तो उसने गर्दन मरोड़ी और फ़क़ीर के पास जाकर रख दिया।

लेकिन तीसरे युवक को पन्द्रह दिन हो गये, वह अभी भी नहीं लौटा। दोनों युवकों को खोजने भेजा। वे कहीं से उसे पकड़ कर लाये। वह बड़ी मुश्किल में था। वह अँधेरी रात में भी गया लेकिन गहरी से गहरी अँधेरी रात में भी बहुत कुछ ऐसा था जो उसे देख रहा था। चाँद–तारे देख रहे थे। तो उसने सोचा एक तलघर में जाऊँ।

तलघर में भी गया। लेकिन अँधेरे तलघर में जाकर जब कबूतर की गर्दन पर हाथ रखा तो कबूतर देख रहा था। उसकी दो आँखें चमक रही थीं। फिर उसने कबूतर की आँखें बाँध दीं। ताकि कबूतर न देख सके और जब वह कबूतर की गर्दन मरोड़ने वाला था तभी ख़याल आया गुरु ने कहा था कोई न देख रहा हो। लेकिन यहाँ भी मैं तो देख ही रहा हूँ। तब वह मुश्किल में पड़ गया और जब उसके साथी उसे वापस पकड़ कर फ़क़ीर के पास लाये तो उसने बड़ी विनम्रता से कबूतर लौटा दिया और कहाँ मुझसे न हो सकेगा। क्योंकि गुरुजी मैं कितने ही अन्धकार में चला जाऊँ, कोई न देखे, कम से कम मैं तो देख ही रहा होऊँगा और आपने कहा था कोई न देखे। उस फ़क़ीर ने उन दोनों युवकों को वहाँ से विदा कर दिया और बोला, तुम दोनों कोई बहुत गहरी खोज नहीं कर सकोगे और अपने आप को पहचान नहीं सकोगे। तीसरे युवक को रोक लिया क्योंकि उसने एक बहुत गहरे अनुभव पर पहुँच कर अपने आप को पहचाना था "गहनतम अन्धकार में भी, मैं तो शेष रह ही जाता हूँ। अपने आप को पहचानने के लिए।"

जीवन की सम्पूर्ण सफलता की पहचान भी इसी अन्तर्ज्ञान (intuition) में ही निहित है। जो व्यक्ति जितना जल्दी से इस अन्तर्ज्ञान को प्राप्त कर लेता है। वह उतना ही सफल होता है।

अन्तरात्मा नहीं, अन्तर्ज्ञान को पहचानें

विश्व प्रसिद्ध हॉलीवुड फ़िल्म निर्माता–निर्देशक स्टीवन स्पीलबर्ग ने हार्वर्ड यूनिवर्सिटी में अन्तर्ज्ञान के सन्दर्भ में व्याख्यान देते हुए कहा था, "मुझे यह बात अच्छी तरह ध्यान है जब मैं यहाँ ग्रेजुएशन कर रहा था। आपको यह जानकर आश्चर्य होगा कि मुझे अपना ग्रेजुएशन करने में 37 साल लगे। सच्चाई यह है कि औरों की तरह मैंने भी अपना ग्रेजुएशन किशोरावस्था में प्रारम्भ किया था। लेकिन उसी दौरान यूनिवर्शल स्टूडियो में मुझे अपना ड्रीम जॉब मिल गया। और इस तरह मैंने अपने पेरेंट्स को यह कहकर अपना कॉलेज छोड़ दिया कि यदि

मैं इस क्षेत्र में अच्छा नहीं कर पाया तो मैं फिर से अपने ग्रेजुएशन का कोर्स ज्वाइन कर लूँगा लेकिन मेरा कॅरियर ठीक चल निकला और मैंने अपनी पढ़ाई बीच में ही छोड़ दी।

''लगभग 37 वर्षों बाद मैं फिर से पढ़ाई के लिए पुनः ग्रेजुएशन करने आया था। लेकिन इस बार मैं अपने लिए नहीं। अपने बच्चों के लिए। मेरे 7 बच्चे हैं और उन्हें कॉलेज और पढ़ाई की अहमियत के बारे में बार–बार बताता रहता था। लेकिन मैं स्वयं ग्रेजुएट नहीं था। इसलिए मुझे बार–बार गिल्टी महसूस होता थी। यद्यपि मुझे पता था कि जीवन में मुझे क्या चाहिए तब भी।''

''आपको आगे जीवन में क्या करना है यदि किसी को समय रहते इस बात का पता लग जाये तो इससे महत्त्वपूर्ण चीज़ कोई दूसरी हो ही नहीं सकती। सफलता के सन्दर्भ में भी यही बात लागू होती है। जैसे मुझे 18 वर्ष की उम्र में पता था कि मुझे जीवन में क्या करना है। इसलिए मैं आज इस मुकाम तक पहुँच पाया। सच्चाई यह है कि अधिकतम लोगों को लगभग 25 वर्ष तक यही पता नहीं होता कि उन्हें जीवन में करना क्या है। कारण आपके मन में आपके पैरेंट्स और टीचर द्वारा दी गयी जानकारी की अनुगूँज आपके कानों में लगातार सुनाई पड़ती रहती है और आप समझ ही नहीं पाते कि आपको करना क्या है। और यही यदि आप जीवन–पर्यन्त करते रहे तो आप अपने दिल की आवाज़ कभी सुन ही नहीं सकते। बिल्कुल नेल्सन के उस गानों की तरह जिसमें वह कहता है "एवरीबडी वॉज टॉकिंग" मतलब "आप हर किसी की आवाज़ सुनने के चक्कर में अपनी ही ख़ुद की आवाज़ से विमुख हो जाते है।"

स्पीलबर्ग ने आगे कहा कि ''यही बात मेरे लिए भी लागू होती है। शुरू में मुझे भी अपनी आवाज़ नहीं सुनाई देती थी। जब मैं हाई स्कूल में था। तो मुझे अपने अन्तरात्मा की आवाज़ बहुत हल्की सुनाई देती थी। लेकिन जब मैं इस ओर धीरे–धीरे ध्यान देने लगा तो मुझे अन्तर्ज्ञान होने लगा कि मुझे बस यही करना है। इस बीच आपकी अन्तरात्मा आपको बार–बार यह कहकर धक्का देगी कि आपको यह

काम करना चाहिए। जबकि आपकी आपका अन्तर्ज्ञान यह कहेगा कि आप यह काम कर सकते है। अन्तरात्मा और अन्तर्ज्ञान में एक बहुत छोटा–सा अन्तर है। अन्तरात्मा वह है जिसके बारे में हम सोचते है और अन्तर्ज्ञान वह है जो काम हम कर सकते है। सोचने और कर सकने का यह अन्तर बिल्कुल वैसा ही है जैसे कि आपका मन अक्सर सोचता है कि यदि मुझे विवाह करना है तो फलाँ सुप्रसिद्ध अभिनेत्री से ही करना है, जो सम्भव हो ही नहीं सकता। लेकिन जब करने की बारी आती है तो आप करते उसी से है, जिसके योग्य आप है, और जैसी आपकी हैसियत और क्षमता है। इसी क्षमता और हैसियत को जो व्यक्ति समय रहते पहचान जाता है। उसी का नाम अन्तर्ज्ञान है।''

कारण प्रत्येक मनुष्य की अपनी अलग–अलग क्षमता और जानकारी होती है। अपनी इस क्षमता और जानकारी को जो व्यक्ति जितना जल्दी समझ गया वो उतना जल्दी सफल हो जाता है। लेकिन पूरी ज़िन्दगी बदलने में यही दो चीज़ें काम करती है। इसलिए हमेशा उस आवाज़ को सुनें जो आप कर सकते हैं। उस आवाज़ को अपने दिमाग़ से निकाल दें जो आपको करना चाहिए था।

आपके चरित्र के बारे में इससे अच्छी व्याख्या और कोई कर ही नहीं सकता। स्पीलबर्ग ने अपने वक्तव्य में कहा कि "जिस दिन मुझे अपने अन्तर्ज्ञान का आभास हुआ उस दिन से मैंने और कामों से दूरी बना ली। इस तरह मुझे धीरे–धीरे फ़िल्मों के काम मिलने लगे। मैं उसमें दिनोदिन रमता चला गया। और फिर पता ही नहीं चला कि मैं एक दिन दुनिया के उस मुकाम तक पहुँच गया और रुका नहीं जब तक मुझे अपनी फ़िल्म 'जुरासिक पार्क' के लिए सात आस्कर एवार्ड नहीं मिल गया और लोगों ने कहा की मैं अब एक सफल फ़िल्म निर्माता बन चुका हूँ।"

अपना आकलन स्वयं करे

उपरोक्त कहानी से मिलती–जुलती कहानी है फ्यूचर समूह के मालिक और भारत में रिटेल बाज़ार (बिग बाज़ार) की शुरुआत करने किशोर बियानी की। किशोर बियानी ने अपनी पुस्तक "इट हपेंड इन इंडिया"

में लिखा और स्वीकार किया कि मेरा मन पढ़ने–लिखने में बहुत नहीं लगता था। लेकिन जब मैं अपना स्वयं का आकलन किया तो पता चला कि मेरे अन्दर एक ख़ूबी है और वह है एक अच्छे इवेंट मैनेजर की। बियानी ने अपनी पुस्तक में स्वीकार किया की गुज़राती–मारवाड़ी होने के कारण गरबा में नाचना–गाना और इसका आयोजन करना हमारे शगल में था। मुम्बई में जब भी मेरे सोसाइटी में गरबा का आयोजन होता था इसका प्रबन्धन प्रायः मैं ही करता था। इससे एक बात का मुझे पता चला कि मेरे अन्दर किसी भी चीज़ को संगठित करने की कला बहुत अच्छी है। इसलिए मैंने अपनी इस कला को पहचान कर सोचा क्यों न इसका उपयोग व्यवसाय में किया जाये और फिर मैंने वही किया जो मेरे मन ने कहा।

किशोर बियानी और बिग बाज़ार

किशोर बियानी के पिता जी अपने पिता जी के पुराने कपड़े के व्यवसाय से जुड़े हुए थे। इनकी मुम्बई के मालाबार हिल्स के पास बंसी सिल्क मिल्स नाम से दुकान थी जिसमें इनके सभी भाई–बन्धू, रिश्तेदार काम करते थे। लेकिन उनको इस तरह का व्यवसाय बिल्कुल नहीं पसन्द आता था कि एक ही छत के नीचे बैठकर सब लोग एक ही काम करें। अतः उनको लगा क्यों न अपना विस्तार किया जाये। और किशोर बियानी ने अपनी संगठनात्मक प्रतिभा को पहचानते हुए यह निर्णय लिया कि क्यों न भारतीय बाज़ार में एक रिटेल चैन की एक ऐसी बाज़ार शुरू की जाये जहाँ एक ही छत के नीचे सब मिलता हो और उन्होंने अपनी यह बात अपने कुछ मित्रों को बतायी और उनसे कुछ आर्थिक मदद भी माँगी और फिर इस तरह शुरू हो गया बिग बाज़ार का सफर। बियानी कहते हैं इस तरह के काम करने में तीन लोगों की जीवन में बहुत ज़रूरत होती है जिसको वे तीन एफ (Three F) भी कहते है। पहला है परिवार (Family), दूसरा दोस्त (Friend) और तीसरा ग्राहक (Fools) जिसको विज्ञापन के जरिये बेवकूफ बनाकर अपना माल बेचा जाता है। इस तरह बियानी ने अपने व्यवसाय का विस्तार किया और आज सबको पता है। फ्यूचर समूह का व्यवसाय

जो कलकत्ता से प्रारम्भ हुआ था वह मुम्बई होते हुए आज पूरे देश में फैल चुका है। आज उसके देश में कुल 250 आउटलेट है जिसका व्यवसाय 10,000 करोड़ से भी अधिक का हो चुका है।

अन्तरात्मा की अन्तरध्वनि को पहचाने और उसके अनुसार अपनी प्रतिभा का परिमार्जन करें :

प्रत्येक मनुष्य के भीतर एक अन्तर्नाद (Dream Beat) बजता रहता है। एक अदृश्य संगीत उस अन्तरध्वनि का प्रतीक है जिसका मूल्यांकन ख़ुद के अलावा कोई दूसरा व्यक्ति कर ही नहीं सकता। लेकिन प्रायः होता यह है कि हम इस अन्तरध्वनि वाले संगीत को रोज़ सुनते हैं लेकिन उसके हिसाब से चल नहीं पाते। कारण, यह बहुत मुश्किल काम है। इसके पीछे व्यक्तिगत जीवन की बहुत सारी परिस्थितियाँ और वे दिशा–निर्देश होते हैं जो हमें अपने वातावरण, परिवार और गुरुजनों से मिलते है। लेकिन जो व्यक्ति अपनी इन परिस्थितियों से लड़ लेता है और उसके अनुसार अपनी प्रतिभा का परिमार्जन कर लेता है वह सफल हो जाता है। जैसा कि किशोर बियानी ने अपनी पुस्तक में लिखा "मुझे इवेंट के अलावा कोई और काम करने में कोई रुचि नहीं थी और मैं कुछ अलग करना चाहता था। लेकिन मेरे पास कोई बड़ी व्यावसायिक डिग्री भी नहीं थी। लेकिन मैं मार्केटिंग और एडवरटाईजिंग की बहुत किताबें पढ़ता था। यही से हमें विज्ञापन की ताक़त का पता चला और फिर मैं इसे अपने व्यवसाय का मूलमन्त्र बनाते हुए कूद पड़ा कुछ नया करने के लिए। मेरा इतिहास अब आपके सामने है। किशोर बियानी ने अपनी सफलता का मूलमन्त्र बताते हुए कहा कि "यदि आपका दिमाग़ जिज्ञासु प्रकृति का है और आपको अपनी स्वयं की प्रतिभा पर भरोसा है तो सभी चीज़ें आपको अपने–आप मिलती चली जायेगी। इस तरह आप अपने लिए अवसर खोजकर स्वयं ही सफलता के राह पर चलते हुए दूसरे के लिए उदाहरण बन सकते है।"

हमने सीखा

I. आत्मावलोकन की पहली सीढ़ी है; अपने आप को पहचानना, क्योंकि गहनतम अंधकार में पहुँचने के बाद भी यदि कोई भी व्यक्ति किसी को जान पाता है तो वह हैं 'स्वयं'। इस 'स्वयं' को पहचाने।

II. स्वयं का आत्मावलोकन करते समय अंतरात्मा की आवाज़ सुनने से बेहतर है कि आप अंतर्ज्ञान को प्राप्त करने की कोशिश करें; क्योंकि अंतरात्मा में वह आवाज सुनाई देती है जो हम सोचते है, जबकि अंतर्ज्ञान में जो काम हम कर सकते हैं।

III. एक मनुष्य को हमेशा अपने अन्दर बजने वाली उस अदृश्य संगीत (eternal drum beat) को पहचानने की कोशिश करना चाहिए; जो उसे लगातार कुछ नया करने के लिए प्रेरित करती है। जीवन में सफलता का सम्पूर्ण आधार यही ''ड्रम बीट'' है।

लक्ष्य का निर्धारण करें और उसे भेद डालें

अंग्रेज़ी में एक कहावत है "सेट द टारगेट एंड हिट द टारगेट" मतलब लक्ष्य का निर्धारण करो और उसे भेद डालो। जीवन में सफलता के मूलमन्त्रों में से सबसे महत्त्वपूर्ण मूलमन्त्र है लक्ष्य का निर्धारण करना। इसके बारे में कहा जाता है कि यदि सही समय पर आपने सही निर्णय ले लिया तो आधी जंग तो आप ऐसे ही जीत जाते है। प्रसिद्ध मनोविश्लेषक और पर्सनालिटी डेवलपर ब्रायन ट्रेसी का मानना है कि दुनिया में 97 प्रतिशत लोगों को यही नहीं पता होता है कि उनको जीवन में करना क्या है? उनके जीवन यात्रा में जो भी चीज़ें एक–एक कर के आती जाती है वे वैसे ही करते चले जाते हैं। इसीलिए वे एक सामान्य सा जीवन समूचे जीवन में जीने के लिए मजबूर होते है। एक शोध के अनुसार दुनिया में केवल तीन प्रतिशत लोगों को ही यह पता होता है कि उन्हें जीवन में करना क्या है। ट्रेसी ने अपने अध्ययन में पाया कि दुनिया में जिन व्यक्तियों ने समय रहते अपने लक्ष्य का निर्धारण कर लिया था उसमे से 2.97 प्रतिशत लोगों को सफलता मिली है। असफलता का प्रतिशत मात्र दशमलव तीन प्रतिशत ही रहा है। लेकिन ये जो दशमलव तीन प्रतिशत लोग थे उनकी भी ज़िन्दगी उन लोगों से बहुत बेहतर थी जिन्होंने जीवन में किसी लक्ष्य का निर्धारण नहीं किया था। ऐसे व्यक्तियों की श्रेणी में जो लोग आते हैं उसमें है अमेरिका के पूर्व राष्ट्रपति अब्राहम लिंकन, उद्योगपति और अरबपति वारेन बफेट और फ़िल्म अभिनेता अमिताभ बच्चन।

इस सन्दर्भ में मैं आपको अमिताभ बच्चन के जीवन से जुड़ी एक घटना सुनाता हूँ। बहुत कम लोगों को पता है कि फ़िल्म अभिनेता बनने से पूर्व अमिताभ बच्चन ने नैवी में कमीशन एजेंट के रूप में भी काम किया था। हुआ यूँ की दिल्ली विश्वविद्यालय के किरोड़ीमल कॉलेज से बी.एस.सी. करने के बाद जैसे ही उन्हें नैवी में कमीशन एजेंट की नौकरी मिली वे कलकत्ता चले गये। कुछ महीने नौकरी करने के बाद जब वापस वे दिल्ली अपने बाबूजी यानी उनके पिता जी हरिवंशराय बच्चन से मिलने आये तो एक दिन बाबूजी के साथ गार्डन में जब वे कुछ उदास बैठे थे तो बाबूजी ने उनसे पूछा–"यूँ उदास क्यों बैठे हो?"

अमिताभ बच्चन ने बहुत ही मायूस शब्दों में जवाब दिया, "बाबूजी मेरी छुट्टी दो दिन में ख़त्म होने वाली है और मुझे वापस कलकत्ता जाना होगा।" बाबूजी ने वापस अमिताभ बच्चन से पूछा, "क्यों तुम्हारा मन वहाँ नहीं लग रहा है क्या?" अमिताभ बच्चन ने कहा, "नहीं"।

बाबूजी ने फिर पूछा, "अच्छा तुम्हारा मन किसमें लगता है।" अमिताभ बच्चन ने उलट कर जवाब दिया–"वही जो अब तक करता आया हूँ। मतलब रेडियो में प्रोग्राम देना, अभिनय करना और अपनी आवाज़ के जादू से लोगों को मोहित करना।"

बाबूजी ने बिना पल गँवाये अमिताभ बच्चन को यह सलाह दे डाली, "तुम इसी को अपना लक्ष्य बना लो, फिर पीछे मुड़कर नहीं देखना। सफलता तुम्हारे क़दम चूमेगी।" इस अवसर पर उन्होंने अपनी मधुशाला काव्य–संग्रह की एक पंक्ति भी सुनायी और कहा, "इन्हीं पंक्तियों में जीवन का सारा रहस्य छुपा है। यदि समझ गये तो तुम्हें सफल होने से कोई रोक नहीं सकता।" पता है वह पंक्ति क्या थी!

"मदिरालय जाने को घर से चला है पीनेवाला
किस पथ से जाऊँ, असमंजस में है भोलाभाला।
अलग–अलग पथ बतलाते सब, पर मैं यह पथ बतलाता हूँ।
एक राह तू पकड़ चलाचल, पा जायेगा मधुशाला।"

मदिरालय का यहाँ अर्थ है लक्ष्य अथवा राह। एक सामान्य मनुष्य को जीवन में सबसे बड़ी कठिनाई इसी राह को चुनने में आती है। और जिसने सही समय पर सही लक्ष्य का निर्धारण कर लिया फिर उसे सफलता प्राप्त करने में कोई रोक नहीं सकता। अमिताभ बच्चन से बड़ा उदाहरण कोई दूसरा फ़िल्म इंडस्ट्री में हो नहीं सकता। जो शुरुआती असफलतायें और बीच–बीच में आनेवाली समस्याओं के बावजूद भी उस महान पर्वत की तरह आज भी अडिग है जिसको कोई हिला नहीं सकता।

इस कड़ी में दूसरे सबसे बड़े उदाहरण के रूप में जो नाम मेरे जेहन में आता है वह है वारेन बफेट का। आज की तारीख़ में दुनिया के तीसरे सबसे धनी व्यक्ति के रूप में जाने जाने वाले वारेन बफेट और बर्कशायर हाथवे कम्पनी के मालिक ने ई.एस.पी.एन. चैनल में दिये अपने एक इन्टरव्यू में अपनी सफलता के बारे में बताते हुए कहा कि "मुझे क्या पसन्द है क्या नहीं इसका ज्ञान मुझे जीवन में बहुत कम उम्र में ही हो गया था। जब मैं मात्र सात या आठ वर्ष का रहा होऊँगा तभी मुझे बिज़नेस में रुचि पैदा हो गयी थी और इसको तराशने में मेरे अध्यापकों ने मेरा पूरा साथ दिया। बफेट ने आगे कहा कि जब वे मात्र सात साल के थे तभी से उन्होंने कोका कोला को अपने परिवार के सदस्यों, मित्रों और पड़ोसियों को बेचना शुरू कर दिया था। और जब वे मात्र ग्यारह वर्ष के थे तभी उन्होंने अपने कोका कोला से कमाये हुए पैसों से जीवन का पहला शेयर ख़रीदा और फिर उसके बाद तो इतिहास है।"

बफेट ने अपनी सफलता का मूलमन्त्र बताते हुए कहा कि सफलता जुनून से मिलती है और जुनून पैदा होता है आपकी इच्छा से। इच्छा का तात्पर्य यहाँ आपके जीवन के उद्देश्य से है। मसलन आप अपने उद्देश्य को प्राप्त करने के लिए जितना ज़ल्दी काम प्रारम्भ कर देंगे। सफलता का प्रतिशत उतना ही बढ़ जायेगा।

वारेन बफेट ने लक्ष्य के निर्धारण के लिए कुछ मददगार टिप्स देते हुए अपनी बातचीत में कहा कि "अपने जुनून को पहचानने के

लिए अपने से योग्य और किसी ऐसे व्यक्ति की मदद लेनी चाहिए जो आपसे बड़ा हो और समझदार भी हो। इसमें गुरु की भूमिका सर्वोपरि होती है।" जीवन में शिक्षक तो बहुत मिलते है लेकिन गुरु बहुत कम मिलते है। शिक्षक आपको विषय विशेष का ज्ञान तो दे सकता है लेकिन जो आपके भीतर छुपी हुई प्रतिभा को पहचान कर आपके भीतर कुछ करने की इच्छा जागृत कर दे उसे गुरु कहते है। शिक्षक और गुरु में सबसे बड़ा अन्तर यह होता है कि शिक्षक किसी विषय का ज्ञान पढ़कर के प्राप्त करता है जबकि गुरु का ज्ञान जीवनानुभव और वक़्त के थपेड़ों से मिलता है। अतः जो ज्ञान वक़्त और हालात के थपेड़ों और जीवन अनुभव से मिले वही सर्वोपरि होता है। गुरु की यह भूमिका कोई भी निभा सकता है चाहे वह पिता हो, चाचा हो, मामा हो अथवा स्वयं कोई गुरु हो। बस गुरु चुनते हुए इस बात पर पूरा विश्वास होना चाहिए कि उसका हृदय कंचन जैसा पवित्र हो और जीवन का अगाध अनुभव हो। इसीलिए बफेट का कहना है कि "जीवन में यदि आपको कोई एक अच्छा गुरु समय रहते मिल जाता है जिसके पास जीवनानुभव का गहरा ज्ञान होता है तो वह कई डिग्रियों से भी ज़्यादा ज्ञान आपको बहुत कम समय में दे सकता है। इसीलिए जीवन में सबसे महत्त्वपूर्ण जो चीज़ उन्होंने बतायी उसमें पहली थी अच्छे और योग्य गुरु की तलाश करना और दूसरा लक्ष्य का निर्धारण करना"।

हमने सीखा

I. जितना जल्दी हो अपने लक्ष्य का निर्धारण करें।

II. अपनी क्षमता के अनुसार एक दिशा में ही निरन्तर आगे बढ़े।

III. एक 'गुरु' के रूप में किसी से मार्ग दर्शन लेते रहे; जिससे ग़लतियाँ करने से बचें।

योजनाबद्ध तरीके से आगे बढ़ें

हिन्दी में एक कहावत है "रोम का निर्माण एक दिन में नहीं हुआ था।" अर्थ स्पष्ट है इसको बनाने में काफ़ी वक़्त लगा था। ठीक यही कहावत चरितार्थ होती है सफलता के सन्दर्भ में। इसको कोई एक दिन में नहीं प्राप्त किया जा सकता अपितु इसके लिए काफ़ी मशक्कत करनी पड़ती है। दुनिया के मशहूर पर्सनालिटी डेवलपर जिग जागलर से जब किसी ने एक व्याख्यान के दौरान पूछा कि "आप एक हाथी को कैसे ख़त्म कर सकते है?" तो जिग जागलर ने बहुत आसान सा जवाब दिया किया, "मैं सम्पूर्ण हाथी को टुकडों में बाँट दूँगा फिर एक–एक करके उसको ख़त्म कर दूँगा।"

यही बात लागू होती है उन व्यक्तियों के लिए जो सफलता की सीढियाँ तो चढ़ना चाहते हैं लेकिन उनको यही पता नहीं होता कि काम कहाँ से प्रारम्भ करें। जबकि सच्चाई यह है कि कोई भी कार्य प्रारम्भ करने का न तो आरम्भ होता है और न ही अन्त। आरम्भ और अन्त तो बस इस बात पर निर्भर करता है कि आप कोई भी काम कितने शिद्दत और जुनून के साथ कर रहे है। जीवन का आरम्भ वहीं से प्रारम्भ हो जाता है जहाँ से आप किसी काम के साथ चलना प्रारम्भ कर देते हैं और अन्त उस मनस्थिति को कहते हैं जहाँ तक आप किसी भी कार्य को प्रारम्भ करते हुए पहुँचना चाहते हैं। बस आपको बीच का रास्ता तय करना होता है। कितनी सावधानी और सजगता के साथ आप बिना पैर लड़खड़ाये और डगमगाये चलते रहते हैं यह आपकी समझदारी और सिद्धान्त पर निर्भर करता है।

हो सकता है आपको इस रास्ते पर चलते हुए कई चुनौतियों और कठिनाइयों का सामना करना पड़े। कई बार गिरे और सँभले। लेकिन याद रखें जो बिना धैर्य खोये और घबराये परिणाम के प्रति प्रतिबद्ध रहता है वही इतिहास रचता है।

क्या आपको यह पता है कि दुनिया में तीन तरह के व्यक्ति होते हैं। पहले जो बड़े काम और लक्ष्य के डर से कोई काम शुरू ही नहीं करते हैं, दूसरे वे होते हैं जो काम शुरू तो करते हैं लेकिन काम में थोड़ी रुकावट आने के बाद ही अपना काम बीच में ही छोड़ देते हैं। तीसरे वे होते हैं जो एक बार यदि काम शुरू कर देते हैं तो तभी जाकर साँस लेते हैं जब तक कि उनको अपने काम में पूरी सफलता नहीं मिल जाती। दुनिया ऐसे ही लोगों की गुलाम होती है और सही मायने में यही लोग सफलता के शिखर तक पहुँचते हैं। इसी को विवेकानन्द ने कहा था, "उठो, जागो और तब तक रुको नहीं जब तक कि तुम्हें अपनी मंज़िल न मिल जाये।"

सवाल उठता है सफलता की इन सीढ़ियों को चढ़ा कैसे जाये। वे कौन से उपाय है जो एक राही को मंज़िल तक पहुँचाने का काम करते हैं। इसके लिए मशहूर मनोवैज्ञानिक रॉबर्ट एस. ब्रांडी ब्राइन तथा सांड्रा सी. ने अपने एक अध्ययन में कहा कि सफलता प्राप्त करने के लिए एक योजनाबद्ध तरीक़े से काम किये जाने की ज़रूरत होती है। तभी कोई व्यक्ति सफलता की सीढ़ी चढ़ सकता है। जो इस प्रकार है :

1. सफल होने का सपना देखें : आइन्स्टाइन ने एक बार कहा था कि "सपने की ताक़त ज्ञान की ताक़त से बहुत बड़ी होती है।" अर्थात यदि अपने जीवन में सफलता प्राप्त करने का सपना ही नहीं देखते तो सफल होंगे कैसे। उदाहरण के लिए एक इंजीनीयर एक पुल के निर्माण का सपना यदि पहले अपने मन में नहीं बनायेगा तो उस पुल का निर्माण वह वास्तव में कभी कर ही नहीं सकता।

कुछ ऐसा ही सवाल ऐश्वर्या राय बच्चन से उस समय पूछा गया था जब वह विश्व सुन्दरी बनी थी। इस प्रतियोगिता के जब अन्तिम तीन प्रतियोगी बचे रह गये तब सबसे एक ही सवाल पूछा गया था

कि आप सपने के बारे में क्या सोचती हैं। तब ऐश्वर्या राय बच्चन ने कहा कि "मैं सपने के बारे में डब्लू. बी. यीट्स का यह कथन दोहराना चाहती हूँ "उन्होंने कहा कि (in dreams become responsibility) अर्थात सपनों से ही उत्तरदायित्व आते हैं। मसलन जब तक आप सपने देखते ही नहीं आप कोई कार्य करने का उत्तरदायित्व ही अपने ऊपर नहीं लेते हैं। और जब तक आप कोई उत्तरदायित्व नहीं लेंगे तो सपने पूरे कैसे होंगे। इसीलिए हमें ख़ूब सपने देखने चाहिए और उन सपनों को पूरा करने के लिए दृढ़ संकल्प होकर काम भी करना चाहिए। बिल्कुल वैसे ही जिसके बारे में अपने भूतपूर्व राष्ट्रपति ए.पी. जे. अब्दुल कलाम साहब कहते हैं, "सपने वह नहीं जो हम सोते हुए देखते हैं, बल्कि सपने वह हैं जो हमें सोने न दें।"

2. सपनों का रोड–मैप तैयार कीजिए : यदि आप कोई सपना देखते है तभी तो उसको यथार्थ के धरातल में उतारने के लिए कोई तैयारी करेंगे। उसके लिए एक योजना बनायेंगे। मसलन दिल्ली मेट्रो को बनाने के लिए यदि मेट्रो मैन श्रीधरन जी ने यदि कोई रोड–मैप नहीं तैयार किया होता तो वह आज वास्तविकता कभी बन ही नहीं पाती।

रोड–मैप तैयार करते समय उन सभी अच्छाइयों और कठिनाइयों का विश्लेषण बहुत बारीक़ी से करे कि जो काम आप प्रारम्भ कर रहे हैं उनको करते हुए क्या–क्या बाधायें और मुसीबत आ सकती हैं। इन सबका भी विश्लेषण जितना किया जा सकता है, किया जाना चाहिए और आने वाली किन्हीं भी बाधाओं के प्रति सजग भी होना चाहिए। मन में हमेशा यह बात याद रखें कोई भी बड़ा काम बिना किसी रुकावट के पूरा हो ही नहीं सकता।

3. समय का निर्धारण करें : कहते हैं यदि आप अपने सपने को पूरा करने के लिए यदि किसी निश्चित समय और तिथि का निर्धारण नहीं करते हैं तो "कर लेंगे" वाली मानसिकता आपके पूरे जीवन को लक्ष्यहीन और उद्देश्यहीन बना सकती है। और आप उतना टाइम उस काम के लिए नहीं देंगे जो आप करना चाहते हैं।

इसलिए समय का निर्धारण सफलता की सीढ़ी चढ़ने के लिए बहुत आवश्यक है।

समय का निर्धारण इसलिए भी आवश्यक हो जाता है क्योंकि इसके माध्यम से आप अपने कार्य की प्राथमिकता तय कर पाते हैं। इसके लिए सबसे आसान तरीक़ा है अपने कार्य को टुकड़ों में बाँट दें। जैसे जिग जागलर एक हाथी को ख़त्म करने के लिए कार्यों की प्राथमिकता तय करते हैं। मसलन बड़े कार्य को वर्षों में बाँटें। फिर उससे कम कार्य को पूरा करने के लिए महीने का लक्ष्य रखें। फिर उससे छोटे कार्यों को सप्ताह और दिनों में तब्दील कर दें। अर्थात जब अगले दिन का कार्य सोने से पहले तय करके सोते हैं और इस कार्य को पॉकेट डायरी के माध्यम से एक–एक करके पूरा करते चले जाते हैं तो आपको ख़ुद–ब–ख़ुद पता चलता चला जायेगा आपका कार्य सही दिशा में चल रहा है। यदि दिनभर में 70 प्रतिशत कार्य भी आपका पूरा हो जाता है तो समझिये आप सही दिशा में चल रहे हैं। फिर धीरे–धीरे एक समय ऐसा आयेगा जब आप अपनी मंज़िल के क़रीब तक पहुँचते चले जायेंगे। तब आपको अपने–आप एहसास होने लगेगा कि आपका आज बीते हुए कल से बेहतर है। मसलन बीता हुआ कल आज से बेहतर नहीं था। जिस दिन यह सोच आपके मन में आने लगे तब समझिये आप सही ट्रैक पर चल रहे हैं।

4. ऐसे कार्यों की सूची बनाइये जो आप करना चाहते हैं : आपने ये तो कहानी सुनी होगी कि एक शहर में दो दोस्त रहते थे। दोनों साथ–साथ स्कूल और कॉलेज में पढ़ाई किये। दोनों को एक साथ नौकरी मिली और दोनों की एक साथ शादी हुई। लेकिन कुछ समय के बाद जैसे ही वक़्त बीता एक दोस्त एक बड़ी कम्पनी का मालिक बन बैठा और दूसरा उसी कम्पनी का मैनेजर। मालूम है ऐसा क्यों हुआ। एक दोस्त जिस कम्पनी में काम करता था उसके समानान्तर अपनी कम्पनी खोलना चाहता था और इसको खोलने के लिए उन सब चीज़ों की एक–एक करके सूची बनाता रहता था जो एक कम्पनी के निर्माण के लिए ज़रूरी होती है।

जबकि दूसरे ने अपने कामों को कभी सूचीबद्ध करने की कोशिश ही नहीं की : जो काम मिलता गया वो करता गया। इसीलिए पहला वाला मालिक बन गया और दूसरा मैनेजर ही बना रहा।

कार्यों की सूची बनाने और एक–एक काम को योजनाबद्ध करने से न सिर्फ़ आपके कार्य में प्रतिबद्धता आती है अपितु उसमे रुचि भी बराबर बनी रहती है। जबकि काम को नौकरी की तरह करने से न तो रुचि बनती है और न ही वह ज़िम्मेदारी आती है। एक मालिक और मैनेजर के बीच का अन्तर बस इसी रुचि और लगन पर निर्भर करता है। जिसने अपने कार्य में लगन लगा ली वह सफल और जो नहीं लगा पाया वह असफल।

5. सूची को कार्ययोजना में बदलिये : चाइनीज़ में एक कहावत है "प्रत्येक बड़ा काम एक छोटे से क़दम से शुरू होता है।" यही बात लागू होती है कॅरियर और कार्ययोजना के बारे में। जब हम किसी भी कार्यक्रम की शुरुआत करेंगे ही नहीं तो भला उसका अन्त ही कैसे होगा। इसलिए आज के भूमण्डलीकृत युग में यह बात बड़ी ज़ोरों–सोरों से कही जाती है कि आईडिया से ज़्यादा एक्ज़ेक्यूशन (कार्यान्वयन) महत्त्वपूर्ण है। कहा जाता है आप के पास बहुत बड़ी–बड़ी कार्ययोजना है लेकिन उन कार्ययोजनायों को यदि अमली जामा पहनाया ही न जाये तो वह कभी साकार हो ही नहीं सकतीं।

6. प्रत्येक दिन अपने सपनों की समीक्षा कीजिए और अपने मुख्य लक्ष्य की ओर बढ़ें : उक्त सभी बिन्दुओं को ध्यान में रखते हुए यदि प्रतिदिन आप अपने कार्य की समीक्षा करते चले जाते हैं तो आप पायेंगे कि आपकी मंज़िल आपके क़रीब आती चली जा रही है। यदि आप अपने सपनों को प्रतिदिन मूल्यांकन करते हुए बढ़ते हैं तो आप एक दिन पायेंगे कि आप भी वही व्यक्ति बन गये जिसके जैसा बनने का आप ख्याब देखते थे। ऐसे ही व्यक्तियों के बारे में कहा जाता है कि "समय व्यक्ति का गुलाम होता है न कि व्यक्ति समय का"। लेकिन जो लोग समय को अपने कब्ज़े में रखकर आगे नहीं बढ़ पाते उनके बारे में कहा जाता है, "समय हमें बर्बाद कर रहा है

और हम समय को।" इसीलिए कहा जाता है कि जीवन को एक ऐसे योजनाबद्ध सपनों की जकड़न में बाँध दें कि आपके पास वक़्त बरबाद करने का समय ही न मिले।

हमने सीखा

I. अपनी योजना का एक रोडमैप तैयार करें।

II. बिना धैर्य खोये और घबराये बिना परिणाम के प्रति प्रतिबद्ध रहें और आगे बढ़ते रहें।

III. प्रत्येक दिन अपने सपनों की समीक्षा कीजिए ओर अपने मुख्य लक्ष्य की ओर बढ़े।

सर्वप्रथम प्राथमिकता तय करें

अनाम एक ऐसा दुर्भाग्यशाली व्यक्ति है जो असंख्य इच्छाएं रखने के बाद भी किसी एक काम में सफल नहीं हो पाया। मालूम है क्यों? जब वह 21 वर्ष का था तब वह सोचता था कि मुझे कलेक्टर बनना है इसलिए सिविल सर्विस तो निकालना ही है। लेकिन उसके मन में साथ–ही–साथ यह भी चलता रहता था कि यदि परीक्षा पास नहीं हो पाया तो क्या होगा। इसलिए उसने आई.ए.एस. की तैयारी करते हुए सोचा क्यों न डिस्टेंस लर्निंग से कोई कम्प्यूटर में कोर्स कर लिया जाये। इसलिए उसने आई.ए.एस. की तैयारी के साथ–साथ कम्प्यूटर का कोर्स भी कर लिया। लेकिन जब वह 28 वर्ष का हुआ तो सोचा यह सिविल सर्विस का अन्तिम चान्स है, नहीं हुआ तो क्या करूँगा। इसलिए उसने सिविल सर्विस की तैयारी के साथ–साथ पीएच.डी. में भी एडमिशन ले लिया। लेकिन जब वह 32 वर्ष की उम्र में पहुँचा तब तक न तो उसकी पीएच.डी. हुई और न ही उसका सिविल सर्विस में सेलेक्शन हुआ। थक–हारकर उसने 35 वर्ष की उम्र में कम्प्यूटर ट्रेनिंग की दुकान खोल ली। लेकिन शुरुआत से ही कोई बहुत फ़ायदा न देखकर वह साथ–ही–साथ बच्चों को ट्यूशन भी पढ़ाने लगा। लेकिन इन दोनों कामों से भी उसे कोई बहुत बड़ा फ़ायदा नहीं मिला। आज वह 40 वर्ष का हो चुका है और वह आज भी परिवार की दो जून की रोटी और कपड़े–लत्ते के लिए दिनभर परेशान रहता है और जीवन में उसे कोई स्थायित्व नहीं मिल पाया है। अनाम की कहानी की ही तरह ऐसी न जाने कितने लोगों की

कहानियाँ होंगी जो किसी–न–किसी वजह से पूरी नहीं हो पायी होंगी। लेकिन अनाम की कहानी को पढ़ते हुए एक बात तो ज़रूर आपके मन में उठी होगी कि आख़िर वे क्या कारण रहे होंगे जिसकी वजह से अनाम आज असफलता की कगार पर खड़ा है। बावजूद इसके उसने जीवन में मेहनत करने में कोई कसर नहीं छोड़ी। इसकी वजह बस एक ही लगती है कि अनाम अपने कॅरियर को लेकर कभी फोकस्ड नहीं रहा और न ही उसने अपने किसी काम की प्राथमिकता तय की जिसकी वजह से वह किसी एक काम में अपने आप को एकाग्र कर पाता। इससे एक बात तो स्पष्ट है जीवन में कामों की प्राथमिकता तय किये बिना आप सफलता के बहुत बड़े शिखर तक नहीं पहुँच सकते। प्राथमिकता कैसे तय की जाती है और इसे कैसे क्रियान्वित किया जाये, इस पर बार्कशायर हाथवे कम्पनी के मालिक, दुनिया के दूसरे सबसे धनी व्यक्ति और निवेशक वारेन बफेट ने कुछ सुझाव दिये हैं जो इस प्रकार है :

1. पहले यह जानिए कि आप जीवन में करना चाहते हैं

जो लोग जीवन में असफल होते हैं और सफलता की चाह में भटकते रहते है उनके लिए वारेन बफेट का कहना है कि ऐसे लोगों को सबसे पहले अपने जीवन के 25 उद्देश्यों को सुनिश्चित करना चाहिए। ये 25 उद्देश्य और सपने ऐसे होने चाहिए जिसके सहारे आप पूरे जीवन का प्लान बना सकें। इसको बनाने के लिए आपके मन में जो भी बातें चल रही हैं पहले एक–एक करके लिख डालिए और कुछ समय के लिए छोड़ दीजिए। कुछ दिनों बाद आप पायेंगे कि आपका ध्यान कुछ ख़ास उद्देश्यों के प्रति आकृष्ट होने लगा है।

2. प्रथम पाँच को चुनिए

अपने द्वारा बनाये हुए 25 उद्देश्यों की सूची को बार–बार पढ़िए। फिर उनमें से प्रथम पाँच में गोला लगाइए। फिर उनको बार–बार पढ़िए। आपको पढ़ते हुए लगेगा इनमें से सभी पाँचों आपके लिए महत्त्वपूर्ण हैं।

इससे आप घबराइए नहीं बल्कि उनका आकलन कीजिए। आकलन करने के बाद आप इन सभी पाँचों उद्देश्यों को अपनी नोटबुक में लिख लीजिए। कुछ समय बाद आप पायेंगे कि जिन 5 कामों पर आपका मन अधिक विचलित हो रहा है। फिर आप अपने मन में इन कामों के प्रति अपनी क्षमता के निर्धारण के लिए कुछ समय के लिए अवकाश ले लीजिए। लेकिन उन कामों के प्रति अपनी लगन और उद्देश्य को न छोड़ें। बल्कि कामों के साथ–साथ आप अपने आप की शक्ति और क्षमता का विकास करते रहिये। आप पायेंगे कुछ समय बाद आपकी दृष्टि पहले से और अधिक स्पष्ट हो चुकी है।

3. सभी पाँचों उद्देश्यों के लिए एक प्लान तैयार कीजिए

आपको जब यह लगने लगे कि ये पाँचों काम हमारे जीवन को सफल बनाने के लिए ज़रूरी हैं तब उन सबको क्रियान्वित करने के लिए एक ऐसी योजना बनाइये जिससे आप अपने लक्ष्य को हासिल कर सकें। आप योजना बनाने के बाद जब इनको बार–बार फिर से पढ़ेंगे तब आप पायेंगे कि इनमें से किसी एक योजना पर आप का व्यक्तित्व पूरी तरह फिट बैठता है और आप उसे कर सकते हैं। जब यह बात पूरी तरह स्पष्ट हो जाये कि आप इसके अलावा किसी अन्य काम को उतनी सफलतापूर्वक नहीं कर सकते जितना यह काम। इससे यह स्पष्ट हो जायेगा कि आप सिर्फ़ यही काम कर सकते हैं और आपका इस दुनिया में अवतरण इसी काम के लिए हुआ है। तब आपको अपने जीवन का लक्ष्य मिल जायेगा।

4. अब अपने लक्ष्यों से आप वैवाहिक सम्बन्ध जोड़िए

आप इस पूरी प्रक्रिया में एक चीज़ पायेंगे कि आपका अपने लक्ष्यों के प्रति एक ऐसा रिश्ता जुड़ चुका है जो आपको जीवनभर वैसे ही ज़िम्मेदारी निभाने के लिए मजबूर करता रहेगा जैसे कि आप एक वैवाहिक सम्बन्ध में बँधकर निभाते हैं। आप कुछ भी करें आपका दिमाग घूम–फिरकर वहीं आयेगा जिसकी योजना आप पहले ही बना चुके हैं। कई बार आपके मन में आयेगा कि हमने उन 20 में

तो गोला बनाया ही नहीं जो मेरे जीवन की अन्य प्राथमिकताएँ थी। लेकिन कुछ दिनों बाद आपको अपने आप महसूस होगा कि उन 25 के चक्कर में मैं अपनी 5 प्रमुख प्राथमिकताएँ छोड़ रहा था और फिर उन पाँचों के चक्कर में अपनी कोई एक वह महबूबा जिसको मैं सबसे ज़्यादा प्यार करता था उसी को भूल गया था। बस अब क्या है जिस दिन इस बात का पता आपको चल जाये, आपकी महबूबा कौन बनने योग्य है, उसके साथ पूरी कर्मठता से ज़िन्दगी जीना शुरू कर दीजिए, आप पायेंगे आप अब अकेले नहीं है। आपके इस काम में अब आपका परिवार भी जुड़ता चला जा रहा है जो आपके साथ हर सुख–दुख में आपके साथ खड़ा है।

5. पाँच में से किसी एक पर जमे रहिए

अब तक आपको अपने जीवन का लक्ष्य लगभग पूरा स्पष्ट हो चुका होगा। इस कहावत का अब आपको अर्थ भी पता चल गया होगा कि "दुविधा में दोउ गये, माया मिली न राम।" क्यों कहा जाता है।

जीवन की सच्चाई भी यही है जब आप किसी एक को आधार बनाकर आगे बढ़ते है तो आपको वह जीवन–संगिनी अर्थात वह मनमाफिक सफलता तो मिलती ही है जो आप जीवन में प्राप्त करना चाहते थे। साथ ही इसी के सहारे आप उन पाँचों लक्ष्यों तक भी पहुँच सकते हैं जो जीवन में आप प्राप्त करना चाहते थे। लेकिन याद रखिये यदि आप जीवन के पहले लक्ष्य में असफल हो गये तो अन्य में असफलता तो मिलेगी ही।

और अन्त में यह कभी भी मत भूलिए कि आप कभी भी सुपरस्टार नहीं बन सकते यदि आप एक साथ कई काम करना चाहते हैं। इसलिए किसी एक काम में प्राथमिकता तय करके आगे बढ़िए। सफलता आपके क़दम चूमेगी। जैसा कि मशहूर अमेरिकन राजनेता और उद्योगपति एच.एल. हंट का कहना है कि "जीवन में यह निर्णय लीजिए कि आप क्या करना चाहते है। आप किसके बदले क्या पाना चाहते हैं। यदि यह प्राथमिकता तय करके आप आगे बढ़ते हैं तो सफलता आपको झक मारकर मिलेगी। आपको अपना लक्ष्य पाने से कोई रोक नहीं सकता।"

हमने सीखा

I. जिस दिन आपको यह पता चल जाये आप सिर्फ़ यही काम कर सकते हैं और आपका इस दुनिया में अवतरण इसी काम के लिए हुआ है। तब आपको अपने जीवन का लक्ष्य मिल जायेगा।

II. किसी एक काम में प्राथमिकता तय करके आगे बढ़िए। सफलता आपके क़दम चूमेगी।

व्यक्तित्व विकास कैसे करें

सफलता एक ऐसा शब्द है जो हर कोई प्राप्त करना चाहता है। लेकिन सफलता प्राप्त कैसे की जाये यह बहुत कम लोग जानते हैं। सफलता प्राप्त करने की पहली शर्त होती है ख़ुद को पहचानना। ख़ुद को पहचानने से तात्पर्य है अपना आकलन स्वयं करना। जो व्यक्ति अपनी अच्छाइयों और बुराइयों का मूल्यांकन स्वयं करने में सक्षम होता है उसके व्यक्तित्व का विकास स्वयं हो जाता हैं। मनुष्य के व्यक्तित्व में ही ऐसी बहुत सारी ख़ूबियाँ छुपी होती है जिनको सुधार लेने मात्र से ही कई सारी असफलताओं को आप सफलता में बदल सकते हैं।

व्यक्तित्व को निखारा कैसे जाये यह जानने से पूर्व यहाँ यह जान लेना उचित होगा कि व्यक्तित्व होता क्या है। "व्यक्तित्व व्यक्ति की उस सम्पूर्ण छवि का नाम होता है जो आप दूसरों के सामने बनाते हैं।" यदि आपकी छवि सकारात्मक होती है तो आप एक ही व्यक्ति होकर भी दूसरे के सामने प्रशंसा के पात्र हो जाते हैं जबकि यदि आपकी छवि नकारात्मक होती है तो वही आप को अपमान के पात्र बन सकती है। किसी भी व्यक्ति का व्यक्तित्व केवल उस व्यक्ति के एक गुण के कारण नहीं बनता है बल्कि इसमें उस व्यक्ति की वे सम्पूर्ण छवियाँ जैसे–ज्ञान, अभिव्यक्ति, सहनशीलता, गम्भीरता, प्रस्तुतीकरण आदि सभी विद्यमान होती हैं जिससे वह एक सर्वगुणसम्पन्न और परिपूर्ण बनता है। व्यक्तित्व भी ऐसे ही कई गुणों के समन्वय से बनता है जिसके विभिन्न पहलू निम्नानुसार है :

1. सदैव अपने और दूसरों के बारे में सकारात्मक सोच रखें : सकारात्मक सोच के बारे में सदैव ये बात कही जाती है "जो आप सोचते हैं वही बोलते हैं और जो आप बोलते हैं वही आप करते हैं।" मतलब यदि आप सदैव उच्च और सकारात्मक विचार रखेंगे तो आप हमेशा सृजनात्मक कार्य करेंगे जो न सिर्फ़ आपको मानसिक सन्तुष्टि देता है अपितु इससे अपने आपके भीतर एक तरह का आत्म–सम्मान पैदा होता है जो आपके आत्म–विश्वास को बढ़ाता है। ऐसा निरन्तर करते रहने से आप देखेंगे कि आपके चाहने वालों की संख्या लगातार बढ़ती चली जाती है और आप सामान्य से अलग महसूस करने लगेंगे। कुल मिलाकर आपकी सोचने की प्रक्रिया (Thought Process) ही वह चीज़ है जिसके आधार पर आपका पूरा व्यक्तित्व निर्भर करता है। मसलन यदि आप किसी के प्रति नफ़रत का भाव रखते हैं तो उसके प्रति वैसा ही विचार आपके मन में चलता रहेगा। यदि आप किसी के प्रति प्रेम का भाव रखते हैं तो आपकी सोचने की प्रक्रिया बिल्कुल अलग होगी। इसलिए एक छोटी–सी सोच बदल लेने से यदि बड़ा करिश्मा हो सकता है तो उसको बदलने में ही हमारी भलाई है जो हमारे व्यक्तित्व में चार चाँद लगा सकती है।

2. एक अच्छा श्रोता और वक्ता बनें : भगवान ने यदि हमें दो कान और एक मुँह दिया है उसका कारण यही है कि हम कम बोलें और ज़्यादा सुनें। आपने अमिताभ बच्चन जी को के.बी.सी. (KBC) के सेट पर देखा होगा। वे एक अबोध बच्चे की तरह लोगों की बात को बड़े ध्यान से सुनते हैं और सामने वाले की पूरी बात सुनने के बाद बड़ी सहजता से सामने वाले के प्रश्न का उत्तर देते हैं। उनकी सफलता का राज यही है कि वे अपने किसी भी कार्यक्रम में बोलते कम हैं और सुनते ज़्यादा हैं। इससे उनकी पहचान एक गम्भीर और विचारवान व्यक्ति के रूप में बनती है। दूसरी तरफ़ जब आप अधिक–से–अधिक लोगों के विचार सुनते हैं तो आपके पास बहुत–सी ऐसी सामग्री का संग्रह हो जाता है जो आपके ज्ञान और समझ को परिमार्जित करता है। इससे आपके भीतर एक अच्छे वक्ता होने के

लिए उन सारी सामग्रियों का संचयन हो जाता है जिसकी ज़रूरत एक कुशल वक्ता के लिए होती है। दूसरा, अच्छा वक्ता बनने के लिए निरन्तर अभ्यास की भी ज़रूरत होती है। ऐसा यदि आप कर पाते हैं तो आप दूसरों को प्रभावित कर सकते हैं जो आपकी सफलता में सहायक होती है।

3. ज्ञान का विस्तार करें और अपनी अच्छाइयों को बताने में कोई मौक़ा न चूकें : हम अपनी रोज़मर्रा की ज़िन्दगी में ऐसे हज़ारों लोगों से मिलते हैं जो अवसरों का ख़जाना आपके सामने खोल सकते हैं बशर्ते कि आप उन्हें अपनी ख़ूबियों को बताने में सक्षम हों। कारण आज कोई भी सफल व्यक्ति उसी व्यक्ति को अपना शागिर्द बनाना पसन्द करता है जिससे उसके किसी स्वार्थ अथवा काम की सिद्धि होती है। सफल व्यक्तियों के पास दूसरे की ज़िन्दगी में झाँकने का समय ही नहीं होता। इसलिए वे चाहते हैं कि कोई भी उनके आसपास ऐसा हो जो उन्हें तत्कालीन घटनाओं और सूचनाओं से अवगत कराता रहे। और ये काम वही व्यक्ति कर सकता है जिसके पास स्वयं में सम–सामयिक ज्ञान होता है। चापलूसों के पास तो सिर्फ़ शिकायतें होती हैं जबकि ज्ञानवान व्यक्ति के पास सूचना और पूरी दुनिया में सबसे अधिक वही सफल है जिसके पास सर्वाधिक और नवीनतम सूचनाएँ होती हैं। इस तरह आप किसी व्यक्ति अथवा समूह से मिलते समय और बात करते समय यदि ऐसी छाप छोड़ते हैं जो उनको प्रभावित करती हो तो आप उनके काम के व्यक्ति हो सकते हैं। क्योंकि आज की प्रोफेशनल ज़िन्दगी चापलूसी से नहीं बल्कि उपलब्धियों से चलती है। यहाँ बताना उचित होगा कि भूमण्डलीकरण के युग में ज्ञान और उसका सम्प्रेषण ही वह औजार है जिसके माध्यम से आप सफलता की सीढ़ी चढ़ सकते हैं।

4. उच्च आदर्शों का पालन करें और किसी को अपना गुरु मानें : सामान्यतः हम अपने दैनिक जीवन में देखते होंगे कि अक्सर कुछ लोग छोटी–मोटी समस्याओं से घबराकर अपना रास्ता

बदल देते हैं। लेकिन सफलता प्राप्त करने वाले लोगों की सबसे बड़ी ख़ूबी यही होती है कि वे अपने रास्ते से कभी डगमगाते नहीं। कारण? उनके सामने सदैव ऐसा कोई न कोई प्रेरणादायक गुरु प्रतिबिम्ब की तरह खड़ा रहता है जो उन्हें आगे बढ़ने की प्रेरणा देता रहता है। ध्यान देने वाली बात यह होती है कि गुरु ही वह व्यक्ति होता है जो आपके क्षेत्र की जानकारी रखता है और उसका अनुभव आपके अनुभव से बड़ा है अपितु ज़िन्दगी के आपसे कई अधिक वर्ष जी चुका होता है। इसलिए उसके उम्र का अनुभव और जीवन का अनुभव मिलकर एक ऐसा रास्ता आपके सामने खोल देते हैं जिस रास्ते के बारे में आपको अभी पता भी नहीं होता। इसलिए हमेशा जीवन में एक अच्छे गुरु का मार्गदर्शन प्राप्त करते रहें। गुरु से मेरा तात्पर्य किसी उस शिक्षक से नहीं है जो आपकी कक्षा में आकर वही किताब रटाने लगता है जिसको आप अपने आप ही पढ़ सकते हैं बल्कि गुरु से तात्पर्य मेरा उस व्यक्ति से है। जिसको ज़िन्दगी का अनुभव हो। जिसने स्वयं धक्के खाकर अपना रास्ता ख़ुद प्रशस्त किया हो। यह गुरु कोई भी हो सकता है। चाहे वह आपका अपना कोई अच्छा क्लास टीचर हो, माँ हो, पिता हो, भाई हो अथवा कोई अन्य व्यक्ति। जिसके सामने बैठने और सवाल पूछने से आपके मन की सारी शंकाएँ दूर हो जाती हों और आप उसका दिल से सम्मान करते हों। वही असली गुरु होता है। उदाहरण के लिए आप एक गायक, खिलाड़ी, सिनेमा स्टार, नेता, बिज़नेसमैन को देख लीजिए। इनके रास्ते में कितनी कठिनाइयाँ आती हैं लेकिन जो लोग बिना हिम्मत हारे अन्त तक लगे रहते हैं और अपने गुरु से मार्गदर्शन प्राप्त करते रहते हैं वे लोग सफलता की सीढ़ियाँ चढ़ते चले जाते हैं। चाहे सचिन तेंदुलकर के गुरु रमाकान्त आचरेकर जी रहे हों अथवा लता मंगेशकर के स्वयं के पिता दीनानाथ मंगेशकर जी। इन सभी ने अपने शिष्यों को ऐसी निस्वार्थ शिक्षा दी कि उनका शिष्य अपने गुरु से आगे निकल गया। यही एक सच्चे गुरु की निशानी भी है और शिष्य के प्रति श्रध्दा भी।

5. अपना आकलन स्वयं करें और अपने प्रति एक धारणा बनायें : मैनेजमेंट में एक सिद्धान्त है जिसे स्वॉट (SWOT) एनालिसिस के नाम से जाना जाता है। इस सिद्धान्त के अनुसार अक्सर वे लोग बाज़ार में अथवा अपने कार्यों में असफल होते हैं जिन्होंने अपना आकलन नहीं किया हुआ होता है और उनको अपनी शक्ति का एहसास नहीं होता है। स्वॉट का पूरा मतलब होता– Strength (ताक़त), weakness (कमज़ोरी), Opportunity (अवसर) और Threat (चुनौती)। इसका मतलब यह हुआ की जो व्यक्ति अपनी ताक़त को पहचान कर, अपनी कमजोरियों को सुधार कर, अपने सामने आये किसी अवसर को नहीं छोड़ता उसको कोई पराजित नहीं कर सकता। और उसके रास्ते में आनेवाली छोटी–मोटी चुनौतियाँ भी बहुत बड़ी बाधा नहीं बन सकती जिसको पार न किया जा सके। इन सबका कारण यह है कि ऐसे व्यक्ति को अपनी ताक़त और कमजोरियों का मूल्यांकन कर चुके होते हैं।

6. दूसरों की मदद करने से कभी न चूकें : मानव स्वभाव है कि वह मुश्किल समय में ऐसे लोगों की तरफ़ देखता है जो उसकी मदद कर सके। लेकिन उस व्यक्ति को कोई मदद नहीं मिल पाती जो ज़रूरत पड़ने पर दूसरे की मुसीबत में नहीं खड़ा होता। इसीलिए कहा जाता है, विपरीत परिस्थितियों में किया गया एक छोटा–सा एहसान किसी के अच्छे दिनों में सफलता के वे सारे रास्ते खोल सकता है जिसकी आप कल्पना भी नहीं कर सकते। कारण जब दूसरों को मदद करने की बारी आती है तो वह अपना हाथ खींच लेता है और यह बात सामनेवाला व्यक्ति समझ रहा होता है कि आप कितने बड़े मतलबी है। मतलबी व्यक्ति जीवन में एक बार ही किसी को धोखा दे सकता है। लेकिन एक मददगार व्यक्ति जीवन में हर बार किसी न किसी का सहारा पा सकता है। इसी को हिन्दी में एक कहावत के माध्यम से चरितार्थ किया गया है। जैसा "बोओगे, वैसा काटोगे।" इसीलिए कहा जाता है जब भी अवसर मिले दूसरों की मदद करते रहना चाहिए। यह मदद आपके के लिए कब वरदान बन जाये कोई

नहीं जानता। ये मदद आपके व्यक्तित्व को इतना अधिक बढ़ा देती है कि आप फिर किसी भी समस्या से घबराते नहीं हैं।

7. अपने कर्तव्यों और सिद्धान्तों के प्रति अडिग रहें : आपको पता है अब्राहम लिंकन की सफलता के पीछे सबसे बड़ा राज क्या था। वह था अपने कर्तव्यों और सिद्धान्तों से कभी समझौता न करना। इसके लिए उनको अपनी पत्नी से भी हाथ धोना पड़ा। ख़ुद कई बार बीमार पड़े और जीवन के प्रारम्भिक दिनों से ही 27 बार विभिन्न चुनावों में पराजय का मुँह देखना पड़ा लेकिन उन्होंने कभी हार नहीं मानी। अन्ततः एक दिन वे अमेरिका के राष्ट्रपति बने और उनका नाम इतिहास के स्वर्णाक्षरों में लिखा गया। यह सच है कि जो व्यक्ति अपने कर्तव्यों के प्रति अडिग रहता है। उसको कुछ चीज़ों से हाथ धोना पड़ता है क्योंकि सब कुछ एक साथ करना जीवन में सम्भव नहीं होता। ऐसे शायद कम ही लोग होते है जिनको ऐसा समुचित वातावरण और पारिवारिक सहयोग मिल पाता है। नहीं तो ज़िन्दगी और संघर्ष की लड़ाई अकेले ही लड़नी है, सहयोग और समर्थन तो विजय प्राप्त होने के बाद मिलता है।

8. दूसरों को प्यार करना सीखें : कहा जाता है एक मुस्कराहट की ताक़त बारूद के कई गोलों से भी बड़ी होती है। आपका एक छोटा–सा प्यार हज़ारों लोगों की ख़ुशियों को वापस लौटा सकता है। इसलिए सदैव दूसरों से वैसा ही व्यवहार करें जैसा आप दूसरों से चाहते हैं। ऐसा करते रहने से आप देखेंगे कि आपके चाहने वालों की संख्या बढ़ती चली जायेगी। साथ ही आपके व्यक्तित्व के भीतर दूसरों की ग़लतियों को नज़रअन्दाज़ करने की शक्ति बढ़ती चली जायेगी तथा आप की सामाजिक समृद्धि बढ़ती चली जायेगी।

9. नये दोस्त बनायें : आज के महानगरीय समय की सच्चाई यह कि जो लोग नये दोस्त और नेटवर्क बनाने में लगे रहते हैं उनका दायरा बढ़ता रहता है। यह एक ऐसा छोटा निवेश है जिसमें आपका समय तो ज़रूर ख़र्च होता है लेकिन इसके बदले आप बहुत कुछ हासिल कर सकते हैं। कारण आज के समय में पैसा तो सबके पास है

जो निवेश करना चाहता है। लेकिन ऐसा कोई विश्वसनीय व्यक्ति और दोस्त ढूँढ़े नहीं मिलता जिसके भरोसे आप कोई भी काम कर सकें। इसीलिए कहा जाता है ऐसे दोस्त बनाते रहना चाहिए जो आपकी ज़रूरत में काम आयें। दोस्ती वह विश्वास होता है जिसके भरोसे आप कोई भी रिस्क ले सकते हैं। साथ ही दोस्ती का दायरा बढ़ने से आपको और भी कई फ़ायदे होते हैं। जैसे आप एक नयी संस्कृति और सभ्यता से भी रूबरू होते हैं। इससे दो फ़ायदे होते हैं। एक आप दूसरी जगह की बातों से अवगत हो जाते हैं। दूसरा इससे आपको कभी भी यदि किसी नयी जगह काम करने का मौक़ा मिलता है तो आप इससे घबराते नहीं क्योंकि कोई न कोई नेटवर्क आपका वहाँ पहले से मौजूद रहता है।

10.ख़ुश रहें मस्त रहें : जीवन में आपको ऐसे हज़ारों लोग मिले होंगे जिनके जीवन में आलोचना के सिवाय दूसरी कोई बात सूझती ही नहीं। हमेशा किसी न किसी बात को लेकर दुखी ही रहते हैं। ऐसे व्यक्तियों के साथ रहने और ऐसा व्यव्हार करने से आपके भीतर न सिर्फ़ नकारात्मक बातों का संचार होता है अपितु आपकी सारी सकारात्मक ऊर्जा इन्हीं बातों में ख़त्म हो जाती है और आप कुछ नया कर ही नहीं पाते। इसलिए कहते है, जीवन में सदैव मस्त रहना चाहिए, ख़ुश रहना चाहिए जिससे आपको नये–नये काम करने में हमेशा रुचि बनी रहे। ऐसे ही व्यक्तियों को लेकर शायद आदमियों को तीन श्रेणियों में बाँटा गया है। पहला वह होता है–"जो हमेशा दूसरे लोगों की बात करता रहता है अथवा बुराई करता रहता है", दूसरा वह है–"जो किसी इवेंट के लिए कार्य करता है अथवा किसी द्वारा दिये कार्य को पूरा करता है।" और तीसरा वह है–"जो हमेशा ख़ुश रहता है और अपने मन में चल रहे आईडिया और विचार को क्रियान्वित करने में लगा रहता है।" इतिहास गवाह रहा है। हमेशा सफलता उसी को मिलती रही है जो स्वयं में ख़ुश रहता है और अपने काम में मशगूल रहता है।

हमने सीखा

I. व्यक्तित्व व्यक्ति की उस सम्पूर्ण छवि का नाम होता है जो आप दूसरों के सामने बनाते है; "इसके लिए सबसे बड़ी चीज होती है; वह है सकारात्मक सोच। जो आपको औरों से अलग करती है।"

II. व्यक्तित्व निर्माण का पहला चरण है स्वयं का आकलन करना अथवा स्वॉट एनालिसिश (Swot Analysis) करना।

III. अपने नेटवर्क का निरन्तर विस्तार करते रहें और सदैव खुश रहें।

समय प्रबन्धन

देश के पूर्व राष्ट्रपति ए.पी.जे. अब्दुल कलाम ने अपनी पुस्तक "विंग्स ऑफ़ फायर" में लिखा कि प्रत्येक व्यक्ति चाहे वह जीवन में सफल हो अथवा असफल सबको पूरे दिन में मात्र चौबीस घण्टे ही मिलते हैं। समय के मामले में भगवान और व्यवस्था किसी के साथ भेदभाव नहीं करती। यह व्यक्ति की प्रतिभा और सोच पर निर्भर होता है कि वह कैसे समय का समुचित उपयोग करके उसका फ़ायदा उठा ले और अपने आपको सफल बना ले।

समय के बारे अक्सर यह कहा जाता है कि "ज्वार–भाटा और समय की लहरें किसी का इन्तज़ार नहीं करतीं"। इसीलिए समय की क़ीमत पैसे की क़ीमत से ज़्यादा आँकी गयी है। हाथ से गया हुआ पैसा वापस तो आ सकता है लेकिन बीता हुआ वक़्त कभी वापस नहीं आता। ऐसे में यदि हम समय का सदुपयोग कर उसे अपने लक्ष्य को पाने में करते है तो ऐसा कोई कारण नहीं बनता जिससे आपको जीवन में सफलता न मिले। सवाल उठता है समय को साधा कैसे जाये। इसके लिए हमें कुछ उपाय करने होंगे। जैसे :

1. बड़े कामों की सूची बनायें : प्रायः देखा यह जाता है कि समय का उन लोगों के लिए कोई महत्त्व नहीं होता जिनके जीवन का कोई लक्ष्य पूर्व निर्धारित नहीं होता। इसीलिए वे जो जैसा मिलता है, करते चले जाते हैं और इस तरह से उनका मूल्यवान समय व्यर्थ में व्यतीत होता चला जाता है। इसीलिए कहा जाता है कि यदि आप अपने प्रमुख कामों की सूची बनाकर काम करते हैं तो आपको व्यर्थ में

गँवाने का कोई समय ही नहीं मिलेगा। सूची बनाने से क्या फ़ायदा हो सकता है। इस बात को इस तरह से समझ सकते हैं "एक बार एक व्यक्ति कहीं जा रहा था। चलते–चलते वह एक जगह आकर रुका और एक बूढ़े आदमी से पूछा–"यह रास्ता किधर जाता है।" उस बूढ़े आदमी ने उस नौजवान आदमी से पूछा–"आपको कहाँ जाना है?" उस व्यक्ति ने कहा–"मुझे नहीं पता।" इतना सुनते ही उस बूढ़े व्यक्ति ने उत्तर दिया–"तो क़ोई भी रास्ता ले लो। आपको क्या फ़र्क़ पड़ता है।"

ज़िन्दगी भी कुछ इसी तरह है। जब हमें यह नहीं पता होता कि हमें कहाँ जाना है तो आप कोई भी काम करने लगते हैं। ऐसी हालत आपकी न हो इसके लिए हमें अपने लिए सूची बनाकर आगे बढ़ना पड़ता है। कार्यों की सूची बनाते समय निम्न बातों का ध्यान रखे :

(i) आपका लक्ष्य बिल्कुल स्पष्ट हो।
(ii) ऐसी सूची बनायें जिसको कि आप समय रहते पूरी कर पायें।
(iii) कार्य की सूची प्रासंगिक हो। जो कि आपकी रुचि और समय के अनुसार हो।
(iv) सूची बनाते समय हमेशा उसमें एक निर्धारित समय का उल्लेख ज़रूर करें जिसको कि आप एक–एक करके पूरा कर सकें।

(अ) सूची को लिखकर रखे और सदैव अपने पास रखे। बीच–बीच में देखते रहे। इससे फ़ायदा यह होगा कि जो आप काम करना चाहते है उसका पता चलता रहेगा। जो काम होता जाये उसको एक–एक करके काटते चले जायें। आप स्वयं देखेंगे आपका काम धीरे–धीरे आपकी मंज़िल की तरफ़ बढ़ता जा रहा है।

2. महत्त्वपूर्ण काम पहले करें : यदि कोई व्यक्ति अपने कामों की सूची बनाता है तो उसे यह आसानी से पता चल जाता है कि कौन–सा काम अधिक महत्त्वपूर्ण है। इससे आप समय का पूरा सदुपयोग कर पायेंगे और आपके कामों में एक नियमितता आयेगी। केंट यूनिवर्सिटी के एक अध्ययन से यह बात सामने आयी कि बहुत

परिश्रम से किया गया कार्य ज़रूरी नहीं कि वह प्रभावी हो। प्रभावी वही कार्य होता है जिसको पूरी तन्मयता और सबसे महत्त्वपूर्ण कार्य के रूप में किया जाता है।

इस बात को और अधिक स्पष्ट करते हुए प्रसिद्ध व्यक्तित्व विचारक ब्रायन ट्रेसी ने 'ईट दैट फ्रॉग (Eat That Frog) में लिखा : "सतही तौर पर देखें तो आसान काम को पहले करने से कोई नुकसान नहीं होता। लेकिन छोटे–छोटे काम करने से आपकी ऊर्जा दिनभर इसी काम में ख़त्म हो जाती है। इसीलिए सुबह उठते ही सबसे पहला काम यह करना चाहिए कि महत्त्वपूर्ण काम को पहले ही निपटा लें जिससे छोटे–छोटे काम को करने में आप पूरी तरह स्वतन्त्र हो सकें। ऐसा करने से मानसिक तनाव भी नहीं रहता और आप तरोताजा भी महसूस करते रहते हैं'।

3. समय का निर्धारण करें और उसकी समीक्षा करें : बिना समय के निर्धारण के कार्य करते जाना एक ऐसी यात्रा का सामान होता है जिसका कोई लक्ष्य नहीं होता। समय के महत्त्व पर प्रकाश डालते हुए ब्रायन ट्रेसी लिखते हैं : "समय एक सीमित और आपका सबसे क़ीमती संसाधन है। यह आपके पास सबसे मूल्यवान चीज़ है। यह नाशवान है, यह अपूरणीय है, और इसे बचाया नहीं जा सकता।" यह सच है। हम सभी के पास समान समय है। जब समय चला गया–यह चला गया–और यह हमेशा के लिए चला गया।

इसलिए यह पूरी तरह आप पर निर्भर करता है कि आप अपना पूरा दिन नेटफ्लिक्स देखने में बिता सकते हैं अथवा उस समय को व्यायाम करने, पढ़ने, एक नया कौशल सीखने, किसी पुराने मित्र से मिलने, या नेटवर्किंग करने में। ब्रायन ट्रेसी की ही हाँ में हाँ मिला हुए रिचर्ड ब्रैनसन भी कहते हैं कि एक व्यक्ति के प्रत्येक छोटे–छोटे क़दम बड़े लक्ष्य की ओर ले जाते हैं। उनका कहना हैं कि "यदि आपके पास छोटी चीज़ों के लिए समय नहीं है, तो आपके पास बड़ी चीज़ों के लिए समय नहीं होगा।" मुझे वह उद्धरण पसन्द है। सफल होने के लिए, आपको लक्ष्य निर्धारित करने की आवश्यकता है।

ज़ाहिर है, आप उन्हें रातोंरात हासिल नहीं करने जा रहे हैं। प्रत्येक कार्य में समय लगता है। मैं अपने अनुभव से कह सकता हूँ कि मेरी सफलता में मेरे बेबी स्टेप्स भी शामिल थे। इसे ऐसे समझें जैसे आप सीढ़ियों का एक सेट देखते हैं। आप जानते हैं कि आप शीर्ष पर पहुँचना चाहते हैं, लेकिन वहाँ पहुँचने के लिए आपको एक बार में एक क़दम उठाने की जरूरत है। समय प्रबन्धन आपको उन चरणों में से प्रत्येक पर ध्यान केन्द्रित करने में मदद करता है ताकि आप शीर्ष पर पहुँच सकें। इसीलिए जो व्यक्ति हर सेकंड के महत्त्व को नहीं समझता वह कोई बड़ा काम नहीं कर सकता।

समय प्रबन्धन के लिए आप इन नियमों का पालन कर सकते हैं :

- सुबह की दिनचर्या बनाएँ जिसमें आपके पास अपने विचारों को इकट्ठा करने और दिन की तैयारी करने का समय हो।
- आप जो हासिल करना चाहते हैं उस पर एक योजना बनाएँ। उचित और व्यावहारिक लक्ष्य निर्धारित करें जिन्हें आप उस दिन प्राप्त कर सकते हैं।
- बड़े कार्यों को तोड़ें। बड़े और जटिल कार्य भारी पड़ सकते हैं–जो विलम्ब की ओर ले जाते हैं। इन्हें छोटे टुकड़ों में तोड़ दें जो अधिक प्राप्त करने योग्य हैं।
- गैर–आवश्यक कार्यों को प्राथमिकता न दें। दिन के लिए केवल अपने तीन सबसे ज़रूरी और महत्त्वपूर्ण कार्यों पर ध्यान दें और बाकी सब कुछ भूल जाएँ। आप इन्हें अपनी टू–डू–लिस्ट में शामिल कर सकते हैं।
- आपके पास यदि कुछ ऐसे कार्य हैं जिनमें आप मज़बूत नहीं हैं या करने से डरते हैं, तो उन्हें पूरा करने के लिए किसी और को सौंप दें ताकि आप अधिक दबाव वाले मामलों पर ध्यान केन्द्रित कर सकें।
- टाइमर का प्रयोग करें। जब आप विचलित होते हैं या यह सुनिश्चित करते हैं कि आप किसी विशिष्ट कार्य पर बहुत अधिक समय व्यतीत नहीं करते हैं, तो एक टाइमर आपको ट्रैक पर रख सकता है।

- अपने कैलेंडर की समीक्षा करें। प्रत्येक दिन के अन्त में अपने कैलेंडर की समीक्षा करें। इस तरह आप अपने अनुसार कल के लिए योजना बना सकते हैं।
- अपना डाउनटाइम समझदारी से बिताएँ। पढ़ें, लिखें, कुछ नया सीखें, दोस्तों के साथ मेलजोल करें, स्वयंसेवक बनें और अपना नेटवर्क बनाएँ। 24/7 काम करने या अपना खाली समय उन गतिविधियों पर ख़र्च करने के बजाय इनमें से कोई भी करें जो आपकी सफलता में योगदान नहीं करती हैं।

4. अनावश्यक कार्यों में अपना समय बर्बाद न करें : कहते हैं खाली समय शैतान का घर होता है। जब आपके पास कोई बड़ी ज़िम्मेदारी नहीं होती है तो आप समय के महत्त्व को कभी पहचान ही नहीं सकते हैं इसलिए आप अपने बहुमूल्य समय को उल्टे–सीधे कामों में लगाते रहते हैं ऐसे में आप कभी भी किसी को न नहीं कह पाते। जो भी आपको कोई काम कहने के लिए बोलता है आप तुरन्त राजी हो जाते हैं जबकि एक सफल व्यक्ति के पास हमेशा समय की कमी होती है।

हरबर्ट फेंस्टरहीम और जीन बाएर की एक बहुत अच्छी किताब है जिसका नाम है–"डोंट से यॅस, व्हेन यू वांट टू से नो" (Don't say Yes, When you want to say No)"। इस पुस्तक में इन्होंने लिखा कि हममें से बहुत लोग अपने जीवन का महत्त्वपूर्ण हिस्सा सिर्फ़ इसलिए गुज़ार देते हैं क्योंकि उनको दोस्ती निभानी थी अथवा बिना सोचे–समझे किसी के साथ कहीं भी चलने का वादा कर देते हैं।

5. अपने कार्यों को आदत में तब्दील करें : छात्रों के सन्दर्भ में अक्सर देखा जाता है कि सालभर वे गम्भीर नहीं होते और जैसे ही परीक्षा नज़दीक आने लगती है वे गम्भीर होते चले जाते हैं। कारण कि सालभर तो वे कुछ पढ़े नहीं होते और सब काम वे अन्त में पूरा करना चाहते हैं जो कभी हो नहीं पाता। इससे एक तो उनके दिमाग़ में अनावश्यक ज़ोर पड़ता है और दूसरा वे तनाव का शिकार हो जाते हैं। इसी काम को यदि वे अपनी आदत बनाकर रोज़ दो–तीन घण्टे

में बाँट दें तो उनको एक न तो अनावश्यक तनाव का सामना करना पड़ेगा और दूसरा, उनको अपने काम में असफलता भी नहीं मिलेगी।

किसी भी कार्य को नियमित रूप से करने से एक तो ऊर्जा बनी रहती है। दूसरा स्मृति शक्ति का विकास उत्तरोत्तर होता रहता है। इसलिए थोड़ा–थोड़ा ही सही, काम नियमित रूप से करने की आदत डालनी चाहिए। इससे जीवन में अनुशासन भी बना रहता है।

6. डिजिटल मीडिया का उपयोग सकारात्मक कार्यों के लिए करें : हाल ही में आयी एक रिसर्च के अनुसार एक औसत युवा आज की तारीख़ में दो से तीन घण्टे इंटरनेट, मोबाइल और सोशल मीडिया में गुज़ारता है जिससे एक तो उसका समय बहुत बर्बाद होता है, दूसरा कई प्रकार की उसे शारीरिक और मानसिक बीमारियों का शिकार होना पड़ता है। ऐसे में यदि वह इन सब मीडिया का उपयोग सूचना और ज्ञान प्राप्त करने में करे तो एक साथ दो काम हो सकते हैं और उसे किसी प्रकार की समस्या का सामना भी नहीं करना पड़ेगा। इससे बचने का सबसे बेहतर उपाय है, काम करते समय किसी भी इलेक्ट्रॉनिक गजट को अपने से दूर रखें। दूसरा डिजिटल मीडिया आज ज्ञान का इतना बड़ा स्रोत बन चुका है कि आपकी ज़रूरत के अनुसार सभी कुछ इसमें उपलब्ध है। अतः जब भी आपके पास समय हो, अपनी रुचि के अनुसार वीडियो और लेख ऑनलाइन देखें और पढ़ें। इससे आपके न सिर्फ़ ज्ञान में समृद्धि होगी अपितु यह आपके लक्ष्य को साधने में सहायक भी होगा।

7. छोटी–छोटी सफलताओं को सेलिब्रेट करे और उसका आनन्द उठायें : आजकल देखा यह जा रहा है कि हम अपनी ख़ुशियों का इजहार भी सबके सामने नहीं करते और अन्दर ही अन्दर संकुचित होते चले जा रहे हैं। इससे वही हाल आपका होता चला जाता है कि "जंगल में मोर नाचा किसने देखा।" ऐसी स्थिति में यदि आप अपनी सफलतायों को सबके साथ साझा करेंगे तो इससे आपको दो फ़ायदे होंगे। पहला तो आपके काम को प्रोत्साहन मिलेगा और लोग

आपसे जुड़ते चले जायेंगे। दूसरा आपके भीतर–ही–भीतर एक ऐसे आत्मविश्वास का संचार होता चला जायेगा कि आप फिर बड़े से बड़ा काम करने में नहीं हिचकिचायेंगे। तीसरा इसके माध्यम से आपका जो व्यक्तित्व बनेगा वह सर्वग्राही होगा और आपके साथ बहुत–से लोग जुड़ते चले जायेंगे जिससे आपका कोई भी काम रूकेगा नहीं।

हमने सीखा

I. बड़े कार्यों की सूची बनाएँ।

II. महत्त्वपूर्ण काम सबसे पहले निपटाएँ।

III. काम के समय का निर्धारण अवश्य करें।

IV. आपका मन जब "न" कहना चाहता है, तब "हाँ" न करें; नहीं तो यह आपकी आदत बन जायेगी।

24 घण्टे को 36 घण्टे में कैसे बदलें

पिछले अध्याय में आपने पढ़ा कि कैसे समय प्रबन्धन करके सफलता की सीढियाँ चढ़ी जा सकती हैं। इस अध्याय में समय का उपयोग कैसे किया जाये इसी का विश्लेषण किया गया है।

माइक्रोसॉफ्ट के मालिक बिल गेट्स, देश के पूर्व राष्ट्रपति डॉ. ए.पी.जे. अब्दुल कलाम, पेप्सी कम्पनी की ग्लोबल चेयरमैन इन्द्रा नूई और हमारे नये–नवेले प्रधानमन्त्री नरेन्द्र मोदी में एक समानता है। वह समानता क्या है? क्या आपको पता है? नहीं! तो चलिए मैं बता देता हूँ। यह समानता है समय प्रबन्धन की। इन सबको पता है कि कैसे अपने 24 घण्टे को 36 घण्टे में बदला जाये।

हम लोगों में से बहुतों ने यह सुना होगा कि "काम करने के लिए 24 घण्टे कम पड़ते है। थोड़ा और वक़्त मिलता तो बात ही और कुछ होती।" क्या सचमुच ऐसे लोगों को थोड़ा और वक़्त दे दिया जाता तो ये लोग अपना काम अच्छे से कर पाते। सँच्चाई यह है, नहीं। क्योंकि काम करने वाले के लिए 24 घण्टे ही काफ़ी हैं बशर्ते वह यह जान ले कि समय का सदुपयोग कैसे करें और समय को बचायें कैसे। बिल गेट्स ऐसे ही लोगों के बारे में कहते है, "ऐसे लोगों को आप 40 घण्टे भी दे दीजिए तो भी उनके काम करने का तरीक़ा वही रहेगा जो अभी है। सफल लोगों के लिए हमेशा समय वही रहता है बस काम करने का तरीक़ा बदल जाता है जबकि असफल लोग अपने समय को पकड़ नहीं पाते और उसे ही कोसते रहते हैं।"

अब सवाल उठता है अपने समय को बचायें कैसे? कैसे कोई व्यक्ति अपने 24 घण्टे को 36 घण्टे में बदल सकता है। इसके लिए आपको एक रणनीति अपनानी पड़ेगी और इस रणनीति को तीन चरणों में बाटना होगा। पहला चरण है।

स्वयं का आकलन करें

आपने कई जगह पढ़ा होगा कि एक स्वस्थ शरीर को बनाये रखने के लिए कम से कम दिन में आठ घण्टे की नींद लेनी आवश्यक होती है। इसका मतलब यह हुआ कि यदि एक व्यक्ति की औसत आयु 60 वर्ष है और वह व्यक्ति 24 घण्टे के हिसाब से 8 घण्टे रोज़ सोता है तो वह जीवन के 20 वर्ष तो सिर्फ़ सोने में ही गँवा देता है और जीवन के बचे 40 वर्षों में उसे अन्य काम भी करने है। ऐसे में वैज्ञानिकों का मानना है कि आदमी के शरीर में इतनी शक्ति होती है कि वह अपने नींद को 8 घण्टे से घटाकर 4 से 5 घण्टे कर सकता है बशर्ते कि वह काम के बीच में आराम करता रहे। आराम का मतलब सोने से नहीं बल्कि बीच–बीच में काम से ब्रेक से है। ऐसा करके कोई भी व्यक्ति अपनी नींद के 8 घण्टे में से 3–4 घण्टे बचा सकता है। आपको जानकर आश्चर्य होगा, ए.पी.जे. अब्दुल कलाम से लेकर प्रधानमन्त्री नरेन्द्र मोदी तक और इन्द्रा नूई से लेकर बिल गेट्स तक, ये सब चार घण्टे की नींद लेने वाले ही व्यक्ति हैं। ऐसा करने के लिए इन्हें कोई असाधारण काम नहीं करना होता अपितु वे अपने काम के दौरान ही जब भी समय मिलता है, छोटी–छोटी टुकड़ों में बँटी नींद (nap) लेते रहते हैं जिससे ये लोग लगातार तरोताजा महसूस करते रहते हैं और इस तरह अपने सोने के समय में से बहुत समय अपने काम के लिए बचा लेते हैं।

समय का सही ढंग से प्रबन्धन करें

जीवन के 24 घण्टों में से बचे शेष 16 घण्टों का एक व्यक्ति कैसे उपयोग करता है। यह पूरी तरह उस व्यक्ति की सोच पर निर्भर करता है। एक शोध के अनुसार एक महिला अपने जीवन के महत्त्वपूर्ण पलों और शेष बचे जीवन के 40 वर्षों में से चार वर्ष सिर्फ़ कपड़ों की मैचिंग ढूँढ़ने, जूतियाँ सलेक्ट करने और सजने–सँवरने में व्यतीत कर देती है। जबकि एक सामान्य पुरुष यही चार वर्ष दूसरों से गप्प मारने और राजनीति आदि की बातों में व्यतीत कर देता है।

यदि इस समय का उपयोग किन्ही सकारात्मक कार्यों के लिए किया जाये तो आप अपने जीवन में बहुत बड़ा बदलाव ला सकते हैं। साथ ही जीवन के महत्त्वपूर्ण 4 घण्टे आप बचा सकते हैं। नोबेल पुरस्कार की विजेता और भारतरत्न मदर टेरेसा ने एक बार अपने व्याख्यान में कहा था कि "मानवीय सेवाभाव अपने आप में एक ऐसी सजावट है जो किसी भी बाहरी आडम्बर और प्रभावी प्रवचन से बड़ा है, बशर्ते कि यह सेवाभाव पूरे दिल से किया जाये।"

मदर टेरेसा की सिर्फ़ इसी बात को यदि हम अपने जीवन में उतार लें तो न सिर्फ़ अपना, अपने परिवार का और देश का कल्याण हो सकता है। बल्कि बेवजह एक–दूसरे से लड़ने और तू–तू, मैं–मैं की बहुत सारी समस्या भी सुलझ जायेगी। जितना समय हम दूसरों के बारे में बात करने में व्यतीत कर देते और शॉपिंग आदि में ख़र्च कर देते हैं उतना ही समय यदि हम समाज की सेवा के लिए ही लगा दें तो समाज तो सुधरेगा ही, अपने जीवन को भी एक लक्ष्य मिल जायेगा। बिन्देश्वरी पाठक द्वारा प्रारम्भ किया गया सुलभ इंटरनेशनल का समाज सेवी अभियान आज एक बड़ा उद्यम बन चुका है।

Balance sheet of your Time

क्र.सं.	घंटे	(खर्च समय)	(गतिविधि)	(शेष)
1.	24	8	सोना	16 (20 वर्ष)
2.	16	8	स्कूल/कॉलेज/कार्यालय की ज़िन्दगी	8 (20 वर्ष)
3.	8	4	दैनिक क्रियाकलाप	4 (10 वर्ष)
4.	4	4	अन्य कार्य	4 (10 वर्ष)
5.	कुल 24	कुल 24	स्वयं के विकास के लिए (बाबा जी का ठुल्लू यानी शून्य) 	शेष शून्य = (100 hour)

समय का समुचित सदुपयोग करें

जो लोग जीवन में सफल और महान बनते हैं उनकी यदि कार्य–

प्रणाली पर गौर किया जाये तो पता चलेगा कि वे जीवन के बहुत सारे कार्य यात्रा करते हुए, आराम फरमाते हुए और कोई काम करते हुए कर लेते हैं। जीवन के बचे उपरोक्त आठ घण्टों में से आप दो–तीन घण्टे आराम से उक्त काम करते हुए बचा सकते हैं। मसलन जब आप यात्रा कर रहे हों तो किताब पढ़ने, मेल भेजने, किसी के प्रश्न का जवाब देने आदि में उपयोग कर सकते हैं। इसी प्रकार जब आप आराम फरमा रहे हों तो अपने मन में यदि आप किसी कार्ययोजना का रोड मैप तैयार कर लेते है तो आपके मीटिंग का आधा टाइम तो ऐसे ही बच जाता है। तीसरा आपने 'थ्री ईडियट्स' फ़िल्म में देखा होगा की प्रोफ़ेसर अपने आप का मनोरंजन करते हुए, गाना सुनते हुए सेविंग कर लेता है। ठीक ऐसे ही कोई व्यक्ति व्यायाम और योग करते हुए टेलीविज़न में समाचार भी यदि देखता है तो इससे उसका काफ़ी समय बच सकता है। जो आपके दूसरे कामों में आ सकता है। ऐसे व्यक्तियों को प्रबन्धन की भाषा में बहुउद्देश्यीय व्यक्तित्व का धनी व्यक्ति कहा जाता है।

लेकिन यहाँ यह बात याद रखनी होगी कि यह सब करते हुए भी किसी भी व्यक्ति कि पहली प्राथमिकता उसके शारीरिक और मानसिक स्वास्थय को बनाये रखना है। डॉक्टर लोगों का भी यही मानना है कि जो व्यक्ति अपने आप को सदैव एक्टिव रखता है और कई कामों को एक साथ करता है उसकी जीवन आयु उन लोगों से बहुत अधिक होती है जो महज़ बैठकर यह सोचते ही रह जाते हैं कि क्या करें, कि क्या न करें। कारण अकेले खाली–पीली बैठे रहने से न सिर्फ़ मानसिक कुण्ठा दिमाग़ में जगह बना लेती है बल्कि आप धीरे–धीरे बीमार भी होने लगते हैं। एक और महत्त्वपूर्ण बात जो अनुसंधान द्वारा सामने आयी है वह यह कि जो व्यक्ति हमेशा किसी न किसी काम की वजह से नये–नये लोगों से लगातार जुड़ता चला जाता है, उसका न सिर्फ़ व्यावसायिक और व्यक्तिगत दायरा बढ़ता चला जाता है अपितु उसके व्यक्तित्व में भी विकास होता है और उसका मानसिक सन्तुलन भी हमेशा स्वस्थ बना रहता है।

इसका सबसे बड़ा कारण यह है कि जब आप बहुत सारे लोगों के बीच उठते–बैठते हैं तो आप बहुत सारे नये मित्र भी बनाते हैं जिसमें से कुछ आपके काफ़ी क़रीब हो जाते हैं जिससे आप अपने मन की बात भी शेयर कर सकते हैं इससे आपका मानसिक तनाव भी हल्का होता चला जाता है और आप नयी–नयी चीज़ों से अवगत भी हो जाते हैं जो आपके कार्य में कहीं–न–कहीं उपयोगी हो जाती हैं। इस तरह आप अपने को एक्टिव रखते हुए, लगातार काम करते हुए भी अपने 24 घण्टों के समय को 36 घण्टों में बढ़ाकर अपनी ज़िन्दगी की नित नयी इबारत लिख सकते हैं।

हमने सीखा

I. हमेशा याद रखें: भगवान ने 24 घंटे और सात दिन से अधिक किसी को नहीं दिया है।

II. जीवन का बहुत सारा काम कोई अन्य कार्य करते हुए भी निपटा सकते हैं।

III. समय प्रबन्धन में मानसिक और शारीरिक संतुलन का होना आवश्यक होना चाहिए।

जुनून पैदा करें

हम अक्सर अपने आसपास यह बात सुनते रहते हैं कि जिस व्यक्ति के अन्दर जूनून है वह कुछ भी कर सकता है। लेकिन सभी को पता नहीं होता कि जुनून कहते किसे हैं। जुनून जीवन की कोई रोमांटिक यात्रा न होकर एक ऐसी अनुभूति और उत्साह का नाम है। जिसके सहारे हम जीवन का कोई लक्ष्य हासिल करने के लिए तब तक बेताब रहते हैं जब तक कि वह हमें मिल नहीं जाता। जुनून के दौरान मन में जो उत्साह पैदा होता है उसकी तीव्रता इतनी अधिक होती है कि किसी भी क्षेत्र में सफलता से कम उसे कुछ मंजूर ही नहीं होता। फिर चाहे कितनी ही मेहनत क्यों न करनी पड़े। दूसरे शब्दों में कहे तो यह जीवन में पैदा हुआ एक तरह का ऐसा पहला प्यार या ज्वार है जिसके लिए आप मर मिटने के लिए तैयार हो जाते हैं। फिर रास्ते में कैसी भी बाधाएँ आये इससे कम कुछ आपको मंजूर ही नहीं होता।

इस बात को और अधिक स्पष्ट करते हुए और जुनून की क्षमता का आकलन करने के लिए मनोवैज्ञानिक स्रुली ब्लोत्निक ने एक रिसर्च की। इसके लिए उन्होंने दो श्रेणिया बनायी जिसमें एक ग्रुप के पास बहुत सारा पैसा था, दूसरा जिनके पास पैसा तो नहीं था लेकिन उनको अपने काम से प्यार था और किसी भी हद तक सफलता प्राप्त करने का जुनून था। इसके लिए इन्होंने 1500 लोगों को अपनी रिसर्च का हिस्सा बनाया।

ब्लोत्निल ने अपनी रिसर्च को 20 वर्ष तक लगातार करते रहने के बाद पाया कि दूसरे समूह के लोग, जिनको अपने काम से प्यार था,

उनमें से 101 लोग करोडपति बन गये हैं। लेकिन पहले समूह के लोग, जिन्हें सिर्फ़ अपने पैसे से प्यार था और जिनको अपने पैसे का दंभ था; उनमें से केवल एक ही व्यक्ति करोड़पति बन सका है।

इसका सबसे बड़ा कारण जो रिसर्च में निकलकर आया वह यह था कि जब हम किसी काम को दिल से नहीं करते तो प्रत्येक छोटी–छोटी चीज़ों को नज़रअन्दाज़ कर देते हैं जो बहुत काम की होती हैं। जबकि जब कोई काम जुनून के साथ किया जाता है तब हम प्रत्येक छोटी घटना को भी बहुत बड़ी समझ कर करते हैं जिससे काम करने में न सिर्फ़ मज़ा आता है अपितु इसके माध्यम से आप वह सब हासिल कर सकते हैं जो व्यक्ति एक पैसे के माध्यम से हासिल करना चाहता है। मसलन धन, दौलत, शोहरत इत्यादि।

1. सफलता प्राप्ति के रास्ते में जुनून सबसे महत्त्वपूर्ण क्यों है

जब आपके भीतर जुनून होता है तो आप कोई भी काम करने में गौरव की अनुभूति करते हैं। चाहे वह काम छोटा हो या बड़ा। इसके माध्यम से आप रास्ते में आने वाली किसी भी तरह की रुकावट को बड़ी आसानी से पार कर जाते हैं। आपके भीतर जितना अधिक उत्साह होगा उतना ही अधिक आप किसी काम को करने के लिए उत्सुक होंगे। काम के प्रति जुनून होने से मन में काम करने के लिए इतनी अधिक ललक पैदा हो जाती है कि और दूसरे काम के लिए आपके पास समय ही नहीं होता। इस तरह आप अपना समय व्यर्थ के कामों में बिल्कुल नहीं गँवाते। वास्तव में जुनून एक ऐसी लत का नाम है जिसमें मूल्य, प्रतिभा, महत्त्वाकांक्षा, बुद्धि, अनुशासन, दृढ़ता और भाग्य जैसी सभी विशेषताएँ एक साथ समाहित होती हैं। यह एक ऐसा गुण है जो किसी भी व्यक्ति को औरों से बिल्कुल अलग बनाता है।

इसका सबसे बड़ा उदाहरण हम प्रभु देवा के रूप में देख सकते हैं। भारत के सबसे प्रसिद्ध डांसरों में से एक और देश में माइकल जैक्सन के नाम से जाने जाने वाले प्रभु देवा के बारे में बहुत कम लोगों को पता होगा कि उनका प्रारम्भिक जीवन मैसूर की तंग गलियों में बीता।

लेकिन बचपन से माइकल जैक्सन जैसा बनने की तमन्ना उनके रास्ते के सभी रोड़ों को एक–एक कर हटाती रही। पिता जी जब रोज़ी–रोटी की तलाश में चेन्नई आये तो यहाँ भी उन्हें बहुत संघर्ष करना पड़ा और ख़ुद एक डांस–ट्रेनर के रूप में तमिल फ़िल्मों में काम करने लगे। लेकिन इतना पैसा नहीं था कि कोई एक साफ़–सुथरा मकान ले सके। उन्हें चेन्नई की तंग बस्तियों वाली चाल में ही रहना पड़ा। एक छोटे–से चाल में पाँच भाई–बहनों के साथ रहते हुए प्रभु देवा के पास इतनी भी जगह नहीं बचती थी कि वे अपने सपने को साकार कर सके। एक इंटरव्यू में प्रभु देवा ने कहा था कि मुझे डांस का इतना ज़्यादा जुनून बचपन से ही था कि मैं सोते–जागते सिर्फ़ डांस का ही सपना देखता था। इसीलिए जब मुझे सपने में भी कोई डांस का सीन याद आता था तो मैं चुपके से सोते–सोते ही उठकर चाल के एक कोने में खड़े होकर वह स्टेप कर लेता था जो मुझे पसन्द था। इसका कारण यह होता था कि कहीं मैं सुबह उठूँ और वह स्टेप भूल न जाऊँ इसलिए मैं ऐसी हरकतें करता रहता था। आज भला प्रभु देवा को कौन नहीं जानता और उनके पास किस चीज़ की कमी है।

2. जुनून से ऊर्जा पैदा होती है

बिना जुनून के साथ किया गया कोई काम आपको कठिन लगता है जबकि इसी काम को यदि आप एक पैशन और जुनून के साथ करते हैं तो आपके भीतर–ही–भीतर एक ऊर्जा का संचार होता है और आप कठिन काम को भी बहुत आसानी के साथ कर सकते हैं। सचिन तेंदुलकर के 1989 के पाकिस्तान के ख़िलाफ़ सियालकोट के उस मैच को कौन भूल सकता है जब मात्र 16 साल के सचिन तेंदुलकर को पाकिस्तानी तेज़ बॉलर वकार युनुस द्वारा फेंकी गयी एक बाउंसर ने उनके जबड़े और नाक को तोड़ दिया। उस समय क्रिकेट के कई बड़े दिग्गजों कपिल देव और रवि शास्त्री के साथ–साथ डॉक्टर ने भी उन्हें फील्ड से हटने और आराम करने की सलाह दी।

लेकिन सचिन नाक से बह रहे ख़ून की परवाह किये बिना मैदान में डटे रहे और वकार युनुस की अगली ही बॉल पर चौका जड़ दिया। और तब तक मैदान से बाहर नहीं निकले जब तक की शतक नहीं जड़ दिया। इसे ही कहते हैं जुनून, जब पैदा होता है तो ऊर्जा अपने आप आपके भीतर समा जाती है।

3. मायने बदलने में मददगार

जब आप किसी से प्यार करते हैं तो जीवन जीने का आपका सलीका भी उसी के हिसाब से बदल जाता है। यही बात लागू होती है जुनून के बारे में। जुनून एक ऐसा शब्द है जो मन में जज़्बात तो पैदा करता ही है, यह जज्बात कुछ अलग कर गुज़रने के लिए भी होता है जो साधारण से अलग असाधारण की श्रेणी में लाकर आपको खड़ा कर देता है। इससे एक सकारात्मक दृष्टिकोण का विकास होता है जो प्रत्येक नकारात्मक चीज़ को सकारात्मक नजरिये में तब्दील कर देता है। जुनून के सन्दर्भ में अमेरिकन माइथोलॉजिस्ट, लेखक जोसेफ कैम्पबेल का कहना है कि "जुनून किसी भी व्यक्ति की कमियों को दूर करने, उसकी असफलताओ को ख़त्म करने और उसकी क्षमता से अधिक परिणाम देने में मददगार होता है।"

इस बात का सबसे बड़ा प्रमाण हमें क्रिस गार्डनर की ज़िन्दगी से देखने को मिलता है। एक समय बेघर और बेसहारा रहने वाले अरबपति क्रिस गार्डनर की कहानी हमें "द परसुयेट ऑफ़ हैपीनेस ("The Pursuit of Happiness") फ़िल्म में देखने को मिलती है। जिसकी मुख्य भूमिका विल स्मिथ ने निभायी है। इस फ़िल्म में विल स्मिथ का यह वाक्य जीवन के उन सभी मायने को स्पष्ट कर देता है जिसमें वे कहते हुए दिखाई देते है, "आप अपने लिए वह चीज़ ढूँढ़ें जिसको आप सबसे अधिक प्यार करते हैं। इसके लिए आपको किसी सुबह का इन्तज़ार करने की ज़रूरत नहीं पड़ती। यह तो ऐसी चीज़ है जिसका मन में विचार आते ही आप काम करना प्रारम्भ कर देते हैं और तब तक नहीं रुकते जब तक कि आप उसे हासिल नहीं कर लेते।"

हमने सीखा

I. जुनून जीवन की कोई रोमांटिक यात्रा न होकर एक ऐसी अनुभूति और उत्साह का नाम है। जिसके सहारे हम जीवन का कोई लक्ष्य हासिल करने के लिए तब तक बेताब रहते हैं जब तक कि वह हमें मिल नहीं जाता।

II. जब कोई काम जुनून के साथ किया जाता है तब हम प्रत्येक छोटी घटना को भी बहुत बड़ी समझ कर करते हैं जिससे काम करने में न सिर्फ़ मज़ा आता है अपितु इसके माध्यम से आप वह सब हासिल कर सकते हैं जो व्यक्ति एक पैसे के माध्यम से हासिल करना चाहता है।

III. जुनून एक ऐसा शब्द है जो मन में जज़्बात तो पैदा करता ही है, यह जज्बात कुछ अलग कर गुज़रने के लिए भी होता है जो साधारण से अलग असाधारण की श्रेणी में लाकर आपको खड़ा कर देता है। इससे एक सकारात्मक दृष्टिकोण का विकास होता है जो प्रत्येक नकारात्मक चीज़ को सकारात्मक नजरिये में तब्दील कर देता है।

IV. "आप अपने लिए वह चीज़ ढूँढ़ें जिसको आप सबसे अधिक प्यार करते हैं। इसके लिए आपको किसी सुबह का इन्तज़ार करने की ज़रूरत नहीं पड़ती। यह तो ऐसी चीज़ है जिसका मन में विचार आते ही आप काम करना प्रारम्भ कर देते हैं और तब तक नहीं रुकते जब तक कि आप उसे हासिल नहीं कर लेते।"

स्कूल स्मार्ट नहीं, स्ट्रीट स्मार्ट बनें

अपने यहाँ की शिक्षा व्यवस्था की सबसे बड़ी कमी इसका व्यावहारिक न होना है जो एक छात्र को ज्ञान–विज्ञान के विभिन्न सिद्धान्तों की जानकारी तो देती है लेकिन यह बताने में असमर्थ होती है कि फलाँ सिद्धान्त का जीवन में उपयोग क्या है और इसे कैसे प्राप्त किया जा सकता है। स्कूल से लेकर कॉलेज तक हम अपने सर पर ज्ञान का बोझा तो ढोते रहते हैं, लेकिन हमें यह पता नहीं होता कि इस ज्ञान के बोझे के माध्यम से सफलता की सीढ़ियों पर कैसे चढ़ा जा सकता है।

स्ट्रीट स्मार्ट से हमारा आशय उन लोगों से है जिनके पास डिग्री का विशाल भण्डार न होने के बाद भी वे जीवन में बहुत सफल होते हैं। कई अध्ययनों में यह पाया गया है कि जिन्होंने जीवन के प्रारम्भिक पड़ाव में ही बहुत सारी कठिनाइयों का सामना किया है। वे जीवन में ज़्यादा सफल हुए हैं बनिस्पत उनके जो लोग ज्ञान बटोरने की खोज में लगे रहे और बड़ी–बड़ी डिग्रीयाँ हासिल करते रहे। वे आगे चलकर किसी बड़ी कम्पनी के मैनेजर तो बन गये लेकिन बहुत कम ही हुए जो मालिक बन पाये हैं। मालिक वही बने जिन्होंने डिग्रीयाँ तो हासिल नहीं की लेकिन काम बहुत कम उम्र में ही स्टार्ट कर दिया। ऐसे ही लोगों को लीडरशिप की भाषा में स्ट्रीट स्मार्ट कहा जाता है। रिलायंस समूह के संस्थापक धीरूभाई अम्बानी, माइक्रोसॉफ्ट कम्पनी के मालिक बिल गेट्स, फेसबुक ग्रुप के मालिक मार्क जुकेरबर्ग का नाम ऐसे ही स्ट्रीट स्मार्ट लोगों की सूची में आता है। स्ट्रीट स्मार्ट लोगों के लक्षण कुछ इस प्रकार होते है :

1. प्रारम्भिक जीवन में असफल

अपनी लाइफ–स्टाइल के लिए दुनियाभर में मशहूर, एक सफल उद्यमी और वर्जिन एयरलाइन्स के मालिक, रिचर्ड ब्रान्सन का नाम लगभग सभी ने सुना होगा। लेकिन बहुत कम लोगों को पता होगा कि इंग्लैंड में 18 जुलाई, 1950 में जन्म लेने वाले इस अंग्रेज़ का प्रारम्भिक जीवन असफलताओं की लड़ी लेकर आया। जब मात्र 13 साल के थे तभी परीक्षा पास न करने की वजह से पहले स्कूल से निकाल दिये गये। दूसरे स्कूल में एडमिशन लिया लेकिन तीन साल के भीतर फेल होने से फिर से स्कूल से निकाल दिया गया। मजबूर होकर उन्होंने मात्र 16 वर्ष उम्र में स्कूल के लिए पत्रिका "स्टूडेंट" नाम से निकाली जिसकी पहली प्रति हाथोहाथ बिकी और पहले ही अंक में उन्हें 8000 पौंड का विज्ञापन मिला। इससे इनके मनोबल में इतनी बढ़ोत्तरी हुई कि ब्रान्सन ने दूसरी बार 50 हज़ार कॉपी फ्री में बँटवा दी और इसकी क़ीमत विज्ञापन से निकाली। इसके बाद उन्होंने कई बिज़नेस में हाथ आजमाया जिसमें से 1984 में वर्जिन एटलान्टिक भी एक है। जानकर आश्चर्य होगा कि 16 वर्ष में जिस ब्रान्सन को स्कूल में फेल होने की वजह से निकाल दिया गया था। आज वह व्यक्ति लगभग 200 कम्पनियों का मालिक है और इनमें से दो प्राइवेट आइलैंड भी शामिल हैं।

2. दरियादिल और तुरन्त निर्णय लेने वाले

स्ट्रीट स्मार्ट लोगों की दूसरी विशेषता होती है दरियादिली। ये दिल खोलकर ख़र्च करते हैं। लेकिन जो पैसा ख़र्च करते हैं, उससे कम से कम चार से छह गुना कमाने की सोचते हैं। पटना जैसी जगह से अपनी यात्रा शुरू करने वाले वेदान्ता एलुमीनियम समूह के मालिक अनिल अग्रवाल 19 वर्ष की आयु में जब पहली बार मुम्बई (तब का बॉम्बे) आये तो नरीमन पॉइंट स्थित ओबराय होटल को देखकर चकरा गये और इसमें रहने का ख्वाब भी देखने लगे। लेकिन अंग्रेज़ी न बोल पाने के कारण अन्दर जाने में संकोच कर रहे थे।

खैर, किसी की मदद से वे अन्दर तो घुस गये, अन्दर घुसते ही उनको होटल इतना अच्छा लगा कि वही रहने का मन बना लिया और रहे भी। कोई एक–दो दिन नहीं बल्कि पूरे तीन महीने। आप को यह जानकर आश्चर्य होगा कि यही अनिल अग्रवाल जो पटना से बॉम्बे कबाड़ी का धन्धा करने आये थे और यह सोचकर कि वे पिता जी के काम हाथ बँटायेंगे, आज वही अग्रवाल भारत ही नहीं पूरी दुनिया के लिए एक बहुत बड़े व्यापारी बन चुके हैं। जिनकी लन्दन के मेफेयर गार्डेन में बड़ी कोठी है। इसके अलावा ये फोर्ब्स लिस्ट के हिसाब से 2 बिलियन के मालिक हैं और कुछ दिनों पहले ही उन्होंने घोषणा की है कि अपनी कम्पनी का 75 प्रतिशत हिस्सा वह ग़रीब लोगों को शिक्षा देने में ख़र्च करेंगे।

3. समयानुसार अपने आप को बदलने वाले

स्ट्रीट स्मार्ट लोगों की एक यह बहुत बड़ी ख़ूबी होती है कि वे वक़्त की नब्ज़ को बहुत अच्छी तरह से तुरन्त पकड़ लेते हैं। स्कूल स्मार्ट लोग जब तक किसी काम को करने की सोचते है तब तक स्ट्रीट स्मार्ट लोग उस काम में बहुत आगे निकल चुके होते हैं। इसका कारण उनका व्यक्तिगत अनुभव और संघर्ष होता है। साथ ही दिनभर अलग–अलग तरह के लोगों से मिलने से ये लोग किसी भी व्यक्ति के मनोविज्ञान को तुरन्त समझ जाते हैं। इसलिए किसी व्यक्ति से काम निकलवा लेने की कला इन्हें बहुत अच्छे तरीक़े से आती है जबकि किताबी ज्ञान से ये कला कभी आ ही नहीं सकती। दूसरे शब्दों में कहे तो ये बहुत लचीले (Flexible) व्यक्तित्व से भरपूर होते हैं जिनमें तुरन्त अपने आप को समय और परिस्थिति के अनुसार ख़ुद को ढालने की क्षमता होती है।

4. दूसरे की ग़लतियों से सीखने वाले

स्ट्रीट स्मार्ट लोग अपने प्रारम्भिक जीवन में ही इतनी ग़लतियाँ और संघर्ष कर चुके होते हैं कि उन्हें बाद में इस चीज़ का आसानी से अनुमान हो जाता है कि क्या करने से क्या होगा।

बिस्मार्क ने ऐसे ही लोगों के बारे में एक बार कहा था, "मूर्ख लोग ही ग़लतियाँ करके सीखते हैं जबकि बुद्धिमान लोग दूसरे की ग़लतियों से ही सीख लेते हैं।" स्ट्रीट स्मार्ट लोगों की तुलना सदैव एक ऐसे ही बुद्धिमान के रूप में होती है जो दूसरे की ग़लतियों से ही अपनी सफलता की राह निकाल लेते हैं। जो व्यक्ति ख़ुद ग़लतियों पर ग़लतियाँ करता चला जाता है उसे उतना वक़्त सम्हलने में लग जाता है। इतने में एक स्ट्रीट स्मार्ट व्यक्ति दूसरे की ग़लतियों का आकलन कर तब तक अपना काम निकाल चुका होता है।

हमने सीखा

I. स्ट्रीट स्मार्ट लोग वक्त की नब्ज को बहुत अच्छी तरह से तुरन्त पकड़ लेते हैं।

II. एक सामान्य व्यक्ति जब तक खुद ग़लतियाँ नहीं करता; तब तक नहीं सीखता; जबकि स्ट्रीट स्मार्ट व्यक्ति दूसरों की ग़लतियों से ही सीख लेते हैं।

III. कह सकते हैं अक्ल ज्ञानी महपुरुषों के पास बैठने से नहीं आती है; अक्ल तभी आती है जब तक कि खुद का 'चूतिया' न कंट जाये।

काम में दक्षता लायें

सोलह साल का एक बालक था। स्वभाव से बहुत ही आज्ञाकारी और हमेशा दूसरों की मदद के लिए तैयार रहता था। वह शहर के एक साधारण मोहल्ले में रहता था जहाँ बिजली के खम्भे तो लगे थे पर उनमें लगी लाइट सालों से ख़राब थी और बार–बार शिकायत करने के बाद भी कोई उसे ठीक नहीं करता था।

लड़का अक्सर सड़क पर आने–जाने वाले लोगों को अँधेरे में आते–जाते देखकर परेशान रहता था। उसके दिल में अक्सर आता था कि कैसे वह इस समस्या को दूर करे। इसके लिए वह जब भी अपने माता–पिता या पड़ोसियों से कहता था तो सब इसे सरकार और प्रशासन की लापरवाही कह कर टाल देते थे।

ऐसे ही कुछ महीने बीत गये। फिर एक दिन लड़के ने कहीं से एक लम्बा–सा बाँस और बिजली का तार लेकर और अपने कुछ दोस्तों की मदद से उसे अपने घर के सामने गाड़कर उसमें एक बल्ब लगाने को कहा। आस–पड़ोस के लोगों ने देखा तो पूछा– "अरे तुम ये क्या कर रहे हो?"

'मैं अपने घर के सामने एक बल्ब जलाने का प्रयास कर रहा हूँ?" लड़का बोला।

"अरे इससे क्या होगा, अगर तुम एक बल्ब लगा भी लोगे तो इससे मोहल्ले में प्रकाश थोड़े ही फैल जायेगा, आने–जाने वालों को तब भी तो परेशानी उठानी ही पड़ेगी।" पड़ोसियों ने उस पर उलाहना मारते हुए कहा।

यह सुनकर लड़का बोला, "आपकी बात सही है, लेकिन मैं ऐसा करके कम से कम अपने घर के सामने से जाने वाले लोगों की परेशानी तो दूर कर ही सकता हूँ।" ऐसा कहते हुए उसने आख़िर एक बल्ब वहाँ टाँग ही दिया।

रात को जब बल्ब जला तो यह बात पूरे मोहल्ले में फैल गयी। किसी ने बालक के इस क़दम की प्रशंसा की तो किसी ने खिल्ली उड़ायी। एक–दो दिन बीते तो लोगों ने देखा की कुछ और घरों के सामने बल्ब टँगे हुए हैं। फिर क्या था महीना बीतते–बीतते पूरा मोहल्ला प्रकाश से जगमगा उठा। एक छोटे–से लड़के के एक क़दम ने इतना बड़ा बदलाव ला दिया था कि धीरे–धीरे पूरे शहर में ये बात फैल गयी, अख़बारों ने भी इस खबर को प्रमुखता से छापा और अन्ततः प्रशासन को भी अपनी ग़लती का अहसास हुआ और मोहल्ले में स्ट्रीट–लाइट्स को ठीक करा दिया गया।

मालूम है वह बालक कौन था। उस बालक का नाम था ईश्वर चन्द विद्यासागर जिसे आधुनिक बंगाल का निर्माता माना जाता है।

ईश्वर चन्द विद्यासागर के इस क़दम से एक बात तो साफ़ है कि यदि आप किसी काम को करने में सक्षम है इससे न सिर्फ़ आप अपने घर को रोशन कर सकते हैं अपितु इसके माध्यम से आप एक ऐसे समाज का निर्माण भी कर सकते हैं जो ज़िम्मेदार और कार्यकुशल भी हो। किसी भी कार्य के प्रति कुशलता ही आज के भूमण्डलीकरण के युग में सफलता की सबसे बड़ी निशानी है।

आज जब पूरे देश में दक्ष भारत को लेकर चर्चा चल रही है और हमारे नये प्रधानमन्त्री माननीय नरेन्द्र मोदी जी का सपना है कि हमें एक ऐसे भारत का निर्माण करना है जो पूरी तरह से दक्ष हो। नेशनल स्किल डेवेलपमेंट कॉरपोरेशन (एन.एस.डी.सी.) जैसी कई संस्थाएँ ऐसे लोगों को प्रीक्षण देने में कार्यरत है। एन.एस.डी.सी. द्वारा किये गये एक सर्वेक्षण के माध्यम से ही पता चला है कि कई निजी संस्थानों से बी.टेक. और एम.टेक की डिग्री हासिल किये हुए लोगों को दस हज़ार की एक नौकरी के लिए भी कोई नहीं पूछता।

उसका कारण उनके पास इंजिनियरिंग की डिग्री तो है लेकिन वास्तविक जीवन में वे कोई काम करने में सक्षम ही नहीं हैं। वहीं दूसरी तरफ़ एक प्लंबर अथवा इलेक्ट्रीशियन का काम करने वाला व्यक्ति दिल्ली और मुम्बई जैसी जगहों में बड़ी–बड़ी सोसाइटियों और अपार्टमेंट में 4–4 घण्टे की नौकरी करके आसानी से 50 से 60 हज़ार रुपये महीना कमा लेते हैं। ऐसे में यह सवाल उठना यहाँ लाजिमी हो जाता है कि कैसे दक्षता हासिल करके सफलता की सीढ़ियों को चढ़ा जा सकता है। इसके लिए कुछ सुझाव यहाँ दिये गये हैं जो आपके लिए उपयोगी हो सकते है :

1. अपने पसन्दीदा क्षेत्र का चयन करे

पूरी दुनिया में आज जिस चीज़ की चर्चा ज़ोरों पर हो रही है। वह क्षेत्र है स्किल डेवेलपमेंट यानी किसी भी कार्य में कुशलता का। मसलन यदि आप यदि रोज़मर्रा के किसी भी काम में से एक काम में श्रेष्ठ हैं तो आपके पास रोज़गार की कोई कमी नहीं है। फिर यह क्षेत्र इलेक्ट्रीशियन का हो अथवा मैकेनिक का। भवन निर्माण का हो अथवा कूकिंग का। सब जगह अवसर भरे पड़े हैं। अभी हाल ही में दुनिया को अलविदा कहने वाली तरला दलाल ने कूकिंग क्षेत्र को अपने जीवन का पेशा बनाकर न सिर्फ़ ख़ूब पैसा कमाया अपितु नाम भी. सोनी टी.वी. पर आने वाली तरला दलाल की कूकिंग क्लासेस से शायद ही कोई वाकिफ़ न हो। इसी तरह संजीव भार्गव का नाम भी कूकिंग के क्षेत्र में काफ़ी जाना–माना है।

2. महारत हासिल करे और मन लगाकर काम करे

भूमण्डलीकरण के युग में कोई काम छोटा–बड़ा नहीं होता। सोच आपकी छोटी–बड़ी हो सकती है। व्यवसाय नहीं। हम आये दिन अख़बारों और टी. वी., रेडियो में पढ़ते और सुनते–देखते रहते हैं कि आई.आई.एम. जैसी जगहों से बड़ी डिग्री लेने के बाद भी कोई टैक्सी चलवाने का काम कर रहा है, तो कोई इडली–डोसा बनाने का। निर्मल कुमार, जो मूलतः बिहार के सिवान ज़िले के रहने वाले थे,

ने आई.आई.एम., अहमदाबाद से एम.बी.ए. करने के बाद पेशा चुना भी तो ऑटोरिक्शा चलवाने का जबकि वे कोई भी बड़ी जॉब कर सकते थे। आज उनके दस हज़ार से ज़्यादा रिक्शे गुज़रात और महाराष्ट्र में चल रहे हैं और वे एक सफल उद्यमी बन चुके हैं।

कुछ ऐसी ही कहानी है बिहार के मुहम्मदपुर गाँव, जिला नालंदा के रहने कौशलेन्द्र कुमार की जिन्होंने प्रारम्भिक परीक्षा गाँव के ही एक स्कूल से पास की फिर बारहवीं तक जवाहर नवोदय स्कूल में पढ़े। बाद में इनका चयन आई.आई.एम. अहमदाबाद जैसे प्रतिष्ठित संस्थान में हो गया। लेकिन इन्होंने देश से ही नहीं, विदेश से भी मिलने वाली बड़ी–बड़ी कम्पनियों के जॉब ऑफ़र को छोड़ दिया और अपने गाँव–देहात की तरफ़ जाने की ठानी और व्यवसाय चुना ठेले में सब्जी बेचने का।

आपको यह जानकर हैरानी होगी कि इतने बड़े संस्थान से पढ़ने के बावजूद भी यदि कोई व्यक्ति ऐसा काम कर रहा है तो उसके पास बहुत बड़ा विज़न है। जिसके माध्यम से वह न सिर्फ़ अपना बल्कि अपने जैसे न जाने कितनों का पेट ही नहीं भर सकता बल्कि मुनाफा भी कमा सकता है। और हुआ भी यही। आज कौशलेन्द्र अपने गाँव के आसपास रहने वाले 20,000 किसानों को न सिर्फ़ नौकरी प्रदान करने में सक्षम है, अपितु करोड़ों का मुनाफा भी कमा रहे हैं।

3. सकारात्मक सोच और दृढ़ता के साथ काम करें

सकारात्मक सोच और दृढ़ता किसी भी व्यवसाय में टिके रहने की पहली शर्त होती है यह कहना है अमेरिकी उद्योगपति और इलेक्ट्रीशियन जेरेमी स्मिथ का जिन्होंने इलेक्ट्रीशियन के एक छोटे–से व्यवसाय से सफ़र शुरू कर दुनिया को एल.ई.डी. लाइट देने तक का सफ़र तय किया और आज जिनका कारोबार पूरी दुनिया में 250 बिलियन से अधिक का है।

जेरेमी स्मिथ की ही तरह सकारात्मक सोच रखने वाली सबसे मज़ेदार स्टोरी है प्रेम गणपथी की जिसको लोग ड़ोसावाला के नाम

से अधिक जानते हैं। वे पहली बार जब मुम्बई आये तो उनके साथ जो व्यक्ति आया था वह उन्हें बांद्रा स्टेशन पर छोड़कर भाग गया। प्रेम न तो मुम्बई में किसी को जानते थे और न ही उन्हें यहाँ की भाषा आती थी।

उनकी इस अवस्था को देखकर एक–दूसरे तमिल व्यक्ति ने उन्हें मन्दिर में जाकर लोगों को अपनी घटना को सुनाने की अपील की और कहा यदि वह मन्दिर में बैठकर ऐसा करेगा तो उसे चेन्नई वापस जाने तक का पैसा मिल जायेगा।

लेकिन प्रेम ने चेन्नई वापस जाने से मना कर दिया और मुम्बई के ही एक रेस्टारेंट में बर्तन साफ़ करने का काम पकड़ लिया। साथ ही वे अपने रेस्टारेंट मालिक से बोले कि चूँकि वह 10वीं पास है अतः वेटर का काम दे दे तो बेहतर रहेगा। लेकिन स्थानीय राजनीति और मराठी न आने की वजह से रेस्टारेंट मालिक ने उन्हें यह काम देने से मना कर दिया। और तब तक उन्होंने इन्तज़ार किया जब तक कि पड़ोस में एक नया डोसा रेस्टारेंट नहीं खुला जहाँ उन्हें चाय पिलाने की नौकरी मिल गयी।

अपनी कस्टमर सर्विस, व्यवहार और मुस्कुराहट भरे रिश्तों के कारण इस रेस्टारेंट में प्रेम की पहचान एक ऐसे वर्कर के रूप में हो गयी जो सिर्फ़ चाय पिलाने की बदौलत 1000 रुपये रोज़ का व्यवसाय करता था जो कि रेस्टारेंट के अन्य सर्विस बॉय की तुलना में तीन गुना अधिक था। यह देखकर कि एक दिन उन्हें एक कस्टमर ने उन्हें वासी मुम्बई में फिफ्टी–फिफ्टी पार्टनर के रूप में एक नयी चाय की दुकान खोलने का ऑफर किया जिसका पैसा वह कस्टमर पूरी तरह निवेश करने के लिए तैयार था। शर्त बस इतनी थी कि प्रेम को चाय की दुकान चलाना था और जो भी फ़ायदा आयेगा उसका आधा–आधा बाँट लिया जायेगा।

लेकिन जैसे ही यह व्यवसाय चल निकला। उस निवेशक के मन में लालच आ गया। और उसने प्रेम को 50 प्रतिशत की हिस्सेदारी देने से मना कर दिया। जो प्रेम को नामंजूर था। फलस्वरूप उस रेस्टारेंट मालिक ने प्रेम को वहाँ से निकालकर दूसरे वर्करों को रख लिया।

लेकिन प्रेम कुछ अलग ही मिट्टी से बने इन्सान थे। उन्होंने तो जैसे हार मानना सीखा ही नहीं। उन्होंने अपने अंकल और भाई से थोड़े से पैसे उधार स्वरूप लिए और अपनी ख़ुद की चाय की दुकान खोल ली जिसका उनके पड़ोसी ने प्रतिरोध किया। परिणामस्वरूप उन्हें वह दुकान बन्द करनी पड़ी।

लेकिन इसके बाद भी वे निराश नहीं हुए। उन्हें जल्द ही वहीं एक छोटा–सा स्पेस मिल गया जिसमें उन्होंने साउथ इंडियन स्टाल नाम से डोसे की एक दुकान खोली। यद्यपि उनको डोसा और इडली बनाना नहीं आता था लेकिन बार–बार कोशिश (ट्रायल और एरर) और दूसरों को डोसा बनाते हुए देखकर उन्होंने इस काम में इतनी महारत हासिल कर ली कि लोगों में इसकी चर्चा धीरे–धीरे पूरी मुम्बई में होने लगी। 1992–1997 के बीच उन्होंने इतना पैसा कमा लिया कि उन्होंने चेन्नई वापस जाने के बजाय मुम्बई के वासी स्टेशन के पास ही डोसा प्लाजा नाम से अपनी एक नयी दुकान खोल ली। साथ ही इसी के बगल में उन्होंने चाइनीज़ प्लाजा नाम से भी एक दुकान खोली जिसको बहुत नुकसान उठाना पड़ा, जिसको तीन महीने के भीतर ही बन्द करना पड़ा।

लेकिन इस इतने बड़े लॉस से भी वे नहीं घबराये और इस बिज़नेस लॉस से उन्हें एक बहुत बड़ा सबक मिला। परिणामस्वरूप उन्होंने डोसा में ही चाइनीज़ कुजेंस को डालकर एक नये तरह का डोसा बनाने का काम प्रारम्भ किया जिसको बहुत सफलता मिली।

अपनी इस सफलता से उत्साहित होकर उन्होंने डोसे के कई प्रकारों की खोज कर डाली जैसे चाइनीज़ चोप्सी डोसा, सिजवान डोसा, पनीर चिली डोसा, स्प्रिंग रोल डोसा आदि। इस तरह उन्होंने 108 तरह के नये डोसों को ईज़ाद कर डाला जिसकी सम्पूर्ण मुम्बई में चर्चा होने लगी।

कहते हैं जब आप अपने आप में सक्षम होते हैं तो लोग भी आपसे जुड़ते चले जाते हैं। एक बार पुनः उनके पास एक ऐसा ग्राहक आया जो न्यू मुम्बई के एक मॉल में फूड कोर्ट निर्माण करने वालों का हिस्सा था।

उसने प्रेम को सलाह दी कि आप भी फूड कोर्ट में एक दुकान ले लीजिए। प्रेम भी अपने बिज़नेस को बढ़ाने की सोच ही रहे थे जिससे की एक अच्छी सर्विस देकर अपने एक अलग ब्रांड को स्थापित कर सके। वह अवसर जल्द ही इस मॉल के स्टॉल के माध्यम से आ गया। इसके लिए उन्होंने एक प्राइवेट एजेंसी के माध्यम से अपना लोगो, ब्रांड मेनू और ड्रेस कोड भी तैयार करा डाला।

परिणाम यह हुआ कि उन्हें जल्द ही कई जगह से फ्रेंचाइचीज़ लेने के ऑफर भी आने लगे और बहुत जल्दी ही उनके 26 से अधिक आउटलेट देश के अलग–अलग हिस्सों में खुल गये जिनका व्यवसाय आज करोड़ों में है। अब तो उन्हें यूरोप और अमेरिका से भी अपने आउटलेट खोलने के ऑफ़र आने लगे है।

कहने का तात्पर्य बस यही है कि यदि कोई भी व्यक्ति अपने कार्य में दक्ष हो जाये तो वह कोई भी सफलता किसी भी क्षेत्र में प्राप्त कर सकता है।

4. सन्तुलन बनाकर काम करें

व्यवसाय और जीवन में सन्तुलन बनाकर काम करने से किसी भी तरह के तनाव से बचा जा सकता है और आप अपने मुकाम पर भी पहुँच सकते हैं। दुनिया के अधिकतम उद्यमियों का मानना है कि व्यवसाय में धन की हानि जोख़िम का हिस्सा है। लेकिन इसके माध्यम से किसी भी तरह का शारीरिक और मानसिक तनाव झेलना बहुत पीड़ादायक होता है। प्रसिद्ध न्यूरो साइंटिस्ट पीटर लथान भी मानते हैं कि वे लोग सौभाग्यशाली होते हैं जो किसी भी काम में दक्षता हासिल करने और व्यवसाय को बढ़ाने के दौरान अपने जीवन में एक सन्तुलन बनाकर रखते हैं। इससे वे जो प्राप्त करना चाहते हैं उसकी तरफ़ अग्रसर भी हो जाते हैं और सफलता भी हासिल कर लेते हैं।"

कुल मिलाकर ऐसा माना जाता है कि यदि आपको अपने कार्य में दक्षता हासिल करना है और आप इसमें मन लगाकर लगातार काम करते चले जायें, बिना घबराये, सफलता आपके काम के बदौलत ही आपके क़दम चूमने लगेगी।

हमने सीखा

I. किसी व्यवहारिक काम में दक्षता (Skill) प्राप्त करें।

II. बड़े विजन के साथ छोटी शुरुआत करें लेकिन सफलता मिलने तक टिके रहें।

III. व्यवसाय करते समय एक में सफल न होने पर घबराएँ नहीं; बल्कि लगातार कोशिश करते रहे; और तब तक लगे रहे; जब तक पुराने का भी हिसाब–किताब बराबर न हो जाये।

निराशा को आशा में कैसे बदलें

आशा–निराशा मनुष्य के जीवन के अभिन्न अंग है। जब तक जीवन है तब तक आशा–निराशा के साथ मुठभेड़ होना मनुष्य के जीवन में लगा रहेगा। लेकिन कुछ लोग जीवन में छोटी–बड़ी घटनाओं के आते ही अपना मानसिक सन्तुलन खो बैठते हैं और कोई न कोई ग़लत काम कर बैठते है। जबकि एक समझदार व्यक्ति ऐसे अवसर को अपने जीवन का एक हिस्सा मानते हुए कुछ ऐसा काम कर जाते हैं जो देश और दुनिया के लिए ऐतिहासिक बन जाता है और उनका नाम स्वर्णाक्षरों में लिखा जाता है। तनाव और निराशा की ऐसी स्थिति में सकारात्मक ढंग से उठाया गया कोई क़दम ही मैनेजमेंट की भाषा में "सकारात्मक तनाव अथवा पॉजिटिव स्ट्रेस" के नाम से जाना जाता है। इस अवधारणा को सबसे पहले दुनिया के सामने हंस सेल्ये ने प्रस्तुत किया। सेल्ये का कहना था कि "प्रतिकूल परिस्थितियों को भी जो अपने समयानुकूल बना ले ऐसे व्यक्ति को हम करिश्माई लीडर के नाम से भी जानते हैं।" ऐसे करिश्माई व्यक्तियों की जो कुछ ख़ूबियाँ होती है। वे इस प्रकार है :

1. चुनौतियों का दृढ़तापूर्वक सामना करने वाले

बेन मेनरिच ने अपनी पुस्तक "द एक्सीडेंटल बिलिनायर" में लिखा कि दुनिया में पॉपुलारिटी की पराकाष्ठा पर पहुँच चुकी सोशल नेटवर्किंग साइट "फेसबुक" की कहानी बड़ी ही रोमांचक होने के साथ–साथ निराशा भरी रही है। मेरी नज़र में यदि इसके जनक मार्क जुकॅरबर्ग को जीवन की प्रारम्भिक अवस्था में निराशा हाथ नहीं लगी होती

तो शायद उनका नाम दुनिया के युवतम बिलिनायर के रूप में कभी प्रतिस्थापित ही नहीं हो पाता। हुआ यूँ कि जुकॅरबर्ग जब मात्र 19 वर्ष के थे और हारवर्ड यूनिवर्सिटी में पढ़ ही रहे थे उसी समय उनकी गर्लफ्रेंड एरिका अलब्राईट ने उनका साथ छोड़ दिया। उनको अपनी गर्लफ्रेंड का इस तरह साथ छोड़कर चले जाना इतना नागवार गुज़रा कि उन्होंने एरिका के इस व्यवहार को सबको बताने के लिए लाइव जर्नल ब्लॉग और ऑन कैम्पस वेबसाइट "फेसमाश" बना डाला। यह साइट डेटिंग करने वाले छात्रों के लिए इतनी पापुलर हुई कि लोगों ने अपनी फोटो और अन्य जानकारियाँ इसमें पोस्ट करना शुरू कर दिया। इसकी पॉपुलरिटी को देखकर जुकॅरबर्ग के भारतीय मूल के मित्र नील सुरेन्द्र ने इसका नाम बदलकर "द फेसबुक" रखने की सलाह दी और इसके बिज़नेस पार्टनर बन गये। देखते ही देखते फेसबुक की पॉपुलरिटी पूरे दुनिया में फैल गयी और मार्क जुकॅरबर्ग दुनिया के सबसे युवा बिलिनायर बन गये। आज फेसबुक की कुल संपति लगभग 25 हज़ार बिलियन डॉलर के क़रीब पहुँच चुकी है। जो इतने कम समय में एक रिकॉर्ड है।"

2. नवोन्मेषी काम करने वाले

सु–काम इनवर्टर कम्पनी के मालिक कुँवर सचदेव की कहानी बहुत ही मार्मिक और रोचक है। कुँवर के पिता जी भारतीय रेलवे में क्लर्क थे और माता गृहणी। दिल्ली की एक छोटी–सी जगह में रहने वाले कुँवर के पिता परिवार चलाने के लिए छोटा–मोटा बिज़नेस भी करते रहते थे जिससे अपने बच्चों को अच्छी शिक्षा–दीक्षा दे सके। लेकिन उनकी ये मेहनत भी काम न आयी और कुँवर जब मात्र पाँचवीं कक्षा में पढ़ रहे थे तभी घर की आर्थिक तंगी को देखते हुए उनके पिता ने उन्हें प्राइवेट स्कूल से निकालकर सरकारी स्कूल में डाल दिया। लेकिन परिवार के इस पूरे कष्ट को कुँवर चुपचाप देख और समझ रहे थे। ख़ैर, जैसे–तैसे करके कुँवर ने दिल्ली के हिन्दू कॉलेज में एडमिशन लिया और बी.एस.सी. करने के साथ–साथ वे बड़े भाई के

पेन के बिज़नेस में भी हाथ बँटाते थे जिससे घर का ख़र्चा आसानी से चल सके। लेकिन जैसे ही उनका ग्रेजुएशन पूरा हुआ उन्होंने घर के हालात को देखते हुए नौकरी न करके बिज़नेस करने की सोची और सु–काम नाम से पेन बनाने की कम्पनी शुरू की लेकिन इसमें बहुत सफल नहीं हुए।

लेकिन कुँवर ने हार नहीं मानी और दिल्ली की बिजली की समस्या को देखते हुए डीजल पम्प के सहारे पावर इनवर्टर बनाने का धन्धा शुरू किया। यह धन्धा उनका इतना सफल रहा कि देखते ही देखते सुकाम इनवर्टर का नाम सभी की ज़ुबान पर आ गया। और यह भारत का नम्बर एक इनवर्टर बन गया। इतना ही नहीं सु–काम भारत के अलावा अब दुनिया के कई अन्य देशों में अपनी पहचान बना चुका है।

3. नकारात्मक विचारों को सकरात्मकता में बदलने वाले

हंस सेल्ये ने अपने सिद्धान्त पोजिटिव स्ट्रेस में कहा कि जब भी किसी दृढ़–निश्चयी व्यक्ति के सामने ऐसी कोई भी समस्या आती है तो वे उससे घबराते नहीं बल्कि कोई ऐसा सकारात्मक काम करना प्रारम्भ कर देते हैं जिससे उनका दिमाग़ डाइवर्ट हो सके और कुछ नया काम कर सकें। इसका सबसे बड़ा उदाहरण मार्क जुकॅरबर्ग स्वयं है। जिन्होंने अपनी गर्लफ्रेंड की याद में कोई ग़लत क़दम न उठाकर लोगों के लिए एक ऐसी तकनीक ढूँढ़ने में अपना ध्यान लगाया जिससे कोई भी प्रेमी दूर रहकर भी अपने सुख–दुख को अपने साथी और मित्र के साथ बाँट सके। यह तकनीक कितनी आज कामयाब है यह बात किसी से छुपी हुई नहीं है।

4. कभी हार नहीं मानने वाले

"कबीरदास जी का एक दोहा है "धीरे–धीरे रे मना, धीरे से सब होय। माली सीचै सौ घड़ा ऋतु आये फल होय" यह दोहा उन सभी सफल व्यक्तियों के जीवन के लिए लागू होता है जो जीवन में कभी हार नहीं मानते और इस बात पर विश्वास करते हैं कि काम करना मेरा धर्म है और जब सही समय आयेगा इसका फल मुझे ज़रूर मिल जायेगा।

और सच्चाई भी यही हैं कि ऐसी सोचवाले व्यक्ति ही जीवन में सफल होते है न कि वे जो जीवन में थोड़ी–सी कठिनाइयाँ आते ही अपना काम बीच में ही छोड़ देते हैं।

आप सभी ने अपने जीवन में देखा होगा कि जब भी हममें से किसी को कोई कष्ट आता है तो हम सभी के चाहने वाले यही कहते हैं, घबराओं नहीं, शान्ति के साथ धैर्य रखो सब ठीक हो जायेगा।

कभी आपने सोचा ऐसा क्यों कहा जाता है? क्योंकि विपरीत परिस्थितियों में जो धैर्य रखता है सफलता उसी को धारण करती है। हम प्रायः देखते हैं हममें से अधिकतर लोग छोटी–छोटी बातों में अपना धैर्य खो देते हैं। फिर यह ट्रैफिक जाम की समस्या हो अथवा शेयर मार्किट के डाउन होने का कारण। लेकिन ऐसी विपरीत परिस्थितियों में भी जो अपना आपा खोये बिना चिन्तनशील और मगनशील बना रहता है। वही आगे सफलता प्राप्त करता है। यहाँ पर ऐसे कुछ कारणों की पड़ताल की गयी है, जिसके माध्यम से आप न व्यक्तिगत जीवन में सफल हो सकते हैं बल्कि समाज में भी अपनी एक अलग पहचान बना सकते है :

➢ **सफलता की पहली सीढ़ी** : आपने अक्सर यह कहावत सुनी होगी। सूरज भी धीरे–धीरे ऊपर चढ़ता है। अचानक कुछ नहीं होता। यही फार्मूला जीवन में भी लागू होता है। जब कोई भी व्यक्ति अपने लक्ष्य को पाने के लिए बिना घबराये कार्यरत रहता है तो वह अपने उद्देश्य में सफल हो जाता है। चाइनीज़ में एक कहावत है, 'धैर्य का एक क्षण भी एक बड़ी आपदा को टाल सकता है जबकि अधीरता का एक पल आपकी पूरी ज़िन्दगी बर्बाद कर सकता है।'

➢ **रिश्ते सुदृढ़ करने में सहायक** : जीवन में हम कई बार किसी से रिश्ते रखते समय इतने आशावान हो जाते हैं कि इसके कारण हम चिड़चिड़े हो जाते है, परिणामस्वरूप हम कुछ ऐसा बोल जाते हैं जिससे सामने वाले को मानसिक चोट पहुँचती हैं। हम कई बार धैर्य रखे बिना इतनी ज़ल्दबाज़ी में निर्णय कर लेते है कि सामने वाले व्यक्ति की सकारात्मक सोच को भी नहीं समझ पाते। इसलिए परिणाम उलटे पड़ जाते है।

➢ **सकारात्मक सोच को आगे बढ़ाने में सहायक :** ऐसा जीवन में कई बार होता है जब कोई भी चीज़ अपने अनुसार नहीं होती है तो हम फ्रस्ट्रेट होने लगते हैं। जबकि निराशा ही वह छण होता है जब सबसे अधिक धैर्य की आवश्यकता होती है। जब व्यक्ति ऐसा करने में सक्षम हो जाता है तब वह कृष्ण की तरह युद्ध के मैदान में भी मुस्कुराता रहता है और वह ख़ुश महसूस करता है। होता भी यही है प्रत्येक सकारात्मक व्यक्ति की सोच भी यही होती है कि प्रत्येक बुरे दिन के बाद अच्छे दिन आते हैं जैसे रात्रि के बाद सुबह। इसलिए धैर्यवान व्यक्ति को आशा और निराशा जैसे क्षणों से बहुत प्रभाव नहीं पड़ता।

➢ **स्वस्थ रखने में सहायक :** गुस्सा और तनाव जीवन का एक ऐसा अहम हिस्सा होता है जो किसी के पूरे जीवन को बर्बाद कर सकता है। लेकिन धैर्यवान व्यक्ति की यही सबसे बड़ी पूँजी होती है। उसका किसी भी तरह की कोई भी परिस्थिति कुछ नहीं बिगाड़ पाती और एक व्यक्ति सदैव ख़ुश और मस्त बना रहता है। जीवन के प्रति इस तरह का लचीलापन ही उसके सेहत की सबसे बड़ी सहायक पूँजी होती है और शान्तिपूर्ण जीवन जीने का सबसे सरल मार्ग भी।

हमने सीखा

I. निराशा में छुपी हुई आशा की किरणों को पहचाने और आगे बढ़े।

II. निराशा की स्थिति में घबरायें नहीं बल्कि कोई ऐसा सकारात्मक कार्य प्रारम्भ कर दे; जिससे आपका दिमाग डाइवर्ट हो सके और कुछ नया काम कर सकें।

III. हमेशा इस बात का ध्यान रखें विपरीत परिस्थितियों में जो धैर्य रखता है सफलता उसी को धारण करती है।

सफलता के तीन सूत्र

सफलता एक ऐसा शब्द है जो हर कोई प्राप्त करना चाहता है। लेकिन बहुत कम लोग जानते हैं कि इस मंज़िल तक पहुँचने का मूलमन्त्र क्या है और कैसे पहुँचा जा सकता है। विभिन्न विद्वानों ने अपने अध्ययन में पाया है कि सफलता के मूलतः तीन सूत्र माने जाते हैं। वह है–ज्ञान, सूचना और संचार अथवा सम्प्रेषण क्षमता। जिन व्यक्तियों में इन तीनों चीज़ों का सामंजस्य होता है। उनको सफलता प्राप्त करने से कोई नहीं रोक सकता।

1. ज्ञान

पहले के जमाने में एक अंग्रेज़ी में जुमला चलता था "मनी मेक्स मनी" अर्थात "पैसे से पैसा" बनता है। लेकिन भूमण्डलीकरण और उदारीकरण के बाद स्थिति पूरी तरह बदल गयी है और पैसा कमाने का पुराना जुमला अब बदल चुका है और अब नये दौर का नया जुमला है "माइंड मेक्स मनी" अर्थात "दिमाग़ से पैसा बनता है"। एड गुरु अलिक पद्मश्री ने कहा कि "आज के जमाने में वह व्यक्ति बड़ा नहीं है जिसके पास बहुत सारा धन है, बल्कि वह व्यक्ति अधिक धनवान है जिसके पास आइडिया है।" इसके कारण बताते हुए उन्होंने कहा कि एक व्यक्ति जितना अधिक पैसा अपने एक आइडिया से कमा सकता है उतना एक धनवान व्यक्ति कहीं पैसा निवेश करके नहीं। अपने पूर्व प्रधानमन्त्री डॉ. मनमोहन सिंह ने भी "इकोनॉमिक्स टाइम्स अवार्ड" के पुरस्कार वितरण के दौरान एक बार कहा था कि "मुझे बहुत ख़ुशी हो रही है।

आज यहाँ पर जिनको भी में यह पुरस्कार दे रहा हूँ, उनके पूर्वज कोई पहले से अमीर नहीं थे। बल्कि ये सभी 1991 के बाद की पीढ़ी के लोग है जिन्होंने अपने ज्ञान और प्रतिभा के बल पर यह मुकाम हासिल किया है। जबकि इसके पहले ऐसी कल्पना करना भी मुश्किल था।" मनमोहन सिंह जी ने उस समारोह में जिनको पुरस्कार दिया था उनके नाम थे : इनफोसिस के चेयरमैन एन.आर. नारायणमूर्ति, आर्सेलर मित्तल समूह के मालिक लक्ष्मी मित्तल, भारतीय एयरटेल के मालिक सुनील मित्तल, एच.सी.एल. टेक्नॉलॉजी के मालिक शिव नाडार और डी.एल.एफ. ग्रुप के प्रमुख के.पी. सिंह. आप सभी को विदित होगा कि इन सभी के नाम के आगे कोई टाटा, बिड़ला अथवा किसी गोयनका समूह का नाम नहीं जुड़ा हुआ था। बल्कि ये वे लोग थे जिन्होंने अपने ज्ञान और प्रतिभा के दम पर पिछले 15 से 20 वर्षों में यह मुकाम हासिल किया है।

2. सूचना

आपने अपने दैनिक जीवन में ऐसे बहुत लोगों को देखा होगा कि कई लोगों के पास डिग्रियों का भण्डार होता है लेकिन फिर भी उनको किसी भी क्षेत्र में सफलता नहीं मिल पाती। दूसरे, ऐसी भी घटनाएँ बहुत देखने को मिलती हैं कि किसी–किसी पोस्ट में कुल रिक्त पद होते हैं 50 और 500। जबकि इन पदों के लिए प्रतिभागियों की संख्या लाखों में होती है। साथ ही यह बात भी देखने को मिलती है कि कुछ ऐसे पद भी कई जगहों पर मौजूद होते हैं जहाँ काफ़ी ढूँढ़ने के बाद भी कोई उपयुक्त प्रतिभागी नहीं मिल पाता। ऐसा जानते है क्यों होता है? लोगों के पास सही समय पर सही विषय–वस्तु की या तो जानकारी नहीं होती अथवा इनके पास उस सूचना का अभाव होता है जिसके माध्यम से वे सफलता की सीढ़ियों तक चढ़ सकते हैं। अभी हाल ही के नेशनल स्किल डेवलपमेंट कारपोरेशन (एन.एस.डी.सी.) के एक सर्वेक्षण से यह बात सामने आयी है कि सरकारी और गैर सरकारी संस्थानों से जिस तरह के इंजीनियरिंग

पढ़ करके छात्र सामने आ रहे हैं और जितनी संख्या में आ रहे हैं उतनी संख्या में उनके लिए रोज़गार मिल पाना बिल्कुल असम्भव है। जबकि सच्चाई का एक दूसरा पहलू यह भी है कि पूरी दुनिया में योग्य और सक्षम व्यक्तियों की संख्या बहुत कम है।

दूसरा, भारत के पास जितना ह्यूमन कैपिटल है वह दुनिया के किसी भी देश के पास नहीं है। यदि थोड़ा–सा इनको ट्रेन करके बाहर भेज दिया जाये तो रोज़गार की देश में इतनी मारामारी नहीं होगी जितनी महसूस की जा रही है क्योंकि दुनिया के कई देशों के पास आज काम करने वाले लोगों की संख्या बहुत कम है। जैसे जापान, फिनलैंड, मिडल ईस्ट के कई देश आदि, लेकिन इसकी सूचना सबको नहीं मिल पाती।

3. सम्प्रेषण क्षमता

सम्प्रेषण क्षमता से हमारा तात्पर्य उस कम्मुनिकेशन स्किल से है जिसकी ज़रूरत किसी भी कम्पनी अथवा कार्यालय को किसी न किसी रूप में हर वक़्त होती है। मान लीजिए एक प्रतिभागी के पास बहुत सारा ज्ञान है और सूचना भी। लेकिन जब साक्षात्कार का समय आता है तब वह उस समय कुछ जवाब ही नहीं दे पाता तब क्या ऐसी स्थिति में कोई भी कम्पनी उसको अपने यहाँ रखेगी? बिल्कुल नहीं। क्योंकि सूचना–प्रौद्योगिकी के युग में किसी भी कम्पनी की सफलता का पूरा दारोमदार इसी सम्प्रेषण क्षमता पर निर्भर करता है। न कि किसी की उस डिग्री पर जो उसके पास है। इसीलिए आपने देखा होगा कि एक सामान्य सा लगने वाला विद्यार्थी कई बार जीवन के इम्तिहान में उन सब से बहुत आगे निकल चुका होता है जो उससे पढ़ने–लिखने में बहुत आगे थे। उसका कारण उसकी यह सम्प्रेषण क्षमता ही है जो औरों के मुकाबले उसे सबसे बेहतर बनाती है। और ऐसा माना भी जाता है कि जीवन की सर्वोच्च ऊँचाई पर वही पहुँच पाता है जिसकी सम्प्रेषण क्षमता बेहतर हो। इसके सबसे बड़े उदाहरण है देश के वर्तमान प्रधानमन्त्री नरेन्द्र मोदी जी जिन्होंने अपनी सहज और सरल

लेकिन प्रभावशाली और जादुई बांतो से देश में बी.जे.पी. की न सिर्फ़ सरकार बनवा दी अपितु ख़ुद देश के प्रधानमन्त्री बन बैठे। वह सम्प्रेषण क्षमता ही थी जिसकी बदौलत वह दूसरी बार देश के प्रधानमन्त्री बने जबकि ज्ञान के मामले में पूर्व प्रधानमन्त्री डॉ. मनमोहन सिंह उनसे, कहीं बहुत अधिक, आगे जान पड़ते हैं लेकिन उनकी बातों में वह आकर्षण नहीं होता जो वर्तमान प्रधानमन्त्री माननीय नरेन्द्र मोदी की बातों में होता है। यह यही बात अमेरिका के राष्ट्रपति बराक ओबामा के लिए भी लागू होती है जिन्होंने अपने आत्म–विश्वास और प्रभावी भाषणों से न सिर्फ़ अमेरिकियों का दिल जीत लिया अपितु अमेरिका के इतिहास में एक ऐसा इतिहास भी रच दिया जब एक अश्वेत और अमेरिकी मूल के न होते हुए भी वहाँ के राष्ट्रपति बन गये।

मशहूर अमेरिकन एक्टर कायले मार्टिन चानडलर ने अवसर के सन्दर्भ में अपनी बात रखते हुए कहा था कि "अवसर दरवाज़ा नहीं खटखटाता बल्कि यह सब जगह मौजूद होती है बस आपको दरवाज़ा खटखटाने की देर होती है।" और यह सब अवसर कोई भी व्यक्ति अपने ज्ञान, सूचना और सम्प्रेषण क्षमता के माध्यम से प्राप्त कर सकता है।

हमने सीखा

सफलता के मूलतः तीन सूत्र माने जाते है–

I. ज्ञान, सूचना और संचार अथवा सम्प्रेषण क्षमता।

II. हमेशा ऐसे क्षेत्रों की खोज करते रहना चाहिए; जहाँ रोजगार की सँभावना अधिक होती है और प्रतियोगिता कम।

III. जीवन में हम जो हासिल कर पाते है, उसमें सम्प्रेषण क्षमता का योगदान 70 प्रतिशत के आसपास होता है। इसलिए हमें सदैव अपनी सम्प्रेषण क्षमता में सुधार करते रहना चाहिए।

छोटे-छोटे कामों को भी महत्त्व दें

चाइनीज़ में एक कहावत है, "प्रत्येक बड़ा काम एक छोटे से क़दम से शुरू होता है।" शुरुआत तो कीजिए रास्ता अपने आप बनता चला जायेगा। यदि किसी काम की आप शुरुआत ही नहीं करेंगे हाथ में हाथ रखकर बैठे रहेंगे तो काम कैसे चलेगा। दुनिया में जितने भी महान लोग हुए हैं और कोई अभूतपूर्व सफलता प्राप्त की है। उनकी ज़िन्दगी की शुरुआत बहुत ही छोटे स्तर पर हुई है। चाहे वह स्टीव जॉब्स हो अथवा धीरूभाई अम्बानी। प्लेटो रहे हो अथवा गाँधी सभी का जीवन बहुत ही संघर्षमय रहा है। तभी जाकर कोई सफलता उनके हाथ लगी है : छोटे–छोटे कामों के माध्यम से कैसे बड़े कामों में सफलता प्राप्त की जा सकती है इसके कुछ उदाहरण इस प्रकार है :

1. छोटी लेकिन विनम्र शुरुआत कीजिए

धीरूभाई भाई अम्बानी का नाम अपने देश में शायद ही कोई हो, जो न जानता हो। लेकिन बहुत कम लोगों को पता है कि उन्नति की इस ऊँचाई तक पहुँचने के पीछे उनकी एक बहुत ही संघर्षमय कहानी रही है। जो एक छोटे से काम से शुरू हुई और सफलता के इस मुकाम तक पहुँची।

रिलायंस इंडस्ट्री के संस्थापक धीरूभाई अम्बानी के पिता हीराचन्द भाई प्राइमरी स्कूल के एक सामान्य से शिक्षक थे। माता जमना बेन गृहणी थी। तीन भाइयों और दो बहनों के बीच धीरूभाई का बचपन संघर्षमय रहा। इससे निजात पाने के लिए जब समय मिलता वे गाँव में ही छोटे–मोटे बिज़नेस करते रहते थे। उनके बचपन की एक

कहानी बड़ी प्रसिद्ध है कि वे जब मात्र 15 वर्ष के थे तभी गाँव के एक होलसेलर से एक टिन मूँगफली का तेल उधार पर लाये और सड़क के किनारे बैठकर बेच दिया। ऐसे ही छोटे–छोटे काम करके वे अपने घर का ख़र्च निकाल लेते थे। इसी तरह जब स्कूल की छुट्टी होती थी तो वे गाँव के मेले में भजिया–पकौड़ी की दुकान लगाकर भी पैसा कमा लेते थे।

लेकिन ये सब प्रयास भी उनके परिवार को चलाने के लिए और धीरूभाई के सपनों को पूरा करने के लिए काफ़ी नहीं थे। इसलिए वे मात्र 17 वर्ष के थे वे एडेन (अब के यमन) चले गये और वहाँ के एक पेट्रोल पम्प में गार्ड का काम करने लगे। और यहाँ से जो पैसा कमाया, उसे उन्होंने अहमदनगर में अपना टेक्सटाइल उद्योग स्थापित करने के लिए लगाया। यह बिज़नेस इतना सफल रहा कि उन्होंने देखते ही देखते स्टॉक एक्सचेंज में जल्द ही अपनी पकड़ बना ली। फिर तो पीछे मुड़कर कभी नहीं देखा। यदि आज धीरूभाई के दोनों बेटों की आय को जोड़ दिया जाये तो वे दुनिया के सबसे अमीर परिवार में से एक गिने जायेंगे और भारत में मुकेश अम्बानी तो पहले नम्बर पर है ही।

2. अपने काम का एक रोडमैप तैयार कीजिए

सफलता के लिए जो सबसे ज़रूरी चीज़ होती है किसी काम को करने के पहले उसकी एक योजना आप या तो अपने दिमाग़ में तैयार कीजिए अथवा किसी पेपर में लिख डालिए। इससे काम करने में एक तारतम्यता बनी रहती है और आप अपने रास्ते से बहुत भटकते नहीं है। नहीं तो आपके मन में रोज़ एक नया आइडिया आयेगा और रोज़ उस नये आइडिये को अपने काम में शामिल करना चाहेंगे। इससे आप कहीं के नहीं रह जाते और आप अपने काम से भटककर कोई और काम करने लग जाते है। इससे आप न तो पहले में सफल हो पाते और न दूसरे में इसलिए एक ऐसा रोड मैप तैयार कीजिए जो आपकी सफलता की राह को आसान कर दे। इसके लिए आपको

कुछ छोटे–छोटे कामों का पूर्व निर्धारण करना पड़ेगा जिससे आप सफलता की राह पर सही ढंग से आगे बढ़ सकें। जैसे :

क) सफलता से आपका तात्पर्य क्या है : प्रत्येक व्यक्ति के लिए सफलता का अलग–अलग पैमाना होता है। किसी के लिए जीवन में ख़ूब पैसा कमाना सफलता की निशानी है, तो किसी के लिए मस्त लक्सरी कार में चलना सफलता हो सकती है, वहीं किसी को जीवन भर एहसास इस बात का रह जाता है कि मेरी गर्ल फ्रेंड और बीबी करीना कपूर, कैटरीना जैसी क्यों नहीं है तो किसी के जीवन का सबसे बड़ा मलाल यह होता है कि उन्हें कोई सम्मान नहीं करता। कोई उन्हें प्यार करने वाला नहीं है। इसलिए ये सफलता का पैमाना एक अन्तहीन परिकल्पना है इसलिए इसका निर्धारण बहुत सोच समझ कर किया जाना चाहिए।

वही वारेन वाफेट जो दुनिया के सबसे धनी व्यक्तियों में से एक है उनका इस पर कहना है कि "मैं मानता हूँ कि मुझे कितने लोग प्यार करते हैं यही मेरे जीवन की सबसे बड़ी सफलता है।"

उनका मानना है कि सफलता का निर्धारण आज सिर्फ़ पैसे से नहीं किया जा सकता। इस बात का विश्लेषण वे आगे और करते हुए कहते हैं कि जिस बुद्धिमत्ता और अन्दाज़ के साथ आज आप पैसा कमाते हैं। वह बुद्धिमता और नैतिकता शायद 20 वर्ष बाद बदल जाये। आदमी का स्वभाव आजीवन एक जैसा नहीं हो सकता।

आप अपने जीवन में कई ऐसे लोगों को देखते होंगे जो अपनी यात्रा की शुरुआत बहुत ही छोटे और विनम्र तरीक़े से करते है और उनका रास्ता धीरे–धीरे बदलता चला जाता है। हफिंगटन और वारेन वाफेट दोनों का मानना है कि जो लोग अवास्तविक तरीक़े का आईडिया और विचार लेकर आगे बढ़ते हैं। उनके जीवन में सफलता बड़ी मुश्किल से मिलती है। अतः वह वास्तविक विचार के आईडिया को अपनाकर आगे बढ़ने की सलाह देते हैं।

इसके लिए सबसे बेहतर है कि एक समय में एक ही आइडिया पर अपनी पूरी क्षमता का इस्तेमाल करें। और एक पर सफल होने के बाद दूसरे पर ज़ोर आजमाइश करें।

ख) **अपनी प्रगति के साथ–साथ जीवन में सन्तुष्टि की समीक्षा करते रहें** : अपने जीवन के सभी महत्त्वपूर्ण क्षेत्रों की यदि आप समीक्षा करते रहते हैं तो आप को अपने द्वारा किये जा रहे कार्यों में कोई अफसोस नहीं होगा। कहीं ऐसा न हो कि एक चीज़ पाने के चक्कर में कई महत्त्वपूर्ण चीज़ें आपके हाथ से निकल जायें। इसलिए जीवन में सन्तुलन भी ज़रूरी है :

(i) व्यावसायिक जीवन के साथ–साथ कॅरियर से छुट्टी लेकर जीवन का आनन्द लीजिए।

(ii) आपकी पत्नी, परिवार और दोस्तों के साथ रिश्ता अटूट रहे जिससे जीवन की अन्तिम यात्रा में आपको चार कंधे देने वाले लोग मिल जाये।

(iii) पैसा कमाने के साथ–साथ आपका स्वास्थ्य भी पूरी तरह फिट हो। पता चले पैसा कमाने के चक्कर में इतना मशगूल रहे कि जब सुख के दिन आये तो बीमारियों के कारण कुछ खाने लायक ही नहीं बचे।

(iv) अपनी श्रद्धा, भक्ति और अध्यात्मिक जीवन से समझौता न करें। मानसिक सन्तुलन जीवन की सबसे बड़ी पूँजी है।

ग) **मूल्य और प्राथमिकता को पहचान कर ही आगे बढ़े** : यह हमेशा ध्यान रखें कि लक्ष्य का निर्धारण एक दिन में नहीं होता है। जैसे रातोरात कोई हवाई जहाज़ बनाकर नहीं उड़ा सकता, बल्कि इसके लिए उन्हें बहुत मेहनत करनी पड़ती है। पूरी एक योजना बनानी पड़ती है। इसलिए जब भी रोडमैप तैयार करें कि आपके पारिवारिक

और सामाजिक मूल्य की क्षति के बिना एक एक करके प्राथमिकता तैयार करें।

घ) **अपने काम के पीछे एक गुरु को हमेशा रखें** : गुरु से हमारा तात्पर्य एक ऐसे कोच से है जो आपके कार्य अथवा जो आप कर रहे हैं उस क्षेत्र में उसको आप से अधिक तजुर्बा है। क्योंकि ऐसा बहुत बार होता है कि हममें से अधिकतम लोग रोडमैप अच्छा होने, बहुत परिश्रम करने के बावजूद भी शुरुआती असफलता के बाद ही हतोत्साहित हो जाते हैं और अपना काम बीच में ही छोड़ देते हैं। ऐसे समय में गुरु वह व्यक्ति होता है जिसके पास जीवन का भरपूर अनुभव होता है। और, उसके पास वह ज्ञान होता है जिसके सहारे वह आपको अपनी परेशानियों और कठिनाईयों से बाहर निकल सकता है।

3. काम में अडिग रहें और आगे बढ़ें

जैसा कि मैंने पहले कहा जब आप एक काम मन लगाकर करते हैं तो दूसरा काम अपने आप सिद्ध होता चला जाता है। व्हाट्सअप मोबाइल एप्लीकेशन की कहानी इसकी सबसे बड़ी उदाहरण है। अभी कुछ दिनों पूर्व जब दुनिया के समाचार–पत्रों में यह खबर आयी कि सोशल नेटवर्किंग साइट फेसबुक, व्हाट्सअप को 19 बिलियन डॉलर में ख़रीदने वाली है तो एकाएक जान कुयोम का नाम चर्चा में आ गया।

लेकिन बहुत कम लोगों को पता होगा कि कुयोम की ज़िन्दगी कितनी संघर्षमय रही लेकिन उन्होंने कभी हार नहीं मानी। युक्रेन से सटे कीव के एक छोटे से गाँव में पैदा हुए कुयोम की माता गृहणी थी और पिता मज़दूरी करते थे। लेकिन इससे उनके परिवार का पेट नहीं भर पाता था। इसलिए कुयोम की माता 16 साल के कुयोम को लेकर काम की तलाश में कैलिफोर्निया, अमेरिका आ गयीं। और यहीं के किराने की एक दुकान में काम करने लगीं और इसी दुकान में माँ–बेटे को सोने की जगह भी मिल गयी। अपने माँ से मिले पैसे

को वे बचाकर कम्प्यूटर सीखने का प्रशिक्षण लेने लगे और खाने के लिए आस–पास की दुकानों में फूड–कूपन जुगाड़ लेते थे। 18 साल तक पहुँचते–पहुँचते कुयोम कम्प्यूटर के बहुत बड़े हैकर बन गये। परिणाम यह हुआ कि उन्हें 1997 में याहू में काम करने को मिल गया। जल्द ही उन्होंने याहू की नौकरी छोड़कर अर्न और यंग कम्पनी को ज्वाइन कर लिया और इससे मिले पैसे से उन्होंने अपने जीवन का पहला आई–फ़ोन ख़रीदा जिसका उपयोग करते हुए उन्हें महसूस हुआ कि इससे एक अच्छा–सा एप्लिकेशन ईजाद किया जा सकता है जो लोगों के लिए बहुत उपयोगी हो सकता है। इस तरह उन्होंने 24 फ़रवरी, 2009 को अपने जन्मदिन के दिन व्हाट्सअप एप्लीकेशन लांच किया जिसकी आज उपयोगिता पूरे दुनिया में स्वतः सिद्ध है।

हमने सीखा

I. हमेशा याद रखें कि प्रत्येक बड़ा काम एक छोटे से क़दम से प्रारम्भ होता है।

II. अपने काम का एक रोडमैप हमेशा अपने पॉकेट में रखिए; जो आपको विचलित होने और भटकने से बचाता रहेगा।

III. भले ही छोटे कामों से अपने जीवन की शुरुआत करें लेकिन हमेशा यह याद रखे कि अवास्तविक तरीक़े से किया गया कोई काम भविष्य में आपको परेशानी खड़ी कर सकता है; अतः वास्तविकता के साथ आगे बढ़े।

IV. काम के चक्कर में अपनी श्रद्धा, भक्ति और आध्यात्मिक जीवन से समझौता न करें। याद रखे मानसिक सन्तुलन जीवन की सबसे बड़ी पूँजी है।

समयानुसार चलें

द इकोनॉमिक्स टाइम्स समाचार पत्र में दिये अपने एक साक्षात्कार में इन्फोसिस कम्पनी के मेंटर और संस्थापक चेयरमैन एन.आर. नारायणमूर्ति ने अपनी आई.आई टी. के दिनों की कहानी को बताते हुए कहा कि मेरी ज़िन्दगी को बदलने में एक सेमिनार का बहुत योगदान है। उन्होंने स्वीकार किया कि यदि मैं यह सेमिनार छोड़ देता तो शायद ही मैं वहाँ पहुँच पाता जहाँ आज मैं हूँ। उन्होंने इस बात का जिक्र करते हुए कहा कि बात 1966–67 की है जब मैं आई.आई.टी. कानपुर के थर्ड ईयर, एप्लाइड फिजिक्स का छात्र था और उन्हीं दिनों एक स्पीकर जो ब्रिटेन के किसी विश्वद्यालय से आए थे, ने अपने वक्तव्य के दौरान कहा कि आने वाला समय सूचना–प्रौद्योगिकी का है। जो छात्र यह विषय भविष्य में पढ़ेगा उसका भविष्य बहुत उज्जवल होगा। उस स्पीकर का भाषण नारायणमूर्ति को इतना अच्छा लगा कि जब सब लोग भाषण ख़त्म करने के बाद चाय–नाश्ते में लगे हुए थे तब नारायणमूर्ति अपनी जिज्ञासा की भूख मिटाने में व्यस्त थे। बातचीत के दौरान ही उस स्पीकर ने नारायणमूर्ति को दो–तीन किताबों के नाम भी बताये और कहा किं यदि पढ़ना है तो सूचना–प्रौद्योगिकी ही पढ़ो, तुम्हारे लिए अच्छा होगा।

बातचीत ख़त्म होते ही बिना नाश्ता–पानी किये नारायणमूर्ति सीधे अपनी लायब्रेरी गये और कम्प्यूटर से सम्बन्धित किताबें ढूँढ़ने लगे। उन्हें कुछ किताबें मिली और उन सबको पढ़ने के बाद उन्होंने निश्चय किया कि हो न हो अब वे कम्प्यूटर साइंस की ही पढ़ाई करेंगे और अगले ही दिन उन्होंने अपने मुख्य विषय एप्लाइड फिजिक्स से नाम

कटवाकर कम्प्यूटर साइंस में एडमिशन ले लिया। कहना न होगा कि यदि उन्होंने उस समय कम्प्यूटर साइंस में एडमिशन नहीं लिया होता तो आज वे उस मुकाम पर नहीं पहुँचते जहाँ वे आज है।

हमारा कहने का यहाँ आशय यही है कि यदि आप समयानुसार चलते हैं और अपने आप को अपडेट करते रहते हैं तो आप की सफलता का प्रतिशत न सिर्फ़ बहुत बढ़ जाता है बल्कि आप औरों से बहुत आगे निकल जाते हैं। समयानुसार चलने के क्या फ़ायदे होते हैं। उसके कुछ प्रमुख बिन्दु निम्नानुसार है :

1. समय से आगे चलते है

अंग्रेज़ी में एक कहावत है "अवसर किसी का दरवाज़ा सिर्फ़ एक बार ही खटखटाता है।" मसलन जो समय का उपयोग करते हुए हाथ आये अवसर को कभी नहीं खोता वह जीवन में ज़रूर सफल होता है। एक सफल और असफल व्यक्ति में सिर्फ़ इसी बात में अन्तर होता है कि सफल व्यक्ति बिना पल गँमाए उस काम को कर डालते हैं जो उनको मिलते हैं। जबकि एक असफल व्यक्ति नफा–नुकसान के चक्कर और करूँ–न–करूँ की सोच में अपना क़ीमती समय गँवा देता है और बाद में पछतावे में यह कहकर अपना सर धुनता रहता है कि यह काम कर लिया होता तो बेहतर था। मैं भी आज वही पहुँच गया होता जहाँ फलाँ–फलाँ व्यक्ति पहुँचा हैं। पूर्व राष्ट्रपति ए.पी.जे. अब्दुल कलाम ने ऐसे ही लोगों के बारे में अपना विचार व्यक्त करते हुए कहा था कि "एक असफल व्यक्ति को उनके जीवन में उतना ही मिलता है जितना एक सफल व्यक्ति अपने काम को करने के दौरान छोड़ देता है।"

जैसा कि वर्तमान समय आर्टिफिशियल इंटेलीजेंस, ऑटोमेशन और विजुअल टेक्नॉलॉजीज़ का है। जो छात्र आज अपने आपको इसके अनुसार तैयार कर लेगा वह आगे निकल जायेगा क्योंकि कम्प्यूटर का जमाना अब नहीं रहा है।

2. सभी स्तरों पर काम करने में कुशल

जब कोई भी व्यक्ति किसी नये काम को लेकर आगे बढ़ता है तब उसका सामना उन सभी कामों से होता है जो एक कम्पनी चलाने

के लिए ज़रूरी होता है। जैसे यदि कोई व्यक्ति एक उद्योग लगाना चाहता है तो उसकी योजना से लेकर, उसके प्रबन्धन और कार्यान्वयन तक के सभी काम उसे ही करने पड़ेंगे। इससे जो सबसे बड़ा फ़ायदा किसी व्यक्ति को होता है वह है उसके व्यक्तित्व के विकास में। साथ ही उसे उन सभी चीज़ों की जानकारी हो जाती है जिसकी ज़रूरत एक व्यवसायी और उद्योगपति को होनी चाहिए। नारायणमूर्ति ने अपने इन्टरव्यू में कहा कि जब मैं अपनी आई.टी. इंडस्ट्री लगाना चाहता था तब मुझे कई स्तरों पर लड़ाई लड़नी पड़ी। सरकारी दफ्तरों से लेकर फ़ोन के कनेक्शन तक हमें सब जगह धक्के खाने पड़े। लेकिन यहीं से मैंने ऐसी कई चीज़ें सीखी जो एक आम नागरिक को परेशान कर देती हैं। अन्ततः मैं बिना किसी को पैसे दिये बिना अपना काम कराने में सफल रहा और उन कमियों को भी पहचान सका जो सरकार के काम आ सकीं।

उदाहरण के लिए भारत में रिलायंस इंडस्ट्री ने जब अपना जियो फ़ोन लांच किया तब सभी के मन में यही जिज्ञासा थी कि कैसे एक कम्पनी अपने उपभोक्ता को फ्री में सर्विस देकर भी फ़ायदे में हो सकती है। लेकिन यदि हम उसके फ़ायदे को सरल गणना विधि से भी समझा जायें तो आपकी आँखें खुली रह जायेंगी। यथा : जियो मोबाइल फ़ोन अपने शुरुआती दिनों में एक ग्राहक को अपना सिम बेचने के लिए 300 रुपये लेता था। और मान लीजिए एक साल में वह फ्री में भी सेवा देकर 30,00,000 ग्राहक जोड़ लेती है तो उसका सीधा फ़ायदा 90,00,00,000 करोड़ का हो जाता है। दूसरी सबसे बड़ी बात रिलायंस भारत की पहली ऐसी कम्पनी थी जिसको कि पूरे देश में ऑप्टिक फाइबर लाइन डालने का काम मिला इसके माध्यम से वह हर घर में डी.टी.एच., लैंड लाइन, इंटरनेट और मोबाइल फ़ोन आदि एक साथ ग्राहक को देने की योजना से पहले ही बाज़ार में आयी थी। इसके फ़ायदे का अन्दाज़ा इसी बात से लगाया जा सकता है कि वह जियो के लांच होने के तीन वर्ष के भीतर ही देश ही नहीं एशिया की सबसे बड़ी कम्पनी बन गयी।

3. नयी सोच के साथ आगे बढ़ने में मदद

जब कोई व्यक्ति समयानुसार आगे बढ़ना चाहता है तो उसके व्यक्तित्व में बहुत बड़ा परिवर्तन आता है और यह परिवर्तन होता व्यक्ति के सकारात्मक सोच में भी होता है। समय के साथ चलने से व्यक्ति पुरानी घिसी–पिटी, दकियानूसी बातों को पीछे छोड़ता चला जाता है और आगे की ओर देखता है। साथ ही वह समय के साथ–साथ उस तकनीकी को भी अपनाता चला जाता है। इससे न सिर्फ़ उसकी सोच समाज की सोच से आगे बढ़ती चली जाती है अपितु वह औरों से अलग और सामान्य व्यक्ति से आगे निकलने लगता है। इससे उसके भीतर–ही–भीतर एक तरह की लीडरशिप का विकास होता है और वह सामने से किसी भी चीज़ का संचालन करने में सफल हो पाता है। ऐसे ही व्यक्तियों के बारे में टिप्पणी करते हुए एक बार अमेरिकन विद्वान और लेखक राल्फ वाल्डो इमर्सन ने कहा था "एक लीडर वहाँ नहीं चलता जहाँ रास्ता पहले से ही बना होता है। बल्कि वह वहाँ जाता है जहाँ कोई रास्ता नहीं बना होता और अपने पीछे दूसरों को चलने के लिए अपनी पहचान छोड़ता चला जाता है।"

हमने सीखा

I. एक सफल और असफल व्यक्ति में सिर्फ़ इसी बात में अन्तर होता है कि सफल व्यक्ति बिना पल गँमाए उस काम को कर डालते हैं जो उनको मिलते हैं। जबकि एक असफल व्यक्ति नफा–नुकसान के चक्कर और करूँ–न–करूँ की सोच में अपना क़ीमती समय गँवा देता है

II. समय के साथ चलने से व्यक्ति पुरानी घिसी–पिटी, दकियानूसी बातों को पीछे छोड़ता चला जाता है और आगे की ओर देखता है। साथ ही वह समय के साथ–साथ नयी तकनीक को भी अपनाता चला जाता है।

स्टीव जॉब्स और आध्यात्मिकता

पूरी दुनिया में एप्पल कम्प्यूटर के जनक के रूप में अपनी पहचान रखने वाले स्टीवन पॉल जॉब्स अर्थात स्टीव जॉब्स को कम्प्यूटर में रुचि रखने वाला शायद ही कोई व्यक्ति हो जो न जानता हो। डिजिटल क्रान्ति के जनक, मास्टर ऑफ़ इनोवेशन, डिज़ाइन परफेक्शनिस्ट एवं लिजेंड्री, न जाने कितने नामों से विभूषित किये जा चुके स्टीव जॉब्स के अँधेरी ज़िन्दगी और बुरे दिनों से बहुत कम लोग ही वाकिफ़ होंगे। स्टीव जॉब्स की ज़िन्दगी बिल्कुल ऐसी ही रही जैसे उजाला आने के बाद रात के अँधेरे के एहसास को भुला दिया जाये। लेकिन बहुत कम लोगों को पता होगा की स्टीव को यहाँ तक पहुँचने के लिए कितने बड़े आत्म–चिन्तन के तूफ़ानों से गुज़रना पड़ा।

बचपन से ही उपेक्षा का शिकार रहे स्टीव के जन्म में भी शायद भारतीय मान्यता के अनुसार शनि का प्रकोप रहा। सीरियन पिता अब्दुल फत्ताह जान जन्दाली और स्विस अमेरिकन माता जोने कैरोल सीबल की मुलाक़ात अमेरिका के बिन्कांसिस यूनिवर्सिटी में पढ़ाई के दौरान हुई। इसी मुलाक़ात में स्टीव की माता गर्भवती हुई। लेकिन कैरोल के पिता एक मुस्लिम और रूढ़िवादी व्यक्ति से शादी करने से मना कर दिया। परिणामस्वरूप स्टीव की माता को बिन्कांसिस छोड़कर कैलिफोर्निया आना पड़ा। यहीं स्टीव का जन्म हुआ।

लेकिन स्टीव की माँ के पास कोई स्थायी नौकरी और निश्चितता न होने के कारण स्टीव को एक ऐसे माँ–बाप के पास छोड़ना पड़ा जिनके कोई सन्तान न होने के कारण वे किसी बच्चे को गोद लेने

की तलाश में थे। इस तरह पॉल रेन्होल्ड जॉब्स और क्लारा जॉब्स ने अपने सौतेले बेटे के रूप में स्टीव को अपनाया। स्टीव ने अपनी अधिकृत आत्मकथा में स्वीकार किया कि मेरे असली माँ–बाप ने मुझे सिर्फ़ जन्म दिया लेकिन वे मेरी वास्तविक माँ–बाप नहीं है। मेरे 1000 प्रतिशत माँ–बाप पॉल जॉब्स और क्लारा जॉब्स ही हैं। मेरे शरीर में मेरे असली माता–पिता का बस सिर्फ़ वीर्य ही है, साँसें नहीं।

ऐसी आत्म–स्वीकृति और दर्द भरी ज़िन्दगी के साथ जीने वाले स्टीव का प्रारम्भिक जीवन स्वयं की आत्म खोज में बीता। अपनी निरर्थक ज़िन्दगी को सार्थक बनाने की चाह में उन्हें अमेरिका छोड़कर भारत के कई शहरों में भी घूमना पड़ा। भारत के कई हिस्सों में घूमने के बाद इनकी मुलाक़ात ऋषिकेश में नीम करौली बाबा और हैड़ा ख़ान बाबा से हुई जिनसे इन्होंने ज़िन्दगी की सार्थकता को समझा। फिर हिमाचल प्रदेश में घूमते हुए स्टीव ने बुद्ध धर्म को क़रीब से जाना और यहाँ से आध्यात्मिक शिक्षा प्राप्त करने के बाद जब वापस वे अमेरिका लौटे तब वह पूरी तरह बदल चुके थे। सर के बाल को मुँडवाकर वह पूरी तरह से जेन बुद्धिज़्म में विश्वास करने लगे थे। इसके बाद उनकी ज़िन्दगी में जो परिवर्तन आया वह अद्‌भुत था। स्टीव ने स्वीकार किया कि भारतीय अध्यात्म से न सिर्फ़ हमें जीने का मकसद मिला बल्कि समाज के लिए कुछ नया करने और रचने की इच्छा भी पैदा हुई। यही कारण है कि मैं इतनी तन्मयता से नये डिज़ाइन के साथ एप्पल आई–पैड, आई–फ़ोन सीरिज की चीज़ें बना सका।

स्टीव जॉब्स ने अपने अनुभव और एहसास से यह जाना कि समाज में व्यक्ति सिर्फ़ अपनी इच्छाओं को पूरा करने के लिए पैदा नहीं होता बल्कि उसका फर्ज बनता है कि वह उस समाज के लिए भी कुछ करे जिस समाज और परिवार ने उसे एक पहचान दी है। स्टीव ने स्वीकार किया आध्यात्मिकता विरक्ति और विद्रोह का नाम नहीं है, बल्कि परिवार और समाज के प्रति लगाव पैदा करने का नाम है। स्टीव जॉब्स के अनुसार अध्यात्मिकता से एक व्यक्ति को जो मिलता है वह इस प्रकार है :

1. परिवार का कर्ज़ चुकाने की शिक्षा

तुलसीदास जी ने रामचरित मानस में लिखा है "बड़े भाग मानस तन पावा" अर्थात मनुष्य का शरीर बड़े भाग्य से मिलता है। जन्म लेना मनुष्य मात्र का प्रारब्ध नहीं होता उसका समुचित लालन–पालन भी ज़रूरी है। जैसे स्टीव जॉब्स के असली माँ–बाप न होते हुए भी बड़ा करने, पढ़ने–लिखने और सोचने–समझने लायक बनाने में किसी न किसी का हाथ रहा है। नहीं तो वे वो नहीं कर पाते जो वे कर पाये। इसलिए व्यक्ति विशेष का दायित्व बनता है कि वह उस परिवार और समाज के लिए कुछ करे जिसने उसको कुछ दिया है।

स्टीव जॉब्स ने अपनी आत्मकथा में लिखा है कि आध्यात्मिकता से मनुष्य न सिर्फ़ अपने आपको जान पाता है, अपितु अंर्वशाम की उस पराकाष्ठा पर भी पहुँचता है जहाँ से वह अपनी पारिवारिक, आर्थिक और सामजिक ज़िम्मेदारी को समझ पाता है। जॉब्स का मानना है आध्यात्मिकता वह अस्त्र है जिससे आदमी अपनी पारिवारिक जवाबदेही को जान पाता है, मसलन मुझे परिवार के महत्त्व का पता तभी चला जब मैं भारत में आध्यात्मिक यात्रा में था। इस यात्रा ने ही मुझे सिखाया कि परिवार ही वह संस्था है जो मानवीय सम्बन्धों की सनातनता को आगे बढ़ाती है और उसे अपने दायित्यों के निर्वहन के प्रति उत्तरदायी बनाती है।

2. सामाजिक कार्यों की शिक्षा

दुनिया के सारे रिश्ते एक–दूसरे के सहयोग पर निर्भर करते हैं। हम किसी को यदि कुछ देते हैं तो उसके बदले हमें कुछ मिलता है। आप आज जो काम करेंगे उसका उपयोग आप नहीं कर पायेंगे, अपितु आनेवाली पीढ़ी इसका उपयोग करेगी। यदि यह सोच कर आप किसी चीज़ का विकास करते है तो समाज का सर्वांगीण विकास होगा। यही सोच कर स्टीव जॉब्स ने अपने जीवन में समाज को कुछ उपयोगी देने की सोची और जिसका प्रमाण एप्पल कम्प्यूटर और उसके विभिन्न उत्पाद रहे।

जब कोई भी व्यक्ति बड़ा काम करने की सोचता है तो उसके जेहन में उसका ख़ुद का सुख कम बल्कि आनेवाली संततियों का सुख अधिक निहित होता है। बचपन में हम अपने माता–पिता से सुनते थे कि बाबा (दादा जी) ने जब आम का बगीचा गाँव में लगाया था तो जाते हुए मुझसे बस इतना ही बोलकर गये थे कि इसका ख़याल रखना जिससे हमारे आने वाले नाती–पोतों के लिए आम खाने की कमी न पड़े।

मदनमोहन मालवीय जी ने जब बनारस हिन्दू यूनिवर्सिटी की स्थापना की थी तब उसका उद्देश्य सिर्फ़ इतना था कि इस शिक्षा के मन्दिर से ज्ञान प्राप्त कर ऐसे लोग निकलें जो देश और समाज का हित कर सकें। ठीक यही विचारधारा स्टीव जॉब्स की थी। उनका कहना था आध्यात्मिकता ने मुझे सिखाया कि कैसे सिर्फ़ ख़ुद के लिए जीना जीवन नहीं है अपितु समाज के लिए कुछ कर गुज़रना ही असली ज़िन्दगी के मायने हैं, तब जाकर मुझे जीवन का वास्तविक यथार्थ समझ में आया। नहीं तो इसके पहले मुझे अपने जीवन का कोई उद्देश्य ही नहीं समझ आ रहा था।

3. सही सोच की शिक्षा

दुनिया में प्रायः जितनी चीज़ों का निर्माण होता है, उसको बनाने के पीछे सभी की सोच प्रायः सकारात्मक ही होती है। बम से लेकर वीडियो गेम तक। बशर्ते उसका उपयोग सही तरीक़े से किया जाये। यदि इस सोच के साथ कोई आगे बढ़ता है तो सफलता ज़रूर मिलती है। समय थोड़ा भले लग जाये लेकिन ईमानदारी और सही सोच के साथ किया गया कोई भी काम असफल नहीं होता।

दुनिया में जितने भी अभी तक नवनिर्माण हुए हैं उसके पीछे कोई न कोई सकारात्मक सोच रही है जिसके माध्यम से व्यक्ति और समाज को सुविधा प्रदान की जा सके। नकारात्मक कार्यों का सहारा सदैव उन लोगो ने लिया है जिनको किसी को कुछ नुकसान पहुँचाना था। नहीं तो हम सबने यह कहावत तो सुनी होगी, नकारात्मक कार्यों

का सहारा वही व्यक्ति लेता है जिसको किसी को नीचा दिखाना है, वर्ना पूरी दुनिया तो एक प्यार से ही जीती जा सकती है। यही बात आध्यात्मिकता सिखाती है। जिसमें सृजन की क्षमता होती है, पराक्रम उसका उपादान नहीं है। आध्यात्मिकता का उपयोग सिर्फ़ सृजनात्मक और सकारात्मक कार्यों के लिए ही होता है।

4. एक निश्चित उद्देश्य के लिए जीने की शिक्षा

स्टीव जॉब्स की ज़िन्दगी हममें से बहुतों के लिए प्रेरणा बन सकती है। एक निरुद्देश जीवन जीते चले जाना व्यक्ति के जीवन को असहाय, असफल और निराशा से भर देता है। इसलिए जब आप एक निश्चित उद्देश्य के साथ आप आगे बढ़ते है। तो सफलता ज़रूर मिलती है। स्टीव जॉब्स ने स्वीकार किया जेन बुद्धिज़्म से मैंने सीखा कि आध्यात्मिकता से एकाग्रता आती है जो आपके काम में गम्भीरता लाती है और गम्भीरता के साथ किया गया कोई काम असफल नहीं होता।

स्टीव जॉब्स ने स्वीकार किया कि आध्यात्मिकता का एक तार योग से भी जुड़ता है। योग का सीधा सम्बन्ध अनुशासन से जुड़ा होता है। योगरत किसी भी व्यक्ति को जीवन के कोई भी बाहरी प्रभाव बहुत अधिक दिग्भ्रमित नहीं कर पाते, इसलिए उसके काम में एक किस्म की एकाग्रता सदैव बनी रहती है, चित शान्त रहता है, भटकाने वाले सभी तत्व निरीह नज़र आते हैं। मन में सुकून समाहित होता है। इस बात को बुद्ध की प्रतिमा के माध्यम से भी पहचाना जा सकता है।

सबसे गौरतलब बात यही है कि यदि स्टीव जॉब्स को भी भारतीय दर्शन और बुद्ध के विचारों से अध्यात्मिक ज्ञान नहीं मिला होता तो आज वे वहाँ नहीं पहुँच पाते। जहाँ से वे दुनियावालों के लिए एक डिजिटल मोबाइल फ़ोन की नयी क्रान्ति कर गये। अन्यथा अन्य लोगों की तरह वह भी किसी अन्धकारमयी इतिहास का हिस्सा होते। अपने अध्यात्मिक आत्मज्ञान के चलते ही उन्होंने यह स्वीकार किया कि आज जो मैं कुछ कर पाया उसका बहुत बड़ा कारण वह अध्यात्मिक ज्ञान और चिन्तन था जिसने मेरे जीवन में एक नया मार्ग प्रशस्त किया।

हमने सीखा

I. सर्वप्रथम जीवन जीने का मकसद ढूढ़े और समाज को कुछ देने के लिए काम करें।

II. आध्यात्मिकता विरक्ति ओर विद्रोह का नाम नहीं है बल्कि परिवार और समाज के प्रति लगाव पैदा करने का नाम है।

III. यह बात हमेशा याद रखें नकारात्मक कार्यों का सहारा वही व्यक्ति लेता है जिसको किसी को नीचा दिखाना है, वर्ना पूरी दुनिया तो एक प्यार से ही जीती जा सकती है।

100 रुपये से कैसे पहुँचें सफलता के महासफ़र तक

बात 8 अक्टूबर, 2014 की है। जब मुझे इन्दौर, मध्य–प्रदेश में आयोजित ग्लोबल इन्वेस्टर सम्मिट में शिरकत करने का अवसर मिला। यहाँ पर दुनिया से आये कई उद्योगपतियों का अनुभव सुनने को मिला। लेकिन जो सबसे ज़्यादा दिल को छूने वाला और रोचक अनुभव था वह था जय प्रकाश इंडस्ट्रीज़ के मालिक जय प्रकाश गौर का। जय प्रकाश गौर ने अपने जीवन के अनुभव को साझा करते हुए कहा कि मैं "आज मैं 84 वर्ष का हूँ। अपने कॅरियर की शुरुआत मैंने 1950 में रुड़की से सिविल इंजीनियरिंग करने के बाद की थी। मैं 100 रुपये अपनी जेब में लेकर निकला था। सबसे पहला काम मुझे झाँसी में एक कंस्ट्रक्शन का मिला था। इसके बाद मैं मध्य–प्रदेश के मुरैना शहर गया। यहाँ काम पूरा करने के बाद हमें जापान से 55 करोड़ का लोन रीवा में रेलवे लाइन बिछाने के लिए मिला। 1983 में रीवा से शुरू हुआ यह काम आज देश के विभिन्न हिस्से में जारी है। आप कह सकते हैं रीवा मेरी कर्मभूमि बनी जहाँ से मुझे देश के अन्य हिस्सों में भी काम करने का मौक़ा मिला। फिर मैंने कभी मुड़कर नहीं देखा।"

गौर साहब के अनुभव सुनते हुए मुझे अमेरिकन स्टील टाइकून एंड्रू कार्नेजी की यह पंक्तियाँ याद आ रही थीं जो अक्सर कहा करते थे, "आप किसी भी व्यक्ति को सीढ़ी पर तब तक नहीं चढ़ा सकते जब तक कि वह सीढ़ी पर चढ़ने के लिए उत्सुक न हो।" कहने का अर्थ यह कि यदि कोई व्यक्ति सफलता प्राप्त करना चाहता है तो उसके रास्ते में कितनी ही कठिनाइयाँ आयें वह उससे पार पा ही लेता है और उसे जो चाहिए उसे वे चीज़ें मिल ही जाती हैं।

एंड्रू कार्नेजी का जीवन स्वयं संघर्षमय रहा। स्कॉटलैंड में जन्मे कार्नेजी महज़ जब 13 वर्ष के थे तभी वे अपने पिता के साथ अमेरिका आ गये। पारिवारिक तंगी की वजह से वे मात्र 13 वर्ष की उम्र से एक टेक्सटाइल मिल में मज़दूरी करने लगे जिसके एवज में उन्हें मात्र 1.20 डॉलर एक सप्ताह में मिलते थे। धीरे–धीरे वे पेन्सिल्वेनिया रेलरोड कॉरपोरेशन के सेक्रेटरी बन गये। यहाँ से उन्होंने जो पैसा कमाया उसका निवेश करके एक स्टील कम्पनी बनायी जो कार्नेजी के नाम से जानी जाती है। इनके नाम से ही अमेरिका में कार्नेजी मेलन यूनिवर्सिटी चलती है। इतना ही नहीं जब इन्होंने जे.पी. मार्गन कम्पनी को 480 मिलियन डॉलर में बेचा तब ये दुनिया के सबसे अमीर आदमी बन गये थे। एक मजदूर से मिलिनायर बनने वाले कार्नेजी ने अपनी सफलता के कुछ रहस्यों का उद्घाटन करते हुए कहा कि इसको पाने के लिए एक आम आदमी में निम्न गुणों का होना ज़रूरी है।

जय प्रकाश गौर ने अपने जीवन की कुछ अन्य रोचक घटनाओं का जिक्र करते हुए कहा कि एक उद्यमी को इस क्षेत्र में उतरने के पहले निम्नलिखित बातों को हमेशा ध्यान में रखना चाहिए :

1. मुश्किल काम को पहले करें

गौर साहब ने 1983 में रीवा के अनुभव को साझा करते हुए कहा कि जब मेरा यहाँ टेंडर पास हुआ तो लोगों ने कहा यह काम जरा मुश्किल है, हमें नहीं लगता कर पाओगे। यदि असम्भव लगता है तो अभी छोड़ दो। नहीं तो तुम्हारे टेंडर के पैसे भी डूब जायेंगे। यह सुनकर गौर साहब ने बताया, "मन–ही मन मैं मुस्कुराया और सोचा जो काम कठिन हो।" वह ज़रूर करना चाहिए और पहले करना चाहिए। इससे आपके मन में एक मानसिक ताक़त मिलती है और काम करने में सुकून भी मिलता है। साथ ही ऐसा काम करना किसी–किसी के लिए बहुत शगुन का साबित होता है। मेरे लिए ऐसे काम बहुत शगुन के होते हैं और इससे पॉजिटिव एनर्जी मिलती हैं।

2. मुश्किल वक़्त में समझदारी से काम लें

गौर साहब ने अपने जीवन का एक दूसरा अनुभव बताते हुए कहा, ''बात सन् 1989 की है। इराक में एक टेंडर निकला 250 करोड़ का। इसकी कंसल्टिंग कम्पनी कोई फ्रांस की कम्पनी थी जो इस पूरे टेंडर की कार्यवाही को देख रही थी। मेरा टेंडर सबसे नीचे था। इसके लिए बैंक की 20 करोड़ की बैंक गारंटी चाहिए थी। जबकि मेरे पास सिर्फ़ 25 लाख ही थे। लेकिन टेंडर जब खुला तो मेरा कोटेशन सबसे कम था। लेकिन बैंक गारंटी न होने की कारण फ्रांस के अधिकारियों ने मेरी तरफ़ ध्यान ही नहीं दिया। लेकिन तब भी मैं मैदान में डटा रहा और अपनी जगह से नहीं उठा। यह देखकर फ्रांसीसी कम्पनी के दो अधिकारी मेरे पास बात करने आये। लेकिन मैंने उनसे कहा कि मैं आपसे बात नहीं करूँगा। मैं सिर्फ़ आपके बॉस से ही बात करूँगा। ऐसा कहने पर वह फ्रांसीसी बॉस बड़े तैश में मेरे पास आया और मेरे छोटे–से डील–डौल और कुरता–पायजामा देखकर अंग्रेज़ी में बोला, 'तुम्हें यह काम नहीं मिल सकता तुम जाओ।' लेकिन मैंने हार फिर नहीं मानी और उस फ्रांसीसी को कहा यह काम मैं ही करूँगा। लेकिन बात बैंक गारंटी में आकर रुक गयी। मैं उससे पाँच मिनट इन्तज़ार करने को कहा और कहा मैं बैंक गारंटी लेकर आता हूँ। मैं आर.बी.आई. ऑफ़िस के अन्दर गया। आर.बी.आई ऑफ़िसर को समझाया तो वे मेरी बातों को मान गये। मैंने बाहर आकर इस फ्रांसीसी अधिकारी को कहा यह लो बैंक गारंटी। लेकिन उस आर.बीआई. के पेपर को देखकर वह फिर ग़ुस्से में आ गया और कहा, 'यह तो आर.बी.आई. की गारंटी है। तुम्हारी कहाँ है।' मैंने उसको फिर समझाया, 'मैं एक बार गारंटी दूँगा तो तुम्हारा पैसा डूब भी सकता है। लेकिन अब तो आर.बी.आई. दे रही है। ज़िम्मेदार अब आर.बी.आई. है। मैं नहीं।' यह बात उसके समझ में आ गयी और इस तरह मुझे 250 करोड़ का इराक का वह टेंडर मिल गया।''

3. बड़ा काम करते हुए छोटी–छोटी बातों को नज़रअन्दाज़ करें

अपने जीवन का एक और अनुभव बताते हुए जे.पी. गौर ने कहा कि जब मुझे दिल्ली–आगरा एक्सप्रेस बनाने का काम मिला तो बहुत लोगों ने कहा कि जिन शर्तों के साथ तुम्हें यह काम करने को मिला है उससे तुम बिक जाओगे। बहुत ही मुश्किल काम है। मैंने अपने मित्रों से कहा मुझे काम तो करना है। सिर्फ़ पैसा कमाने के लिए यह काम नहीं करना है बल्कि नाम कमाने के लिए भी। इससे मुझे एक अन्तर्राष्ट्रीय पहचान मिलेगी और हमारे लिए गर्व की बात भी होगी। मैंने कहा यदि मुझे कुछ नुकसान भी होगा तो वह बहुत ज़्यादा नहीं होगा। उन्होंने कहा कि मेरा जो आकलन है इससे बहुत अधिक नुकसान नहीं होगा। होगा भी तो बस उतना ही जैसे मैं एक शर्ट–पैंट, सूट–बूट में होऊँ और साथ में टाई और रुमाल भी लगा रखी है। तो बस इतना ही होगा कि मैं ज़रूरत पड़ने पर अपनी टाई और रुमाल बेच दूँगा। लेकिन मेरे पास कोट तो बचेगा ही। नंगा तो नहीं दिखूँगा। साधारण शर्ट–पैंट से तब भी मेरे कोट–पैंट तो बेहतर ही रहेंगे। तो घबराने की क्या बात। बस यही सोच कर मैंने ये काम हाथ में लिया और सच बताऊँ मुझे इसमें सफलता भी मिली और वाहवाही भी।

हमने सीखा

I. आप किसी भी व्यक्ति को सीढ़ी पर तब तक नहीं चढ़ा सकते जब तक कि वह सीढ़ी पर चढ़ने के लिए उत्सुक न हो।

II. जो काम कठिन हो वह ज़रूर करना चाहिए और पहले करना चाहिए। इससे आपके मन में एक मानसिक ताक़त मिलती है और काम करने में सुकून भी मिलता है।

जीवन मूल्य को कैसे समझें

पूर्व अमेरिकन फुटबॉलर, कोच और टेलीविज़न कमेंटेटर माइकल केलर डीटका ने एक बार कहा था कि "सफलता की राह पर चलने से पहले आपको अपने आप पर यह विश्वास होना चाहिए कि आप बहुत मूल्यवान हैं।" प्रायः होता यह है कि एक सामान्य मनुष्य हमेशा अपने मूल्य को पहचाने बिना दूसरों के पीछे सिर्फ़ इसलिए पड़ा रहता है कि फलाँ व्यक्ति बहुत मूल्यवान है। जबकि यह खोजने की कभी कोशिश नहीं करता कि वह व्यक्ति मूल्यवान बना कैसे। उसकी सफलता की इस ऊँचाई तक पहुँचने के पीछे वे कौन से कारक तत्त्व रहे है जिससे वह व्यक्ति यहाँ तक पहुँच सका। यदि इस बात का पता किसी भी व्यक्ति को चल जाये तो शायद वे सामान्य लोग भी वहाँ तक पहुँच सकते हैं जहाँ तक कि अन्य लोग पहुँचे हैं।

महान लेखक शेक्सपियर ने अपने कई रचनाओं में लिखा है कि "दुनिया में अधिकतर लोग अपने कर्म से नेता बनते है न कि जन्म से" जन्म से तो सभी को वही अवसर मिलता है जो एक अन्य सामान्य व्यक्ति को मिलता है। बस एक सफल और असफल व्यक्ति में अन्तर यही होता है कि सफल व्यक्ति अपने मूल्य को समझते हुए अपने काम में मस्त रहते हैं जबकि एक असफल व्यक्ति दूसरों की सफलता के सहारे अपनी क़िस्मत चमकाना चाहते हैं। एक स्वाभिमानी और सफल व्यक्ति के जो लक्षण मनोविज्ञान के अनुसार बताये जाते हैं उसके अनुसार उनकी ख़ूबियाँ निम्नानुसार है :

1. अपने आप को प्यार करने वाले

जीवन में हमेशा याद रखें की सुन्दरता और ख़ूबसूरती आपके भीतर छुपी हुई है न कि आपको देखने वाले में। सबसे पहले तो आप अपने से प्यार करना सीखिए और यह स्वयं स्वीकार करें कि आपको जो जीवन मिला है वह अमूल्य है। हमें अपनी कमियों को स्वीकार करने में कोई हिचकिचाहट नहीं होनी चाहिए और अपनी कमियों को सुधारने में कोई कंजूसी भी नहीं करनी चाहिए। अपनी ख़ूबियों को पहचान कर यदि आप आगे बढ़ते हैं और सही दिशा में काम करते हैं तो कोई कारण नहीं बनता कि लोग अपनी उपयोगिता को न समझें और जीवन में सफल न हों।

महान दार्शनिक प्लूटो के बारे में कहा जाता है कि वह देखने में बिल्कुल सुन्दर नहीं थे। प्लूटो का मतलब होता है प्लोटोंन, जिसका हिन्दी में अर्थ होता है पत्थर अर्थात प्लूटो को लोग पत्थर जैसा जड़ और भद्दा मानते थे। लेकिन प्लूटो को उनके गुरु सुकरात अक्सर कहा करते थे कि सुन्दरता मनुष्य की दृष्टि पर निर्भर करती है और इसके लिए सबसे पहले अपनी दृष्टि बहुत ही सार्थक और सही करनी पड़ती है। जो व्यक्ति ख़ुद को सुन्दर न माने वह दूसरों की नज़रों में कैसे सुन्दर हो सकता है। इसके लिए ज़रूरी है आप जीवन में सही और सुन्दर काम करेंगे तो लोगों की दृष्टि अपने आप बदल जायेगी।

यह बात प्लूटो को जम गयी और उन्होंने सर्वप्रथम अपने गुरु के बतायें सिद्धान्तों को ही जनता के सामने लाने की ठानी। परिणाम यह हुआ कि सुकरात के साथ प्लूटो का नाम भी दुनिया में इतना अमर हो गया कि सुकरात का कोई भी सिद्धान्त बिना प्लूटो के विवेचन के पूरा हो ही नहीं सकता।

2. समय के प्रति जागरूक रहें

यह मानवीय स्वभाव है कि वह उसकी तरफ़ आकर्षित होता है जिसके पास ज्ञान, बुद्धि है, समय के प्रति जागरूक है और जिसके पास इन सबको अभिव्यक्त करने की सम्प्रेषण क्षमता होती है।

ये सब एक व्यक्ति के वे गुण होते हैं जिसके कारण एक व्यक्ति दूसरे के प्रति आकर्षित होता है। आन्तरिक ज्ञान ही वह सम्पदा है जिसकी खुशबू लम्बे समय तक होती है। बाहरी सौन्दर्य क्षणभंगुर होता है। साधारण से लगने वाले महात्मा गाँधी और नेल्सन मंडेला में ऐसी वह कौन–सी ख़ूबसूरती थी कि लोग उनकी तरफ़ खिंचे चले आते थे। दुनिया यदि उन्हें याद करती है तो उनकी सुन्दरता की बदौलत नहीं बल्कि उस बुद्धि, ज्ञान और समर्पण की बदौलत जो उन्होंने अपने जीवन में समाज के लिए किया।

दूसरा, समय के प्रति जागरूक होने से तात्पर्य उस व्यक्तिगत और सामाजिक उत्तरदायित्व से भी है जो आप एक मानवीय देह धारण करने के कारण करते हैं। महात्मा गाँधी यदि आज हमारे देश में राष्ट्रपिता के रूप में जाने जाते हैं तो उसका कारण उनका बैरिस्टर होना और देश के लिए आज़ादी के लिए लड़ना मात्र नहीं था, बल्कि वे सिद्धान्त भी थे जिनकी प्रासंगिकता सार्वत्रिक और सार्वकालिक बनी रहेगी। वह सिद्धान्त थे सत्य और अहिंसा। गाँधी जी को पता था कि युद्ध और मानवीय वैमनस्यता कभी ख़त्म नहीं होने वाली है। यदि इसका कोई समाधान हो सकता है तो वह सिर्फ़ सत्य और अहिंसा के रास्ते ही सम्भव है। इसलिए वे अपने पीछे एक ऐसे सिद्धान्त को छोड़ गये जो हमेशा समयानुकूल और प्रासंगिक बना रहेगा।

3. चुस्त–दुरुस्त और फिट रहें

अच्छे और बुरे दिन जीवन के दो पहलू हैं। ये दिन कभी भी, किसी भी समय किसी के जीवन में आ सकते हैं। लेकिन इससे घबराना नहीं चाहिए और न ही निराश होकर अपनी ज़िन्दगी को दाँव पर लगा देना चाहिए। सदी के नायक अमिताभ बच्चन ने 1996 में जब अपनी कम्पनी ए.बी.सी.एल. बनायी और अपने फ़िल्मी कॅरियर से संन्यास लेना चाहा तो उनके जीवन में मानो पहाड़ टूट पड़ा। इस कम्पनी के चलते वे लगभग कँगाली की हालत में पहुँच चुके थे।

1996 से लेकर 1999 तक में ही उनके ऊपर लगभग 2500 करोड़ का ऋण चढ़ चुका था। यहाँ तक कि उनका घर "प्रतीक्षा" भी लगभग बिकने की कगार पर था। ऐसे समय में जब उन्हें कुछ नहीं सूझ रहा था तब उन्होंने जीवन से हार मानने की जगह अपने को चुस्त–दुरुस्त रखना उचित समझा। एक समाचार पत्र में दिये अपने इन्टरव्यू में उन्होंने स्वीकार किया कि "इस समय मैंने सबसे ज़्यादा अपनी सेहत पर ध्यान दिया क्योंकि मुझे लगता था कि यदि मुझे कुछ हो गया तो मैं जनता के सामने कैसे अपना चेहरा दिखाऊँगा और उनका कर्ज़ कैसे चुकाऊँगा। उनका कहना था, यदि आप चुस्त–दुरुस्त है, अपने आप को फिट रखते हैं तभी तो आप काम करने लायक रहेंगे।" जीवन के प्रति यही जिजीविषा उनको इस मुसीबत के भँवर से निकालने में कामयाब रही और लम्बे अन्तराल के बाद वर्ष 2000 में उन्हें यश चोपड़ा की फ़िल्म "मुहब्बतें" करने को मिली और इसी वर्ष उनका के.बी.सी. के माध्यम से टेलीविज़न में पदार्पण हुआ। इस तरह उनके जीवन की गाड़ी फिर पटरी पर दौड़ पड़ी। उन्होंने न सिर्फ़ लोगों का कर्ज़ चुकाया बल्कि आज वे 78 वर्ष की उम्र में भी अपने आप को फिट–फाट रखते हुए, न सिर्फ़ अपनी बेटी से कम उम्र की नायिका के साथ रोमांस करते हुए नज़र आते हैं अपितु किसी भी आज के नये नायक से अधिक सफल हैं।

4. सकारात्मक सोचें और अपने लिए समय निकालें

अमिताभ बच्चन ने अपने इन्टरव्यू में यह स्वीकार किया कि यदि आप जीवन में सकारात्मक सोच रखते हैं तो इससे आप किसी भी तरह की परेशानियों से छुटकारा पा सकते हैं। सकारात्मक सोच के साथ यदि आप स्वयं का मूल्यांकन करते हैं तो आप अपने भीतर छुपे हुए गुणों की पहचान कर सकते हैं। ऐसा लगातार करते रहने से अच्छी और सकारात्मक आदतें जीवन में शुमार हो जाती हैं और आप इस जीवन के पथ पर हमेशा आगे बढ़ते चले जाते हैं। बेजुबान होकर भी अपने अभिनय का लोहा मनवाने वाली नायिका पैट्रीसिया नील

का कहना है कि "एक मज़बूत और सकारात्मक मानसिक दृष्टिकोण किसी भी आश्चर्यजनक दवा की तुलना में अधिक चमत्कार पैदा कर सकता है।

"सामान्य व्यक्ति दूसरों के बारे में बात करते हुए अपना जीवन गुजार देते हैं, औसत दर्जे के व्यक्ति दूसरों के बनाये प्लान पर काम करते हैं, जबकि एक सफल व्यक्ति के पास दूसरों के बारे में बात करने का समय ही नहीं होता, वह अपने आइडिया को सफल बनाने में इतना मशगूल होते हैं। कि किसी अन्य काम के प्रति उनका ध्यान ही नहीं जाता"

हमने सीखा

I. सफलता की राह पर चलने से पहले सर्वप्रथम अपने मूल्य को पहचाने।

II. हमेशा याद रखें की सुन्दरता और ख़ूबसूरती आपके भीतर छुपी हुई है न कि आपको देखने वाले में।

III. सकारात्मक सोच के साथ स्वयं का मूल्यांकन करें, जिससे आप अपने भीतर छुपे हुए गुणों को पहचान सकें।

शेयर मार्केट की तरह करें कॅरियर का प्रबन्धन

शेयर बाज़ार के निवेशकों की एक विशेषता यह होती है कि वे अपने पोर्टफोलियो अर्थात शेयरों की देख–रेख लगातार और बहुत सावधानी से करते रहते हैं। इतना ही नहीं एक अच्छा निवेशक बाज़ार की हर नब्ज़ को बहुत गहराई से देखता रहता है कि कौन–सी कम्पनी के शेयर का भविष्य अच्छा है, और कहाँ पर पैसा निवेश करने से अच्छा परिणाम मिलेगा। कौन–सा शेयर लाँग टर्म इन्वेस्टमेंट के लिए अच्छा होगा और कौन–सा शॉर्ट टर्म के लिए। इस सबका एक नक्शा मन में बनाने के बाद ही कोई निवेशक शेयर ख़रीदता है। ठीक यही बात एक आम आदमी की ज़िन्दगी और कॅरियर के लिए लागू होती है। आज की गलाकाट प्रतियोगिता के दौर में छात्रों को भी यही चाहिए कि वे अपने कॅरियर का निर्धारण बिल्कुल वैसे ही करें जैसे कि एक शेयर मार्केट का निवेशक करता है। इससे आपके कॅरियर को बनाने में काफ़ी मदद मिलेगी। इसके लिए कुछ जो ज़रूरी क़दम उठाये जाने की ज़रूरत है वह इस प्रकार हैं :

1. अपनी ज़रूरत को पहचानें फिर कॅरियर का निर्धारण करें

प्रायः होता यह है कि एक छात्र अपने कॅरियर का निर्धारण अपनी रुचि और स्वभाव के अनुसार न करके अपने आसपास के वातावरण, अपने माता–पिता की इच्छाओं के अनुसार अथवा अपने दोस्तों के हिसाब से करता है। मसलन यदि बाज़ार में कॉमर्स और इकोनॉमिक्स का ट्रेंड चल रहा है तो वह भी उसी तरफ़ आकर्षित हो जाता है

(विश्वविद्यालय में एडमिशन के समय इस चीज़ को बहुत अच्छी तरह से देखा जा सकता है) जबकि उसकी पकड़ किसी और विषय में है। जो विषय आपके पसन्द का न हो और जिससे आपको प्यार न हो उसे बिल्कुल नहीं लेना चाहिए। ऐसा न करने पर एक छात्र नियमित रूप से उसमें रुचि नहीं रख पाता और उससे उसका मोहभंग होने लगता है जो बाद में असफलता का कारण बनता है। ल्यूक पारकर ने इस बात का समर्थन करते हुए कहा था कि "आप जो काम कर रहे हैं यदि उसको एन्जॉय नहीं करते हैं तो आप उसमें कभी बेहतर नहीं कर सकते।"

शेयर मार्केट में भी अधिकतम उन्हीं लोगों का पैसा डूबता है जो अपने अध्ययन और शोध के आधार पर शेयर न लेकर बाज़ार के उतार–चढ़ाव के अनुसार शेयर ख़रीदते और बेचते हैं। जबकि प्रसिद्ध निवेशक और पूँजीपति वारेन बफेट बोलते है कि हमें बाज़ार के ट्रेंड के अनुसार बिल्कुल नहीं चलना चाहिए। जब बाज़ार गिर रहा हो तो हमें अपने पैसे लगाना चाहिए और जब बाज़ार उठ रहा हो तो हमें पैसे कमाना चाहिए। जबकि हममें से अधिकतम निवेशक पैसा तब लगाते हैं जब बाज़ार की हालत बहुत अच्छी होती है और सुधरी होती है। गिरे हुए मार्किट में कोई जोख़िम नहीं उठाना चाहता।

बस इसी बात को जो छात्र कॅरियर के सन्दर्भ में समझ लेता है उसका भी शैक्षिक निवेश सदैव के लिए बेहतर हो जाता है। जैसा कि मैं अक्सर देखता हूँ जब दिल्ली विश्वविद्यालय जैसे संस्थानों में एडमिशन का समय आता है तो अधिकतम वही विषय छात्र पढ़ना चाहते है जिसमें सबसे अधिक भीड़ होती है जिसके अभ्यर्थी सबसे ज़्यादा होते हैं। मसलन जब कॉमर्स और इकोनॉमिक्स का ट्रेंड चल रहा होता है तो लोग उसमें एडमिशन के लिए मारामारी कर रहे होते हैं। जबकि इस समय हमें ऐसे कोर्स चुनना चाहिए जो एक तो नये हों और जिसमें कॅरियर का प्रॉस्पेक्ट अधिक हो जैसे डिजिटल मार्केटिंग, फारेक्श, आर्टिफिशियल इंटेलीजेंस, डाटा मैनेजमेंट आदि। भले ही ए लांग टर्म कोर्स न होकर के शार्ट टर्म कोर्स हो।

लेकिन ऐसे कोर्सों की उपयोगिता और माँग परम्परागत विषयों से अधिक और हमेशा रहेगी।

2. नियमित रूप से करें कॅरियर की देखभाल

शेयर मार्केट में ऐसे कम ही लोग होते हैं जो एक बार पैसे लगाकर सो जाते हैं और उसकी नियमित देखरेख नहीं करते है। ऐसे बहुत कम लोग होते हैं जो कुछ ब्लू चिप और बड़ी कम्पनियों में अपना शेयर लगाकर सो जाते हैं फिर बहुत दिनों तक उसकी तरफ़ देखते भी नहीं। ऐसे लाँग टर्म इनवेस्टर कम ही होते हैं। जैसा कि कॅरियर के सन्दर्भ में डॉक्टरों, वकीलों और सी.ए. आदि का होता है। एक बार पढ़ाई कर ली फिर उसी की प्रैक्टिस से अपना जीवन आराम से काटते रहते हैं। लेकिन जो छोटे निवेशक होते हैं और जिनको बहुत जल्दी आगे बढ़ना होता है वे ऐसा नहीं करते। वे समय की प्रत्येक नब्ज़ को बहुत अच्छी तरह से समझते हैं और बाज़ार की नब्ज़ के हिसाब से अपना निर्णय बदलते रहते हैं दरअसल यही बाज़ार के अच्छे खिलाडी माने जाते हैं। जो रोज़ नया कुछ सीखते हैं और रोज़ नया कुछ करते हैं। सफलता की सीढियाँ यही लोग जल्दी से जल्दी चढ़ते भी है।

एक छात्र को भी यही चाहिए कि अपने दोस्तों और माता–पिता के प्रभाव में आकर एक व्यक्ति अपने कॅरियर की शुरुआत तो कर देता है लेकिन वह उसकी नियमित रूप से देखभाल करे और अपने समय के हिसाब से उसमें संशोधन और परिवर्धन करता रहे। इससे एक तो उसके भीतर उस विषय के प्रति वो जज्बा और उत्साह बना रहेगा। दूसरा वह समय की नब्ज़ के हिसाब से न सिर्फ़ अपने को तैयार कर सकेगा अपितु तात्कालिक रूप से होने वाले परिवर्तनों के प्रति वह सचेत और सजग भी रहेगा। एक सफल कॅरियर के लिए अपने विषय.से सम्बन्धित उन सभी पहलुओं पर नज़र रखने की ज़रूरत होती है जो उस समय चल रही होती है। इसके लिए एक छात्र अथवा प्रतिभागी को अपने विषय से सम्बन्धित ऐसा कोई न कोई

कोर्स अथवा स्किल डेवेलपमेंट से सम्बन्धित कोर्स करते रहना चाहिए जो उसकी गुणवत्ता को बढ़ाने में योगदान दे सके।

3. ब्लू चिप अथवा मिड कैप कॅरियर की तैयारी

जैसे बाज़ार के निवेशकों को पता होता है कि कहाँ पर पैसे लगाने पर ज़्यादा फ़ायदा होगा और कहाँ पर नुकसान। ठीक इसी तरह आप अपने कॅरियर को किस तरह का आकार देना चाहते है यह पूरी तरह से आप पर निर्भर है। मसलन यदि आप लम्बे समय के बाद कोई बड़ी उपलब्धि चाहते हैं तो उच्च शिक्षा की तरफ़ जायें। मार्केट की भाषा में इसे ब्लु चिप शेयर कहा जाता है जिसमें घाटा उठाने का कम ख़तरा होता है और भविष्य भी लगभग सुरक्षित होता है। जबकि कम अवधि के लिए (मिड कैप) किये गये कोई कोर्स में जितना जल्दी फ़ायदा होने का चान्स होता है उतना ही जल्दी नुकसान भी। इसलिए विशेषज्ञों की राय होती है कि कॅरियर की तैयारी हमेशा लम्बे और बड़े लक्ष्य को ध्यान में रखकर की जानी चाहिए।

4. समय के साथ कॅरियर में आगे बढ़ें

सामान्यतः देखा यह जाता है कि ऐसे लोगों का कॅरियर एक मुकाम पर आकर रुक जाता है जो समय के साथ नहीं चलते। शेयर मार्केट में भी यही होता है। जो इंडस्ट्री की ज़रूरत के हिसाब से अपने पोर्टफोलियो का प्रबन्धन नहीं करते उन्हें अक्सर घाटा उठाना पड़ता है। सरकारी नौकरियों में काम करने वाले लोगों के साथ यह बात पूरी तरह लागू होती है। उन्हें सुरक्षा के नाम पर एक स्थायी नौकरी तो मिल जाती है लेकिन कॅरियर में वृद्धि की अपॉरचुनिटी की सँभावनाएँ उतनी कम होती हैं। जबकि प्राइवेट नौकरियों के साथ इसका उल्टा होता। आपके कॅरियर की शुरुआत बहुत असुरक्षित तरीक़े से होती है। लेकिन यदि आप समय के हिसाब से अपने को परिवर्तित करते रहें और नये–नये कोर्सों और स्किल को समझते रहें तो आपकी तरक्की के रास्ते भी उतनी ही तेज़ी से आगे बढ़ते हैं।

इसलिए एक छात्र को चाहिए कि कॅरियर को लेकर सदैव जागरूक रहे। एक प्रतिभागी को हमेशा यह ध्यान रखना चाहिए कि अभी किस कोर्स की बाज़ार को ज़रूरत है और भविष्य निर्माण के लिए कौन–से क्षेत्र में सँभावनाएँ अधिक हैं। इस बात का ध्यान रखने पर ऐसे किसी भी प्रतिभागी के जीवन में असफलताएँ आयेंगी ही नहीं। मोटिवेशनल गुरु क्रिस ग्रासर ने इस बात पर अपने विचार व्यक्त करते हुए सही कहा था "किसी के जीवन में अवसर आता नहीं है बल्कि उसे पैदा करना पड़ता है।"

5. ज़िन्दगी की ज़रूरत के हिसाब से अपने कॅरियर के पोर्टफोलियो का प्रबन्धन करें

शेयर बाज़ार में जैसे अक्सर उतार–चढ़ाव आता रहता है ठीक यही बात कॅरियर के सन्दर्भ में लागू होती है। कभी आपका कॅरियर सातवें आसमान पर होता है तो कभी आप जीवन में संघर्ष कर रहे होते हैं। प्राइवेट नौकरियों के लिए यह बात तो बिल्कुल लागू होती है। जो व्यक्ति कल तक कोट पैंट, टाई लगाकर ऑफ़िस के लिए भाग रहा होता है वह दूसरे दिन आपको अपनी सोसाइटी में हाफ़ पैंट में घूमता हुआ नज़र आ सकता है। यह सबके साथ होता है। इससे घबराना नहीं चाहिए बल्कि जब कॅरियर का ग्राफ सबसे निचले स्तर पर हो। यही एक सफल उद्यमी और निवेशक का वह गुण होता है कि जब कॅरियर अपने सबसे निचले स्तर पर हो तो वहाँ से कैसे छलाँग मारनी चाहिए। यहीं सुधार करने की ज़्यादा गुंजाइश होती है। यही वह समय होता है जब एक व्यक्ति को समझदारी से और बुद्धिमत्तापूर्ण ढंग से आगे बढ़ना चाहिए और अपने जीवन की आवश्यकता अनुसार इसमें सुधार करते हुए आगे के लक्ष्य का निर्धारण करना चाहिए। ला उत्सेजू ने इस पर सही टिप्पणी करते हुए एक बार कहा था कि "दूसरों को कुछ सिखाना अच्छी बात है, लेकिन अपने जीवन में आने–वाले उतार–चढ़ाव से ख़ुद सीख जाना एक सफल व्यक्तित्व की असली पहचान हैं।"

हमने सीखा

I. जो विषय आपके पसन्द का न हो और जिससे आपको प्यार न हो उसे बिल्कुल नहीं लेना चाहिए।

II. कॅरियर की तैयारी हमेशा लम्बे और बड़े लक्ष्य को ध्यान में रखकर की जानी चाहिए।

III. यदि आप समय के हिसाब से अपने को परिवर्तित करते रहें और नये–नये कोर्सों और स्किल को समझते रहें तो आपकी तरक्की के रास्ते भी उतनी ही तेज़ी से आगे बढ़ते हैं।

IV. हमेशा इस बात का ध्यान रखें कि जीवन में अवसर आता नहीं है, बल्कि उसे पैदा करना पड़ता है।

अनुशासन को बरकरार रखें

एक बार की बात है, एक पिता पतंग उड़ा रहा था और पुत्र बड़े ध्यान से देख रहा था। थोड़ी देर बाद पुत्र बोला, 'पापा ये धागे की वजह से पतंग और ऊपर नहीं जा पा रही है इसे तोड़ दो।' पिता ने धागा तोड़ दिया। पतंग थोड़ा सा और ऊपर गयी। उसके बाद नीचे आ गिरी, तब पिता ने प्यार से पुत्र को समझाया, 'बेटा ज़िन्दगी में हम जिस ऊँचाई पर है, हमें अक्सर लगता है कि कई चीज़े हमें और ऊपर जाने से रोक रही है, जैसे : घर, परिवार, अनुशासन, दोस्ती और हम उनसे आजाद होना चाहते हैं। मगर यही वे चीज़ होती हैं जो हमें उस ऊँचाई पर बना के रखती हैं। इन चीज़ों के बिना हम एक बार तो ऊपर जायेंगे। मगर, बाद में हमारा वही हश्र होगा, जो इस पतंग का हुआ है। इसलिए ज़िन्दगी में कभी भी, अनुशासन का, घर का, परिवार का, दोस्तों का रिश्ता मत तोड़ना। यदि तुमने अनुशासन के इन रिश्तों को तोड़ दिया तो समझो तुम अकेले हो गये। इसीलिए समाजशास्त्री बार–बार कहते हैं कि मनुष्य एक सामाजिक प्राणी है और उसका विकास समाज के भीतर ही हो सकता है। लेकिन समाज के सभी उसूलों को मानते हुए जो सच्ची लगन और निष्ठा के साथ आगे बढ़ता है वही जीवन के पथ पर सफल होता है। दूसरे शब्दों में कहें तो सच्चा अनुशासन ही सफलता का मूलमन्त्र है।

दुनियाभर में सफल हुए कई व्यक्तियों ने अनुशासन के बहुत सारे गुण बताये हैं। इनमें से जो कुछ प्रमुख गुण हैं वो इस प्रकार है :

1. ध्यान केन्द्रित करने में सहायक

दुनियाभर में अपने सौन्दर्य–प्रसाधनों के लिए मशहूर एवन कम्पनी की सी.ई.ओ. शेरी मैककोय ने जब एवन का कार्यभार सम्हाला तब महसूस किया कि उनकी कम्पनी के प्रोडक्ट्स को दूसरी कम्पनी के प्रोडक्ट्स के सामने बाज़ार में संघर्ष करना पड़ रहा है। तब उन्होंने अपनी केस–स्टडी में पाया कि इसका सबसे बड़ा कारण कम्पनी में काम करने वाले लोग हैं जो अपने काम के प्रति फोकस्ड नहीं हैं। इसका सबसे बड़ा कारण अनुशासन है। शेरी मैककोय ने स्वीकार किया कि 'आज की गलाकाट प्रतिस्पर्धा में किसी नये प्रोडक्ट की तरफ़ आकर्षित होना आम बात है। जो मेरे कर्मचारियों ने भूल की उसके लिए मैंने सबसे पहले उन्हें अनुशासित किया जिससे उनका ध्यान इधर–उधर न भटके और वे अपने काम के प्रति ध्यान–केन्द्रित कर सकें। ऐसा करने से शेरी का मानना है कि फिर प्रोडक्ट्स में गुणवत्ता तो अपने आप आयेगी।

यदि आपने जीवन में अनुशासन के महत्त्व को समझ लिया तो फिर आप कभी भी अपने लक्ष्य से नहीं भटकेंगे। अनुशासन में रहने वाले व्यक्ति की सबसे बड़ी ख़ूबी यही होती है कि वे अपने दैनिक जीवन के कार्यकलापों में भी इतना अधिक ध्यान केन्द्रित करके रखते हैं कि उनके पास फालतू समय व्यर्थ करने का वक़्त ही नहीं होता और हमेशा अपने लक्ष्य की तरफ़ अग्रसर होते हैं। एक सामान्य मनुष्य में यह गुण नहीं होता।

2. स्वस्थ रहने में मददगार

प्रायः देखा यह जाता है कि जो व्यक्ति आलसी और गैर–अनुशासित होता है वह उन व्यक्तियों के मुकाबले ज़्यादा समस्याग्रस्त होते हैं। जो चुस्त–दुरुस्त और अनुशासित होते हैं। सही समय पर घूमना–फिरना, खाना–पीना, सोना–जागना आदमी को दवाइयों से दूर रखता है, जो आपके काम करने की शक्ति में इजाफा करता है और आप हमेशा चुस्त–दुरुस्त और सक्रिय बने रहते है।

अपने काम के प्रति अनुशासित व्यक्ति की सबसे बड़ी ख़ूबी यह होती है कि वह जीवन के छोटे–से–छोटे और बड़े–से–बड़े काम को बहुत ही अनुशासित तरीक़े से करता है। इससे काम में किसी तरह की कमी की कोई भी गुंजाइश कम तो रह ही जाती है इसमें किसी प्रकार की कमी भी कम ही रहती है जो आपकी तन्मयता को प्रदर्शित करती है। तन्मयता का सीधा सम्बन्ध आपकी मानसिक और शारीरिक स्वच्छता पर भी पड़ता है। आपने अक्सर सुना होगा कि एक स्वस्थ शरीर में स्वस्थ मन निवास करता है।

3. समय पर काम करने में सक्षम

अनुशासन से व्यक्ति के व्यक्तित्व में आत्म–नियन्त्रण भी आता है। उसकी बात और व्यवहार में वे गुण समाहित हो जाते हैं जो किसी को समय पर काम करने के लिए प्रेरित करते रहते हैं। ऐसा करने से आप अपने परिवार के लिए भी वह समय निकाल लेते हैं जिसके लिए एक आम आदमी संघर्ष करता रहता है। इससे आपकी ज़िन्दगी में भी ख़ुशहाली बनी रहती है और आपके परिवार के लोग भी आपसे प्रसन्न रहते हैं। जिससे आप रोज़ की छोटी–मोटी लड़ाई और तनाव से बच जाते हैं और अन्दर से ख़ुशहाल महसूस करते है। इससे आपके भीतर ऊर्जा का संचार निरन्तर बना रहता है।

अनुशासित व्यक्ति के व्यक्तित्व का सबसे बड़ा फ़ायदा यह होता है कि उससे जुड़े लोग चाहे वह घर के भीतर हों अथवा घर के बाहर उसके व्यक्तित्व से सभी लोग परिचित हो जाते हैं। जब व्यक्तित्व में बहुत अधिक बदलाव नहीं होता तब व्यक्ति का जीवन बहुत सरल हो जाता है। स्वयं के लिए भी और बाहर वालों के लिए भी। इससे बहुत सारी ऊर्जा जो हम दूसरों को समझने के लिए ख़र्च करते हैं वह हम किसी नवीन काम में लगा देते हैं।

जीवन की अधिकतम समस्याओं की जड़ मनुष्य का व्यवहार ही होता है। यदि मनुष्य के व्यवहार में स्थिरता हो तो आपसे जुड़े हुए किसी भी व्यक्ति कि कोई निर्णय लेने में कठिनाई नहीं आती है। और आप किसी भी काम को बेझिझक कर सकते है।

4. दूसरों के लिए सम्माननीय

अनुशासन से सिर्फ़ आपको ही फ़ायदा नहीं होता। बल्कि आपका यह अनुशासन आपके लिए वह सम्मान भी लेकर आता है। जो दूसरों को नहीं मिलता। जब कई लोग सम्मान पाने की ललक लिए भटकते रहते हैं तब आपका यही अनुशासन आपको सम्मान का हक़दार बना देता है। एक अनुशासित व्यक्ति का सम्मान न सिर्फ़ उसके आसपास रहने वाले व्यक्ति करते हैं अपितु वे सभी अधीनस्थ कर्मचारी आपके अनुशासन से वह प्रेरणा लेते हैं जो वे कर नहीं पाते। अनुशासन में रहने का एक और जो बहुत बड़ा फ़ायदा होता है वह है आपका सब काम समय पर हो जाता है जबकि एक सामान्य मनुष्य इसी काम को करने के लिए इधर–उधर भटकता रहता है।

वीसा इंटरनेशनल के संस्थापक डी. होक ने अनुशासन की महत्ता पर प्रकांश डालते हुए कहा कि "प्रबन्धन का मतलब लीडरशिप से नहीं है।' लीडरशिप से मतलब है आत्मसंयम। लीडरशिप को परिभाषित करते हुए उन्होंने कहा कि यदि आप अपने आप में लीडरशिप की क्वालिटी विकसित करना चाहते हैं तो अपने कुल समय का 50 प्रतिशत अपने स्व–संयम के लिए निवेश कीजिए। 20 प्रतिशत उनके लिए निवेश कीजिए जिनके अधीन आप काम करते हैं और 15 प्रतिशत अपने मित्रों पर निवेश कीजिए। इसके बावजूद भी यदि आपके अधीनस्थ कर्मचारी आपकी बात नहीं सुन रहे तो समझिए आपके भीतर लीडरशिप क्वालिटी नहीं है और आप एक तानाशाह हैं जो किसी अनुशासन को नहीं मानता।

हमने सीखा

I. ज़िन्दगी में कभी भी अनुशासन का, घर का, परिवार का, दोस्तों का रिश्ता नहीं तोड़ना चाहिए। जिस दिन हम अपने इन रिश्तों को तोड़ देते हैं, उस दिन खुद से अकेले हो जाते हैं।

II. अनुशासित व्यक्ति की सबसे बड़ी ख़ूबी यह होती है कि वह जीवन के छोटे–से–छोटे और बड़े–से–बड़े काम को बहुत ही अनुशासित तरीक़े से करता है।

III. अनुशासन से व्यक्ति के व्यक्तित्व में आत्म–नियन्त्रण भी आता है। अनुशासन में रहने का एक और जो फ़ायदा होता है वह है आपका सब काम, समय पर हो जाता है जबकि एक सामान्य मनुष्य इसी काम को करने के लिए इधर–उधर भटकता रहता है।

असफलता से घबरायें नहीं

किसी दार्शनिक ने कहा है कि "असफलता इस बात की द्योतक है कि सफलता के लिए पूरे मन से प्रयास नहीं किया गया।" मसलन यदि किसी को सफलता पानी है तो असफलता के रास्ते चलते हुए आगे बढ़ना होगा। लेकिन बिना उत्साह और उम्मीद को गँवायें बिना। दूसरे शब्दों में कहें तो असफलता सफलता का पहला पड़ाव है।

यद्यपि समाज जीवन में असफल व्यक्ति को बहुत ज़्यादा महत्त्व नहीं देता और न ही उसकी कोई क़ीमत होती, लेकिन यह सबको पता है कि सफलता का रास्ता असफलता के मुहाने से ही शुरू होता है। बच्चा जब अपने जीवन की शुरुआत करता है और पैदल चलने की कोशिश करता है तो पहले वह लड़खड़ाता है, फिर गिरता है, बार–बार गिरता है और अन्ततः चलना सीख जाता है। लेकिन इतना गिरने–पड़ने के बाद भी वह अपनी हिम्मत नहीं हारता और बार–बार कोशिश करके अपनी प्रारम्भिक असफलता को सफलता में तब्दील कर लेता है। इसीलिए वर्ड्सवर्थ ने "बच्चे को एक सामान्य मनुष्य का पिता कहा है।" अर्थात जिस चीज़ से हारकर एक व्यक्ति अपनी कोशिश छोड़ देता है उसी चीज़ को अपनी ज़िद मानकर एक बच्चा अन्त तक लगा रहता है और सफलता पाकर ही दम लेता है।

अलबर्ट आइंस्टाइन से लेकर थॉमस एल्वा एडीसन, मार्टिन लूथर किंग तक, तेनजिंग नोर्गे, वाल्ट डिज्नी से लेकर माइकल जॉर्डन न जाने ऐसे कितने नाम सफल व्यक्तियों की सूची से भरे पड़े हैं जिन्होंने अपने जीवन में, अपने क्षेत्र में एक मुकाम हासिल किया।

लेकिन इन सबके प्रारम्भिक इतिहास को यदि खँगाला जाये तो पायेंगे इन सभी के जीवन में सफलता का पैगाम असफलता के रास्ते से ही निकल कर बाहर आया है। इन लोगों को सफलता की सीढ़ियों तक पहुँचाने में असफलता कैसे महत्त्वपूर्ण रही इसकी कुछ बानगी इस प्रकार है :

1. असफलता ही सफलता की पहली सीढ़ी है

दुनिया में ऐसे लोगों का प्रतिशत बहुत ही कम है जिनको एक ही बार में किसी भी क्षेत्र में सफलता मिल गयी हो। सफलता के जितने में भी उदाहरण सुनहरे अक्षरों में लिखे गये हैं उन सभी ने ज़िन्दगी में किसी–न–किस रूप में असफलता का स्वाद चखा है। इस सन्दर्भ में थॉमस एल्वा एडीसन से बेहतर कोई उदाहरण नहीं हो सकता जिनको एक लाइट बल्ब बनाने के लिए 1000 बार असफलता का मुँह देखना पड़ा। कहानी यह है कि एडीसन रोज़ अपनी प्रयोगशाला में सुबह–सुबह पहुँच जाते थे। उनके साथ कुछ उनके सहयोगी भी रहते थे जो उनकी प्रयोगशाला में ही काम करते थे। एक वर्ष, दो वर्ष हो तो कोई बात नहीं लेकिन कई वर्ष बीत जाने के बाद और लगभग 800 बार असफल होने के बाद उनके सहयोगी कहने लगे, 'इतने वर्षों से तो हम लगे हुए हैं। कुछ हो तो नहीं रहा है, न ही सफलता मिल रही है। क्यों न हम यह काम छोड़ दें।'

एडीसन ने यह सुनते ही बड़े अदब से कहा कि जिसको छोड़ना है छोड़ दो, अब हमारी हिम्मत नहीं है, कि मैं पुनः वही 800 ग़लतियाँ दोहराऊँ जो अब तक दोहराता आया हूँ। क्योंकि बीच में ही यदि हम काम छोड़कर फिर से कोई काम करेंगे तो उसमें ही इतना ही समय लगेगा और हमें फिर से नया काम शून्य से शुरू करना पड़ेगा। क्यों न हम अपने इसी काम को आगे बढ़ायें क्योंकि अब लक्ष्य तक पहुँचने वाले हैं।

उनकी यह बात सुनकर कुछ लोग निराश हुए, कुछ लोगों ने उनका साथ छोड़ दिया। लेकिन एडीसन ने अपना काम नहीं छोड़ा

और अपने काम में जुटे रहे। एक दिन ऐसा आया जब वह बल्ब बनाने में सफल रहे। आपको यह जानकर आश्चर्य होगा कि जब उनके मित्रों ने उनका काम छोड़ा तो वे और भी उम्मीद–भरी दृष्टि और आशा से दुगुना काम करने लगे। परिणाम यह हुआ कि इसके कुछ दिनों बाद ही उस बल्ब को ईजाद कर लिया, जिसका हम आप सब आज उपयोग करते हैं।

एडीसन से जब उनकी इस असफलता के बारे में पूछा गया कि "आप को अपनी इस 1000 बारी असफलता के बारे में क्या कहना चाहेंगे?" तब उन्होंने बड़ी उत्सुकता के साथ कहा कि "मैं एक हज़ार बार असफल नहीं हुआ हूँ बल्कि मेरी सफलता एक हज़ार स्टेप आगे थी। इसमें कोई बड़ी बात नहीं है जिसको मैं नहीं कह पा रहा था।"

2. जीतने की लगातार कोशिश

थॉमस एल्वा एडीसन की तरह बहुत कम लोग होते हैं जो सफलता पाने की जिद तक अड़े रहते हैं। वे तो अपना रास्ता बीच में ही छोड़ देते हैं अथवा कोशिश ही नहीं करते लेकिन एक सफल व्यक्ति का लक्ष्य सफलता पाने के बाद ही ख़त्म होता है। ऐसे लोग एक के बाद दूसरी, दूसरी से तीसरी, तीसरी से चौथी और न जाने कितनी बार अपने लक्ष्य को पाने के लिए लगे रहते हैं। तब जाकर कहीं उन्हें सफलता का थोड़ा–सा स्वाद चखने को मिलता है। अरस्तू, डार्विन और फ्रायड इन सभी के विचारों का अवलोकन करें तो हम पायेंगे कि इन सभी का निष्कर्ष एक ही हैं और वह है असफलता। इन सभी का कहना है कि "असफलता एक ऐसा उपकरण है जो सफलता की चोटी तक पहुँचाने का काम करता है।"

3. ग़लतियों से सीखने में सहायक

सेनार्जी लीडरशिप समूह के मैनेजिंग पार्टनर और 'सेलिब्रेटिंग फेलयर्स, द पावर ऑफ़ टेकिंग रिस्क, मेकिंग मिस्टेक्स एंड थिंकिंग बिग' के लेखक राल्फ हीथ का कहना है कि अधिकतम लोग जीवन में सिर्फ़

इसलिए सफल नहीं हो पाते क्योंकि वे असफलता से इतने डरते हैं कि सफलता के लिए कोशिश ही नहीं करते। जबकि उन्हें यह पता ही नहीं होता कि असफलता और जीवन के खेल में हारना मनुष्य के जीवन के सबसे बड़े शिक्षक होते हैं। इन्होंने वाल्ट डिज़्नी और जनरल इलेक्ट्रिक का उदाहरण देते हुए बताया कि इनकी सफलता की पूरी कहानी उनकी प्रारम्भिक असफलता में छुपी हुई है। यदि इन लोगों ने असफल होने का जोख़िम नहीं उठाया होता तो सफलता कभी मिलती ही नहीं।

4. सही समय पर सही क़दम उठाने में योगदान

अपनी पुस्तक "फेलिंग फॉरवर्ड : टर्निंग मिस्टेक्स इनटू स्टेपिंग स्टोन्स फॉर सक्सेस" में जॉन सी. मैक्सवेल ने लिखा कि "किसी मूल्यवान लक्ष्य तक पहुँचने में असफलता एक मार्गदर्शक की तरह काम करती है।" मैक्सवेल ने अपनी एक स्टोरी सुनाते हुए कहा कि "मेरे पिता के बारे में मेरे सभी मित्रों का विचार था कि वे बहुत ही नेगेटिव किस्म के व्यक्ति हैं क्योंकि वे हमेशा ऐसी किताबें पढ़ते थे जो नेगेटिव किस्म की थीं।" हमने उनसे एक बार कहा आप 'द पावर ऑफ़ पॉज़िटिव थिंकिंग' जैसी किताबें न पढ़कर हमेशा नेगेटिव किताबे ही क्यों पढ़ते रहते हैं। लेकिन उनके एक जवाब ने सफलता के बारे में मेरा पूरा विचार ही बदल कर रख दिया। उनका कहना था 'मैं ऐसी किताबें पढ़कर पहले अपना टैंक फुल कर लेना चाहता हूँ कि कैसे लोगों ने अपनी असफलताओं से सही समय पर लड़ना और सीखना सीखा। यदि यह मैं जान गया तो पॉजिटिव एटीट्यूड तो अपने आप आ जायेगा। फिर अगला पड़ाव तो सफलता का ही है।"

हमने सीखा

I. दुनिया में ऐसे लोगों का प्रतिशत बहुत ही कम है जिनको एक ही बार में किसी भी क्षेत्र में सफलता मिल गयी हो। सफलता के जितने में भी उदाहरण सुनहरे अक्षरों में लिखे गये हैं उन सभी ने ज़िन्दगी में किसी–न–किसी रूप में असफलता का स्वाद चखा है।

II. अधिकतम लोग जीवन में सिर्फ़ इसलिए सफल नहीं हो पाते क्योंकि वे असफलता से इतने डरते हैं कि सफलता के लिए कोशिश ही नहीं करते।

ग़रीब बनाम अमीर

मेरी सबसे पसन्दीदा पुस्तकों में से एक है राबर्ट कियोस्की की पुस्तक 'रिच डैड, पुयर डैड' अर्थात 'अमीर पिता और ग़रीब पिता'। इन दोनों पिताओं में क्या अन्तर है कि अमीर बाप का बेटा अमीर और ग़रीब बाप का बेटा ग़रीब ही बनता चला जाता है। यह सब कुछ आपकी सोच और उस सीख पर निर्भर करता है जो आप सीखते हैं और अपने बच्चे को भी सिखाते हैं। सामान्यतः होता यह है कि एक सामान्य परिवार अथवा ग़रीब परिवार के अपने बच्चे के पीछे लट्ठ लेकर पड़े रहते हैं कि बेटा ख़ूब मन लगाकर पढ़, मैरिट में आना, जिससे सरकारी नौकरी लग जाये। मसलन उसकी सोचने–समझने की उम्र से ही उसके दिमाग़ में आपका दिमाग़ घुस जाता है और फिर वह आपके बताये हुए नक्शेक़दम पर चलने लगता है और कभी अपने दिमाग़ का उपयोग ही नहीं कर पाता कि उसे करना क्या है और क्या करना चाहिए। अर्थात कहें तो आप उसे उसके अनुभव को स्वयं पाना और जानने देना ही नहीं चाहते सिर्फ़ किताबी कीड़ा बनाकर रख देना चाहते हैं। तो भला वह दुनियादारी की चीज़ें कैसे सीखेगा।

इसके बनिस्पत अमीर पापाओं की कहानी ठीक इसके उलट है। ये पापा लोग स्वयं जीवन में जोख़िम उठाते हैं और बच्चों को भी जोख़िम उठाने में मदद करते हैं। हमेशा परम्परा से अलग कुछ नया करने की सीख देते हैं। आपकी हर सफलता और असफलता के पीछे चट्टान बनकर खड़े रहते हैं और कहते हैं, 'बेटा तू आगे बढ़ तेरे पीछे मैं हूँ। इनके दिमाग़ में सरकारी नौकरी न होकर के कॉर्पोरेट

वर्ल्ड का सी.ई.ओ. बनने का या तो नशा होता है अथवा ख़ुद की कम्पनी बनाकर काम करने का दिमाग़ चलता है। क्योंकि वे जानते हैं सरकारी नौकरी करना बाबुओं का काम है मालिकों का नहीं। 'अमीर बाप और ग़रीब बाप' के ऐसे ही कुछ लाक्षणिक अन्तरों को हम यहाँ कुछ उदाहरणों के साथ समझने की कोशिश करेंगे :

1. लाभ बनाम हानि

प्रायः एक सामान्य मध्य वर्ग और ग़रीब वर्ग से आने वाले व्यक्तियों की समस्या यह होती है कि वे अपने जीवन का आधा हिस्सा कॅरियर बनाने में निकाल देते हैं और बचा हुआ आधा हिस्सा उस ऋण अथवा लोन को चुकाने में गुजार देते हैं जो उन्होंने बैंक से लिया हुआ होता है। इस बात को इस प्रकार से समझा जा सकता है कि दिल्ली जैसे शहर में एक अदद घर की चाह में हम किसी बैंक से कर्ज़ लेते हैं। मान लीजिए आपके कर्ज़ की रकम 20 लाख रुपये है और आपने 20 वर्षों के लिए यह लोन लिया तो आप अपनी ज़िन्दगी के अगले बीस वर्षों तक इस लोन को चुकाने के लिए दिन–रात मेहनत करते रहेंगे और इस 20 लाख के बदले आपको मूल धनराशि का 10 प्रतिशत ब्याज सहित अगले 20 वर्षों में कम से कम 30 लाख की रकम चुकानी होगी। मतलब यह हुआ आपकी बीस वर्षों की गाढ़ी कमाई को कोई और बैठकर उड़ायेगा जो अपना थोड़ा–सा दिमाग़ लगाकर आपको 20 लाख रुपये देने की क्षमता रखता है।

2. जानिए क्या आपका पैसा आपके लिया काम करता है

जैसा कि हमने ऊपर देखा कि 20 लाख का लोन जिसे आपने अस्ति (असेट) समझ कर लिया था वह दरअसल असेट न होकर देयता (लाइबिलिटी) थी जिसे आपको हर–हालत में चुकाना ही पड़ेगा। प्रायः होता यह है कि एक मध्य–वर्ग का व्यक्ति जो किसी छोटी–मोटी सरकारी नौकरी में काम करता है अथवा प्राइवेट नौकरी करता है वह बिना सोचे–समझे महज़ 2 लाख का इनकम टैक्स बचाने के लिए

इतना बड़ा कर्ज़ लेता है जो उसको उससे कई गुना महँगा पड़ता है। वह यह नहीं जानता कि इसी पैसे को यदि दूसरी कई जगहों पर निवेश करता तो उसको फ़ायदा भी मिलता और इनकम टैक्स भी देना नहीं पड़ता। आज बाज़ार में कई ऐसे शेयर्स हैं, म्यूचुयल फंड हैं, एफ.डीज है, जिनमें निवेश करने से आपको इनकम टैक्स में छूट तो मिलेगी ही साथ ही आपका 20 लाख रुपया अगले पाँच साल में 30 लाख भी बन सकता है। इसलिए कोई भी निवेश करने के पहले जानिए कि कहाँ पैसा लगाने में आपको फ़ायदा होगा। इसी को निवेश की भाषा में कहा जाता है कि 'आपका पैसा आपके लिए काम करता है या नहीं।'

उदाहरण के लिए मैंने आज से लगभग 20 वर्ष पहले आई.सी. आई.सी.आई. बैंक का डीमैट एकाउंट खोलकर मात्र 10,000 रुपया शेयर बाज़ार में निवेश किया था। उन दिनों मैं एक बैंक में नौकरी कर रहा था। इसके लिए मैंने अपने एक वरिष्ठ सहकर्मी जिनको शेयर मार्केट का ज्ञान था, उनसे थोड़ी सी जानकारी ली और इस बाज़ार में घुस गया। लगभग छह ही महीने में जो शेयर मैंने उन दिनों लिए थे उसकी क़ीमत लगभग 27,000 हज़ार हो गयी। यह देखकर मेरी ख़ुशी का ठिकाना नहीं रहा। परिणामस्वरूप मैंने इन्हीं पैसों को पुनः घुमाया और दूसरे शेयरों में पुनः इन्वेस्ट किया जिससे मुझे पुनः फ़ायदा हुआ। धीरे–धीरे मैं शेयर बाज़ार से जुड़ी खबरें पढ़ने लगा. अलग अलग कम्पनियों के पोर्टफोलियो में भी रुचि होने लगी और देखते ही देखते मेरी छबि कब एक शेयर मार्किट इनवेस्टर की हो गयी, पता नहीं चला।

ऐसा नहीं है कि शेयर मार्केट में कुछ नुकसान नहीं होता। मुझे भी हुआ। लेकिन फ़ायदा जितना हुआ उसके सामने नुकसान की रकम छोटी है। यदि आप औसतन घर बैठे अपने लगाये पैसें पर साल में 15 से 20 प्रतिशत का मुनाफा कमा लेते हैं तो समझिये आप फ़ायदे में हैं। क्योंकि 15 से 20 प्रतिशत का ब्याज आपको किसी भी निवेश में प्रायः नहीं मिलता सिर्फ़ शेयर मार्केट, म्यूचुयल फंड अथवा किसी बिज़नेस के।

लेकिन मैं अपने अनुभव के आधार पर ज़रूर इतना कहना चाहूँगा कि शेयर मार्केट में तब तक न घुसें जब तक आपको इसके बारे में जानकारी न हो अथवा अपने किसी मित्र...से सलाह लेकर ही आगे बढें। फिर धीरे–धीरे आप इसके बारीक़ पहलुओं को स्वयं समझें तभी निवेश करें अथवा इसके बारे में प्रशिक्षण प्राप्त करके ही आगे बढ़ें।

3. पुरानी चीज़ों की जगह नयी चीज़ों पर हाथ आजमाएँ

मध्य–वर्ग और ग़रीब वर्ग के लोगों की एक आदत यह भी होती है कि वह पहले बहुत दिनों तक इस बात का इन्तज़ार करते रहते हैं कि पहले मार्केट स्थिर हो जाये फिर निवेश करेंगे। उन्हें यह नहीं पता होता कि हवा का रुख देखकर निवेश करने वाले लोग हमेशा घाटे में रहते हैं। क्योंकि तब तक जो चीज़ बाज़ार में लांच की जाती है वह स्थिरता की सिचुएशन में पहुँच जाती है। जबकि निवेश और तरक्की का फंडा यह कहता है, जब कोई भी चीज़ बाज़ार में नयी आये अथवा/और जब वह वृद्धि की अवस्था में हो तब उस पर हाथ आजमाना हमेशा फ़ायदेमन्द होता है, न कि उसकी चरम अवस्था पर। इसलिए मशहूर निवेशक, वार्कशायर हाथवे कम्पनी के मालिक और दुनिया के आज के तीसरे सबसे धनी व्यक्ति बारेन बाफेट का निवेशकों और उन व्यक्तियों के लिए जो अमीर बनना चाहते हैं उनके लिए कहना है कि "जब अधिकतर लोग निवेश करने से घबराएँ तब निवेश करना चाहिए, और जब अधिकतर लोग जमकर निवेश करें तब घबराना चाहिए।"

4. जोख़िम उठायें

दुनिया के बहुत सारे लोग या यूँ कहें कि जिसने जोख़िम नहीं उठाया तो नया कुछ नहीं किया। सम्पूर्ण मध्यवर्ग की मानसिकता यही होती है जो चल रहा है वह सबसे बेहतर है। कहीं ऐसा न हो "आधी छोड़ सारी को धावै, सारी मिलें न आधी पावै"। यही सोचकर कोई जोख़िम ही नहीं उठाते। जबकि अमीर बाप की आदत जोख़िम ही उठाने की होती है। वह हर समय किसी न किसी ऐसे गुणा भाग में मशगूल

रहता है कि कहाँ से चार पैसा अधिक कमाया जा सकता है। जब आप ऐसी सोच रखते हैं तो आप स्थायित्व के ख़तरे से बाहर निकल चुके होते हैं और हर समय नये अवसर की फिराक में रहते हैं। इससे आपके मन का डर ख़त्म हो जाता है और फिर आप किसी भी परिस्थिति में कैसा भी जोखिम लेने के लिए तैयार हो जाते हैं क्योंकि अब तक पता चल चुका होता है जोख़िम उठाये बिना कोई बड़ा काम नहीं किया जा सकता।

मेरा सुझाव यही है कि यदि मौक़ा और पारिवारिक परिस्थिति साथ दे तो जोख़िम ज़रूर उठायें और जितना जल्दी हो सकता है उतनी जल्दी उठायें। वैसे अली बाबा के मालिक और प्रसिद्ध चाइनीज़ बिज़नेसमैन का कहना है कि "जोख़िम उठाने के लिए सबसे बेहतर उम्र होती है 20 वर्ष अथवा उसके पहले। आप एक अच्छे स्टूडेंट की तरह ख़ूब नयी–नयी चीज़े सीखें इंटरप्रेन्योर (उद्यमी) बनने की दिशा में आगे बढ़ें। असफलता मिले तो इससे घबरायें नहीं, यह जीवन में बहुत बड़ी सीख देगी। जब आप 30 वर्ष तक पहुँचें इसके पहले किसी एक सफल उद्यमी के रास्ते का अनुसरण करें और जानने की कोशिश करें कि उसने कैसे यहाँ तक अपना मुकाम हासिल किया है। साथ ही किसी बड़ी कम्पनी में जुड़ने के बजाय एक ऐसी कम्पनी या व्यवसाय के साथ जुड़ें जो नयी हो क्योंकि यहाँ आप उसके प्रारम्भिक संघर्ष से लेकर उसके ऊपर उठने तक की उस सारी प्रक्रिया को समझ सकते हैं। और जब आप 30 से 40 वर्ष के बीच हों तो अपने लिए काम करें। यह वही समय होता है। जब आपके पास अनुभव आ जाता है, समझदारी बढ़ जाती है और आप मार्केट और उसकी नब्ज़ को भी जानने लगते हैं। फिर जब आप 40 से 50 वर्ष की उम्र में पहुँचें तो बहुत जगह हाथ–पैर न मारें। अपना ध्यान एक जगह केन्द्रित करें और आपको इस उम्र तक पता चल चुका होता है कि आपका सबसे सशक्त पक्ष क्या है। आप किसमें बेहतर प्रदर्शन कर सकते हैं इसलिए अपने काम में पूरी तरह फोकस करें। आपको हो सकता है सफलता मिल जाये लेकिन यदि सफलता नहीं मिली तो आप किसी काम लायक नहीं बचते क्योंकि इस उम्र में जोख़िम बहुत अधिक होता है।

फिर 50 से 60 वर्ष की उम्र में अपना समय उन नये लोगों में निवेश करें जो जीवन में कुछ नया करना चाहते हैं क्योंकि अब आपके पास अनुभव, समझदारी, सफलता, असफलता सभी का ज्ञान होता है लेकिन एनर्जी ख़त्म होने लगती है। इसलिए अपना समय और पैसा नये युवाओं पर निवेश करें, उन पर विश्वास करें, उन पर पैसा लगायें, उनको नया काम करने के लिए प्रोत्साहित करें क्योंकि उनका जज्बा और ज्ञान नया होता है लेकिन अनुभव नहीं होता। वो आपसे बेहतर कर सकने में पूरी तरह सक्षम होते हैं और 60 वर्ष के बाद आप जमकर आराम करें। बीच में, समुद्र के किनारे बैठकर बियर पियें, जीवन का आनन्द लें और कुछ नया रचें। अपने जीवन के अनुभव को लिखें।

लेकिन सफल जीवन का सारांश यही है कि यदि बच्चा ग़लती करता है, तो बीस वर्ष तक करने दें। किसी काम में फेल होता है तो घबरायें नहीं। उसे प्रेरित करें कि जीवन ख़त्म नहीं होता। उसको ग़लतियाँ सुधारने का अवसर दें। उसके मन से असफल होने के डर को ख़त्म होने दें। गिरें, फिर उठें, गिरें फिर उठें, गिरें फिर उठें। यदि 20 वर्ष की उम्र के पहले एक बच्चा यह अनुभव प्राप्त कर लेता है तो मानिए जीवन में वह कोई बड़ा काम कर ले जायेगा।

विश्वास करें असफलता से ही मनुष्य महान बनता है। सफलता तो मात्र वह मुकाम होता है जिसको लम्बे समय तक याद किया जाता।

हमने सीखा

I. गरीब बाप और अमीर बाप में सबसे बड़ा अन्तर यही है कि अमीर बाप यह जानता है कि सरकारी नौकरी करना बाबुओं का काम है मालिकों का नहीं।

II. पैसा कमाना है तो सबसे पहले यह जानना होगा कि आपके पास जो पैसा है वह आपके लिए काम करता है या नहीं।

III. शेयर मार्केट का फण्डा है जब अधिकतर लोग निवेश करने से घबराएँ तब निवेश करना चाहिए, और जब अधिकतर लोग जमकर निवेश कर रहे हों तब घबराना चाहिए।

IV. अपने बच्चे को 20 वर्ष की उम्र तक हमेशा सिखाए कि वह गिरें, फिर उठे, गिरे, फिर उठे, गिरे, फिर उठे। 20 वर्ष के भीतर यदि बच्चा यह सीख गया कि गिरना और उठना जीवन का नियम है तो तय मानिए वह जीवन में फिर कोई बड़ा काम करने से कभी नहीं घबरायेगा।

बचपन की शरारतें ज़िन्दा रखें

एक बार एक सन्त के पास एक बच्चे के माता–पिता बहुत चिन्ता के साथ पहुँचे और कहने लगे, 'बाबा हम लोग बहुत परेशान हैं। मेरा बेटा दिनभर शरारतें करता रहता है। किसी की सुनता ही नहीं है। ऐसी–ऐसी अनोखी हरकतें करता रहता है कि हमेशा डर ही लगा रहता है कि कहीं कुछ हो न जाये। बड़ी उम्मीद के साथ आये हैं आपके पास। आप ही कुछ उपाय बतायें जिससे इसको शान्त किया जा सके।

लेकिन सन्त ने उनको जो उपाय बताये वह गौर करने लायक थे। सन्त ने कहा, "सबसे पहले आप लोग यह ध्यान रखिये कि आपका बच्चा, अभी बच्चा ही है। वह वयस्क नहीं है कि वयस्कों की तरह हरकतें करेगा। उसका दृष्टिकोण, सोचने–विचारने का नजरिया वह हो ही नहीं सकता जो आपका है। उसको एक वयस्क की तरह व्यवहार करने अथवा अपने जैसा बनने के लिए मजबूर न करे। उसकी ज़िन्दगी को उसके अनुसार जीने दीजिए क्योंकि उसका यह बचपन दुबारा लौट कर नहीं आयेगा। उसे उसके बचपन को महसूस करने दीजिए। नहीं तो आपके बच्चे का सर्वांगीण विकास हो ही नहीं सकता।"

सन्त ने उन माता–पिता को आगे समझाते हुए स्वीकार किया कि आपको कई बार उसकी हरकतों और शैतानियों से परेशानी होती होगी। डर भी लगता होगा। लेकिन इससे घबराने की ज़रूरत नहीं है। वो प्रायः इसलिए होता है कि आप अपने बच्चे को लेकर बहुत ज़्यादा असुरक्षित और ज़रूरत से ज़्यादा चिन्तित रहते हैं क्योंकि आप अपने बचपन के अनुभव को खो चुके हैं। जैसे कई बार होता

होगा कि आपका बच्चा पेड़ पर चढ़ता होगा और आप घबरा जाते होंगे कि कहीं गिर न जाये। कहीं अपना हाथ–पैर न तुड़ा बैठे। यही सब सोचकर आप उसे रोकने लगते हैं जो एक माता–पिता होने के नाते ग़लत है, जो एक माता–पिता को नहीं करना चाहिए। कई बार ज़रूरत से ज़्यादा सोचना और बच्चे को लेकर चिन्ता करना आपके बालक के विकास को रोक सकता है।

यदि आप अपने बच्चे को ऐसा नहीं करने देना चाहते तो आपको पता है आप उसका कितना बड़ा नुकसान कर रहे हैं। आप उसकी सोच को पंगु बना देना चाहते हैं। उसके अनुभव को बचपन में ही ख़त्म कर देना चाहते हैं। उसकी जिज्ञासा को दबा देना चाहते हैं। इतना ही नहीं अपने अनुभव से अपनी ज़िन्दगी के लिए जो ख़ूबसूरत पल वह समेटना चाहता है उसको भी आप मार देना चाहते हैं जो कि आपके बालक के साथ अन्याय है। जबकि एक अच्छे माता–पिता होने के नाते होना यह चाहिए कि आपको उसके पेड़ में चढ़ने में मदद करनी चाहिए। उसे यह शिक्षा देनी चाहिए कि पेड़ पर कैसे चढ़ा जाता है। और उसे यह बताना चाहिए की एक–दो बार पेड़ पर चढ़ते समय गिरना कोई बुरी बात नहीं है। यह सीखने की प्रक्रिया का हिस्सा है। यदि आप ऐसा करते हैं तो आप अपने बच्चे को अनुभवी और कामयाब बना सकते हैं। इस तरह के अनुभव और सीख के क्या–क्या फ़ायदे हो सकते हैं उसकी कुछ झलक इस प्रकार है :

1. असफल होने के डर को ख़त्म करना

इंग्लिश चैनल को पार करने वाली दुनिया की पहली महिला तैराक, ओलम्पिक चैम्पियन और "क्वीन ऑफ़ द वेव्स" के नाम से जाने जानी वाली गरटूडे कैरोलिन इडरले के बारे में आपको यह जानकर आश्चर्य होगा कि नौ वर्ष तक उन्हें तैराकी की ए.बी.सी.डी. भी नहीं पता थी और न ही कॅरियर को लेकर उनके मन में कोई जिज्ञासा थी कि वो क्या करेगी क्योंकि उनके पिता हेनरी उसके बचपन में

कोई दखल नहीं देना चाहते थे। लेकिन कैरोलिन के दस वर्ष तक पहुँचते–पहुँचते उनके पिता हेनरी को यह एहसास हो गया था कि उनकी बेटी का मन पढ़ाई में न लगकर समुद्र के किनारे खेलने में लगता है। यह देखकर उनके पिता हेनरी जो न्यूयार्क में एक बूचर की दुकान चलाते थे उनको वहाँ से लेकर बेटी की इच्छा को पूरा करने के लिए न्यूजर्सी चले आये और यहीं की एक बीच के किनारे कॉटेज लेकर रहने लगे और फिर विधिवत उसे तैराकी की शिक्षा देने में जुट गये। फिर एक दिन 1926 में ऐसा भी दिन आया जब वह न केवल इंग्लिश चैनल पार करने वाली दुनिया की पहली महिला बनी, अपितु उन्होंने अन्य कई बड़ी अन्तर्राष्ट्रीय तैराकी प्रतियोगिताओं में भी कई पुरस्कार जीते।

2. अनुभव में बढ़ोत्तरी करना

भला सोचिये यदि कैरोलिन इडरले के पिता उनको बचपन से ही किसी चीज़ को सीखने के लिए दबाव बनाते तो क्या उनका वह नैसर्गिक विकास हो पाता जो उनका हुआ। बिल्कुल नहीं। इसी बात का समर्थन करते हुए बाल मनोवैज्ञानिक पामेला व्हिटलाक कहती हैं कि "वे बच्चे सबसे अधिक सफल होते हैं जो ज़िम्मेदार होते हैं, स्वतन्त्र होते हैं और जो ग़लतियाँ करते हुए सीखते है।" उनका मानना है कि ऐसा करने से उनके अनुभव में बढ़ोत्तरी होती है।

3. परिपक्व बनाना

आजकल यह कहावत बहुत प्रचलित है कि "अकल बादाम खाने से नहीं बल्कि ठोकर खाने से आती है।" ठीक यही बात बच्चों के सन्दर्भ में लागू होती है। यदि आप अपने बच्चे को परिपक्व और अनुभवी बनाना चाहते हैं तो आप उसे बहुत अधिक सुरक्षा में न रखें और न ही उसको लेकर बहुत चिन्तित हो। बल्कि हमेशा यह ध्यान रखें कि बाहर जाकर क्या सीखता है और क्या करता है। यदि आप ऐसा करने में सफल होते हैं तो आप पायेंगे कि आपका बच्चा सही दिशा में आगे बढ़ रहा है और अपने अनुभव में लगातार बढ़ोत्तरी कर

रहा है जो उसके जीवन को सुखद और सफल बनाने में अपने–आप उपयोगी होगा।

इस सन्दर्भ में सबसे मज़ेदार और प्रेरणादायक कहानी मुझे जो याद आती है वह है रजनीकान्त की जिनका असली नाम है शिवाजी राव गायकवाड़। इनका जन्म एक बहुत ही ग़रीब परिवार में हुआ। जब वे महज़ पाँच वर्ष के थे, तो इनके पिता जी का देहान्त हो गया। ये चार भाई बहनों के साथ बड़े हुए। पिता जी पुलिस में सिपाही थे। स्कूल की पढ़ाई पूरी करते ही इन्होंने घर की परिस्थितियों को समझते हुए जल्दी ही बंगलौर और मद्रास में काम करना प्रारम्भ कर दिया। सबसे पहले कुली से अपने जीवन का सफ़र शुरू करने वाले रजनीकान्त ने कारपेंटरी (बढ़ई) और बाद में बस कंडक्टर का भी काम किया। साथ ही साथ इन्होंने अपने एक मित्र के आर्थिक सहयोग से ऐक्टिंग भी सीखी जिसका उपयोग वे बस कंडक्टरी करते हुए बस में भी डायलाग और एक्शन के माध्यम द्वारा करते रहते थे। ऐसा करते देखकर एक दिन एक तमिल फ़िल्म के डाइरेक्टर की नज़र उन पर पड़ी जिनका नाम था के. बालचन्दर, जिन्होंने अपनी फ़िल्म में उन्हें पहली बार काम दिया। उसके बाद की कहानी तो बस इतिहास है।

पिछले दिनों उन्होंने एन.डी.टी.वी. द्वारा आयोजित दुनिया के 25 महानतम इंडियन लीजेंड के लिए आयोजित सम्मान समारोह में कहा "कई लोग चमत्कारों पर विश्वास नहीं करते, लेकिन चमत्कार होते हैं। नहीं तो एक सामान्य बस कंडक्टर दुनिया के इतने महान लोगों के साथ यह मंच साझा नहीं कर रहा होता। मैं अपना यह सम्मान अपने भाई सत्यनारायण राव गायकवाड़, जो मेरे लिए माँ–बाप, सब कुछ हैं उनको, अपने गुरु बालचन्दर और तमिलनाडु की उस जनता को समर्पित करता हूँ जिन्होंने मुझे रजनीकान्त बनाया। लेकिन मैं यहाँ एक बात कहना चाहूँगा कि कोई काम छोटा–बड़ा नहीं होता, कोई असफलता तब तक असफलता नहीं होती जब तक आप सफलता के लिए काम करना नहीं छोड़ते।"

इस परिप्रेक्ष्य में मुझे पूर्व अमेरिकी राष्ट्रपति बिल क्लिंटन का यह वाक्य याद आता है जब उन्होंने एक बार कहा था, "यदि आप लम्बे समय तक जीवित रहते हैं, तो आप ग़लतियाँ करेंगे। लेकिन अगर आप उनसे सीखते हैं, तो आप एक बेहतर इन्सान होंगे। जानने की बात यह है कि आप प्रतिकूल परिस्थितियों को कैसे सँभालते हैं, न कि यह आपको कैसे प्रभावित करता है। मुख्य बात यह है कि कभी हार मत मानो, गिरो, फिर उठ जाओ, फिर गिरो, फिर उठ जाओ। यही जीवन है।"

हमने सीखा

I. कई बार ज़रूरत से ज़्यादा सोचना और बच्चे को लेकर चिन्ता करना आपके बालक के विकास को रोक सकता है।

II. वे बच्चे सबसे अधिक सफल होते हैं जो ज़िम्मेदार होते हैं, स्वतन्त्र होते हैं और जो ग़लतियाँ करते हुए सीखते है।

II. असफलता तब तक असफलता नहीं होती जब तक आप सफलता के लिए काम करना नहीं छोड़ते।

मार्क्स नहीं है सफलता का पैमाना

अब जब दसवीं और बारहवीं की परीक्षा समाप्त हो चुकी है तब मन में यह प्रश्न बार–बार उठ रहा होगा कि यदि अच्छे मार्क्स नहीं आये तो क्या होगा। यह प्रश्न न सिर्फ़ छात्रों के मन उठना लाज़िमी है बल्कि उनके माता–पिता के मन में भी यह चिन्ताएँ लगातार विचरण कर रही होंगी। इस तरह की चिन्ता न सिर्फ किसी बच्चे के मन में एक चिन्ता पैदा करती है अपितु धीरे–धीरे ऐसी कुण्ठा भी भरने लगती है। जिससे एक सामान्य छात्र अवसाद और मनोरोग का शिकार होता चला जाता है। बिना यह जाने कि मार्क्स जीवन में किसी की सफलता का पैमाना नहीं होते। महात्मा गाँधी से लेकर अल्वर्ट आइंस्टाइन तक क्लास की परीक्षा में बहुत अच्छे अंक न प्राप्त करने के बावजूद जीवन की परीक्षा में बहुत सफल रहे।

ज़िन्दगी में ऐसे छात्रों को हमेशा एक बात को ध्यान में रखना चाहिए। अच्छे अंक लाना सफलता की निशानी नहीं होती और न ही उनके बुद्धिमता की। मार्क्स अच्छा और बुरा आना महज एक संयोग की बात होती हैं।

ज़िन्दगी की असली परीक्षा तब शुरू होती है जब आप कोई भी परीक्षा पास करके प्रतियोगिता के मैदान में उतरते है। यह प्रतियोगिता पढ़ने से नहीं बल्कि उस अनुभव से आती है जो आप अपने आस–पास के जीवन और संघर्षों से सीखते है और यही संघर्ष आपको सफलता के उस शिखर तक ले जाता है जिसके आप सचमुच हक़दार होते हैं।

अक्सर देखा जाता है कि जीवन की जब प्रारम्भिक परीक्षा शुरू होती है। तब एक अच्छे अंक को प्राप्त करने वाला छात्र और एक सामान्य अंक प्राप्त करने वाले छात्र के बीच होने वाली सामूहिक बातचीत (Group Discussion) में सामान्य अंक पाने वाला छात्र बाजी मार जाता है और अच्छे अंक पाने वाला छात्र सन्तोषजनक उत्तर नहीं दे पाता। इसका कारण यह होता है कि सामान्य अंक पाने वाला छात्र जीवन के अनुभव को कई बार बहुत नज़दीक से देख चुका होता है, जबकि अच्छे अंक पाने वाला छात्र का ज्ञान रटन्त विद्या पर आधारित होता है। थ्री इडियट फ़िल्म में आपने देखा होगा जब अमिर ख़ान (रणछोर दास स्यामलदास चाचड़) से मशीन की परिभाषा पूछी जाती है तब वह बहुत सरल और सीधे शब्दों में उसका उत्तर दे देता है, जबकि ओमी बैद्य (चतुर रामलिंगम) जो मशीन की परिभाषा देता है, वह सचमुच में रटी–रटाई लगती है। अन्ततः फ़िल्म इस निष्कर्ष पर पहुँचती है कि रटन्त विद्या से आप किसी कम्पनी के मैनेजर तो बन सकते है, मालिक नहीं। यदि किसी छात्र को उसकी परीक्षा में कम अंक आते हैं तो उसे घबराना नहीं चाहिए बल्कि निम्नलिखित बातें हमेशा ध्यान में रखनी चाहिए। जो उन्हें जीवन पथपर अग्रसर करती रहेंगी।

1. मार्क्स आना महज एक संयोग की बात

दुनिया के महानतम गणितज्ञों में शुमार श्रीनिवास रामानुजन का यदि कोई मार्क्स देखेगा तो सोचेगा, यह व्यक्ति भला इतना बड़ा गणितज्ञ कैसे हो सकता है। जिसने अपने गणित की पहली परीक्षा में मात्र 57 प्रतिशत अंक प्राप्त किये। यदि इनके अंक तालिका पर नज़र दौडाएँ तो आप दंग रह जायेंगे।

विषय	अधिकतम अंक	न्यूनतम अंक	प्राप्त अंक
अंग्रेजी	200	70	38
संस्कृत	100	35	34
गणित	150	45	85
मनोविज्ञान	–	–	0
इतिहास	–	–	0

*1907 में उनके द्वारा दी गयी आर्ट की परीक्षा की मार्कशीट। (स्रोत : दी हिन्दू)

इतना ही नहीं गाँधी जी तो रामानुजन से भी एक क़दम आगे थे। वे अपनी दसवीं की परीक्षा में इतिहास में ही फेल हो गये। जबकि आज की वास्तविकता यह है कि शायद ही कोई इतिहास की पुस्तक हो जिसमें गाँधी जी का नाम न आता हो। गाँधी जी की ही तरह महान व्यवसायी धीरुभाई अम्बानी भी अपनी दसवीं की परीक्षा में गणित में फेल हो गये थे। लेकिन उनके व्यवसायी दिमाग की दुनिया लोहा मानती थी।

उपरोक्त उदाहरण सिद्ध करते हैं कि मार्क्स किसी की सफलता का पैमाना नहीं हो सकते और न ही उनकी बौद्धिक क्षमता की। आज का यदि समय होता तो इनमें से शायद ही किसी को किसी अच्छी यूनिवर्सिटी में एडमिशन मिल पाता।

2. निराश होने की कोई बात नहीं

कम अंक आने की वजह से कई छात्र निराश हो जाते हैं। कई तो आत्महत्या जैसा खतरनाक क़दम भी उठा लेते हैं। बिना यह जाने कि इसी निराशा में ही उनके जीवन की सबसे बड़ी सफलता छिपी हुई है। दुनिया में जितने सफल व्यक्ति हुए है। उन सभी का यह मानना रहा है कि जो व्यक्ति जितना जल्दी असफलता का स्वाद चखता है वह उतना ही सफल होता है। अमेरिका के महान राष्ट्रपति अब्राहम लिंकन का ही उदाहरण ले लीजिए।

उनकी असफलता की सूची बहुत लम्बी है लेकिन तब भी वे हार नहीं माने और उन्होंने जो चाहा वह बनकर ही दम लिया।

3. नयी सम्भावनाओं की खोज करें

जीवन में यदि कोई छात्र असफलताओं से कुछ सीखना चाहता है, तो बिल गेट्स से बेहतर नाम मेरे ज़हन में कोई दूसरा नहीं आता। विश्वविद्यालयीन जीवन की अपनी पहली परीक्षा में ही जो व्यक्ति फेल हो गया हो और जिसे हारवर्ड यूनिवर्सिटी से इसलिए निकाल दिया गया हो कि जो न्यूनतम स्कोर पाने के काबिल भी नहीं है। उसको आगे कैसे यूनिवर्सिटी में रखा जा सकता है। ऐसे बिरले बिल गेट्स ने जब जीवन की परीक्षा माइक्रोसॉफ्ट के को–फाउंडर पाल एलेन के साथ एक बिज़नेसमैन के रूप में शुरू की, तो उन्हें पहले ही प्रयास में असफलता मिली। लेकिन उन्होंने इससे निराश हुए बिना फिर से अपने सॉफ्टवेयर के आइडिया को आगे बढ़ाने की कोशिश की, जिसमें अन्ततः वे न केवल सफल हुए बल्कि पिछले कई वर्षों से दुनिया के सबसे धनी व्यक्तियों में उनकी गणना की जाती है।

4. अपनी रुचि के अनुसार कॅरियर चुने

अपने एक्शन फ़िल्मों के लिए दुनियाभर में विख्यात हीरो ब्रूस ली ने कॅरियर चुनने वालों छात्रों को सलाह देते हुए एक बार कहा था, "ज़िन्दगी में अंकों का हमारे लिए कोई मायने नहीं है। बस आपको अपने पर विश्वास होना चाहिए। अपने आप में सन्तुष्टी होनी चाहिए। आपको बाहर जाने की कोई ज़रूरत नहीं है और न ही किसी की नक़ल करने की ज़रूरत है। यदि यह सोचकर आप अपनी ज़िन्दगी का निर्धारण करते हैं तो कोई कारण नहीं बनता कि आपको जीवन में कभी असफल होना पड़े।"

मार्क्स अच्छे हैं अथवा बुरे, इस पर समय बर्बाद करने से हमेशा बेहतर होता है कि एक छात्र इस बात पर ध्यान दे कि उसका व्यक्तित्व कैसा है। उसको क्या करने में सबसे मजा आता है। आपकी पसन्द न पसन्द की चीज़ें कौन–कौन सी हैं।

उसमें क्या–क्या कमजोरियाँ और खूबियाँ हैं। वह क्या सोचता है और कब सोचता है। कोई भी निर्णय लेते समय आपकी भावनाएँ कैसी हैं। यदि इन सब बातों का पता किसी छात्र को समय रहते चल जाता है। तो कोई कारण नहीं बनता कि सफलता की सीढ़ियों तक न पहुँचे।

5. मार्क्स नहीं, मनोबल है सफलता का कारण

गोविन्द जैसवाल एक ऐसे छात्र का नाम है जिसके पिता अपने बच्चे को पढ़ाने के लिए बनारस की गलियों में रिक्शा चलाया करते थे। लेकिन उस छात्र ने भी अपने पिता के अरमानों को ध्यान में रखते हुए कुछ ऐसा कर डाला जो बड़े–बड़े लोगों के लिए उदाहरण बन गया।

गोविन्द बनारस की जिस तंग गली में रहता था। वहाँ सिर्फ़ कामगारों और छोटे मजदूरों की ही बस्ती थी। लेकिन उसके पिता नारायण जैसवाल अपने बच्चे को हमेशा बड़े लोगों के बच्चों के साथ खेलने–कूदने और उनके साथ रहकर पढ़ने के लिए प्रोत्साहित करते। साथ ही वे जब भी किसी से अपने बेटे को कलेक्टर बनाने की बात करते थे तो सभी लोग उनका और उनके बेटे का मज़ाक उड़ाया करते थे और कहते "रिक्शा वाले का बेटा रिक्शा नहीं चलाएगा तो क्या कलेक्टर बनेगा।" ऐसी बातें सुनकर भी गोविन्द को कोई फ़र्क़ नहीं पड़ता था। वह किराये के जिस छोटे से कमरे में रहता था, वहाँ प्रिंटिंग मशीन, जनरेटर की आवाज़ और लोगों के ताने इतने सुनने पड़ते थे कि उसे कान में रुई डालकर पढ़ाई करनी पड़ती थी।

पिता के स्वप्न को ही अपना सबसे बड़ा मनोबल बना लेने वाला गोविन्द आगे पढ़ने के लिए न सिर्फ़ अपने इलाक़े के बच्चों को गणित का ट्यूशन देता था अपितु उसके बीमार पिता ने गोविन्द को सिविल सर्विस की तैयारी कराने और दिल्ली में कोचिंग कराने के लिए अपनी जमीन का वह छोटा सा हिस्सा भी 40,000 रुपये में बेच दिया जो उनके पास था।

यही बजह थी कि जब गोविन्द अपने जीवन के जब 23वें बसन्त में प्रवेश कर रहा था तभी एक दिन उसे ख़बर मिली कि वह कलेक्टर की परीक्षा में पास हो गया है। सिर्फ़ पास ही नहीं हुआ बल्कि वह अपने पहले ही प्रयास में 474 पास प्रतिभागियों में से 48वें स्थान पर भी आया है। यह समाचार सुनते ही गोविन्द की तीन बहनें और उसके पिता जी तब तक रोते रहे, जब तक कि उनके छोटे से घर के सामने बधाई देने वाले, इंटरव्यू लेने वाले पत्रकारों की भीड़ नहीं लग गयी।

वास्तव में सफलता कहते ही उसे हैं जो तमाम विपत्तियों और असफलतायों के वाबजूद भी अपनी उपस्थिति का अहसास कुछ इस तरह करा दे। जिससे लोग सोचने के लिए विवश हो जायें और अनायास ही 'वाह' कह उठें।

हमने सीखा

I. ज़िन्दगी में ऐसे छात्रों को हमेशा एक बात को ध्यान में रखना चाहिए। अच्छे अंक लाना सफलता की निशानी नहीं होती और न ही उनके बुद्धिमता की। मार्क्स अच्छा और बुरा आना महज एक संयोग की बात होती हैं।

II. रटन्त विद्या से आप किसी कम्पनी के मैनेजर तो बन सकते है, मालिक नहीं।

III. वास्तव में सफलता कहते ही उसे हैं जो तमाम विपत्तियों और असफलतायों के वाबजूद भी अपनी उपस्थिति का अहसास कुछ इस तरह करा दे। जिससे लोग सोचने के लिए विवश हो जायें और अनायास ही 'वाह' कह उठें।

सम्प्रेषण क्षमता बढ़ायें

10 दिसम्बर, 2014 को नार्वे की राजधानी ओस्लो में अपने देश के कैलाश सत्यार्थी के साथ शान्ति का नोबल पुरस्कार प्राप्त करते हुए पाकिस्तान की मलाला युसुफ जई का नाम कई मामलों में उल्लेखनीय है। पहला एक तो वे नोबल पुरस्कार पाने वाली अब तक की सबसे छोटी उम्र की शख्सियत हैं। दूसरा उन्हें नोबेल पुरस्कार एक ऐसे काम के लिए मिला जिसके ख़िलाफ़ आवाज़ उठाने से बड़े–बड़े लोग डरते हैं और वह है आतंकवाद। तीसरा उन्होंने अपनी इस लड़ाई को न सिर्फ़ चुपचाप अकेले लड़ा बल्कि अपने साथ उन्होंने अपने जैसे कई ऐसे बच्चों को जोड़ा जो लड़कियों की शिक्षा के हित में आवाज़ उठा सकें। जैसा कि मलाला ने नोबल पुरस्कार प्राप्त करते हुए कहा कि "पाकिस्तान जैसे देश और तालिबान जैसे संगठन के साथ लड़ पाना हमारे लिए बहुत ही कठिन काम था। लेकिन हमारे सामने दो ही रास्ते थे, एक कि हम बिना लड़े चुपचाप गोली खा लेते और मर जाते और दूसरा, हम इस जुर्म के ख़िलाफ़ आवाज़ उठायें और दुनिया को जगाएँ और फिर शान से मर जायें। हमने दूसरा वाला रास्ता चुना जिसके लिए आज हमें यहाँ सम्मानित किया जा रहा है।"

मलाला तो बस एक माध्यम मात्र है। हमारा मकसद आपको उस गुण से अवगत कराना हैं जिसको प्राप्त करके आप भी दुनिया के सामने अपनी पहचान बना सकते हैं और यह गुण है सम्प्रेषण क्षमता। प्रभावी नेतृत्व पर किये गये कई अध्ययनों से यह पता चला है कि किसी के भी जीवन में मिलने वाली सफलताओं में 70 प्रतिशत का योगदान प्रत्यक्ष और अप्रत्यक्ष रूप से उसमें निहित उस सम्प्रेषण क्षमता का रहा है

जिसके माध्यम से वह व्यक्ति अपने को अभिव्यक्त करने में सफल रहा। किसी भी व्यक्ति में निहित इस सम्प्रेषण क्षमता से यह भी पता चलता है कि अमुक व्यक्ति अपने जीवन के उद्देश्यों को लेकर कितना प्रतिबद्ध है और उसके लिए कितना प्रयास कर रहा है। टोनी रॉबिन्स ने इस पर टिप्पणी करते हुए ठीक ही कहा था कि "आपके जीवन की गुणवत्ता से आपकी सम्प्रेषण क्षमता का पता चलता हैं।" स्पष्ट है सम्प्रेषण क्षमता ही एक ऐसा गुण है जिसके बिना छोटे–से–छोटे और बड़े–से–बड़ा कोई भी लक्ष्य हासिल किया जा सकता। सम्प्रेषण क्षमता के क्या–क्या फ़ायदे हो सकते हैं इसकी एक झलक इस प्रकार है :

1. दूसरों को प्रभावित करने की क्षमता

दुनिया को नेतृत्व प्रदान करने वाले नेताओं की यदि हम पृष्ठभूमि में जायें तो पायेंगे कि ये सभी लोग हमारे जैसे ही एक सामान्य व्यक्ति हैं। लेकिन एक चीज़ जो इन सभी को दूसरों से अलग करती है वह है इनकी सम्प्रेषण क्षमता। चाहे वह महात्मा गाँधी हो अथवा चंगेज खान। एक लीडर की सबसे बड़ी ख़ूबी यही होती है कि वह एक बड़े व्यापक समुदाय को पूरी तरह अपनी बातों से प्रभावित कर लेता है और उसकी पहचान लम्बे समय तक के लिए होती है। कई बार लीडरशिप कि गुणवत्ता की परख परिस्थिति से भी होती है। इसका सबसे बड़ा उदाहरण विन्सन चर्चिल रहा जो युद्ध के समय तो जीवन में सफल रहा लेकिन जब शान्ति का पल था तब वह लोगों को प्रभावित करने में असफल रहा और अपने ही देश में हुए आम–चुनाव में वह हार गया। इस मामले में महात्मा गाँधी की पहचान चर्चिल के बिल्कुल उलट थी जो बिना किसी सत्ता के पद पर होते हुए भी पूरे देश को एकजुट करने और उन्हें प्रभावित करने की क्षमता रखते थे।

दूसरा इसका सबसे बड़ा उदाहरण हमारे वर्तमान प्रधानमन्त्री श्री नरेन्द्र मोदी जी हैं जो पूर्व प्रधानमन्त्री डॉ. मनमोहन सिंह से शैक्षिक रूप से कम पढ़े होने के बावजूद भी जनता के सामने उनसे कई गुना पॉपुलर है। मोदी जी को सुनने के लिए जितनी भीड़ जुटती है और

उनकी वाहवाही करती है उतनी भीड़ और वाहवाही मनमोहन सिंह जी को शायद कभी नहीं मिली।

2. निडर और निर्भीक व्यक्तित्व के धनी

जिस व्यक्ति के भीतर स्वयं को अभिव्यक्त करने की क्षमता होती है प्रायः वह निडर और निर्भीक होता है। उसका कारण उसके भीतर अपनी बात को रखने की जो क्षमता होती है उसके माध्यम से वह किसी को भी प्रभावित कर सकता है। मलाला युसुफ जई इसका सर्वश्रेष्ठ उदाहरण है जिसने न सिर्फ़ चौदह साल की छोटी–सी उम्र में तालिबानी आतंकवादियों के ख़िलाफ़ जंग छेड़ी अपितु उनसे मोर्चा लेते हुए दुनिया के सामने उनके द्वारा किये जा रहे कुकृत्यों को उजागर किया।

इतना ही नहीं मेरा व्यक्तिगत अनुभव रहा है कि मैं कई कम्पनियों, स्कूलों और कॉलेजों के इन्टरव्यू बोर्ड में गया हूँ जहाँ पर कई बच्चों के अच्छे अंक न आने के बावजूद अपनी सम्प्रेषण क्षमता के बल पर जिस तरह से किसी भी प्रश्न का उत्तर देते हैं उसमें उनके आत्म विश्वास को परखा जा सकता है। जबकि कई छात्रों को इनसे कई गुना ज्ञान होने के बावजूद भी वे अपना इन्टरव्यू देते हुए घबरा जाते हैं कि कुछ बोल ही नहीं पाते। दरअसल एक इन्टरव्यू किसी भी व्यक्ति की उस निर्णय क्षमता और निडरता का भी परिचायक होता है, जो यह दर्शाता है कि कोई भी व्यक्ति विपरीत परिस्थितियों में किसी भी समस्या का कैसे समाधान करता है। इससे उसकी तात्कालिक बुद्धि का मूल्यांकन भी हो जाता है और उसकी निर्भीकता का भी पता चल जाता है। मसलन एक प्रोफ़ेसर जब कुछ बच्चों को पढ़ाने को क्लास में घुसे और वह बच्चों के सवाल–जवाब से ख़ुद ही घबरा जाये तो वह बच्चों के प्रश्नों का समाधान कैसे करेगा।

3. जीवन में स्पष्टता और प्रभावशीलता

सम्प्रेषण क्षमता के माध्यम से न सिर्फ़ हम किसी को प्रभावित कर सकते हैं, अपितु इस कला से वह मुकाम हासिल कर सकते हैं जिसकी तमन्ना हर शख़्स में होती है। जो अपने जीवन में आईने की तरह साफ़ होता है,

ऐसे व्यक्तियों को यह पता होता है कि जीवन में उन्हें क्या करना है। तभी वह किसी भी सवाल का जवाब बड़ी आसानी से दे सकते हैं। यह बात सिर्फ़ किसी बड़े लीडर के लिए ही नहीं लागू होती अपितु उन कॉर्पोरेट लीडरों के लिए भी लागू होती है जो किसी–न–किसी रूप में रोज़ जीवन का इम्तिहान देते रहते हैं। अभी कुछ महीने पूर्व ही इनफोसिस कम्पनी के नये सी.ई.ओ. विशाल सिक्का से जब पूछा गया कि आपने सैप जैसी बड़ी कम्पनी और परिवार को अमेरिका में छोड़कर भारत स्थित कम्पनी को जॉइन करने का कैसे मन बनाया। उनका जवाब एकदम सीधा और सपाट था। "अब वह समय आ गया था कि हम अपने देश में रहकर देश के लोगों के लिए काम करते हुए उसका कर्ज़ चुकायें।" कुल मिलाकर पाल जे. मेयर के उधार के शब्दों में कहें तो "सम्प्रेषण क्षमता एक ऐसा मानवीय सम्बन्ध है जो किसी भी व्यक्ति की व्यक्तिगत और प्रोफेशनल कॅरियर में सफलता के द्वार खोलने का कार्य करता है।"

वर्जिन एयरलाइंस के मालिक रिचर्ड ब्रान्सन का कहना है कि "दूसरों से आपको जो चीज़ सबसे ज़्यादा अलग करती है वह प्रभावशाली संचार ही है। क्योंकि यह एक ऐसी योग्यता है जिसके माध्यम से आप किसी भी बड़े से बड़े व्यक्ति का दिल जीत सकते है।"

हमने सीखा

I. सम्प्रेषण क्षमता ही एक ऐसा गुण है जिसके बिना छोटे–से–छोटे और बड़े–से–बड़ा कोई भी लक्ष्य हासिल किया जा सकता।

II. जिस व्यक्ति के भीतर स्वयं को अभिव्यक्त करने की क्षमता होती है प्रायः वह निडर और निर्भीक होता है।

III. दूसरों से आपको जो चीज़ सबसे ज़्यादा अलग करती है वह प्रभावशाली संचार ही है। क्योंकि यह एक ऐसी योग्यता है जिसके माध्यम से आप किसी भी बड़े से बड़े व्यक्ति का दिल जीत सकते है।

जहाँ चाह, वहाँ राह

चेन्नई की गलियों में शरतबाबू एलुमलई का नाम आज जाना–पहचाना है। एक उद्यमी, सामाजिक कार्यकर्ता और राजनेता के रूप में चेन्नई में अपनी पहचान बना चुके शरतबाबू के जीवन के बारे में बहुत कम लोग जानते होंगे कि ये वही शरतबाबू है जो मात्र दस वर्ष की उम्र से चेन्नई से सटे एक छोटे से कस्बे मडीपक्कम की झुग्गियों में अपना बचपन व्यतीत करते थे और घर का खर्चा चलाने के लिए मात्र दस वर्ष की उम्र से ही माँ के साथ इडली बेचा करते थे। दो बड़ी बहनों और दो छोटे भाइयों के बीच माँ को एक आँगनबाडी कार्यकर्ता के रूप में मिलने वाले महीने के 30 रुपयों से पूरे परिवार का ख़र्च चलाना एक माँ के लिए कितना मुश्किल भरा काम रहा होगा, आप ख़ुद ही सोच सकते है। लेकिन इन सब परिस्थितियों के बीच भी शरतबाबू की माँ अपने बच्चों को सिर्फ़ इसलिए पढ़ाना चाह रही थीं जिससे उनके बच्चों की नौकरी लग जाये। शरतबाबू की माँ को मेडिकल, इंजीनियरिंग के बारे में कोई जानकारी नहीं थी। लेकिन शरत बाबू ने माँ की चाहत को पूरा करने के लिए अपनी पढ़ाई जारी रखी लेकिन उनकी ग़रीबी कभी भी उनकी अदम्य इच्छाशक्ति को नहीं डिगा सकी। आपको यह जानकर आश्चर्य होगा की झुग्गियों में पलने वाले इस बच्चे ने अपने पहले ही प्रयास में आई.आई.टी. की परीक्षा पास की और बिड़ला इंस्टीट्यूट ऑफ़ टेक्नोलॉजी, पिलानी से ग्रेजुएशन करने के बाद आई.आई.एम., अहमदाबाद से एम.बी.ए. भी किया। लेकिन इतना पढ़ने के बावजूद भी उन्होंने कोई बड़ी कम्पनी

में नौकरी ज्वाइन न करके एक ऐसा प्रोफेशन चुना जो उनकी माँ के इडली बेचने के छोटे–से काम को गति प्रदान कर सके। यही कारण है कि उन्होंने बड़ी से बड़ी कॉर्पोरेट नौकरियों को ठुकराते हुए 'फूड किंग कैटरिंग सर्विस प्राइवेट लिमिटेड' की स्थापना की जिसकी पहली शाखा का उद्‌घाटन इनफोसिस कम्पनी के फाउंडर चेयरमैन नारायण मूर्ती ने की। आज उनकी इस कम्पनी की छह शाखाएँ हैं और इसका सालाना टर्न ओवर आठ करोड़ का है।

शरतबाबू उस अदम्य इच्छा–शक्ति के एक ऐसे उदाहरण मात्र हैं जिसके बल पर दुनिया की कोई जंग जीती जा सकती है। प्रायः होता यह है कि हमारे बीच के कई ऐसे छात्र जो पारिवारिक परिस्थिति और आर्थिक तंगी को अपनी असफलता की ढाल बनाकर अपने सपनों को बीच में ही छोड़ देते हैं उनके लिए इससे बड़ा उदाहरण कोई हो ही नहीं सकता जिसके बारे में कहा जा सकता है "जहाँ चाह, वहाँ राह।" लेकिन यहाँ तक पहुँचने के लिए सफलता के ऐसे मतवालों को क्या–क्या करना पड़ता है इसकी कुछ झलकियाँ इस प्रकार है :

1. अपनी सफलता अपने आप तय करें

होंडा कम्पनी के संस्थापक सोचिरियो होंडा की कहानी बहुत ही रोचक है। उन्होंने अपनी ज़िन्दगी की सफलता का रास्ता तब चुना जब वे टोयटा कम्पनी में नौकरी पाने के लिए इन्टरव्यू देने गये। लेकिन उन्हें यह कहते हुए रिजेक्ट कर दिया गया कि वे नौकरी के लिए फिट नहीं हैं। तब उन्होंने यह निर्णय लिया कि वे स्वयं एक ऐसी कम्पनी का निर्माण करेंगे जो टोयटा को टक्कर दे सके। कहना न होगा आज होंडा ने वह मुकाम हासिल कर लिया है जो टोयटा को टक्कर दे सके। महान लेखक और दार्शनिक शेक्सपियर का कहना है, "जीवन का सबसे महत्त्वपूर्ण पल वह होता है जब आप जीवन के सबसे गहरे और बुरे दिनों में से गुज़र रहे होते हैं। अनुभव् की परिपक्वता यह वह क्षण होता है जहाँ पर आकर आप आत्मविश्लेषण और स्व–मूल्यांकन

के उस मुकाम पर होते हैं जो आपको एक नये रास्ते की ओर ले जाती है जिसके बारे में आपने आज तक सोचा भी नहीं था।"

2. अपने व्यक्तिगत, शैक्षिक और प्रोफेशनल जीवन के लिए लक्ष्य तय करें

शरतबाबू चाहते तो अपनी माँ के साथ ही हाथ बँटाते हुए अपनी ज़िन्दगी को मडीपक्कम की गलियों तक ही समेटकर वही इडली बेचने का काम करते रहते लेकिन उनको यह मंजूर नहीं था। और उन्होंने माँ की इच्छा को ऊँचाई देते हुए न सिर्फ़ उनकी अपेक्षा से अधिक पढ़ाई की अपितु जब कॅरियर चुनने का वक़्त आया तब उन्होंने किसी प्रोफ़ेशनल कॅरियर को न चुनकर माँ की रोजी–रोटी को ही अपने व्यवसाय का जरिया बनाया। इसी से पता चलता है कि भावनात्मक रूप से माँ की मजबूरी ने कितना उनपर प्रभाव डाला होगा। यही सब कारण था कि उनकी मंज़िल यहीं तक नहीं थमी बल्कि उन्होंने एक ऐसी संस्था की स्थापना भी की जिसके माध्यम से वे ग़रीब बच्चों की पढ़ाई में मदद कर सके।

परिस्थितियाँ चाहे लाख बुरी हों लेकिन यदि मनुष्य चाहे तो अपनी इच्छाशक्ति से कुछ भी हासिल कर सकता है। लेकिन यह तभी सम्भव है जब व्यक्ति अपने व्यक्तिगत और प्रोफेशनल लाइफ के लक्ष्य का संधान करते हुए चले और यह निश्चय कर ले कि प्रारम्भिक नौकरी मात्र साधन मात्र है अन्तिम लक्ष्य तक पहुँचने का, सम्पूर्ण जीवन नहीं। तब वह कुछ भी हासिल कर सकता है। सबसे प्रेरक उदाहरण है दुनिया के अभी सबसे बड़े ब्रांड "व्हाट्सअप" का। इसके संस्थापक और निर्माणकर्ता का नाम 2014 में उस समय सुर्खियों में आया जब फ़ेसबुक ने यह घोषणा की कि वह मोबाइल मेसेजिंग एप "व्हाट्सअप्प" को 19 बिलियन डॉलर में ख़रीदने जा रहा है। इस घोषणा ने उस एक अनजान व्यक्ति को रातोरात स्टार बना दिया जिसको कल तक कोई जानता तक नहीं था। तमाम दुनियाभर की वेबसाइटों और सोशल मीडिया में इसकी खोज प्रारम्भ हुई। तब जाकर पता चला जिस

व्यक्ति ने "व्हाट्सअप" का निर्माण किया है उसका प्रारम्भिक जीवन बहुत ही संघर्षमय रहा है और उसका नाम जान कुयान है।

3. अपना लक्ष्य हमेशा ऊँचा रखें

मनोवैज्ञानिक लाके एवं लाथम ने ऊँचा लक्ष्य रखने के फ़ायदे को गिनाते हुए कहा कि "यदि कोई भी व्यक्ति अपने लक्ष्य को ऊँचा रखते हुए आगे बढ़ता है तो उसके तीन फ़ायदे होते हैं। पहला, संभावित लक्ष्य तक पहुँचने में आसानी हो जाती है। दूसरा, जो लक्ष्य को पाना चाहता है उसके मन में यह विश्वास हो जाता है कि वह अपने लक्ष्य को पा सकता है और तीसरा, यदि आप अपने लक्ष्य को ऊँचा रखते हैं तो काम के प्रति एक प्रतिद्धतता आ जाती है।"

कुछ ऐसी ही कहानी है अमेरिकी राष्ट्रपति अब्राहिम लिंकन की। एक बार अमेरिका के चौदहवें राष्ट्रपति फ्रैंकलिन पियरसे अपने देशाटन के अवसर पर केंचुकी प्रदेश के होदगिनविले गाँव में पहुँचे। ठण्ड की रात्रि के लगभग यही कोई आठ–नौ बजे होंगे। होदगिनविले गाँव के एक बढ़ई के घर पहुँचने के बाद राष्ट्रपति पियरसे देखते हैं कि ठंड से बचने के लिए जल रहे बुरादे के पास एक छोटा बच्चा (यही कोई आठ–नौ साल का) अपने पिता के साथ बसूले से लकड़ी को छीलने में लगा हुआ था। साथ ही साथ वह पास में रखी किताब को पढ़कर मन ही मन में कुछ स्मरण करने की कोशिश भी कर रहा था। उसके इस कृत्य को देखकर राष्ट्रपति पियरसे ने बच्चे से बात करने की ललक वश पूछ लिया, "तुम बड़े होकर क्या बनना चाहते हो? बच्चे ने बड़े आत्मविश्वास के साथ जवाब दिया : "अमेरिका का राष्ट्रपति।" राष्ट्रपति पियरसे को एक आठ–नौ वर्ष के बच्चे से यह सुनकर बिल्कुल आश्चर्य नहीं हुआ क्योंकि उस बालक ने जिस आत्मविश्वास के साथ ये बात कही थी उसमें एक दृढ़ संकल्प स्पष्ट झलक रहा था। यह दृढ़ संकल्प ही था कि तमाम मुसीबतों एवं समस्याओं के बावजूद इस बालक ने हार नहीं मानी और एक दिन अमेरिका का राष्ट्रपति बन गया।

एक नज़र डालते है इस बालक के जीवन संघर्ष पर

1.	उम्र 22 वर्ष : बिज़नेस में असफलता।	2.	उम्र 23 वर्ष : छोटी ऐसेम्बली के चुनाव में हार गये।
3.	उम्र 24 वर्ष : एक–दूसरे बिज़नेस में असफलता।	4.	उम्र 25 वर्ष : विधायक बने।
5.	उम्र 26 वर्ष : गर्लफ्रेंड का इंतकाल।	6.	उम्र 27 वर्ष : नर्वस ब्रेकडाउन।
7.	उम्र 29 वर्ष : संसद भवन के प्रवक्ता का चुनाव हारा।	8.	उम्र 31 वर्ष : इलेक्टर का चुनाव हारे।
9.	उम्र 34 वर्ष : यू.एस. कांग्रेस का चुनाव हारा।	10.	उम्र 37 वर्ष : यू.एस. कांग्रेस के लिए चयन।
11.	उम्र 39 वर्ष : एक बार फिर यू.एस. कांग्रेस का चुनाव हारे।	12.	12.उम्र 46 वर्ष : यू.एस. सीनेट के चुनाव में पराजय।
13.	उम्र 47 वर्ष : यू.एस. उप राष्ट्रपति का चुनाव हारे।	14.	उम्र 49 वर्ष : यू.एस. सीनेट के लिए पराजित।
15.	उम्र 51 वर्ष : राष्ट्रपति के रूप में चयन।		

जानते हैं असफलताओं के इतने सारे पहाड़ लाँघने वाला यह शख़्स था–अब्राहिम लिंकन क्योंकि वो अपने बचपन से ही अपने जीवन का लक्ष्य बहुत ऊँचा रखे हुए था।

4. अपनी योग्यता और अयोग्यता को स्वयं परखे

जो व्यक्ति अपनी योग्यता और अयोग्यता तथा इच्छा–शक्ति को पहचान कर आगे बढ़ता रहता है, उसके मार्ग में आने वाली हर रुकावट आसान हो जाती है। इसके सर्वोत्तम उदाहरण है स्टेफन हाक्किंस। आज के समय के सबसे बड़े विद्वान और चिन्तक के रूप में दुनियाभर में अपनी पहचान बना चुके वैज्ञानिक और "ए ब्रीफ हिस्ट्री ऑफ़ टाइम्स" के लेखक हक्किंस के बारे में सबको पता है उन्हें एमीट्रोफिक लेटरल सरोसिस नाम की बीमारी है जिसके चलते

वे खड़े होकर चल नहीं सकते। हमेशा व्हीलचेयर में ही बैठकर अपना काम करते हैं। इन सबके बावजूद उन्होंने अपनी कमज़ोरी को कभी अपने ऊपर हावी नहीं होने दिया और कई ऐसी किताबें लिख डाली जिसके बदौलत दुनिया में उनकी अलग पहचान है।

इस बात से एक चीज़ तो स्पष्ट है कि किसी की ज़िन्दगी को कोई दूसरा बर्बाद नहीं करता बल्कि अपनी बर्बादी के लिए हम ख़ुद ज़िम्मेदार होते हैं। हेनरी फोर्ड ने इसी बात को लक्ष्य करके कहा था कि "असफलता, असफलता नहीं बल्कि एक मौक़ा होती है जहाँ से हम एक बार पुनः और अधिक बुद्धिमानीपूर्ण ढंग से किसी नये चीज़ की शुरुआत कर सकते हैं।"

हमने सीखा

I. परिस्थितियाँ चाहे लाख बुरी हों लेकिन यदि मनुष्य चाहे तो अपनी इच्छाशक्ति से कुछ भी हासिल कर सकता है। लेकिन यह तभी सम्भव है जब व्यक्ति अपने व्यक्तिगत और प्रोफेशनल लाइफ के लक्ष्य का संधान करते हुए चले और यह निश्चय कर ले कि प्रारम्भिक नौकरी मात्र साधन मात्र है अन्तिम लक्ष्य तक पहुँचने का, सम्पूर्ण जीवन नहीं। तब वह कुछ भी हासिल कर सकता है।

II. यदि आप अपने लक्ष्य को ऊँचा रखते हैं तो काम के प्रति एक प्रतिबद्धता आ जाती है।

III. यह बात हमेशा याद रखें कि किसी की ज़िन्दगी को कोई दूसरा बर्बाद नहीं करता बल्कि अपनी बर्बादी के लिए हम खुद जिम्मेदार होते हैं।

ज्ञान प्रबन्धन का महत्त्व

ज्ञान एक ऐसा विषय है जो हमेशा से विवाद में रहा है। कुछ लोगों का मानना है कि सफलता प्राप्त करने के लिए ज्ञान का होना कोई आवश्यक नहीं है। बिना ज्ञान के भी दुनिया में ऐसे कई लोग हुए हैं जिन्होंने सफलताएँ प्राप्त की हैं और अपना तथा देश का मान बढ़ाया है। लेकिन आज के सूचना–तकनीकी और भूमण्डलीकरण के युग में बिना ज्ञान और बुनियादी शिक्षा के किसी भी क्षेत्र में सफलता प्राप्त करना एक टेढ़ी खीर माना जाने लगा है। साथ ही यह भी महसूस किया जाने लगा है कि जिसके पास जितना ज्ञान होगा और जितना जल्दी होगा। वह व्यक्ति और देश उतना जल्दी ही तरक्की के पथ पर अग्रसर होगा। ज्ञान की इस महत्ता का आकलन इसी बात से लगाया जा सकता है कि अब पूरी दुनिया में ज्ञान प्रबन्धन (नॉलेज मैनेजमेंट) को एक विषय के रूप में पढ़ाया जाने लगा है। ज्ञान प्रबन्धन का विश्लेषण करते हुए इस विषय के जानकर हमेशा इस विषय की तुलना हमेशा जापान और ज्यूरिख (स्वीट्जरलैंड) बनाम मध्य–पूर्व और उत्तरी अफ्रीका (मिडल–ईस्ट एंड नार्थ अफ्रीका : MENA) के देशों से करते हैं। एक ओर जहाँ जापान अपनी बदक़िस्मती जैसे सुनामी, भूकम्प आदि के लिए मशहूर है वही ज्यूरिख अपनी ठंड के लिए। इसके बावजूद जापान और ज्यूरिख की पहचान दुनिया में सबसे विकसित, सम्पन्न और तकनीकी रूप से दक्ष देशों में की जाती है। वही मध्य–पूर्व और उत्तरी अफ्रीका के देशों जिसमें यमन, लीबिया, मोरक्को, सऊदी अरब, सीरिया, अल्जीरिया, अर्मेनिया, सुडान आदि शामिल हैं।

ये दुनिया के ऐसे देश हैं जिनके पास दुनिया की सबसे अधिक खनिज सम्पदा, ऑयल और गैस है। इसके बावजूद भी ये देश अभी भी सफलता की दौड़ और तकनीकी रूप से बहुत पिछड़े माने जाते हैं। इसका कारण इनकी शिक्षा और ज्ञान को ही माना जाता है जबकि जापान और ज्यूरिख के बारे में कहा जाता है कि ये ऐसे देश और शहर है जहाँ की आबादी शत–प्रतिशत शिक्षित है।

इस विश्लेषण से इतना तो स्पष्ट है कि व्यक्ति हो या देश वर्तमान समय में किसी की सफलता का सीधा सम्बन्ध उसमें निहित ज्ञान पर निर्भर करता है। फिर चाहे वह व्यक्ति एक छात्र हो अथवा कोई कॉर्पोरेट लीडर। आज के समय में जिसके पास जितनी तीव्रता से ज्ञान का संचार होता है वह उतना ही सफल व्यक्ति है। ज्ञानवान होने के क्या–क्या फ़ायदे, व्यक्तिगत और सामाजिक जीवन में, एक व्यक्ति अथवा संस्था को हो सकते है। इसके कुछ रूप इस प्रकार है :

1. सर्वत्र ज्ञान की माँग

आज जिस तेज़ी से सूचना–तकनीकी का विकास हो रहा है और नित नयी तकनीक का प्रभाव व्यक्तिगत और सामाजिक जीवन में पड़ रहा है, उससे साफ़ जाहिर होता है कि आनेवाले समय में दुनिया में उन्हीं देशों और लोगों का बोलबाला होगा जो तकनीकी रूप से सक्षम है। इस बात का अन्दाज़ा इसी बात से लगाया जा सकता है कि दो दशक पहले तक जिस भारत देश को धर्म–कर्म और साँप–सपेरों के देश के रूप में जाना जाता था। उसकी पहचान आज दुनिया में कम्प्यूटर सॉफ़्टवेयर के सबसे बड़े निर्माता और वितरक के रूप में होने लगी है। इतना ही दुनिया के 70 प्रतिशत से ज़्यादा सॉफ़्टवेयर मार्केट में भारतीयों का कब्जा है। अनायास नहीं है कि भारतीय मूल के प्रणव मिस्त्री की पहचान आज एक ऐसे सॉफ़्टवेयर और कम्प्यूटर इंजीनियर के रूप में होने लगी है। जो दुनिया को वर्चुयल टेक्नोलॉजी देने में सफल रहे। यही कारण है कि दुनिया के लगभग सभी कम्पनियाँ प्रणव को मुहमांगी क़ीमत देने को तैयार है।

2. सम्मान दिलाने में सक्षम

मध्य–प्रदेश के एक छोटे से कस्बे मऊ में 14 अप्रैल, 1891 में जन्मे देश के सर्वोच्च सम्मान भारतरत्न से सम्मानित बाबा साहेब भीमराव अम्बेडकर की पहचान देश और दुनिया में भारत के संविधान निर्माता के रूप में की जाती है। लेकिन बहुत कम लोगों को यह पता होगा कि भारतीय जाति व्यवस्था जैसी संकीर्ण मानसिकता को तोड़ते हुए महार (दलित) जाति में पैदा हुए बाबा साहब को यदि यह सम्मान मिला तो उसकी वजह उनकी वह प्रतिभा और ज्ञान था जिसको उस समय के तत्कालीन नेता, चाहे वह महात्मा गाँधी रहे हों अथवा जवाहरलाल नेहरु, कोई उनको नकार नहीं सका। बाबा साहब सिर्फ़ एक कानूनविद ही नहीं बल्कि उन्होंने अपनी मेहनत के बल पर अर्थशास्त्र, राजनीतिशास्त्र और कानून की शिक्षा एक साथ प्राप्त की। भारतीय राजनीति में आने के पूर्व तक उनकी पहचान देश और दुनिया में एक महान अर्थशास्त्री, प्रोफ़ेसर और वकील के रूप में हो चुकी थी। यही कारण था कि स्वतन्त्रता मिलने के बाद भारतीय राजनेताओं ने संविधान निर्माण के लिए बाबा साहब को चुना जो उस समय के सबसे योग्यतम व्यक्ति थे।

3. आत्म–निर्भर बनाने में सहायक

अफ्रीकन देश लाइबेरिया की वर्तमान राष्ट्रपति एलेन जानसन सरलीफ जिन्हें 2011 के नोबल शान्ति पुरस्कार से नवाजा गया। उन्होंने अपने एक वक्तव्य में कहा था कि "शिक्षा एक ऐसा माध्यम है जिसके द्वारा कोई भी व्यक्ति किसी भी ऊँचाई तक पहुँच सकता है। उन्होंने खुद का उदाहरण बताते हुए कहा कि मेरा जन्म एक ग़रीब परिवार में हुआ और मैं एक ऐसे देश की निवासी थी जो बेहद ग़रीब था। यहाँ तक कि जब मैं पढ़ाई कर रही थी तो अपने शहर के लोगों को मूलभूत सुविधाओं जैसे बिजली–पानी के लिए लड़ते देखा। तब मैंने सोचा कि इस देश को कोई चीज़ यदि सुधार सकती है तो वह है शिक्षा। इसीलिए मैंने विपरीत परिस्थिति में भी पढ़ाई की। दुनिया के सबसे बड़े बैंकों में से एक सिटी बैंक में काम करने के बावजूद एक समय के बाद मैं देश

सेवा के लिए अपने वतन वापस आयी और लोगों ने मुझे इतना सम्मान दिया कि आज मैं राष्ट्रपति की पोजीशन पर विराजमान हूँ। लेकिन मेरा सिर्फ़ एक ही मकसद है देश को गृहयुद्ध से निकालकर अपने देशवासियों को शिक्षित करना और आत्मनिर्भर बनाना।"

4. डाटा आधारित ज्ञान का भविष्य

माना जाता है कि आनेवाले समय में जिसके पास दुनिया के जितने भी लोग हैं उनका जितना भी डाटा जिसके पास होगा वही सम्पूर्ण दुनिया में राज करेगा। गूगल से लेकर अमेजन तक आज दुनिया की सभी बड़ी कम्पनियाँ अधिकतम लोगों का डाटा सँजोने में लगी हुई हैं। फिर चाहे गूगल दुनियाभर के एक–एक व्यक्ति की ब्रेन मैपिंग करने के जुगत में हो या फिर उपभोक्ता बाज़ार में अमेजन की एक–एक व्यक्ति की पसन्द–नापसन्द को पहचानने की होड। दोनों का मकसद बस इतना है कि आने वाले समय में जितना अधिक जिसके पास डाटा होगा वही वैश्विक बाज़ार का बादशाह होगा। अमेजन की सफलता और दुनिया की नम्बर एक कम्पनी बनने के पीछे अमेजन की यही डाटा वाली रणनीति कामयाब रही है। माना जाता है आज उपभोक्ता बाज़ार का जितना अधिक डाटा अमेजन के पास है, उतना ज़्यादा और किसी भी दूसरी कम्पनी के पास नहीं।

डाटा के संयोजन के माध्यम से एक कम्पनी एक व्यक्ति विशेष की पूरी दिनचर्या से लेकर उसकी एक–एक बारीक़ी का अध्ययन कर लेती है फिर उनकी रुचि के अनुसार वही कार्य करती हैं जो उनको पसन्द हो। एक तरह से व्यक्तिगत ब्रेन की मैपिंग आज आर्टिफिशियल इंटेलीजेंस के माध्यम से की जा रही है। उसमें किसी भी व्यक्ति का अपना, कुछ लगता है, निजी बचेगा ही नहीं। हाँ इसके माध्यम से आप उसकी ख़र्च करने की प्रवृति से लेकर उसकी ख़र्च करने के आदत को तो जान सकते हैं लेकिन मुझे लगता है यह मनुष्य मात्र को गुलाम बनाये रखने का एक नया यान्त्रिक तरीक़ा है जो एक सामान्य मनुष्य की स्वाभाविक प्रवृत्ति का सरासर हनन है जिसके परिणाम सामाजिक स्तर पर घातक भी हो सकते हैं।

हमने सीखा

I. आज के समय में जिसके पास जितनी तीव्रता से ज्ञान का संचार होता है वह उतना ही सफल व्यक्ति है।

II. आनेवाले समय में जिसके पास दुनिया के जितने भी लोग हैं उनका जितना भी डाटा जिसके पास होगा वही सम्पूर्ण दुनिया में राज करेगा।

सूचना का महत्त्व

जीवन अपने आप में एक ऐसी प्रतिस्पर्धा है जिसको जीतने के लिए कई पड़ावों को पार करना पड़ता है। ये पड़ाव कई तरह के होते हैं। जैसे ज्ञान, सूचना और सम्प्रेषण इत्यादि। लेकिन इन सबमें से एक महत्त्वपूर्ण पड़ाव है सूचना। हममें से बहुत सारे लोग सूचना के अभाव में पूरे जीवनभर एक उचित स्थान तक नहीं पहुँच पाते जिसके दरअसल वे वास्तविक हकदार होते हैं। कॅरियर होरिजोंस के अध्यक्ष मैट यंगक्युस्ट का कहना है कि रोज़गार की दौड़ में लगे हुए 70 से 80 प्रतिशत प्रतिभागियों को तो यही नहीं पता चलता कि कौन सी कम्पनी में किस तरह के पद खाली हैं जहाँ पर एक प्रतिभागी आवेदन कर सके। मसलन एक व्यक्ति के पास सम्पूर्ण डिग्री और योग्यता होने के बावजूद सफलता पाने से मात्र वह इसलिए वंचित रह जाता है कि सही समय पर उसे सही जानकारी नहीं मिलती। सूचना–तकनीक के इस युग में आज भी ग्रामीण भारतीय परिवेश और छोटे शहरों के लोग महज़ इसलिए बाहर नहीं निकल पाते क्योंकिं वे पूरी तरह से रोज़गार–समाचार जैसे पत्रों पर निर्भर है अथवा किसी स्थानीय समाचार–पत्र में प्रकाशित होने वाले रिक्त पदों की सूचना पर। जबकि उनकी योग्यता उससे कहीं अधिक होती है। जिस तरह की सूचनाएँ वे इन समाचार–पत्रों से प्राप्त करते हैं ऐसे में इन लोगों क्या करना चाहिए जिससे कि वे सही समय पर सही जगह का चुनाव कर सकें। इसके कुछ उपाय इस प्रकार है :

1. सबसे पहले उन क्षेत्रों और कम्पनियों का चुनाव करें जहाँ आप काम करना कहते हैं

"इस प्रतिस्पर्धी जगत में नौकरी खोजना उतना ही मुश्किल काम है जितना कि पहले से अटे पड़े उत्पाद बाज़ार में अपना कोई नया उत्पाद उतारना," यह कहना है कॅरियर होरिजंस के अध्यक्ष मैट यंगक्युस्ट का। उनका कहना है कि एक प्रतिभागी को सबसे पहले तो यह जानना चाहिए कि वह किस काम के काबिल है और किस तरह के क्षेत्र और कम्पनी में काम करना चाहता है। यदि वे इसकी एक सूंची तैयार कर लेता है तो उसका काम आसान हो जाता है और फिर एक क्षेत्र विशेष में काम करने के लिए जब वह अपनी ऊर्जा लगाता है तो उसे वह क्षेत्र जल्दी ही मिल जाता है जिसकी वह खोज कर रहा है।

प्रायः होता है कि बहुत सारे प्रतिभागी मात्र इसलिए किसी एक क्षेत्र में सफल नहीं हो पाते क्योंकि उनकी निराशा का कारण बेरोज़गारी होती है। ऐसे में वे जो भी विकल्प जान पड़ता है उन सब जगहों पर हाथ–पाँव मारने लगते हैं जो कि उनके लिए न तो उपयुक्त होता और न ही योग्य होते है। और जब वे इस क्षेत्र में अपना भाग्य आजमाने जाते भी हैं तो इस क्षेत्र में वे बाजी मार जाते हैं, जो इस क्षेत्र को अच्छी तरह समझते हैं और जानते हैं। और उनको सफलता नहीं मिल पाती जो कुछ भी पाने की लालसा में एक स्थान से दूसरे स्थान तक भटकते रहते हैं। इसलिए बेहतर यही होता है कि एक व्यक्ति को अपनी प्रतिभा और योग्यता के अनुसार उन्हीं क्षेत्रों पर अपना ध्यान केन्द्रित करना चाहिए जो क्षेत्र उनके रुचि और योग्यता के अनुसार हो। यहाँ सफलता का प्रतिशत अधिक होने की उम्मीद होती है।

2. रोज़गारपरक वेबसाइटों और सम्बन्धित क्षेत्र के लोगों से नाता जोड़ें

जनसम्पर्क और नेटवर्किंग का पहला सिद्धान्त कहता है कि सबसे पहले अपने उस संभावित ग्राहक की लिस्ट बनायें जो आपका उपभोक्ता हो सकता है। यही बात उस बेरोज़गार व्यक्ति के लिए लागू होती है जो

नौकरी की तलाश में हलाकान है। इसके लिए उसे सूचना–तकनीक के उन माध्यमों का सहारा लेना होगा जिसके माध्यम से वह सही जगह तक पहुँच सकता है। इसके लिए उसे इंटरनेट की उस दुनिया को खँगालना होगा जो उसके काम की हो। मसलन इंडीडडॉट कॉम और लिंक्डइनडॉट कॉम जैसी कई वेबसाइटें इन्टरनेट जगत में मौजूद है जो आपकी रुचि और योग्यता के अनुसार रोज़गार दिलाने में मदद कर सकती हैं। इतना ही नहीं इन वेबसाइटों पर जाकर आप अपना एक ऐसा प्रोफाइल भी बनाकर डाल सकते हैं। जिस काम को करने में आपको दक्षता हासिल है। साथ ही आप उन कम्पनियों और लोगों से ई–मेल और संदेशों के द्वारा सम्पर्क भी बनाने की कोशिश कीजिए जो आपको सही जगह तक पहुँचाने में सहायक हो सकते हैं। क्योंकि भूमण्डलीकृत जॉब मार्केट के सन्दर्भ में कहा जाता है कि "आप कितने लोगों को जानते हैं इससे बहुत फ़र्क़ नहीं पड़ता बनिस्पत इसके कि आपको कितने लोग जानते हैं।"

इसलिए अपने सी.वी. और परिचय पत्र को उन सभी जगह अपलोड कर दें जो वेबसाइटस नौकरी दिलाने का काम करती हैं। जैसे नौकरी (www.naukri.com) अथवा साइन (shine.com)। फिर इन साइटों में पूछे गये बहुत सारे विवरणों में से सिर्फ़ उन्हीं को चुने जो आपकी रुचि और योग्यता के अनुसार हों। साथ ही अपने रिज्यूमे को अपडेट करते रहें। इससे आपका अनुभव और क्षमता लगातार उसमें जुड़ती चली जायेगी। और इससे आपका सी.वी. ज़्यादा विजवल तथा अधिक लोगों तक पहुँचने लगेगा। जिससे आपकी दक्षता का ज्ञान सम्बन्धित उद्ययोग तक पहुँच जायेगा और एक दिन हो सकता है कि आपको बिना किसी परीक्षा में फॉर्म भरे कहीं से इन्टरव्यू के लिए कॉल आ जाये और आप वह चुन लिए जाये।

3. सूचना को दोतरफा बनायें

संचार का सिद्धान्त कहता है कि कोई भी सूचना तब तक प्रभावी नहीं हो सकती जब तक कि उसे दोतरफा ढंग से प्रस्तुत न किया जाये।

यही बात सूचना और सफलता से जुड़े हुए विषयों के लिए भी लागू होती है। रोज़गार से सम्बन्धित विषयों की सूचना देने वाली एक वेबसाइट कॅरियर बिल्डर ने पिछले वर्ष अपनी रिसर्च में पाया कि जितनी भी बड़ी कम्पनियों में नियुक्तियाँ हुई हैं उन नियुक्तियों में एक बड़ी भूमिका सोशल नेटवर्किंग साइट्स की रही है क्योंकिं जिन कम्पनियों ने भी किसी की नियुक्ति की है उनमें से 43 प्रतिशत लोगों की जानकारी को उनके सोशल मीडिया साईट से लिया गया है। इसलिए आप जब भी कोई नयी चीज़ सोशल मीडिया में डालें तब अच्छी तरह से जाँच–परख लें कि वह कितनी प्रासंगिक है और वह आपके व्यक्तित्व का कैसे विस्तार कर सकती है।

दुनियाभर की कई बड़ी कपनियाँ अथवा कोई भी एच.आर. कम्पनी आज के समय में जब किसी को कोई जॉब का ऑफ़र भेजती है उसके पहले आपके सम्पूर्ण प्रोफाइल को वेबसाइटों में उपलब्ध उन सभी क्रियाकलापों को जाँच लेती है जो आप अपनी वेबसाइटों के माध्यम से करते हैं। इस तरह जब भी आप कोई कंटेंट आप किसी भी वेबसाइट में डालें तो बहुत सोच–समझ कर डालें। क्योंकि ये सब गतिविधियाँ आज के समय में आपकी नौकरी का प्रवेशद्वार बन चुकी हैं। साथ ही दोतरफा संचार का वह साधन भी जिसके माध्यम से हम आमने–सामने उपस्थित न होकर भी एक दूसरे की जिज्ञासा की पूर्ति कर सकते हैं।

4. सूचना को सफलता का आधार बनायें

समाचार–पत्रों को पढ़ने में रुचि रखने वाले लोगों में से शायद ही ऐसा कोई हो जो आर.के. लक्ष्मण और उनके कॉमन मैन को न जानता हो। कर्नाटक–मैसूर की छोटी–सी गलियों में पले–बढ़े लक्ष्मण मशहूर उपन्यासकार आर.के. नारायण के छोटे भाई थे। लेकिन उनकी पहचान उनके भाई से ज़्यादा उनके ख़ुद के अपने कार्टून से बनी। देश का शायद ही कोई समाचार–पत्र रहा हो जिसमें उनके कार्टून न छपते रहे हों। लेकिन सफलता की इन सीढ़ियों तक चढ़ने के लिए इन्होंने

उस सूचना को आधार बनाया जिसके विषय में कोई आज सोच नहीं सकता। कार्टून बनाने का उन्हें बचपन से ही बहुत शौक़ था। लेकिन इस शौक़ को सबके सामने वे लाये कैसे इसलिए उन्होंने ऐसा माध्यम चुना जो पूरी तरह से फ्री और सर्वव्यापी हो। अपने हुनर को सबके सामने लाने के लिए वे स्कूल की दीवारों और शहर की गलियों में ही कभी अपने टीचर का तो कभी शहर के किसी बड़े नेता का कार्टून बना दिया करते थे। इसकी चर्चा धीरे–धीरे पूरे कर्नाटक में फैल गयी जिसे देखकर "द हिन्दू" न्यूज़ पेपर ने उन्हें अपने पेपर के लिए कार्टून बनाने को कहा. यहाँ से उनके कार्टूनों को इतनी महत्त्व मिला कि फिर वे स्वराज और ब्लिट्ज जैसे समाचार–पत्रों के लिए भी कार्टून बनाने लगे। धीरे–धीरे ये कार्टून इतने प्रसिद्ध हो गये कि फिर देश के लगभग सभी समाचार–पत्रों ने इन्हें प्रकाशित करना प्रारम्भ कर दिया और इस तरह कार्टून की दुनिया में आर.के. लक्ष्मण का नाम अमर हो गया।

इतना ही नहीं सूचना को आप सिर्फ़ अपने कॅरियर की वृद्धि के लिए अपना हथियार न बनाये अपितु इसके लिए आप उन माध्यमों का भी प्रयोग करें जिसके माध्यम से आप न सिर्फ़ अपनी अभिव्यक्ति प्रदान करें अपितु एक सूचनाओं का संसार स्वयं निर्मित करें जिसके माध्यम से आने वाली पीढ़ियाँ कुछ और सीख सकें साथ ही आप पर गर्व महसूस कर सके। यदि कोई भी व्यक्ति ऐसा करने में सक्षम होगा तो वह अपने आप उस ओहदे तक पहुँच जायेगा जिसका वह सचमुच हकदार है।

हमने सीखा

I. सर्वप्रथम एक प्रतिभागी को यह सुनिश्चित करना चाहिए कि वह किस काम के काबिल है और किस तरह के क्षेत्र और कम्पनी में वह काम करना चाहता है।

II. संचार का सिद्धान्त कहता है कि कोई भी सूचना तब तक प्रभावी नहीं हो सकती जब तक कि उसे दोतरफा ढंग से प्रस्तुत न किया जाये।

नम्बर नहीं, नॉलेज के पीछे भागें

पिछले एक सप्ताह में मेरे पास दो ऐसे फ़ोन आये जिनकी समस्या एक जैसी थी। पहला फ़ोन था पटना से जिसमें एक छात्र का कहना था, 'सर, मैं साइंस का छात्र हूँ लेकिन अपनी ग्रेजुएशन की परीक्षा में पिछले दो साल से फेल कर रहा हूँ। जबकि मैं अपने विषय को बहुत अच्छी तरह से याद करता हूँ लेकिन परीक्षा हाल में जाकर भूल जाता हूँ। कुछ उपाय बतायें जिससे मैं पास हो जाऊँ।' दूसरे सज्जन एक सरदार जी थे जो मुझसे मिलने दिल्ली में मेरे ऑफ़िस में आये और कहने लगे, "मैं अपने बच्चे को ख़ूब पढ़ाता हूँ। सब चीज़े बहुत ध्यान से याद कराता हूँ। ट्यूशन भी भेजता हूँ। लेकिन पिछली बार बारहवीं में, कॉमर्स में इसके सिर्फ़ 84% ही आये जिससे इसका एडमिशन दिल्ली विश्वविद्यालय के किसी अच्छे कॉलेज में नहीं हो सका। इसलिए इस बार इसको ड्रॉप कराकर फिर से परीक्षा दिलवा रहा हूँ। कुछ उपाय बतायें।"

इन दोनों की बात गहराई से सुनने के बाद मुझे दोनों ही छात्रों में एक बात जो कॉमन लगी वह थी, अपने–अपने विषय को रटने की, न की समझने की। इसके लिए दोषी जहाँ एक ओर हमारी शिक्षा व्यवस्था है तो बहुत कुछ वे पैरेंट और वो प्रणाली भी जो किसी चीज़ को समझने के बनिस्बत एक छात्र को तोता रटंत विद्या पर ज़ोर देती हैं जो मौक़ा आने पर हमारा साथ छोड़ देती है और फिर हम वहीं के वहीं पहुँच जाते हैं जहाँ से हमने स्टार्ट किया था।

मसलन जब हम बारहवीं की परीक्षा दे रहे होते हैं तो उसके अगले साल आकर वह सब भूल जाते है। जो पिछले साल पढ़ा था। और फिर वही बात ग्रेजुएशन में आकर दोहराते हैं। और जब पढ़ाई करके फुरसत होती है तो पता चलता है कि हमें कुछ याद ही नहीं। अभी दो दिन पहले ही आयी एक रिसर्च से पता चला कि प्रतिवर्ष हमारे देश में लगभग तीन लाख लोग एम.बी.ए. की परीक्षा में उत्तीर्ण होते है जिसमें से सिर्फ़ दस प्रतिशत लोग ही नौकरी पाने के काबिल होते हैं। बाकी को अपने विषय के बारे में कुछ पता ही नहीं होता। ऐसी अवस्था में इन सबके लिए मेरा एक ही सुझाव है कि यदि ये लोग किसी चीज़ को रटने के और नम्बर पाने के पीछे पड़ेंगे तो कुछ नहीं मिलेगा। जबकि यदि ये उसी चीज़ को समझने की कोशिश करेंगे अर्थात ज्ञान को प्राप्त करने के लिए पढ़ाई करेंगे तो परीक्षा भी अच्छे अंक से उत्तीर्ण कर पायेंगे और जीवन में सफलता भी मिलेगी। ज्ञान को रटने से ज़्यादा समझने के क्या–क्या फ़ायदे हो सकते हैं इसके कुछ प्रकार निम्नानुसार है :

1. विषय में गहराई से पकड़

महान वैज्ञानिक न्यूटन पेड़ से गिरते हुए सेब को देखकर, यदि उसकी तह तक जाने की कोशिश नहीं करते तो शायद उनको यह कभी पता नहीं चलता कि ज़मीन के अन्दर गुरुत्वाकर्षण नाम की एक चीज़ होती है जो ऊपर फेंकी गयी किसी भी वस्तु को अपनी ओर आकर्षित करती है, तो शायद वे कभी भी गुरुत्वाकर्षण के उस सिद्धान्त को नहीं ईजाद कर पाते जिसे आज लोग "लॉ ऑफ़ ग्रेविटी" के नाम से जानते हैं। इसी चीज़ को यदि वे रटकर याद करने की कोशिश करते तो शायद वे गुरुत्वाकर्षण जैसे सिद्धान्त को तो जान जाते लेकिन उसके उस कारण को नहीं जिसके कारण आज दुनियाभर के लोग उन्हें गुरुत्वाकर्षण के जनक के रूप में जानते हैं।

आप लोगों ने "थ्री ईडियट्स" फ़िल्म देखी होगी जिसमें रणछोर दास चाचड़ अर्थात् आमिर खान अपने मित्रों को कहता है, "सफलता के पीछे मत भागो। काबिलियत पैदा करो। जिस विषय में रुचि नहीं है वह विषय मत पढ़ो बल्कि वह विषय पढ़ो, वह काम करो जिसमें तुम्हें रुचि हो।" आपने देखा होगा। एक मित्र जो अच्छी फोटोग्राफी करता है, उसका पत्र पोस्ट कर देता है तो उसको नौकरी का बुलावा दूर देश से आ जाता है। वहीं दूसरा दोस्त टाँग टूटने के बाद समझ पाता है कि जीवन में यदि कुछ करना हैं, तो किसी विषय और भविष्य के डर से मुक्त होना होगा। वह अपनी उँगलियों में पहनी हुई सभी अँगूठियों को फेंक देता है और इंटरव्यू देने चला जाता है जहाँ सब कुछ सच–सच बोलने वाला व्यवहार पहले लोगों को पसन्द नहीं आता तो वह नौकरी को ठुकरा देता है। यही से उसकी ज़िन्दगी करवट बदलती है जब किसी चीज़ को ठुकरा के भी वह पा जाता हैं, जो यह पाना चाहता है।

ज़िन्दगी का रहस्य भी कुछ ऐसा ही है, जब हमें इस बात का पता चल जाता है, कि किस चीज़ को पकड़ना है और किस चीज़ को छोड़ना हैं। जिस दिन आप उस हर छोटी–मोटी चीज़ को छोड़ने लगते हैं, जिसके बारे में आपको लगता हैं आपके जीवन में उसकी उपयोगिता बहुत ज़्यादा नहीं है तो आप ज़िन्दगी को समझने लगते हैं। किसी एक विषय में नम्बर कम आने आ फेल हो जाने से बहुत फ़र्क़ नहीं पड़ता, यदि आप यह नहीं जान पाते कि आप क्या कर सकते हैं।

यदि जब किसी बच्चे अथवा उसके पैरेंट्स को यह पता चल जाता है कि वह किस चीज़ के लिए बना है तो नम्बर के पीछे बहुत नहीं भागता, बल्कि उस काम के लिए भागता है जिससे उसकी ज़िन्दगी में बदलाव होने वाला है। मसलन महेन्द्र सिंह धोनी और सचिन तेंदुलकर यदि नम्बर पाने के चक्कर में पड़े रहते तो वे कभी वहाँ नहीं पहुँचते जहाँ आज वह पहुँच पाये हैं।

2. सैद्धान्तिक ज्ञान की अपेक्षा व्यावहारिक ज्ञान में बढ़ोत्तरी

चाइनीज़ दार्शनिक और विचारक कन्फुसियश ने शिक्षा के सन्दर्भ में अपने विचार व्यक्त करते हुए एक बार कहा था कि "हम जब किसी चीज़ को याद करते हैं उसे जल्दी ही भूल जाते है। जब हम किसी चीज़ को देखते हैं तो वह चीज़ हमें दुबारा याद आ जाती है। लेकिन जब हम किसी चीज़ को कर लेते है तो फिर वह चीज़ हमें कभी नहीं भूलती।" यही बात हमारी शिक्षा व्यवस्था के लिए लागू होती है। यदि हम किसी चीज़ को कोई ज्ञान प्राप्त करने के नजरिये से ग्रहण करेंगे तो वह हमारे जीवन का हिस्सा बन जायेगी और फिर उसे हम कभी नहीं भूलेंगे।

अपने यहाँ आई.आई.टीज. और आई.आई.एम. और अन्य युनिवर्सिटियों की शिक्षा व्यवस्था में सिर्फ़ इतना ही अन्तर है कि आई.आई टीज और आई.आई.एम. जहाँ एक तरफ़ किसी भी विषय वस्तु का व्यावहारिक ज्ञान देते हैं वहीं दूसरी तरफ़ अन्य युनिवर्सिटियाँ डिग्री बाँटने का कारखाना बन चुकी हैं। इसीलिए आई.आई.टीज और आई.आई.एम. में पहुँचने के लिए जहाँ मारकाट मची रहती है, वहीं दूसरी तरफ़ कुछ युनिवर्सिटियों में कुछ विषयों के लिए बच्चे भी पूरे नहीं मिल पा रहे हैं। कारण ऐसी युनिवर्सिटियों से सम्बद्ध विषय का व्यावहारिक न होना। मसलन हिन्दी और संस्कृत जैसे विषयों को यदि हम रोज़गार से जोड़ दें तो इनकी माँग बहुत बढ़ जायेगी। लेकिन आज भी हिन्दी साहित्य और संस्कृत के नाम पर वही घिसा–पिटा आदिकाल और भक्ति–काल पढ़ा रहे हैं। यदि इसको विज्ञापन और बाज़ार के विषयों से जोड़ दें, तो इसकी माँग बहुत बढ़ जायेगी। वैश्विक सच्चाई यही है कि यदि हम बिज़नेस वर्ल्ड पत्रिका की रिसर्च को मानें तो आज डिजिटल मार्केटिंग के बाद दुनियाभर में दूसरे स्तर पर जो सबसे अधिक जॉब पैदा करने वाला विषय है वह है इन्टरप्रेटर और अनुवाद का क्योंकि इसके बिना किसी भी नये विषय की जानकारी लोगों तक नहीं पहुँच सकती। लेकिन इस तरह का पाठ्यक्रम भारत के किसी भी बड़े विश्वविद्यालय में नहीं चल

रहा जहाँ हिन्दी और संस्कृत को बाज़ार की ज़रूरतों के हिसाब से जोड़ कर उसका व्यावहारिक ज्ञान दिया जा रहा हो।

3. लिखित ज्ञान के साथ–साथ मौखिक ज्ञान में पारंगत

एक बार परीक्षा देकर एक लड़का जब परीक्षा भवन से बाहर निकला तो उसके शिक्षक ने उससे पूछा कैसा रहा तुम्हारा पेपर। लड़के का उत्तर था। बिल्कुल एकदम सही सर। एक भी सवाल मैंने नहीं छोड़ा। शिक्षक ने जब उससे वापस पूछा अच्छा चलो। इस प्रश्न का उत्तर बताओं तो लड़के ने जवाब दिया, "सर मैं आपको लिखकर दिखा तो सकता हूँ लेकिन आपको समझा नहीं सकता।" लड़के के जवाब से एक बात तो स्पष्ट हैं, कि रटंत विद्या को आप लिख तो सकते हो लेकिन ज़रूरत पड़ने पर किसी को समझा नहीं सकते। इसलिए किसी भी विषय–वस्तु की उपयोगिता उसको समझने में ही होती है न कि उसको याद करने में।

जबकि नयी एजूकेशन पॉलिसी के हिसाब से ज्ञान को आज तीन चरणों में बाँटा गया है। सिविल सर्विसेस की सी–सैट की परीक्षा का पैटर्न भी यही है। तीन स्तरों पर किसी के सम्पूर्ण व्यक्तित्व का मूल्यांकन करना। पहला : ज्ञानात्मक अथवा सूचनात्मक, दूसरा : बोधात्मक अथवा भावनात्मक, तीसरा : क्रियात्मक अथवा निर्णयात्मक। इन तीनों स्तरों में जो छात्र निपुण होता हैं वही, दरअसल ऐसी परीक्षा में पास होने का हकदार होता है। यदि मान लीजिए आप सिविल सर्विस की प्रारम्भिक परीक्षा, जो सूचनात्मक होती है, आप पास होते हैं, तो आप सफल नहीं होते क्योंकि अभी आपको बोधात्मक परीक्षा अथवा मुख्य परीक्षा भी पास करनी पड़ेगी। कोई विद्यार्थी यदि मुख्य परीक्षा में पास कर भी जाता है तो उसको उस निर्णयात्मक परीक्षा से भी गुज़रना होगा, जिसको साक्षात्कार कहा जाता है। इस परीक्षा में भी जो पास कर पाता है। वास्तव में वही आई.ए.एस. अथवा आई.पी.एस. बनने का हकदार होता है।

इसलिए हमेशा आपको इस बात के लिए तैयार रहना चाहिए कि आपकी किसी भी क्लास की डिग्री की महत्ता मात्र उस योग्यता को निम्नतम स्तर पर पहचानने की है, जिसके सहारे आप किसी परीक्षा में बैठ तो सकते हैं, लेकिन नौकरी नहीं पा सकते। अतः जो प्रमाण पत्र आपने अर्जित किया है, उससे ऐसी अपेक्षा की जाती है कि आप सम्बन्धित विषय के ज्ञाता हैं। जबकि ऐसा बहुत कम देखने को मिलता है।

4. आत्म–विश्वास का संचार

कोई भी ज्ञान सिर्फ़ सफलता दिलाने का ही माध्यम नहीं होता अपितु इसके माध्यम से हम अभिव्यक्ति और सम्प्रेषण के उन गुणों को भी आत्मसात करते हैं जो हमारे भीतर आत्म–विश्वास का संचार करने में सहायक है, जिसके माध्यम से हम सफलता की किसी भी सीढ़ी पर चढ़ सकते हैं। वास्तविकता भी यही है कि जब आप किसी विषय वस्तु को आप मात्र परीक्षा पास करने की दृष्टि से नहीं पढ़ते, बल्कि कुछ सीखने की दृष्टि से पढ़ते है तो वह विषय आजीवन आपकी पूँजी बन जाता है। फिर कोई भी, कहीं भी उस विषय के सन्दर्भ में आपसे कुछ पूछे, आपके पास उसका उत्तर होगा। यदि ऐसा करने में आप सक्षम हो जाते हैं तब आपको अथवा आपके पैरेंट को कभी यह चिन्ता करने की ज़रूरत नहीं पड़ेगी कि मेरे बेटे के नम्बर कम आ गये, अब क्या करे अथवा फेल हो गये तो जीवन का सारा रास्ता ही बन्द हो गया। बल्कि मेरा मानना है कि यह मौक़ा होता है उस आत्मचिन्तन का जहाँ से आप अपने आप को ख़ुद पहचान कर ज़िन्दगी की एक नयी शुरुआत कर सकते हैं। जैसा कि महान दार्शनिक प्लूटो ने कहा था कि "एक अच्छा निर्णय इस बात पर निर्भर करता हैं, कि आपने ज्ञान कैसे प्राप्त किया है। न कि इस बात पर कि जीवन की परीक्षा में आपने अंक कितने बटोरे है।"

हमने सीखा

I. जब हमें इस बात का पता चल जाता है, कि किस चीज़ को पकड़ना है और किस चीज़ को छोड़ना हैं और जिस दिन आप उस हर छोटी–मोटी चीज़ को छोड़ने लगते हैं, जिसके बारे में आपको लगता है आपके जीवन में उसकी उपयोगिता बहुत ज़्यादा नहीं है तो आप ज़िन्दगी को समझने लगते हैं। किसी एक विषय में नम्बर कम आने या फेल हो जाने से बहुत फ़र्क़ नहीं पड़ता, यदि आप यह जान पाते हैं कि आप क्या कर सकते हैं।

II. यदि हम किसी चीज़ को कोई ज्ञान प्राप्त करने के नजरिये से ग्रहण करेंगे तो वह हमारे जीवन का हिस्सा बन जायेगी और फिर उसे हम कभी नहीं भूलेंगे।

III. कोई भी ज्ञान सिर्फ़ सफलता दिलाने का ही माध्यम नहीं होता अपितु इसके माध्यम से हम अभिव्यक्ति और सम्प्रेषण के उन गुणों को भी आत्मसात करते हैं जो हमारे भीतर आत्म–विश्वास का संचार करने में सहायक है। वास्तविकता भी यही है कि जब आप किसी विषय वस्तु को आप मात्र परीक्षा पास करने की दृष्टि से नहीं पढ़ते, बल्कि कुछ सीखने की दृष्टि से पढ़ते है तो वह विषय आजीवन आपकी पूँजी बन जाती है।

अपना कॅरियर अपने-आप डिज़ाइन करें

भूमण्डलीकरण के बढ़ते हुए प्रभाव और ख़ुदरा बाज़ार की गलाकाट स्पर्धा को देखते हुए मैनेजमेंट के छात्रों के लिए मार्केटिंग की एक नयी शाखा का ईजाद अभी हाल ही के कुछ वर्षों पूर्व हुआ है और इस शाखा का नाम है न्यूरो–मार्केटिंग। इस मार्केटिंग के जरिये यह जानने की कोशिश की जाती है कि एक ग्राहक के मन में क्या चल रहा है। मसलन जब कोई ग्राहक 5000 रुपये लेकर एक बड़े से माल में यह सोच कर जाता है कि इन पैसों से आज मैं दो या चार ब्रांडेड कपड़े ही ख़रीदूँगा। लेकिन माल के अन्दर घुसते ही वह वहाँ की चकाचौंध और विभिन्न ऑफ़रों को देखकर कन्फूज हो जाता है जिससे वह वहाँ पर लगे विभिन्न ऑफ़रों में से दो–चार के बदले आठ–दस ऐसे कपड़े ख़रीद के ले आता है जिसे वह बदल–बदलकर पहनता तो है लेकिन उसके मन में ब्रांडेड कपड़े न ख़रीद पाने की टीस हमेशा बनी रहती है।

ठीक यही बात कॅरियर के लिए भी लागू होती है। आज एक छात्र के सामने इतने सारे विकल्प मौजूद होते हैं कि वह कन्फ़ूज़ हो जाता है कि वह किसमें से कौन–सा कॅरियर चुने। मन कुछ और सोचता है और वह कुछ और कर डालता है जो उसकी पसन्द का तो होता है लेकिन दिल किसी और काम को करना चाहता है। वह दोस्तों की सलाह और बढ़ती हुई शिक्षा के लुभावने व्यापार में ऐसे उलझ जाता है कि वह फिर वहाँ से निकल नहीं पाता और ताउम्र एक ऐसी जगह अथवा क्षेत्र में काम करता रह जाता है जो उसकी पसन्द का नहीं होता।

इसलिए दुनियाभर के कॅरियर काउंसेलरों का कहना है कि जब भी किसी कॅरियर का चुनाव करें तो चुनाव करने से पहले उसकी एक सम्पूर्ण रूपरेखा की डिज़ाइन पहले अपने मन–मस्तिष्क में बना लें। और तब आप आगे बढ़ेंगे तो सफलता आपके क़दमों को चूमेगी। कॅरियर डिज़ाइन करने के फ़ायदे क्या–क्या है इसकी एक झलक इस प्रकार है :

1. लक्ष्य तक पहुँचने में आसानी

ब्रिटेन के सबसे अमीर व्यक्तियों में से एक और भारत के प्रथम पाँच पूंजीपतियों में शुमार किये जाने वाले आर्सेलर–मित्तल कम्पनी के सी.एफ.ओ. आदित्य मित्तल जो दुनिया के सबसे बड़े लोहा व्यापारी लक्ष्मी मित्तल के सुपुत्र हैं जब अमेरिका के व्हर्टन स्कूल ऑफ़ मैनेजमेंट में पढ़ रहे थे तब उनके सभी सहपाठी यह कहकर उनका मज़ाक उड़ाया करते थे कि आनेवाला समय सूचना–प्रद्योगिकी (आई.टी.) का है और तू यह क्या पढ़ रहा है। किस अधिग्रहण और समामेलन के चक्कर में पड़ा हुआ है। भला, लोहा बेचकर कोई बड़ा आदमी बन सकता है क्या। लेकिन आदित्य के अपने दोस्तों की सलाह और उनके बहकावे का कोई असर उनके ऊपर नहीं पड़ा और उन्होंने वही किया जो उनके मन ने कहा। इसीलिए ग्रेजुएशन की परीक्षा पास करने के बाद सीधे अपने मन में डिज़ाइन कर चुके अपने लक्ष्य को आदित्य ने अपने पिता लक्ष्मी मित्तल के सामने रखते हुए कहा कि "पिता जी दुनिया की लोहे की सबसे बड़ी कम्पनी आर्सेलर है और मैं इसे ख़रीदना चाहता हूँ। आप कुछ उपाय बताइये, नहीं तो मैंने एक ऐसी रणनीति बना ली है जिसके माध्यम से हम इसको ख़रीद सकते हैं।" बेटे की इस दृढ़ इच्छा और उसके द्वारा बनायी गयी रणनीति के सामने एक पिता को हार माननी पड़ी और दुनिया की सबसे बड़ी कम्पनी आर्सेलर, अब आर्सेलर–मित्तल कम्पनी बन चुकी है।

इससे जो कुछ महत्त्वपूर्ण बातें निकलकर आती हैं वह यह कि कोई भी कॅरियर चुनने के पहले अपने आप से ये कुछ सवाल पूछ लेने चाहिए :

1. मैं वास्तव में क्या हासिल करना चाहता हूँ?
2. मैं अपने लक्ष्यों को कैसे प्राप्त करूँगा?
3. क्या ये लक्ष्य यथार्थवादी हैं?
4. क्या वहाँ तक पहुँचने के लिए मैं सही क़दम उठा रहा हूँ?

2. भटकने की गुंजाइश कम

आदित्य चाहते तो अपने दोस्तों की तरह वह भी आई.टी. का क्षेत्र चुन सकता था। लेकिन पहले से लोहा व्यापारी रहे अपने पिता के व्यवसाय को बढ़ाने का उन्होंने जो एक रोडमैप पढ़ने के दौरान ही अपने मन में बनाया वह उसके पिता लक्ष्मी मित्तल को एक छोटे–से लोहा व्यापारी से "आयरन टाइकून" बना दिया। यह दुनिया जानती है कि आर्सेलर जैसी दुनिया की सबसे बड़ी कम्पनी ख़रीदने का सपना लक्ष्मी मित्तल के मन में बेटे के कहने और उसी की प्रेरणा से मिली। नहीं तो जिन लक्ष्मी मित्तल का नाम दुनिया के पचास प्रमुख लोहा व्यापारियों में भी नहीं आता था वह भला दुनिया की सबसे बड़ी लोहा कम्पनी को कैसे ख़रीद सकते थे। लेकिन आदित्य मित्तल के सपने को साकार करने के लिए लक्ष्मी मित्तल ने भी कोई कोर कसर नहीं छोड़ी। उन्होंने अपने मन में आर्सेलर को ख़रीदने का एक पूरा रोडमैप तैयार किया। फिर एक–एक क़दम आगे बढ़े। यदि इस रोडमैप को समझने की कोशिश की जाये तो सबसे पहले सवाल उनके मन में कुछ यूँ उठे होंगे जिसको कि उन्होंने एक स्मार्ट फ्रेमवर्क माइंड मैप का उपयोग करते हुए अपने उद्देश्यों को पूरा करने के लिए एक सुनिश्चित मानदण्ड तैयार किया। वह स्मार्ट रूपरेखा कुछ इस प्रकार रही होगी :

1. विशिष्ट–आप क्या हासिल करने की कोशिश कर रहे हैं?
2. मापने योग्य–क्या आप अपनी प्रगति को माप सकते हैं?

3. प्राप्य–क्या आपका लक्ष्य प्राप्य है?
4. प्रासंगिक–क्या आपका लक्ष्य प्रासंगिक है?
5. क्या आपके लिए यह अनुशंसित है?
6. समय पर–क्या इस लक्ष्य को समय सीमा पर प्राप्त किया जा सकता है?

स्मार्ट फ्रेमवर्क माइंड मैप सिद्धान्त कहता है जैसे–जैसे आप रूपरेखा के माध्यम से अपना काम करेंगे, आपके सबसे उच्च प्राथमिकता वाले लक्ष्य आपके लिए सबसे प्रमुख बने रहेंगे और आप एक एक कर उन सभी शर्तों को पूरा करते चले जायेंगे जो लक्ष्य तक पहुँचने के लिए अपेक्षित माने जाते हैं।

3. दिल से काम करने की प्रेरणा

अमेरिका के व्हर्टन स्कूल ऑफ़ मैनेजमेंट में ही पढ़े मशहूर उद्योगपति, टी.वी. एंकर और लेखक डोनाल्ड ट्रम्प ने सफलता प्राप्त करने के प्रति अपने विचार को अभिव्यक्त करते हुए कहा कि "जब तक आप किसी काम का फ्रेमवर्क अपने दिमाग़ में नहीं बनाते तो आपके अन्दर वह जूनून आ ही नहीं सकता जिसको आप दिल से करना चाहें। और जब तक आप किसी काम को दिल से नहीं करेंगे तब तक आपके भीतर ऊर्जा का संचार नहीं होगा और यह जगजाहिर है कि बिना ऊर्जा और उत्साह के जीवन में किसी चीज़ को हासिल नहीं किया जा सकता।"

बिज़नेस कम्मुनिकेशन के लेखक सीमन पीटरसन का मानना है कि जब आप अपने लक्ष्य की पहचान कर लेते हैं, तो फिर आपका समय अपने उद्देश्यों की कल्पना करने में जुट जाता है जो एक ऐसा माइंड मैप तैयार करता है। जिस कि एक पूरे चार्ट पेपर में डिज़ाइन किया जा सकता है। माइंड मैप के बन जाने पर आप अपने लक्ष्यों को प्राप्त करने की प्राथमिकता निर्धारित करने लगते हैं। इस प्रक्रिया से यह निर्धारित करने में मदद मिलती है कि पहले क्या किया जाना चाहिए जिससे आप अपने लक्ष्यों को प्राप्त कर सकें इसलिए आप इस पर काम करना प्रारम्भ कर देते है।

यद्यपि पहले–पहल यह सुनिश्चित करना थोड़ा कठिन होता है। लेकिन जब एक बार आपका माइंड मैप डिज़ाइन हो जाता हैं, तब आप अपने सम्पूर्ण लक्ष्य को एक सप्ताह, महीने, वर्ष और फिर सुनिश्चित वर्षों में बाँध देते हैं। इससे आपका एक बड़ा अप्राप्य लक्ष्य भी आसान लगने लगता है जो छोटे–छोटे लक्ष्यों को लेकर आगे बढ़ता है और आप इस पूरे सफ़र में एक–एक करके सीढ़ियाँ चढ़ते हुए रोमांचित भी महसूस करने लगते हैं।साथ ही आपका आत्म विश्वास भी लगातार बढ़ने लगता है जो आपको मंज़िल के क़रीब तक ले जाने में मददगार होता है।

4. मनचाहा परिणाम

इस पूरी प्रक्रिया में यह कम ही होता है जब आप अपने रास्ते और मंज़िल से न भटकें, इसीलिए आपको रास्ते पर बने रहने और अपने लक्ष्यों को पूरा करने के लिए नियमित समीक्षा बिन्दुओं को व्यवस्थित करते रहना चाहिए। जब आप फिट दिखते हैं और पूरी तरह प्रसन्नचित स्थिति में हों तो अपने समीक्षा बिन्दु का मूल्यांकन करते रहें। बिल्कुल वैसे ही जैसे लक्ष्य तक पहुँचने के लिए आप एक–एक क़दम करके आगे बढ़ते हैं। इससे आपको यह परिलक्षित होता रहेगा कि आप अपने लक्ष्य तक पहुँचने के लिए सही दिशा में प्रयास कर रहे हैं कि नहीं। इससे आपका एक पूरा रोडमैप समानान्तर बनता चला जायेगा और आपको धीरे–धीरे महसूस होगा कि आप सही दिशा में आगे बढ़ रहे हैं। साथ ही उन ग़लतियों का विरेचन भी करते चले जा रहे हैं जो आपके रास्ते में रुकावट बन रही है।

यदि ऐसा करने में आप सक्षम हो पाते हैं तो आपको मनचाहा परिणाम पाने से कोई नहीं रोक सकता और वह दिन दूर नहीं जब आपका लक्ष्य आपके पैरों तले होगा।

हमने सीखा

I. जब आप कॅरियर का चुनाव करें तो चुनाव करने से पहले उसकी एक सम्पूर्ण रूपरेखा की डिज़ाइन पहले अपने मन में बना लें।

II. कॅरियर चुनने के पहले अपने आपसे ये कुछ सवाल अवश्य पूछें :

1. मैं वास्तव में क्या हासिल करना चाहता हूँ?
2. मैं अपने लक्ष्यों को कैसे प्राप्त करूँगा?
3. क्या ये लक्ष्य यथार्थवादी हैं?
4. क्या वहाँ तक पहुँचने के लिए मैं सही क़दम उठा रहा हूँ?

सम्बन्धों को सफलता का हथियार बनायें

कहते हैं जीवन में सफलता के तीन मूलभूत आधार होते हैं। पहला हैं परिवार, दूसरा–दोस्त और तीसरा–दुनिया जिसे अंग्रेज़ी में थ्री एफ (3F-Family, Friend, Fools) के नाम से जाना जाता है। महत्त्वपूर्ण बात यह है कि पहले के दो 'एफ' मिलकर तीसरे 'एफ' यानी 'भोलीभाली जनता' को मूर्ख बनाकर लोग अपना उल्लू सीधा करते हैं। इन तीनों में जो सबसे बड़ा आधार–स्तम्भ होता हैं सफलता का वह है परिवार। आपका परिवार आपके निर्णय में किस तरह सहयोग देता है और ज़िम्मेदारी निभाता है। यह जीवन में सबसे महत्त्वपूर्ण होता है। यदि परिवार के स्तर पर ही आप परेशान हैं, तो आगे कोई बड़ा जोख़िम एक व्यक्ति नहीं ले सकता क्योंकि इसके साथ एक व्यक्ति का न सिर्फ़ खून का रिश्ता होता हैं अपितु शारीरिक–मानसिक सब कष्टों का परिणाम सामूहिक रूप से परिवार के सभी सदस्यों को उठाना पड़ता है। दूसरा सबसे बड़ा आधार होता है वह दोस्त जिसकी कमी को कई बार परिवार भी पूरा नहीं कर पाता और उसके साथ आप वह बात शेयर करने में संकोच नहीं करते जो आप कई बार एक परिवार के सदस्य के साथ शेयर करने में संकोच करते हैं। एक अच्छा दोस्त ही वह शख़्स होता है जो आपके हर गिरने और उठने में आपके साथ खड़ा हो सकता है। माँ–बाप और परिवार की जगह तो कोई ले नहीं सकता। लेकिन दोस्त ही वह सबसे बड़ी ताक़त होता है। जिसके भरोसे पर आप बड़े से बड़े जोख़िम को उठा सकते हैं। कुछ ऐसी ही दोस्ती की मिसाल बने सचिन बंसल और बिन्नी बंसल।

आई.आई.टी. दिल्ली में पढ़ाई के दौरान बनी दोस्ती वास्तविक जीवन में भी इतनी सफल होगी, इन दोनों ने कभी सोचा नहीं था। पढ़ाई के बाद दोनों ने ऑनलाइन कम्पनी अमेजन डॉटकाम में अमेरिका में भी काम किया। लेकिन दोनों ने अपने सम्बन्धों को अटूट बनाये रखा और ये सम्बन्ध धीरे–धीरे इतने अटूट बन गये कि दोनों ने एक दिन यह निर्णय ले लिया कि अब बहुत हो गया और अब कुछ अपना नया करना चाहिए। और एक दिन ऐसा आया जब दोनों ने मिलकर अपनी एक नयी कम्पनी की शुरुआत कर दी और उसका नाम रखा फ्लिपकार्ट। दरअसल जिसे हम दोस्ती का नाम देते हैं उसे आज के टेक्नालॉजी और प्रोफेशनल वर्ल्ड में पी.आर. अथवा बिज़नेस पार्टनर के नाम से जाना जाता है। दूसरे शब्दों में कहें तो सम्बन्धों को बनाये रखने की कला का ही दूसरा नाम है सफलता। भारत ही नहीं पूरी दुनिया में आज जितने भी बड़े उद्यम चल रहे हैं उनमें कहीं–न–कहीं सम्बन्धों की वह आधार–शिला रही है जिसकी बुनियाद पर सफलताओं की इमारतें खड़ी की गयी हैं।

महज़ दस हज़ार रुपये से अपने व्यवसाय की शुरुआत करने वाले सचिन और बिन्नी बंसल को अठारह महीने तक कोई ग्राहक नहीं मिला। लेकिन दस हज़ार रुपये से अपनी कम्पनी की वेबसाइट प्रारम्भ करने वाले दोस्तों को इन दिनों इतना ज़रूर विश्वास था कि इनका आइडिया अच्छा है और इसका परिणाम एक न एक दिन उन्हें ज़रूर मिलेगा। और हुआ भी यही। ऑनलाइन किताब बेचने से अपने कारोबार की शुरुआत करने वाली फ्लिपकार्ट आज तमाम तरह की चीज़ें बेच रही है। एक तय समय में उत्पाद की डिलिवरी करने वाली कम्पनी लोगों को इतना पसन्द आयी कि वह एक बड़े ग्राहक समूह के दिमाग़ में अपनी जगह बना ली। आज इस कम्पनी का कारोबार एक बिलियन अर्थात 6000 करोड़ से भी अधिक का पहुँच चुका है।

व्यवसाय ही नहीं जीवन के किसी भी क्षेत्र में यदि आप सफलता प्राप्त करना चाहते हैं तो सम्बन्ध एक ऐसा स्रोत है जिसको नज़रअन्दाज़ करके आप आगे नहीं बढ़ सकते। चाहे यह सम्बन्ध पारिवारिक हो अथवा व्यावसायिक।

सम्बन्ध ही वह तत्व है जिसमें सफलता की बुनियाद टिकी होती है और सफलता की इस बुनियाद का आधार होता है वह विश्वास जो लगातार एक–दूसरे पर भरोसा करने पर पैदा होता है। ऐसे ही सम्बन्धों पर सोसाइटी ऑफ़ ह्यूमन रिसोर्स मैनेजमेंट के द्वारा किये गये एक अध्ययन से पता चला है कि किसी भी बड़े संस्थान में होनी वाली 96% नियुक्तियों की जाँच–पड़ताल किसी न किसी के माध्यम से होती हैं और एक बार नियुक्ति हो जाने के बाद भी वे रेफरेन्सेस देखे जाते हैं जिनके माध्यम से उनकी नियुक्तियाँ हुई हैं। इससे यह बात तो साफ़ जाहिर होती है कि एक बड़े पैमाने पर नियुक्ति का माध्यम किसी न किसी रूप में वह सम्बन्ध होते हैं जो आप अपने जीवन में एक–दूसरे के साथ निर्मित करते हैं जिसके माध्यम से न सिर्फ़ आप किसी बिज़नेस की शुरुआत करते हैं अपितु वह मनचाही नौकरी भी पाते हैं जिसकी आपको दरकार है। किसी से सम्बन्ध बनाने से क्या–क्या फ़ायदे हो सकते हैं। उसकी एक झलक इस प्रकार है :

1. आपकी सभी ज़रूरतों को पूरा करने में मददगार

हम लोग बहुतों से यह बात सुनते हैं कि "अपने पैसों से तो सिर्फ़ ज़रूरतें पूरी की जा सकती हैं, लेकिन शौक़ तो माँ–बाप के पैसों से ही पूरे होते हैं।" यह बात सौ आने सही है। एक माँ–बाप को अपनी सन्तान को ख़ुश देखकर जितनी ख़ुशी होती है, उतनी शायद ही किसी को होती होगी। इसके लिए वह कुछ भी करने को तैयार रहते हैं। न जाने कितने माँ–बाप अपने सपनों को मारकर और कॅरियर को तिलांजलि देकर अपनी सन्तान को आगे बढ़ता हुआ देखना चाहते हैं। ऐसा माना जाता है कि दुनिया में सिर्फ़ माँ ही एक ऐसी इन्सान होती हैं जो अपने को भूखा रखकर भी अपनी सन्तान को ख़ुश देखना चाहती है। दूसरी तरफ़ बाप के लिए यह बात कही जाती है कि एक बाप वह शख़्स होता है जो दिनभर खाक छानता है, कई बार अपने बॉस और दूसरे लोगों की गलियाँ सिर्फ़ इसलिए खाता है कि वह उसके बदले जो धन कमायें वह अपनी सन्तान पर लुटा सकें और

उनको ख़ुश देखकर स्वयं आनंदित हो जायें। भारत में एक शोध के अनुसार से माना जाता है कि जो भी माँ–बाप पैसा कमाते हैं उसका 30 से 40 प्रतिशत अपने बच्चों की पढ़ाई–लिखाई और उनकी ज़रूरतों को पूरा करने में ख़र्च कर देते हैं।

दुनिया में ऐसे हज़ारों उदाहरण भरे पड़े हैं जहाँ हर सफल व्यक्ति ने अपनी सफलता का अधिकतम श्रेय अपनी माँ को दिया है। जॉर्ज वाशिंगटन से लेकर अब्राहम लिंकन तक अपनी सफलता का श्रेय अपनी माँ को देते हैं। जॉर्ज वाशिंगटन जहाँ कहते हैं : "आज तक मैंने जितने लोगों को देखा है उसमें मेरी माँ दुनिया की सबसे ख़ूबसूरत महिला थी। मैं जो भी जीवन में हासिल कर पाया वह माँ की वजह से। मेरे जीवन में जो भी नैतिक, बौद्धिक और शारीरिक विकास हुआ उसका श्रेय मेरी माँ को जाता है।" वहीं अब्राहम लिंकन का कहना था, "वह जो भी बने उसका पूरा श्रेय मेरी माँ को जाता है। मैं अपनी प्यारी माँ का एहसान कभी नहीं चुका सकता।"

जबकि दुनिया के तीसरे सबसे धनी व्यक्ति वारेन बफेट अपनी सफलता का पहला श्रेय अपने पिता को देते हैं। बारेन बफेट ने फोर्ब्स को दिये अपने एक इंटरव्यू में माना कि उनके पहले और नम्बर एक शिक्षक उनके पिता, हॉवर्ड हैमन बफेट थे जिन्होंने "मुझे बचपन में ही यह सीख दी कि एक व्यक्ति को प्रतिष्ठा बनाने में 20 साल लग जाते हैं और इसे खोने में 20 मिनट का समय लगता है। इसलिए इसको हमेशा बरकरार रखना चाहिए।" साथ ही उन्होंने मुझे जीवन में पुस्तकों और व्यवसाय में निवेश करने की सलाह दी।

सम्बन्धों को अक्सर एक बात कही जाती है कि "जीवन में यह महत्त्वपूर्ण नहीं कि आपने कितने लोगों से सम्बन्ध बनाये बल्कि महत्त्वपूर्ण यह है कि आपने उन सम्बन्धों को कैसे जिया। मसलन एक दोस्त के बारे में कहा जाता है एक अच्छा दोस्त वही होता है जब पूरी दुनिया आपका साथ छोड़ दे, तब भी जो आपके साथ खड़ा रहे, वही सच्चा दोस्त है।"

2. जीवन का सर्वाधिक सुख सम्बन्धों में ही निहित

सामान्य जीवन में हमें प्रायः तीन प्रकार के सम्बन्ध देखने को मिलते हैं जो हमारे व्यक्तिगत जीवन को एक समुचित आकार देने में मददगार होते हैं–पहला–परिवार, दूसरा–क़रीबी दोस्त और तीसरा–रोमांटिक साथी। इनमें से किसी एक को भी कमतर आँकना बेमानी होगा क्योंकि इन तीनों रिश्तों की अपनी एक जगह और महत्ता है। बस अन्तर इतना है कि कौन कहाँ कितना समय आप पर निवेश करता है।

इस निवेश को यदि हम तीन चरणों में बाँटें तो प्रारम्भिक और बुनियादी समय वह होता है जिसको हम अपने माँ–बाप के साथ गुज़ारते हैं। संसार में आपके अवतरण से लेकर आपको अपना जीवन स्वयं प्रारम्भ करने का तक का सफ़र जो रिश्ता निभाता है–उसी को माता–पिता का रिश्ता कहा जाता है। जो आपको बार–बार गिरते हुए से उठाकर, अपनी उँगलियों को पकड़ कर चलना सिखाता है। पूरे धैर्य, साहस और मुस्कराहट के साथ यह रिश्ता जो निभाया जाता है उसी को परिवार कहते हैं।

वास्तविक जीवन के हर ग़लत–सही कामों में जो साथ देता है और ज़िन्दगी की जद्दोजहद से जो परिचय कराता है उस रिश्ते का नाम है दोस्ती। यह सम्बन्धों का वह दूसरा चरण होता है, जहाँ हर सही और ग़लत काम एक साथ करना सीखते हैं। लेकिन इन ग़लतियों में भी जो जीवन ढूँढ़ लेता है और सफलता की नयी इबारत लिख देता है। उसी का नाम दोस्ती है। दोस्ती हाथ की उन पाँच उँगलियों की तरह होती है। जो एक साथ इकट्ठा हो जाये तो मुक्का बन जाती है। शक्ति और संगठन का दूसरा पर्याय है दोस्ती। इसके बल पर बड़ी–से–बड़ी मंज़िल को भी फतह किया जा सकता है।

आपकी ख़ुशी के आँसू में भी जो आपकी वेदना पढ़ ले और आपके दुख में भी जो रोमांस जगा दे उस रिश्ते का नाम है–प्रेमिका। जीवन का यह वह तीसरा सबसे अनमोल रिश्ता है जिसके बिना कई बार लगता है जीवन निस्सार है और वह है वह जीवन–साथी अथवा रोमांटिक साथी जिसके लिए आप कुछ भी करने को तैयार हैं। संस्कृत के महान विद्वान कालिदास पर उसकी पत्नी के एक उपहास ने

उन्हें ईडियट्स से जीनियस बना दिया, वहीं मार्क जुकरबर्ग ने अपनी गर्लफ्रेंड को ढूँढ़ने के लिए फेसबुक ही बना डाला।

जब किसी रिश्ते में आप अच्छाई महसूस कर रहे होते हैं और वह अच्छी तरह से काम कर रहा होता है, तब हमारी समझ इतनी विकसित हो चुकी होती है कि उस रिश्ते में होना ही सिर्फ़ न सुकून पैदा करने लगता है अपितु चुप बैठकर भी एक–दूसरे की कम्पनी में आराम महसूस करने लगते हैं। यह जो आत्मविश्वास और आत्म–संतोष जो ख़ुद के प्रति पैदा हो जाता है। वह सम्बन्धों के सिवा कहीं भी मुमकिन नहीं है। यह एक ऐसा भरोसा हैं जिसके बलबूते आप कोई भी जोख़िम उठाने के लिए तैयार हैं।

3. सम्बन्धों के भरोसे आप किसी भी मुसीबत से छुटकारा पा सकते हैं

सम्बन्ध एक ऐसा सूत्र है जिसके भरोसे आप जीवन के कठिन से कठिन प्रश्न को बड़ी आसानी से हल कर सकते हैं। जीवन में कुछ ऐसे रिश्ते होते है जिसका सिर्फ़ व्यक्तिगत रिश्ता ही होता है। जीवन में कुछ ऐसे राज होते हैं जिन्हें आप अपने माता–पिता और पत्नी से भी नहीं बाँटना चाहते हैं। इसलिए कुछ ऐसे दोस्तों की भी ज़रूरत होती है जिनके बीच कोई स्वार्थ नहीं होता। जो दोस्ती बिना स्वार्थ के होती है दृढ़ता भी उसी में होती है। जब सम्बन्ध स्वार्थरहित हो जाता है तो फिर वह ऊँच–नीच, छोटा–बड़ा नहीं देखता। उसका बस एक ही मकसद होता है अपने मित्र को मुसीबत से निकालना। भारतीय पौराणिक इतिहास में ऐसी कितनी ही कहानियाँ हैं जो दोस्ती की मिसाल बनी हैं। उदाहरण के लिए कृष्ण और सुदामा।

4. फ़ायदे के किसी भी अवसर पर आपकी माँग सबसे ज़्यादा

प्रायः यह देखने में मिलता है कि जब आप किसी संकट में होते हैं तो सबसे पहला दरवाज़ा आप अपने परिवार के सदस्यों का ही खटखटाते हैं। फिर अगला दरवाज़ा उन दोस्तों का जिनपर आपको बहुत भरोसा होता है।

यह सूचित करता है कि मनुष्य कितना भी धनवान और बलबान क्यों न हो उसको किसी न किसी ऐसे सम्बन्ध की दरकार हर समय होती है। जो उसके आत्मविश्वास को डगमगाने न दे। स्टीव जॉब्स जब अपने अन्तिम दिनों में हॉस्पिटल में थे तो उन्होंने जीवन के अन्तिम दिनों में यही कहा था, "मैंने जीवन में ख़ूब धन, दौलत और शोहरत कमायी, लेकिन इस अवसर पर जिस चीज़ की मैं सबसे ज़्यादा कमी महसूस कर रहा हूँ। वह है किसी से अच्छा सम्बन्ध न बना सकने की। जो मेरे अन्तिम दिनों में मेरे साथ हो। यह कमी मेरे जीवन की सबसे बड़ी असफलता थी।"

हमने सीखा

I. किसी के जीवन में सबसे महत्त्वपूर्ण होता है परिवार। यदि परिवार के स्तर पर ही आप परेशान रहते है तो फिर आप जीवन में कोई बड़ा जोखिम नहीं उठा सकते।

II. परिवार का विश्वास जहाँ आगे बढ़ने की प्रेरणा देता है वही एक अच्छा दोस्त आपके जज़्बे और जोखिम के परिणामों को सहने में साथ देता। जोखिम के दिनों में दोस्तों की एकजुटता किसी भी परिणाम को सफलता में परिवर्तित कर सकती है।

III. जीवन में यह महत्त्वपूर्ण नहीं कि आपने कितने लोगों से सम्बन्ध बनाये बल्कि महत्त्वपूर्ण यह है कि आपने उन सम्बन्धों को कैसे जिया।

IV. ग़लतियों में भी जो जीवन ढूँढ़ लेता है और सफलता की नयी इबारत लिख देता है। उसी का नाम दोस्ती है। दोस्ती हाथ की उन पाँच उँगलियों की तरह होती है। जो एक साथ इकट्ठा हो जाये तो मुक्का बन जाती है। शक्ति और संगठन का दूसरा पर्याय है दोस्ती। इसके बल पर बड़ी–से–बड़ी मंज़िल को भी फतह किया जा सकता है।

जोखिम उठायें, सफलता पायें

तालीमें नहीं दी जाती, परिन्दों को उड़ानों की,
वे खुद ही तय करते है, ऊँचाई आसमानों की।
रखते हैं जो हौसला, आसमान को छूने का,
वो नहीं करते परवाह, ज़मीन पर गिर जाने की।

ये महज़ एक कविता मात्र नहीं है। यह एक ऐसी जिजीविषा और जोश को अभिव्यक्त करने वाली वे चन्द पंक्तियाँ हैं जिसके बल पर कोई भी व्यक्ति एक बड़ा सा बड़ा जोखिम उठाकर सफलता के शिखर तक पहुँच सकता है। बाइबल में भी कहा गया है "जो गलेगा, वो उगेगा" अर्थात जो जितना ज़्यादा जोखिम उठायेंगा, वह उतना ही ज़्यादा आगे जायेगा। जोखिम उठाने के जहाँ एक ओर अपने छोटे–मोटे ख़तरे हैं वहीं दूसरी तरफ़ आसमान छूने तक की ऊँचाई भी। जोखिम उठाने के क्या–क्या फ़ायदे हो सकते है इसके कुछ उदाहरण निम्नानुसार है :

1. हौसले के बल पर दुनिया जीतने की चाहत

तीन बार ऑस्कर, सात बार गोल्डन ग्लोब और कुल मिलकर दुनियाभर के सभी प्रमुख पुरस्कारों से 126 बार नवाजो जाना, यह किसी भी फ़िल्म निर्देशक और निर्माता की प्रतिभा का अपने आप बखान है। इसके लिए किसी के परिचय का मोहताज नहीं होना चाहिए लेकिन इतना सब होने के बावजूद बहुत कम लोगों को पता है कि महान फ़िल्म निर्देशक स्टीवन स्पीलबर्ग को फ़िल्म इंस्टिट्यूट में एडमिशन नहीं मिला। यह बात मज़ाक नहीं बल्कि एक हकीकत है।

आपको जानकर आश्चर्य होगा कि बचपन से ही फ़िल्मी लाइन में जाने के लिए उत्सुक रहने वाले स्पीलबर्ग जब यूनिवर्सिटी ऑफ़ सदर्न कैलिफोर्निया ऑफ़ थियेटर, फ़िल्म और टेलीविज़न में एडमिशन लेना चाह रहे थे तब उन्हें वहाँ से तीन बार रिजेक्ट कर दिया गया लेकिन उन्होंने कभी हार नहीं मानी। अन्ततः थक हारकर उन्हें दूसरे स्कूल में एडमिशन लेना पड़ा। लेकिन वहाँ भी उन्हें सफलता नहीं मिली और अपनी पढ़ाई बीच में ही छोड़कर निर्देशन के क्षेत्र में कूद पड़े और इसका परिणाम अब आप सबके सामने है। आपको यह जानकर आश्चर्य होगा कि जो व्यक्ति 35 साल पहले किसी परीक्षा को नहीं पास कर पाया था उसकी टीस उन्हें इतनी सताती रही कि उन्होंने 2002 में इतनी सफलताओं के बाद अपनी बी.ए. की डिग्री पूरी की और वह भी इतनी सफलता के बावजूद जब दुनियाभर की कई यूनिवर्सिटी उन्हें मानद डिग्री देने के लिए बेताब थी।

2. बिना किसी के सहयोग के सफलता पाने की ललक

सुनने और देखने वाले के लिए कितना अजीब लगेगा कि जब लोग अपनी 60 वर्ष की उम्र में रिटायरमेंट की बात सोचते हैं तब स्टीवन स्पीलबर्ग अपनी बचपन की इच्छा को पूरी करने के लिए बी.ए. की परीक्षा का इम्तहान देते हैं। और वह भी तब जब दुनियाभर की यूनिवर्सिटी अपने आप को सम्मानित करने के लिए उन्हें डिग्री देना चाहती हों। दरअसल ऐसे ही हौसलेबाजों को जब बड़ी से बड़ी परीक्षा परास्त नहीं कर पाती तो जोख़िम उठाने की उनकी वह क्षमता ही एकमात्र कारण होती हैं जिसके दमपर दुनिया जीतने की वह चाहत रखते हैं जो किसी भी परिस्थिति में झुकना नहीं जानते। स्टीवन स्पीलबर्ग इसके सबसे बड़े उदाहरण हैं।

3. नवोन्मेषी काम करने में मन

जीवन में सफलता प्राप्त करने वाले लोग कोई अलग काम नहीं करते बल्कि प्रत्येक काम नये ढंग से करते हैं। नवोन्मेषी कामों के सन्दर्भ में जो बात सर्वत्र रूप से लागू होती हैं वह यह है कि किसी काम को

जब पूरे मनोयोग से किया जाता है और उसके परिणामस्वरूप जो फल प्राप्त होता है वही नवोन्मेषी कार्य कहलाता है। मसलन ग्राहम बेल ने जब टेलीफ़ोन का अविष्कार किया तो उन्होंने सबसे पहले अपने आप से एक सवाल किया कि क्या टेलीफ़ोन को बिना किसी बेल के बनाया जा सकता है तो उनका उत्तर था हाँ। अन्ततः टेलीफ़ोन का अविष्कार बिना बेल के हुआ और उसका कारण वह विज्ञान था जिसे नवोन्मेषी कार्य के रूप में हम व्याख्यायित कर सकते हैं। महान मार्केटिंग गुरु पीटर ड्रकर ने इस पर प्रकाश डालते हुए कहा कि "यदि आप कुछ नया करना चाहते हैं तो सबसे पहले आपको अपने जीवन से वह पुराना काम छोड़ना होगा जो आप अभी तक करते आये हैं।"

4. लीक से हटकर अपना रास्ता ख़ुद बनानेवाले

जोख़िम उठाने वाले व्यक्तियों के सन्दर्भ में एक बात सर्वविदित हैं कि वे ऐसे लोग होते हैं जो बनी–बनायी परिपाटी पर न चलकर अपना रास्ता स्वयं बनाते हैं और दूसरों के लिए एक ऐसी लीक भी बनाते चलते हैं जो दूसरो के लिए मिसाल का काम करती हैं। माइंड टूल्स नामक प्रशिक्षण संस्थान के संस्थापक और सी.ई.ओ. जेम्स मांकटेलों का कहना है कि "जोख़िम उठाने वाले लीडर की सबसे बड़ी ताक़त उनकी वह दूरदृष्टि होती है जिसके बल पर वह सही समय पर, सही काम के लिए, सही निर्णय लेने में सक्षम होते हैं जो एक सामान्य मनुष्य में नहीं होती। इसका मतलब यह हुआ ये लोग जब किसी काम को कहते हैं तो करते हैं और इसी से उनकी टीम पर उनका वह प्रभावी व्यक्तित्व बनता है जिसके सहारे वे बड़ा से बड़ा काम करने का जोख़िम उठा लेते हैं। महात्मा गाँधी और अलेक्जेंडर महान का नाम आज भी यदि दुनिया में बड़े सम्मान के साथ लिया जाता है तो उसका कारण यह है कि उन्होंने अपने कार्यो के माध्यम से ऐसे उदाहरण प्रस्तुत किये हैं जिससे दुनिया उनकी प्रशंसक बनी। यदि उन्होंने अपने जीवन में कोई जोख़िम नहीं उठाया होता तो शायद ही आज कोई उन्हें सर माथे पर बिठाता और उनके सिद्धान्तों पर चलने की कोशिश करता।

हमने सीखा

I. बाइबल में भी कहा गया है "जो गलेगा, वो उगेगा" अर्थात जो जितना ज़्यादा जोख़िम उठायेगा, वह उतना ही ज़्यादा आगे जायेगा।

II. जोखिम उठाने वाले ऐसे लोग होते हैं जो बनी–बनायी परिपाटी पर न चलकर अपना रास्ता स्वयं बनाते हैं और दूसरों के लिए एक ऐसी लीक भी बनाते चलते हैं जो दूसरो के लिए मिसाल का काम करती हैं।

आशावादिता को बनाये रखें

जीवन में सफलता पाने के लिए जो सबसे ज़रूरी चीज़ है उसमें से एक है आशावादी होना। मनोवैज्ञानिकों ने अपने कई प्रयोगों में यह निष्कर्ष निकाला है कि आशावादी सोच से एक व्यक्ति के मन में उत्साह और मनोबल दोनों का विकास होता है। इसका कारण एक मनुष्य के शरीर से निकलने वाला वह रसायन होता है जो उसके तनाव को दूर करने में सहायक होता है। सेरोटोनिन नाम से जाने जानेवाला यह रसायन जिसके शरीर में जितनी अधिक मात्रा में मौजूद होता है वह व्यक्ति लक्ष्य के प्रति उतना ही अधिक एकाग्र होता है। इस पर रिसर्च करने वाले डॉक्टरों का कहना है कि सेरोटोनिन कम होने की दशा में एक व्यक्ति के अन्दर चिड़चिड़ापन, तनाव और नींद न आने जैसी चीज़ों की शिकायत महसूस होने लगती है। जबकि एक आशावादी व्यक्ति जीवन में उम्मीदों के साथ इतना जुड़ा होता है कि उसके भीतर आत्म–विश्वास, आर्थिक उन्नति और सफलता का संचार होता रहता है। इसलिए वह लगातार अपने द्वारा बनायें हुए उद्देश्यों को एक–एक करके प्राप्त करता रहता है। धैर्य, कर्तव्यनिष्ठा, आत्म–प्रभावकारिता, आशावाद, जुनून, प्रेरणा आदि वे तत्व हैं जो एक आशावादी व्यक्ति में समाहित होते हैं।

यदि आशा शब्द के गहरे अर्थ को समझने की कोशिश करें तो पायेंगे कि आशा से तात्पर्य है हमेशा सफल होने की चाह रखना, नकारात्मक सोच से बचना, जीवन के प्रत्येक पहलू को सकारात्मक ढंग से देखना और किसी भी बात पर विश्वास करने से पहले उसका

प्रामाणिक रूप से परीक्षण करना। यह सब गुण दर्शाते है कि एक आशावान व्यक्ति जीवन के सकारात्मक पहलुओं को समेटकर जब आगे बढ़ने की कोशिश करेगा तो उसे सफलता ज़रूर मिलेगी। आशावान होने के क्या–क्या फ़ायदे हो सकते हैं, इसके कुछ पहलू इस प्रकार हो सकते है :

1. मनोबल में बढ़ोत्तरी

महान भारतीय वैज्ञानिक जगदीश चन्द्र बोस ने पौधों पर किये गये अपने अध्ययन में यह पाया कि पेड़–पौधों में भी एक प्रकार का मानवीय जीवन निवास करता है। उनके जीवन में भी आशा और निराशा का बहुत प्रभाव पड़ता है। इसके लिए उन्होंने दो पौधों को दो जार में कुछ दिनों के लिए पानी में डालकर रखा। दोनों को एक ही परिस्थिति में रखने के बावजूद भी उन्होंने रोज़ एक पौधे के सामने खड़े होकर एक ही बात सुनाई कि यह बड़ा नहीं हो सकता, यह ख़त्म हो जायेगा, यह सड़ जायेगा, इसका कुछ नहीं हो सकता। यह नकारा है आदि–आदि। जबकि दूसरे पौधे के सामने खड़े होकर वे उसकी ख़ूब तारीफ़ करते। बिल्कुल पहले वाले के उलट बात करते और उसकी प्रशंसा करते। ऐसा करते रहने पर कुछ दिनों बाद उन्होंने पाया कि जिस पौधे को वह नकारा कहते थे वह सचमुच सूख गया और जिसकी वह प्रशंसा करते थे वह लहलहा गया। इससे एक बात तो सिद्ध होती है आशा के माध्यम से किया गया कोई भी काम हमेशा सफलता देता है जबकि निराशा जीवन में सिर्फ़ घोर अँधेरा ही लेकर आती है।

इस उदाहरण के अनुसार जीवन में लक्ष्य का निर्धारण ही काफ़ी नहीं होता, अपितु जीवन की प्रत्येक कठिनाइयों को पार करते हुए लक्ष्य तक पहुँचना महत्त्वपूर्ण है। आशा लोगों के मन में सफलता प्राप्त करने के लिए उपयुक्त मानसिकता और एक ऐसी रणनीति पैदा करती है जिससे समस्याओं का निराकरण हो सके। इससे जीतने और लक्ष्य तक पहुँचने की सँभावना बढ़ जाती है।

1991 में प्रख्यात मनोवैज्ञानिक चार्ल्स आर. स्नाइडर और उनके सहयोगियों ने आशावादिता के एक ऐसे सकारात्मक सिद्धान्त की खोज की जिसके माध्यम से उन्होंने सिद्ध करने की कोशिश की कि जिसके पास आशावादिता होती है उसमें इच्छाशक्ति और दृढ़ संकल्प भरपूर होता है। जो लक्ष्य तक पहुँचने के लिए अलग–अलग मार्गों का संधान करता रहता है। परिणामस्वरूप वह अपने लक्ष्य तक पहुँच जाता है।

2. सकारात्मक सोच का विकास

जगदीश चन्द्र बोस के उपरोक्त प्रयोग की तुलना यदि हम दिल्ली में हुए 2014 के उस विधानसभा के चुनाव से करें तो कोई अतिश्योक्ति नहीं होगी। भारतीय राजनीति की अभी तक की सबसे बड़ी ऐतिहासिक जीत हासिल करने वाले अरविन्द केजरीवाल को लोगों ने पता नहीं क्या–क्या कहा। भगोड़ा से लेकर, धरनेबाज तक। लेकिन इन सब विपरीत परिस्थितियों को झेलते हुए भी उन्होंने अपनी आशावादिता को कभी मरने नहीं दिया और एक बार फिर से जब वह जनता से माफ़ी माँगकर उनके सामने गये तो उसका परिणाम क्या हुआ हम सबके सामने है। इसीलिए कहा जाता है जीवन में "जो मन से हार गया वह तन से हार गया"। उसके अन्दर जीतने का जज्बा फिर पैदा हो ही नहीं सकता।

चार्ल्स आर. स्नाइडर इसी बात को कहते हैं आशा व्यक्ति को एक अच्छा विद्यार्थी भी बनाती है। यह सिर्फ़ एक अच्छी भावना नहीं है, बल्कि यह वास्तव में व्यक्ति के भीतर एक लचीले और बेहतर इन्सान का विकास भी करती है जो किसी भी व्यक्ति के विकास और सुधार के लिए अनुकूल है। शैक्षिक उपलब्धि से लेकर खेल कला तक के विकास सब में आशा की बहुत बड़ी भूमिका है। कारण आशावादी व्यक्ति किसी भी काम को बड़ी निपुणता के साथ करता है। जबकि निराशावादी व्यक्ति उसी काम को अनमने ढंग से, ऐसा आसान रास्ता चुनता है जिसकी मंज़िल सुनिश्चित नहीं होती। फिर थोड़ी–बहुत कठिनाइयाँ आते ही वे काम को बीच में ही छोड़ देते हैं क्योंकि वे

अपने भविष्य के उद्देश्यों को सामने रखकर काम नहीं करते इसीलिए वे बहुत बड़ी उम्मीद भी नहीं रखते। जबकि एक आशावादी व्यक्ति की सबसे बड़ी ख़ूबी यह उम्मीद ही होती है। जिसके लिए वह कुछ भी करने को तैयार होता है।

3. इच्छाशक्ति का विकास

अल्बर्ट आइन्स्टाइन जब सापेक्षता के सिद्धान्त पर काम कर रहे थे और जब उनको लग रहा था कि अब उनकी इतने दिनों की मेहनत का परिणाम आने वाला है तभी उनकी प्रयोगशाला में आग लग गयी। लेकिन वे इस घटना से विचलित हुए बिना फिर काम पर लग गये और इस घटना के कुछ दिनों बाद ही उन्होंने सापेक्षता के सिद्धान्त को दुनिया के सामने प्रस्तुत कर दिया। उनके जीवन में घटी इतनी बड़ी दुर्घटना के बारे में जब उनसे पूछा गया कि आप इतनी बड़ी घटना घटने के बाद भी तनिक भी नहीं घबराये तो उन्होंने बड़े मुस्कुराते हुए सबके सामने जवाब दिया, "सच बताऊँ यह घटना ही हमारे जीवन में कामयाबी का मार्ग लेकर आयी है। यदि यह नहीं घटी होती तो शायद मैं और भी कई वर्षों तक इसी प्रयोगशाला में सड़ता रहता क्योंकि इस घटना से मुझे यह सीख मिली कि अभी तक जो मैं प्रयोग कर रहा था वह ग़लत दिशा में जा रहा है और इसके तुरन्त बाद ही मुझे जो सफलता मिली। उसका कारण भी यही है। इसे कहते हैं बिना घबराए अपनी इच्छाशक्ति को बरकरार रखना।

कुछ दिनों पूर्व एक अध्ययन में कुछ शोधकर्ताओं ने 6 वर्ष के दौरान कॉलेज की शैक्षणिक उपलब्धि पर आशा के प्रभाव को मापने एक शोध किया। उन्होंने पाया कि जिन छात्रों के अंक अधिक थे लेकिन किसी काम को लेकर आशावान नहीं थे, उन बच्चों का रिजल्ट 6 वर्ष बाद बहुत बुरा रहा उन बच्चों से जो आशावान तो थे लेकिन अच्छे अंक नहीं पा रहे थे। उन सबको जब एक ग्रेजुएट लेवल की एक प्रवेश परीक्षा में बैठाया गया तो वे छात्र पास हो गये जिनके अच्छे अंक नहीं थे और वे लोग अनुत्तीर्ण हो गये जिनके अच्छे अंक थे।

कारण न पास होने की सँभावना, अच्छे बच्चों के मानसिक संकीर्णता उनका अवरोधक बन गयी और जो आशावान थे उनकी मानसिकता ने उन सँभावनाओं के द्वार भी खोल दिये। जिसकी उन्हें कभी उम्मीद भी नहीं थी। इस बात की पुष्टि लीज डे और उनके सहयोगियों द्वारा किये गये एक–दूसरे अध्ययन से भी सिद्ध होता है कि आशावान व्यक्ति बुद्धि से ऊपर और परे उन विचारों में विचरण भी करता रहता है जिसकी उसे ज़रूरत नहीं होती। इससे उसकी कर्तव्यनिष्ठा का विकास हो जाता है। परिणामस्वरूप एक ऐसी चेतना उसके अन्दर विकसित हो जाती है जिसके माध्यम से वह बहुत सारे विचारों को जन्म देता है जो कहीं–न–कहीं उसके व्यक्तिगत विकास में योगदान देती है।

4. कामयाब होने की ज़िद

आशावादी व्यक्तियों की जो एक और सबसे बड़ी विशेषता होती है वह यह कि मुसीबत के क्षणों में भी वह बहुत जल्दी हार नहीं मानते। बल्कि उस समय वह ऐसा चिन्तन करते हैं कि आख़िर मेरे से कहाँ ग़लती हुई जिससे मुझे अपेक्षित परिणाम नहीं मिला और फिर एक जिद्दी बालक की तरह उसके पीछे पड़ जाते हैं। इसका कारण इतने दिनों की मेहनत उसके पीछे होती है। यही जिद अन्ततः उन्हें कामयाबी के उस शीर्ष तक ले जाती है जो उन्हें उल्लेखनीय बनाती है। इस बात को सिद्ध करने के लिए स्वयं अल्बर्ट आइन्स्टाइन ने एक बार कहा था कि "बुद्धिमान व्यक्तियों की सफलता के पीछे उनके भीतर छुपी प्रतिभा का सिर्फ़ एक प्रतिशत हिस्सा ही उन्हें सफलता के शिखर तक पहुँचाता है। बाकी 99 प्रतिशत उस कठिन परिश्रम का होता है जिसको वह पाने के लिए किसी भी हद तक जा सकते हैं।"

लगभग सभी महत्त्वपूर्ण मनोवैज्ञानिक अध्ययनों से यही पता चलता है कि जीवन में सफलता के लिए योग्यता और क्षमता महत्त्वपूर्ण है लेकिन इसका विकास वही लोग कर सकते हैं जो किसी मंज़िल तक पहुँचना चाहते हैं। अक्सर, इन दोनों वाहनों की सवारी वही लोग कर सकते हैं जिनको इसे प्राप्त करने की इच्छा होती है। और एक बार जिसके मन में ऐसी इच्छा पैदा हो जाती है तो फिर वह साधन और वाहन सब ढूँढ़ लेता है जिसकी उसे दरकार होती है।

हमने सीखा

I. एक आशावादी व्यक्ति जीवन में उम्मीदों के साथ इतना जुड़ा होता है कि उसके भीतर आत्म–विश्वास, आर्थिक उन्नति और सफलता का संचार होता रहता है।

II. आशा के माध्यम से किया गया कोई भी काम हमेशा सफलता देता है जबकि निराशा जीवन में सिर्फ़ घोर अँधेरा ही लेकर आती है।

III. जीवन में सफलता के लिए योग्यता और क्षमता महत्त्वपूर्ण है लेकिन इसका विकास वही लोग कर सकते हैं जो किसी मंज़िल तक पहुँचना चाहते हैं।

विनम्रता

अमरीका के राजनैतिक इतिहास में एक बहुत ही सज्जन और विचारशील व्यक्ति राष्ट्रपति बने जिनका नाम था कुलिज। बहुत कम देखने को मिलता है जब कोई एक विद्वान और विचारशील व्यक्ति सत्ता के इतने बड़े पद पर पहुँचता है। एक बार उनके साथ ऐसी घटना घटी जो ऐतिहासिक बन गयी। हुआ यूँ कि एक बार जब वे सुबह–सुबह अमेरिकी राष्ट्रपति निवास व्हाइट हाउस के सामने सैर कर रहे थे। तभी उनके पास एक अजनबी आया जो कुलिज को नहीं पहचानता था और न ही वह सुबह के धुँधलके में यह पहचान पा रहा था कि यह विशाल भवन व्हाइट हाउस है। उसने कुलिज के पास चलते हुए उनसे पूछा आप कौन है तो कुलिज ने बड़ी विनम्रता से उसका उत्तर दिया, "इसी की तलाश में अभी तक भटक रहा हूँ।" अजनबी ने उन्हें थोड़ा झक्की और पागल समझते हुए फिर पूछा "अच्छा ये बताओ यह जो इतना बड़ा विशाल भवन है इसमें कौन रहता है?" इसका उत्तर भी कुलिज ने मुस्कुराते हुए दिया कि "यहाँ कोई रहता नहीं। बस लोग आते और जाते हैं। ये किसी का स्थाई निवास नहीं है, बस सेवा करने के लिए लोग आते हैं, कुछ दिन रहते हैं फिर चले जाते हैं।"

जीवन की सफलता का सच भी कुछ ऐसी ही विनम्रता से शुरू होता है और जो इस सच को समझ गया वही निर्विकार रूप से इस मायावी दुनिया में काम करते हुए सफलता के लम्बे सोपान तक टिका रह सकता है। जो इस चीज़ को नहीं समझ पाता वह सफलता के

एक छोटे पड़ाव को तो पार कर सकता है लेकिन उसका नाम कभी इतिहास के पन्नों में दर्ज नहीं हो पाता।

इनफोसिस कम्पनी के मालिक और संस्थापक चेयरमैन एन. नारायणमूर्ति ने इकोनॉमिक्स टाइम्स को दिये अपने एक इन्टरव्यू में कहा था कि "हम लोग ज्ञान, स्वास्थ्य और धन के अस्थाई रखवाले मात्र होते हैं। इसलिए कभी घमण्ड नहीं करना चाहिए कि हमने जो अर्जित किया है वही सर्वश्रेष्ठ है। आज इसके उत्तराधिकारी हम हैं तो कल कोई और होगा।" संस्कृत श्लोक में भी कहा गया है कि "विद्या ददाति विनयम, विनयम ददाति पात्रताम, पात्रताम धन माप्नोति, यतत धनम् सुखम।" अर्थात विद्या से विनय मिलती है। विनय से पात्रता और पात्रता से धन और धन से सुख।" लेकिन यह बात अपने आप स्पष्ट है कि सुख का कारण यही विनय होता है जिसे हम विनम्रता के नाम से जानते हैं।

विनम्रता के क्या–क्या फ़ायदे हो सकते हैं। जिससे आप सफलता की सीढियाँ चढ़ सकते हैं इसके कुछ बिन्दु निम्नानुसार हैं :

1. निर्विकार ढंग से काम करने में सहायक

भारतीय राजनैतिक इतिहास में अभी तक के सबसे पॉपुलर राष्ट्रपति के रूप में शुमार किये जाने वाले राष्ट्रपति डॉ. ए.पी.जे. अब्दुल कलाम ने अपने जीवन में काम को ही सर्वोपरि माना। उन्होंने अपनी पुस्तक "विंग्स ऑफ फायर" में इस सच को यहाँ तक स्वीकार किया कि मैं अपने काम में निर्विकार रूप से इतना रम गया था कि मुझे विवाह करने का समय ही नहीं मिला। डॉ. कलाम ने लोगों को सफलता का सन्देश देते हुए कहा कि "जो लोग अपने काम को सलाम करते हैं, उन्हें दुनिया सलाम करती है। लेकिन जो लोग अपने काम को सलाम नहीं करते, उन्हें पूरी दुनिया के सामने सलाम करते हुए आगे बढ़ना पड़ता है।" एक ईमानदार और अपने काम के प्रति निष्ठा रखने और न रखने वाले व्यक्ति में यही अन्तर है। कहना न होगा कि अपने काम के प्रति निर्विकार ढंग से लगे रहने के कारण ही उन्हें भारत

के सर्वश्रेष्ठ पद राष्ट्रपति को सुशोभित करने के लिए न सिर्फ़ बैठाया गया अपितु सबसे बड़े भारतीय सम्मान भारतरत्न से भी नवाजा गया।

एक विनम्र व्यक्ति कभी भी किसी भी तरह की सफलता को अपने सर पर नहीं चढ़ने देता। ध्यान रखें विनम्रता ताक़त की निशानी है, कमज़ोरी की नहीं। नम्रता वाले लोगों में आन्तरिक शान्ति होती है जो अपनी उपलब्धियों को लेकर विनम्र होते हैं, उनकी सफलता मूल्यों पर आधारित है और उनको दूसरों के सामने ख़ुद को साबित नहीं करना पड़ता। वे सदैव ज़मीन से जुड़े रहते हैं, निश्चिन्त रहते हैं और स्वाभिमान के साथ जीते हैं। विनम्र लोग इस बात पर विश्वास करते हैं कि उनको दूसरों की मदद करने के लिए ईश्वर ने अवसर दिया है। इसलिए अपनी सफलता का श्रेय वह दूसरों को देते हैं और हमेशा नयी चीज़ सीखते रहते हैं। उनमें न तो कोई अहंकार होता है न ही दिखावा। विनम्रता का लक्षण होता है प्रामाणिकता। जैसा कि सी.एस. लुईस ने कहा, "विनम्रता ख़ुद को कमतर आँकने का नाम नहीं है, बल्कि बहुत कुछ और जानने की अभिलाषा है।"

2. अहं का पराभव

अहंकार को हमारे जीवन में एक बहुत बड़ी बाधा के रूप में देखा जाता है। यह हमारे दिमाग़ को अवरुद्ध करता है और तर्कसंगत रूप से सोचने की हमारी क्षमता को भी मारता है। अहंकार स्वयं के विकास, संज्ञानात्मक कार्य और पारस्परिक कौशल के विकास को अवरुद्ध करता है। ऐसा हम अपने आस–पास कई लोगों को देखते हैं जो किसी पद के मिलते ही अन्य व्यक्तियों में डर पैदा करने की कोशिश करते हैं और अपने आप को सर्वोच्च समझने लगते हैं। इससे उनके अन्दर एक प्रकार का अहंकार विकसित हो जाता है। ऐसा वही व्यक्ति करता है जो अन्दर से स्वयं डरा होता है। लेकिन ऐसा करने से वह बहुत सारे लोगों से अपना सम्बन्ध ख़राब कर लेता है जो उसके खुद के विकास के लिए बहुत ज़्यादा हानिकारक हो जाता है।

यह अहंकार न सिर्फ़ हमारे व्यक्तिगत जीवन बल्कि हमारे पेशेवर जीवन को भी ख़त्म कर देता है। अहंकारी स्वभाव का व्यक्तित्व न तो

आकर्षक होता है और न ही मैत्रीपूर्ण। एक व्यक्ति जिसको आजीवन सीखने की इच्छा होती है उसे अहंकार से मुक्त होना ही पड़ता है। यह गौर करने वाली बात है कि जिसके पास अधिक ज्ञान होता है वह उतना ही विनम्र होता है।

भगवद् गीता में भी कहा गया है कि अहंकार एक ऐसा प्रचंड गर्व है जो ख़ुद के लिए बहुत ख़तरनाक है। गीता ने अहंकार को आत्मघाती माना है। गीता में साफ़ शब्दों में कहा गया है कि स्वयं को दूसरों से अलग मानने की भूल ही अज्ञानता है। श्रीकृष्ण एक जगह उपदेश देते हुए कहते हैं कि "अपने अहंकार को पूरी तरह से भगवान को समर्पित कर दो। उनकी कृपा से, तुम्हें पारलौकिक शान्ति, सर्वोच्च और सनातन सुख का एहसास होगा।" इसके माध्यम से मानो भगवान कृष्ण कहना चाहते हैं कि जब एक व्यक्ति निस्वार्थ भाव से काम करता है तो उसे जीवन में नाम, प्रसिद्धि और सुख सबकुछ अपने आप ही मिल जाता है।

कुछ ऐसे ही विचार पैगंबर मोहम्मद के भी हैं। वे कहते हैं, "जिसके दिल और दिमाग़ में अहंकार या घमण्ड है वह स्वर्ग में प्रवेश कभी कर ही नहीं सकता।" पवित्र कुरान में भी अहंकार के प्रतिकूल प्रभावों का उल्लेख ख़ूब किया गया है, 'एक स्वाभिमानी व्यक्ति ज्ञान के साथ आता है लेकिन घमण्ड उसको ख़त्म कर देता है।' बाइबल में भी अहंकार के बारे में कहा गया है कि "मनुष्य का आत्म–केन्द्रित होना स्वाभाविक प्रवृत्ति है। लेकिन अहंकार को मारने का मतलब यह कदापि नहीं कि हमारे पास स्वयं की भावना नहीं है बल्कि इसका मतलब है कि हम आत्म–निरीक्षण नहीं कर रहे हैं।"

3. सच्चाई के साथ काम करने में मदद

मार्टिन लूथर किंग जूनियर की पहचान दुनिया में दूसरे गाँधी के रूप में की जाती है। मार्टिन लूथर किंग ने अमेरिका में अश्वेतों के अधिकारों को दिलाने के लिए वही काम किया जो भारत में गाँधी जी ने किया। लेकिन मार्टिन लूथर किंग ने अमेरिका जैसे देश में अपने

अभियान की सफलता के पीछे उस सच्चाई की ताक़त को सामने रखा जो मानवीय सोच और विचार के विरुद्ध था। उन्होंने स्वीकार किया कि हमने बिना किसी का प्रतिकार करते हुए वही काम किया जो किसी भी मनुष्य को अपने अधिकारों की रक्षा के लिए करना चाहिए। उन्होंने स्वीकार किया कि "सच्चाई के रास्ते पर प्यार से आगे बढ़ते हुए जो चीज़ प्राप्त की जा सकती है उसे हिंसा के माध्यम से नहीं प्राप्त किया जा सकता।"

सच्चाई के मार्ग पर चलने के कई फ़ायदे होते हैं :

(i) कई अच्छे लोगों से निकटता। आपकी मित्रता कई ऐसे लोगों से हो जाती है जो आप से सच्चा प्यार करते हैं और आपके लिए कुछ भी करने को तैयार हो जाते हैं।

(ii) सच्चाई, ईमानदारी का वह दूसरा रूप है जिसमें विश्वास समाहित होता है। यह ख़ुद और दूसरों पर भी ऐसा भरोसा है जिसमें दुनिया बदलने की ताक़त होती है। महात्मा गाँधी ने 'सत्य के साथ प्रयोग' नामक पुस्तक में इसी बल की चर्चा की है।

(iii) सच्चाई में कल्याण की भावना निहित होती है। दूसरों के प्रति कल्याण की भावना न सिर्फ़ ख़ुद को स्वस्थ रखती है बल्कि आप किसी प्रकार के अवसाद, चिन्ता और थकान से भी दूर रहते हैं।

(iv) एक सच्चे इन्सान को जीवन में किसी भी प्रकार का तनाव नहीं होता क्योंकि उसकी ज़िन्दगी जब सफेद पन्नों की तरह होगा तो कोई कितनी भी कोशिश कर ले, कोई भी इबारत नहीं लिख सकता।

(v) एक झूठा व्यक्ति अल्पकालिक लाभ झूठ बोलकर तो पा सकता है लेकिन दीर्घकालिक लाभ तो सच्चे व्यक्ति को ही मुनासिब होता है। इसलिए सच्चाई का साथ कभी न छोड़ें।

4. जनता का साथ और उनका समर्पण

अमेरिकी समाज सेवक और राजनीति शास्त्री एल्नोर रूजवेल्ट ने एक सफल व्यक्ति के गुणों का बखान करते हुए एक बार कहा था कि "जब आप अपने आप के लिए काम कर रहे होते हैं तब आपको अपने दिमाग़ का उपयोग करना चाहिए। जबकि जब आप दूसरे के लिए काम कर रहे होते हों तब आपको अपने दिल की सुननी चाहिए।" उन्होंने आगे कहा कि इससे न सिर्फ़ आपके अन्दर एक समर्पण की भावना पैदा होगी बल्कि इसके माध्यम से आप जीवन की उस असीम ऊँचाई तक पहुँच सकते हैं जहाँ तक कुछ बिरले लोग ही पहुँच पाते हैं।

भारतीय स्वतन्त्रता–संग्राम में गाँधी जी की सफलता का राज मात्र यही था कि उन्होंने इसके लिए जो "सत्याग्रह" आन्दोलन चलाया उसकी बुनियाद सच्चाई और ईमानदारी पर आधारित थी। लाखों–लाखों लोगों को एक साथ एक जगह एकत्रित कर लेने की ऐसी अद्‌भुत शक्ति सिर्फ़ वही व्यक्ति प्राप्त कर सकता है जिसमें व्यक्तिगत स्वार्थ नहीं होता। इसके पीछे "सत्य बल" की बड़ी भूमिका होती है।

इसी तरह 2011 में भ्रष्टाचार उन्मूलन और लोकपाल विधेयक के लिए जब अन्ना हजारे ने आन्दोलन किया तो लाखों लोग उनके समर्थन में देशभर की सड़कों में उमड़ पड़े। उसका कारण उनकी वह पृष्ठभूमि रही है जो उनको एक बेदाग व्यक्तित्व का वरदान वर्षों से देती रही है। रालेगण सिद्धि के एक मन्दिर में रहने वाले अन्ना हजारे ने हमेशा लड़ाई सरकार की उन नीतियों के ख़िलाफ़ लड़ी जो आम–जनता के हित के ख़िलाफ़ थी। यही सच्चाई उनके 2011 के अन्ना आन्दोलन की सबसे बड़ी ताक़त थी।

हमने सीखा

I. जो लोग अपने काम को सलाम करते हैं, उन्हें दुनिया सलाम करती है। लेकिन जो लोग अपने काम को सलाम नहीं करते, उन्हें पूरी दुनिया के सामने सलाम करते हुए आगे बढ़ना पड़ता है।

II. एक विनम्र व्यक्ति कभी भी किसी भी तरह की सफलता को अपने सर पर नहीं चढ़ने देता। ध्यान रखें विनम्रता ताक़त की निशानी है, कमज़ोरी की नहीं।

III. जो व्यक्ति पद के मिलते ही अन्य व्यक्तियों में डर पैदा करने की कोशिश करता है, यकीन मानिए वह अन्दर से स्वयं बहुत डरा होता है। दूसरों के मन में डर पैदा करके शासन करने वाले लोगों का पराभव सुनिश्चित होता है।

IV. एक झूठा व्यक्ति अल्पकालिक लाभ झूठ बोलकर तो पा सकता है लेकिन दीर्घकालिक लाभ तो सच्चे व्यक्ति को ही मुनासिब होता है। इसलिए सच्चाई का साथ कभी न छोड़ें।

जीवन-प्रबन्धन के मायने

द्रोपदी और सीता दो कालों की ऐसी दो देवियाँ हैं जिनकी अभिलाषा और इच्छा एक–दूसरे से बिल्कुल अलग है। एक तरफ़ जहाँ द्रोपदी एक ऐसे वर की तलाश में है जिसमें कई विशेषताएँ एक साथ हों वहीं दूसरी तरफ़ सीता एक ऐसे पति को पाना चाहती है जो धर्मभीरु और मर्यादाओं का पालन करने वाला हो। ये महज़ संयोग नहीं था इन दोनों देवियों को इनकी इच्छाओं के अनुसार वर मिले। लेकिन जहाँ एक तरफ़ द्रोपदी पाँच पतियों की पत्नी होने के बावजूद भी अपनी इच्छा पूरी करने में सफल रही। वहीं दूसरी तरफ़ सीता पूरी तरह पतिव्रता होते हुए भी अपने पति की भी नहीं हो सकी और उसे अग्नि–परीक्षा जैसी उपेक्षा का शिकार होना पड़ा। प्रबन्धन की भाषा में इसी को कहते है वर्क–लाइफ बैलेंस। अर्थात जीवन में अपनी विश्वनीयता बनाये रखते हुए अपना कार्य करा लेना। जो व्यक्ति जीवन में अपनी किसी के प्रति जितनी विश्वसनीयता बना लेता है वह उतना ही सफल होता है। जो नहीं बना पाता वह असफल है। इस विश्वनीयता को कैसे अर्जित किया जाये। इसके कुछ महत्त्वपूर्ण बिन्दु इस प्रकार है :

1. उद्देश्य को स्पष्ट रखें

महाभारत से मिले सूत्र के अनुसार यदि हम इसका मूल्यांकन करें तो पायेंगे कि द्रोपदी का पाण्डवों की पत्नी बनना महज़ एक संयोग नहीं था बल्कि उसका उद्देश्य पूर्व सुनिश्चित था। जब अर्जुन द्रोपदी के स्वयंवर की धनुष–बाण की परीक्षा में जीतकर अर्जुन माता के कक्ष

में प्रवेश करते हुए कहते हैं, "देखो माता आज मैं क्या लाया हूँ।" तो माता कुन्ती बिना अर्जुन की तरफ़ देखे ही बोल देती हैं, "जो भी आज भिक्षा में लाये हो पाँचों भाई आपस में बाँट लो।" तब अर्जुन घबराकर बोलते हैं, "माँ आपने ये क्या कह दिया।" और जब कुन्ती को पता चलता है कि उससे बहुत बड़ी भूल हो गयी तब बीच–बचाव में श्री कृष्ण आते हुए कहते हैं, "आप घबराइये नहीं। यह तो द्रोपदी की इच्छा अनुसार ही हुआ है। इसने तो भगवान शिव से प्रार्थना की थी कि हमें ऐसा वर मिले जिसमें ये पाँच ख़ूबियाँ हो–पहला धर्मभीरु और सहनशील हो (युधिष्ठिर), बलशाली और मज़बूत कद–काठी वाला (भीम), धनुर्धर और ख़ूबसूरत (अर्जुन), सौम्य और सुशील (नकुल) और सबका कल्याण करने वाला (सहदेव)। ये सभी पाँचों गुण एक ही व्यक्ति में मिलना असम्भव है। इसलिए जो हुआ अच्छा हुआ। इसमें कोई घबराने की बात नहीं है। यही तो द्रोपदी का उद्देश्य था। तुम्हारा द्रोपदी के स्वयंवर में जाना महज़ संयोग नहीं था, यह तो द्रोपदी की नियति थी और जीवन लक्ष्य भी। फिर इसमें अधिक सोच–विचार करने का प्रश्न ही कहाँ उठता है।"

द्रोपदी जैसी इच्छा सिर्फ़ महाभारत काल में ही नहीं देखने को मिलती है। आज के कॉर्पोरेट जीवन में एक व्यक्ति को सफल होने के लिए कई मोर्चे पर एक साथ आगे बढ़ना होता है। तभी वह बाज़ारवादी प्रतियोगिता के युग में अपने आप को उपयोगी सिद्ध कर सकता है।

हममें से बहुत सारे लोगों की इच्छा यही होती है कि एक ऐसी नौकरी मिले जिसमें कॅरियर में वृद्धि निरन्तर होती रहे। इसके लिए हमें एक साथ कई गुणों को विकसित करना पड़ता है।

(i) **नेतृत्व क्षमता** : आज प्रत्येक बड़ा कॉर्पोरेट एक ऐसे व्यक्ति को अपना सी.ई.ओ. बनाना चाहते हैं जो अन्य लोगों के लिए रोल मॉडल हो, दूरद्रष्टा हो, प्रेरणादायक हो, जवाबदेही लेने वाला हो और दूसरों को प्रेरित भी कर सके। इसलिए आज बड़े कॉर्पोरेट लीडर अपने भीतर उन सब शक्तियों को एक साथ विकसित करने की कोशिश करते हैं जिससे वे किसी

भी मायने में कमतर न हों। इसीलिए आज आई.आई.टी का बच्चा बाद में मैनेजमेंट का कोर्स करता है तो उसका कारण यही है।

(ii) **लक्ष्य का निर्धारण और योजना** : कई लक्ष्यों को एक साथ प्राप्त करने के लिए आज प्रतिभागी अपने–आप को इस तरह से विकसित करता है जिससे वह किसी एक पर अभिभूत हुए बिना सबके साथ समान न्याय कर सके। उसकी प्राथमिकता किसी एक पर बहुत अधिक नहीं होती अपितु उसका लक्ष्य एक साथ सबको सुनियोजित तरीक़े से साधने का होता है। द्रोपदी इसीलिए यहाँ बिल्कुल सही उदाहरण है।

(iii) **सम्प्रेषण कौशल** : कहा जाता है जीवन में सफलता का सबसे अधिक श्रेय इसी सम्प्रेषण कौशल को दिया जाता है जिसके माध्यम से हम सार्वजनिक रूप से एक बहुत बड़े समूह को एक साथ प्रभावित करने की क्षमता रखते हैं। वैचारिक स्पष्टता और विश्वसनीयता सम्प्रेषण कौशल के प्रमुख गुण हैं। उच्च–प्रबन्धन हेतु इसकी सबसे अधिक आवश्यकता होती है।

(iv) **समस्या और संघर्ष का समाधान** : सम्पूर्ण महाभारत में कृष्ण का चरित्र एक ऐसे नायक के रूप में उभर कर आता है जो कॉर्पोरेट की भाषा में सॉफ्ट स्किल ट्रेनर है। कहाँ पर किस बात को बोलकर बड़ी–से–बड़ी समस्या का निराकरण कर देते हैं अथवा मानसिक संघर्ष की स्थिति में समाधान कैसे निकाला जाये यह कृष्ण से बेहतर कोई नहीं जानता। इसीलिए वह इस धर्मयुद्ध में प्रत्यक्ष रूप से भाग न लेते हुए भी पाण्डवों की सेना के सारथी बने हैं।

(v) **बातचीत की कला और समझौते में माहिर** : कृष्ण का एक और चरित्र जो महाभारत में उभरकर सामने आया है वह है वक्तृत्व क्षमता के धनी व्यक्तित्व के रूप में। साथ ही गीता में अर्जुन–कृष्ण संवाद से यह भी स्पष्ट हो गया है कि कहीं–न–कहीं एक ऐसे निष्कर्ष पर पहुँचना ही पड़ता है जहाँ

से व्यक्ति और उससे जुड़ी समस्या का कोई हल निकल सके। और यह तभी सम्भव है। जब मानसिक और वैचारिक रूप से सभी पक्षों को समान रूप से साधने की क्षमता हो जिससे कम ऊर्जा के निवेश से अधिकतम मूल्य संग्रहित किया जा सके।

2. सबके प्रति समानता का व्यवहार रखें

द्रोपदी की विशेषता ही यही थी कि वह एक साथ पाँचों पाण्डवों की सभी ज़रूरतों को एक साथ पूरा करते हुए भी, कभी भी किसी को यह शक नहीं होने देती कि वह किससे अधिक प्यार करती है। सभी के प्रति यह जो एक समानता का व्यवहार है दरअसल यही जीवन में सफलता का मूलमन्त्र है। हम जब एक कम्पनी में काम करते हैं तब कम्पनी के विभिन्न विभागों के लोगों से सामंजस्य स्थापित करते हुए आगे बढ़ते हैं तब हमें आगे बढ़ने से कोई रोक नहीं पाता। लेकिन जैसे ही आप किसी एक ग्रुप अथवा व्यक्ति से संबद्धता रखना शुरू कर देते हैं वहीं से आपकी उलटी गिनती शुरू हो जाती है। इसीलिए कॉर्पोरेट वर्ल्ड के लिए कहा जाता है आप अनावश्यक किसी काम में न उलझें। आपका काम यहाँ काम करना है, न की किसी के साथ पक्षपात करना। जब एक कॉर्पोरेट लीडर इस बात को ध्यान में रखकर आगे बढ़ता है तो उसकी सफलता सुनिश्चित होती है। जैसा कि जॉन सी. मैक्सवेल कहते हैं, "एक अच्छा नेता वह होता है, जो रास्ता जानता है, उस रास्ते पर ख़ुद चलता है, फिर रास्ता दिखाता है।"

3. मन की बात को कभी किसी के सामने अभिव्यक्त न करे

देश की अभी तक की सफलतम प्रधानमन्त्री में शुमार रही और सशक्त व्यक्तित्व की पहचान रखने वाली भूतपूर्व प्रधानमन्त्री इंदिरा गाँधी का यह जुमला काफ़ी प्रसिद्ध था, "सुनो सबकी, करो अपने मन की।" यही बात किसी व्यक्ति के जीवन में लागू होती है। जब आप बहुत सारे लोगों की बात सुनते हैं तो आपके मन में बहुत सारे विचार और आइडियाज जन्म लेते हैं। जिनको आप सँजोकर अपने अनुसार काम कर सकते हैं।

अफ्रीका के सबसे धनी और फोर्ब्स की सूची के अनुसार दुनिया के तेइसवें सबसे धनी व्यक्ति अलीको दंगोते के अनुसार, "जीवन में सफलता के प्रति मेरा दर्शन है कि अपने से बड़े और धनी लोगों की गतिविधियों पर नज़र रखो। उनसे सम्पर्क बनाओं और उनके जैसा काम करो। लेकिन अपनी गतिविधियों को तब तक किसी के सामने अभिव्यक्त न करो जब तक कि आप उसमें कोई बहुत बड़ी सफलता प्राप्त नहीं कर लेते।" उन्होंने कहा कि ऐसा करने से हमें तीन फ़ायदे मिलते हैं–"पहला–हमें बाज़ार में इसका फ़ायदा मिलता है। दूसरा–सामान्य लोगों से इस क्षेत्र में हमारा मैनेजमेंट अच्छा रहता है। तीसरा–बाज़ार के हम लीडर होते हैं।"

कई बार जीवन में सफल होने के लिए कई चालें हमें शतरंज की मोहरों के अनुसार चलनी पड़ती हैं जहाँ अगली चाल का पता आपको अपने अलावा किसी और को नहीं होता। महाभारत की द्रोपदी के मनोभाव को उसके अलावा कोई नहीं पढ़ सकता था। इसीलिए वह एक साथ पाँच पाण्डवों के साथ अपना जीवन आराम से निभा पायी। अभी कुछ महीने ही पहले जब भारत के गृहमन्त्री अमित शाह जी ने जम्मू–कश्मीर से अनुच्छेद 370 को हटाया, उसके पहले की कार्यवाई की भनक अपनी ही सरकार के कई मंत्रियों को नहीं होने दी। यह रणनीति ही उन्हें आज भारतीय जनता के सबसे बड़े चाणक्य के रूप में स्थापित करती है।

4. प्रतिबद्धता को बरकरार रखें

महाभारत के वन पर्व वाले अध्याय में कृष्ण की पत्नी सत्यभामा ने जब द्रोपदी से यह पूछा कि "एक पत्नी के रूप में एक पति को ख़ुश रख पाना मुश्किल है और तुम पाँच पतियों को एक साथ कैसे ख़ुश रख लेती हो?" तब द्रोपदी ने मुस्कुराते हुए जवाब दिया कि "मेरे पास कोई जादू नहीं है बल्कि मैं अपने "कठिन परिश्रम" से ऐसा कर पाती हूँ। जब ये पाँचों लोग उठते हैं उसके पहले मैं उठ जाती हूँ। और जब पाँचों सोने जाते हैं उसके बाद ही मैं सोने जाती हूँ मैं इन लोगों को

ऐसा कोई अवसर ही नहीं देती जिससे मेरे किसी काम से इनको कोई शिकायत हो। इस तरह उनका मेरे प्रति समर्पण और विश्वास बना रहता है।" यही बात एक कम्पनी अथवा संस्था में काम करने वाले किसी कर्मचारी के लिए लागू होती है। जब आप पूरी मेहनत और लगन से, पूरी प्रतिबद्धता से काम करते हैं और सबके प्रति अपना विश्वास बनाये रखते हैं। तब ऐसा कोई कारण नहीं बनता कि आपको कोई पसन्द न करे।

जबकि इसके उलट प्रतिबद्धता के मामले में सीता माता से अच्छा कोई उदाहरण नहीं। याद करें कि सीताजी ने रावण की अशोक वाटिका के बंदीवास में किस असाधारण दृढ़ता व धैर्य के साथ कष्टों का सामना किया। उन्हें राहत देने की इच्छा से हनुमान उनसे कहते हैं कि वे उनकी पीठ पर सवार हो जायें ताकि वे उन्हें रामजी के पास ले जा सकें। जहाँ सीताजी मुस्कराकर यह स्वीकार करती हैं कि हनुमान के साहस और क्षमता के आगे कुछ भी सम्भव है वहीं वे यह भी ध्यान दिलाती हैं कि यह सुझाव विचारणीय न होने के साथ–साथ अव्यावहारिक भी है। लेकिन इससे भी बढ़कर सीताजी यह सोचती हैं कि इसमें रामजी की वीरता को कोई श्रेय नहीं मिलेगा। इसलिए वे हनुमान से कहती हैं, "यदि ऐसा ही करना होता तो मैं अपने शाप से लंका और पूरे विश्व को भस्म कर देती। मैंने सिर्फ़ इसलिए संयम रखा ताकि रामजी के विजयी धनुष की प्रतिष्ठा बेदाग रह सके। यह तो किसी के बल, वैभव और यश की चोरी होगी। सबसे अच्छा यही होगा कि तुम भगवान राम के पास लौट जाओ और उन्हें यहाँ के बारे में सबकुछ बता दो।" इससे स्पष्ट है कि एक महान लीडर के लिए काम के प्रति प्रतिबद्धता, दृढ़ता व धैर्य बहुत ज़रूरी है जिसकी सीता जी साक्षात् प्रतिमूर्ति है।

इसीलिए जीवन में सफलता पाने के लिए यह स्वर्णिम वाक्य हमेशा याद रखें, "हमेशा सीता की तरह व्यवहार करें, लेकिन दिखें द्रोपदी की तरह।"

हमने सीखा

I. जो व्यक्ति जीवन में किसी के प्रति अपनी जितनी विश्वसनीयता बना लेता है वह उतना ही सफल होता है। जो नहीं बना पाता वह असफल है।

II. कहीं–न–कहीं एक ऐसे निष्कर्ष पर पहुँचना ही पड़ता है जहाँ से व्यक्ति और उससे जुड़ी समस्या का कोई हल निकल सके। और यह तभी सम्भव है जब मानसिक और वैचारिक रूप से सभी पक्षों को आप में समान रूप से साधने की क्षमता हो जिससे कम ऊर्जा के निवेश से अधिकतम मूल्य संग्रहित किया जा सके।

III. कई बार जीवन में सफल होने के लिए कई चालें हमें शतरंज की मोहरों के अनुसार चलनी पड़ती हैं जहाँ अगली चाल का पता आपको अपने अलावा किसी और को नहीं होता।

IV. हमेशा सीता की तरह व्यवहार करें, लेकिन दिखें द्रोपदी की तरह।

साथ निभायें, सफलता पायें

संख्याओं के बारे में एक बहुत रोचक कहानी है। एक बार संख्या नौ ने आठ को चाँटा मार दिया। आठ ने जब नौ से पूछा 'भाई तुमने ऐसा क्यों किया, तो नौ बोला 'मैं तुमसे बड़ा हूँ। इसलिए मार दिया।' फिर क्या था। आठ ने सात को, सात ने छह को, छह ने पाँच को, पाँच ने चार को, चार ने तीन को, तीन ने दो को, दो ने एक को चाँटा मार दिया। लेकिन बेचारा एक क्या करता। उससे छोटा तो कोई था ही नहीं जो ऐसा करता। लेकिन उसने अपनी सूझबूझ और चालाकी से एक बहुत बड़ा काम किया। शून्य जो अपने आप में अलग–थलग पड़ा था। उसे अपने बगल में बिठा लिया और वह दस बन गया। अब तो वह सभी से बड़ा हो गया। लेकिन उसने किसी को चाँटा नहीं मारा। उसने औरों को एक सन्देश दिया कि आदमी किसी को मारने और छोटा दिखाने से बड़ा नहीं बनता बल्कि बड़ा बनता है किसी का साथ निभाने से, किसी से प्यार बाँटने से और जो लोग इन सम्बन्धों के महत्त्व को समझ जाते हैं वही महान बन जाते हैं। सम्बन्धों को निभाने से जीवन में क्या–क्या सफलताएँ मिल सकती हैं इसकी कुछ बानगी इस प्रकार है :

1. समान रुचि के साथ आगे बढ़ने में सहायक

मैडम मैरी क्युरी और पैरी क्युरी शायद दुनिया के एक ऐसे अकेले पति–पत्नी होंगे जिन दोनों को नोबल पुरस्कार से नवाजा गया। लेकिन इन दोनों के जीवन साथी बनने का कारण महज़ इत्तेफाक

नहीं था अपितु दोनों का साझा स्वार्थ भी था। मूलतः पोलैंड में जन्मी मैरी क्युरी का मन बचपन से ही विज्ञान में, ख़ासकर भौतिकी और रसायनशास्त्र में बहुत लगता था। अपनी इस रुचि को अपना कॅरियर बनाने के लिए जब उच्च शिक्षा के लिए पेरिस यूनिवर्सिटी में एडमिशन मिला तब उनके शुरुआती दिन बहुत मुश्किल भरे रहे क्योंकि उनकी आर्थिक हालत बहुत अच्छी नहीं थी। फ्रांस जैसे देश की राजधानी में टिके रहना तो और मुश्किल भरा काम था। लेकिन उन्होंने हार नहीं मानी। दिन को वे पढ़ाई करतीं और शाम को ट्यूशन पढ़ातीं। इसी बीच उनके एक प्रोफ़ेसर गैब्रियल लिपमैन ने उनकी पहचान पेरी क्युरी से करायी जो उस समय भौतिकी और रसायनशास्त्र विभाग के इंस्ट्रक्टर थे। प्रोफ़ेसर लिपमैन ने मैरी क्युरी का परिचय कराते हुए कहा कि 'यह बहुत मेहनती लड़की है लेकिन इसके पास प्रयोग करने के लिए कोई लैब नहीं है। यदि तुम इसे अपने साथ रख लो तो बहुत मेहरबानी होगी।' पहले तो पेरी क्युरी ने मना किया। लेकिन मेरी क्युरी के निवेदन के आगे वे झुक गये और उन्होंने उसे अपना लैब पार्टनर बना लिया। यहीं से उन दोनों के भीतर एक–दूसरे के प्रति प्यार की भावना जागी और जब एक दिन पेरी क्युरी ने उन्हें प्रपोज किया तो मैरी क्युरी ने दो अलग देशों का हवाला देते हुए मना कर दिया। लेकिन इसके जवाब में पेरी क्युरी ने बस इतना ही कहा, "देख लो हम दोनों का इंटरेस्ट एक ही है। और यदि तुम्हारा साथ मिला तो हम बहुत कुछ कर सकते हैं।" ये वाक्य मेरी क्युरी के ज़ेहन में उतर गये। फिर क्या था! दोनों एक–दूसरे के साथ जीवनभर के लिए बँध गये और पूरी दुनिया को पता है कि मैरी क्युरी दुनिया की एक अकेली ऐसी महिला वैज्ञानिक हैं जिन्हें, भौतिकी और रसायनशास्त्र दोनों के लिए, दो बार नोबल पुरस्कार से नवाजा गया है।

2. मंज़िल तक पहुँचने की राह आसान

मैडम मैरी क्युरी और सर पैरी क्युरी की उपरोक्त कहानी से एक बात तो साफ़ है कि यदि पैरी क्युरी के जीवन में मैरी क्युरी का

साथ नहीं मिला होता और मैरी क्युरी को पैरी क्युरी का साथ नहीं मिला होता तो दोनों उस ऊँचाई को कभी नहीं छू सकते थे जिस ऊँचाई को इन दोनों लोगों ने मिलकर छुआ है। इसलिए कहते हैं, साथ–साथ चलने से ही सफलता की राह आसान बनती है न की अलग–अलग चलने में।

कुछ ऐसी ही कहानी है भारतीय उद्यमी मीना और कृष्णन गणेश की जिन्होंने साथ मिलकर कस्टमर ऐसेट और ट्यूटर–विस्टा नाम की कम्पनी एक साथ शुरू की। इस सन्दर्भ में गणेश का कहना है कि "मेरी पत्नी मेरे साथ इस कम्पनी की को–फाउंडर मात्र इसलिए नहीं है कि वह मेरी पत्नी है, अपितु उसमें वे सारी योग्यताएँ हैं, जो एक उद्यमी में होनी चाहिए।"

कृष्णन गणेश अपने प्रारम्भिक दिनों के संघर्ष को साझा करते हुए कहते हैं कि "हम लोग घर इसलिए आते हैं कि वहाँ जाकर थोड़ा आराम महसूस कर सकते हैं और पुनः काम के लिए चार्ज हो सके। लेकिन हम घर पहुँच कर भी एक–दूसरे से सिर्फ़ बिज़नेस के बारे में बात करते रहते थे।" गणेश आगे कहते हैं कि उनकी सफलता का राज भी यही था कि हम दोनों के बीच काम का निर्धारण पूरी तरह स्पष्ट था। एक–दूसरे के कामों का सीमांकन करके एक–दूसरे का सम्मान करते हुए आगे बढ़ना ही हमारी सफलता थी।

आज इन दिनों इन कम्पनियों की मार्किट वैल्यू 1000 करोड़ से अधिक है जिसके अधिकतम शेयर को आज पियर्सन जैसी बड़ी पब्लिशिंग कम्पनी ने ख़रीद लिया है।

3. सम्बन्धों के महत्त्व को पहचानें और आगे बढ़ें

दुनिया में सस्ती दवाइयों (जेनेरिक मेडिसिन) के दूसरे सबसे बड़े निर्माता और विक्रेता ल्युपिन कम्पनी के मालिक देशबंधु गुप्ता से जब उनकी सफलता के बारे में पूछा गया कि आप इसके लिए किसको श्रेय देंगे तो उनका बहुत सहज सा जवाब था, 'अपनी पत्नी को।' उन्होंने कहा कि 'मैं तो एक अदना–सा प्रोफ़ेसर मात्र था जो कुछ अलग करना चाहता था। अपनी इच्छा को एक दिन जब मैंने अपनी

पत्नी मंजू के सामने रखा तो उसने सहर्ष अपने गहने बेचने की इच्छा जाहिर की। और मैंने पत्नी के बेचे हुए गहनों से ल्युपिन इंडस्ट्री की नींव रखी जिसका परिणाम आप सबके सामने है। प्रोफ़ेसर गुप्ता ने सम्बन्धों की महत्ता को बताते हुए कहा कि "जीवन में कोई भी सम्बन्ध दो पैरों की तरह होता है। एक आगे बढ़ता है तो दूसरा पीछे आता है और जब दूसरा आगे बढ़ता है तो पहला पीछे आता है। लेकिन इन दोनों में कभी कोई मतभेद नहीं होता और न ही कभी इन दोनों के अहं आपस में टकराते हैं। इसलिए मैं तो कहता हूँ, जीवन में सम्बन्धों के महत्त्व को समझे और एक–दूसरे का साथ निभाये बिना हम कभी आगे बढ़ ही नहीं सकते।"

हमने सीखा

I. आदमी किसी को मारने और छोटा दिखाने से बड़ा नहीं बनता बल्कि बड़ा बनता है किसी का साथ निभाने से। किसी से प्यार बाँटने से और दूसरों की परेशानियों को समझने में जो सक्षम होते हैं वहीं महान बनते हैं।

II. दो समान रुचि वाले व्यक्ति यदि एक साथ हो जायें तो वह जीवन में बहुत कुछ कर सकते हैं; उदाहरण के लिए मैडम मैरी क्यूरी और सर पेरे क्यूरी। इन दोनों को अपने काम के लिए नोबल पुरस्कार मिला।

III. जीवन में कोई भी सम्बन्ध दो पैरों की तरह होता है। एक आगे बढ़ता है तो दूसरा पीछे आता है और जब दूसरा आगे बढ़ता है तो पहला पीछे आता है। लेकिन इन दोनों में कभी कोई मतभेद नहीं होता और न ही कभी इन दोनों के अहं आपस में टकराते हैं। इसलिए मैं तो कहता हूँ, जीवन में सम्बन्धों के महत्त्व को समझे और एक–दूसरे का साथ निभाये बिना हम कभी आगे बढ़ ही नहीं सकते।

सोच को सुदृढ़ बनायें

प्रभकिरण सिंह एक ऐसे छात्र का नाम है जिससे कोई भी छात्र जीवन में बहुत कुछ सीख सकता है। मूलतः लुधियाना, पंजाब के रहने वाले प्रभकिरण जब आई.आई.टी. मुम्बई के तीसरे वर्ष के छात्र थे तब उन्होंने आई.आई.टी. मुम्बई के पवई कैम्पस के सामने लस्सी बेचने का काम शुरू कर दिया। यह बात लुधियाना में बैठे उनके माता–पिता को तब पता चली जब एक समाचार–पत्र में अपने पुत्र के इस कारनामे को पढ़ा। पहले तो यह खबर पढ़कर उन्हें बहुत गुस्सा आया। लेकिन जब उनके पुत्र ने उन्हें समझाया कि पिता जी कोई काम छोटा–बड़ा नहीं होता, सोच छोटी–बड़ी होती है जो हमें छोटा–बड़ा बनाती है तब उनको यह बात समझ में आयी और सब को कहने लगे, "चलो इससे कुछ तो सीख लेगा।" लेकिन प्रभकिरण की मंज़िल यह नहीं थी। उसे कुछ ही दिनों में इसका बहुत अच्छा प्रतिसाद मिला। इतना ही नहीं। आपको यह जानकर आश्चर्य होगा जब वह आई.आई.टी में पढ़ रहा था तभी ऐसे कई निवेशक उसके पास आ गये और कहने लगे, 'अपने इस लस्सी व्यवसाय की शृंखला को पूरे देश में खोल लो। मैं पैसे निवेश करने के लिए तैयार हूँ।'

प्रभकिरण तो उन लोगों के लिए एक उदाहरण मात्र है जो जीवन में यह सोचते रह जाते हैं कि "लोग क्या कहेंगे।" जबकि सफलता के इतिहास के पन्नों को यदि खँगाला जाये तो पता चलेगा कि जीवन में सफलता प्रायः उन्हें ही मिली है जिन्होंने दुनियावालों की परवाह किये बिना वही काम किया है जो उन्हें अच्छा लगा है।

न कि वह काम जो दूसरे को अच्छा लगा है। ख़ुद के मन की सुनने के क्या–क्या फ़ायदे हो सकते हैं। इसकी एक झलक इस प्रकार हैं :

1. पढ़ाई के साथ–साथ व्यावहारिक ज्ञान भी

प्राचीन भारतीय गुरुकुल शिक्षा प्रणाली की यह विशेषता थी कि वह छात्रों को पढ़ाई के साथ–साथ ऐसा व्यावहारिक ज्ञान देते थे जिससे वे अपने जीवन की आवश्यक ज़रूरतों को पूरा कर सकें। मसलन पठन–पाठन के अलावा, धनुष–बाण चलाना, भिक्षा माँगना, खेत–खलिहान में काम करना, ये सब गुरुकुल शिक्षा प्रणाली के अंग थे। इससे जो सबसे बड़ा ज्ञान हासिल होता था। वह यह कि एक विधार्थी इसके माध्यम से वह सब काम अपने आप सीख जाता था। जो दैनंदिन ज़रूरतों को पूरा करने में सक्षम हो। भारत सरकार आज यदि पढ़ाई के साथ–साथ दक्ष भारत (स्किल इंडिया) का नारा दे रही है तो इसके पीछे शायद यह व्यावहारिक ज्ञान ही है जो एक विधार्थी को आत्मनिर्भर बना सके।

सुलभ इंटरनेशनल के नाम से दुनियाभर में मशहूर संस्था की स्थापना जब बिन्देश्वर पाठक ने की तो सबसे पहले उनके ही परिवार में विरोध हुआ। बिहार के एक पारम्परिक ब्राह्मण परिवार में जन्मे डॉ० पाठक ने जब 1970 में सुलभ इंटरनेशनल की स्थापना की और इस काम को करने लगे तो लोग उनका मज़ाक उड़ाने लगे और कहने लगे, 'ब्राह्मण कुल में पैदा होकर भी भंगी का काम करता है।' इसलिए उन्होंने जब अपना पीएच.डी. किया तो उसका शीर्षक रखा "भंगी मुक्ति और स्वच्छता के लिए सर्व सुलभ संसाधन।" यह एक ऐसा शोध–विषय था जो सामाजिक जड़ता और पारम्परिक रुढ़िवाद को तोड़ता है। 1968 में श्री पाठक भंगी मुक्ति कार्यक्रम से जुड़े रहे और उन्होंने तब इस सामाजिक बुराई और इससे जुड़ी हुई पीड़ा का अनुभव किया। यही देखकर उनके मन में इस दिशा में काम करने की प्रेरणा मिली।

छोटे–से काम से स्वच्छता मिशन के लिए उठाया गया क़दम पूरी दुनियाभर में सराहा गया। परिणामस्वरूप डॉ. पाठक को भारत सरकार द्वारा

1991 में पद्म भूषण पुरस्कार से सम्मानित किया गया। सन् 2003 में डॉ. पाठक का नाम विश्व के 500 उत्कृष्ट सामाजिक कार्य करने वाले व्यक्तियों की सूची में प्रकाशित किया गया। डॉ. पाठक को एनर्जी ग्लोब पुरस्कार भी मिला। साथ ही उन्हें स्टॉकहोम वाटर पुरस्कार इत्यादि सहित अनेक पुरस्कारों द्वारा सम्मानित किया गया।

2. लगन से काम करने की चाहत

हैरी पॉटर सीरीज जैसी प्रसिद्ध पुस्तक की लेखिका जे.के. रोलिंग मूलतः एमनेस्टी इंटरनेशनल के लन्दन ऑफ़िस में सेक्रेटरी का काम करती थीं। लेकिन जैसे ही खाली समय मिलता वह अपने चैम्बर में ही बैठ कर कुछ लिखने लगती क्योंकि इनके जीवन का ख्वाब था एक महान लेखक बनना। सेक्रेटरी की नौकरी तो पेट पालने के लिए एक मजबूरी मात्र थी, सपना नहीं। सेक्रेटरी की नौकरी को ज़िम्मेदारी से न निभाने के कारण उन्हें ऑफ़िस ने निकाल दिया गया। फिर क्या था! लेखन उनकी नियति बन गयी और सपने को पूरा करने का अवसर भी। इसके बाद उन्होंने "हैरी पॉटर" के रूप में जो सर्जित किया वह तो इतिहास है। सबको पता है इसका पहला ही संस्करण हाथो–हाथ बिका और देखते ही देखते वे अरबपति बन गयीं।

लगन एक ऐसा ईंधन है जिसके माध्यम से आप अपने सपनों को पंख दे सकते हैं, जिसके माध्यम से आपकी ज़िन्दगी का हवाई–जहाज़ उड़ सकता हैं। यदि आपके मन में किसी काम को लेकर लगन ही नहीं है तो आप किसी विशेष लक्ष्य की तरफ़ प्रेरित ही नहीं होंगे। और जिनके मन में किसी काम को करने की प्रेरणा एक बार जग जाती है तो फिर वह कोई भी काम कितना भी कठिन और मुश्किल क्यों न हो उसको करके छोड़ता है। लगन एक ऐसे उत्प्रेरक का काम करता है जो बड़ी–से बड़ी बाधाओं को पार करने के लिए आवश्यक उत्साह उत्पन्न करता है। इस माध्यम से निष्ठा, टीम वर्क, कड़ी मेहनत और अन्ततः सफलता की प्रेरणा देने वाला एक आवश्यक तत्व है।

लगन एक व्यक्ति के भविष्य की सफलता का मात्र संकेतक भर नहीं है अपितु वह मार्ग भी है जो आपको एक सुनिश्चित मंज़िल तक

लेकर जाता है। अनायास नहीं है कि प्रारम्भ से ही एक अच्छे स्कूल और कॉलेज, भरपूर अनुभव, उच्च संगत आदि के बावजूद भी आप किसी बड़े लक्ष्य तक नहीं पहुँच पाते। और एक व्यक्ति अपनी लगन से उन सब हदों को पार कर देता है, जिसकी उसने स्वयं कभी कल्पना भी नहीं की होती। लगन एक ऐसा निवेशित लाभांश (Return on investment, or ROI), है, जिसका फ़ायदा मिलना ही मिलना है। परिणाम में अन्तर हो सकता है, लेकिन परिणाम का मिलना तय होता है। इसलिए मेरा मत है कि एक व्यक्ति को अपने जीवन में उस लगन को कभी नहीं छोड़ना चाहिए जो उसके स्वभाव में निहित है। "मेरा तो मानना है कि नौकरी का भी उपयोग उस साधन की तरह करना चाहिए जिससे लक्ष्य की प्राप्ति हो सके।"

3. ग़लतियों से सीखने का मौक़ा

"द विज़डम ऑफ़ फेलर : हाउ टू लर्न द टफ लीडरशिप लेशन विदाउट पेइंग द प्राइज" के लेखक लौरेंस वेन्जिमर एंड जिम मौक़कोग्नी ने 21 देशों और 1000 मैनेजरों पर किये गये अध्ययन के बाद अपनी इस पुस्तक में लिखा कि "किसी भी कम्पनी के लीडर अथवा समाज का नेतृत्व करने वाले लोग जितनी जल्दी अपनी ग़लतियों से सीखते हैं वे उतनी जल्दी ही परिपक्व भी होते हैं। और उनका अनुभव अपने समकालीन लीडरों से उन्हें बहुत अलग करता है जो उन्हें सम्माननीय बनाता है।" उन्होंने आगे लिखा कि "ग़लतियाँ करना और फेल होना यह इस बात का प्रदर्शन करता है कि कोई भी व्यक्ति बार–बार सफल होने की कितनी सकारात्मक पहल करता है।" दरअसल यह जोख़िम ही उन्हें सफलता के उस मार्ग तक ले जाता है जहाँ वे बिना किसी भुगतान के सफलता के उच्चतम शिखर तक पहुँचते हैं।"

ग़लतियों से सीखने से तात्पर्य यह भी है कि जीवन का सबसे महत्त्वपूर्ण सबक जो हम सीखते हैं, वह हमारे द्वारा किये गये बुरे फैसलों से होता है। बस हमें इस बात का ध्यान रखना होता है कि

हम जो ग़लतियाँ कर रहें है वह दूसरी बार न दोहरायें। ग़लतियाँ हमारी बुद्धि और समझ का परिमार्जन करती है जिससे हम सही विकल्प की तलाश कर सकते हैं और सही निर्णय भी ले सकते हैं। एक सफल व्यक्ति अच्छा निर्णय तभी ले पाता है जब वह अपनी ग़लतियों से सीखता हुआ आगे बढ़ता है।

अमेरिकी इतिहास में जिन प्रमुख शोधकर्ताओं का नाम लिया जाता है उनमें से एक थे थॉमस एल्वा एडिसन जिन्होंने फ़ोनोग्राफ और बिजली के बल्ब का आविष्कार किया। थॉमस अल्वा एडिसन ने प्रकाश के बल्ब का आविष्कार करने के लिए लगभग 5000 विभिन्न तरीक़ों का प्रयोग किया। लेकिन सफलता नहीं मिली। तब एक बार एक पत्रकार ने उनसे अपने साक्षात्कार में पूछा आपको इतनी असफलताओं के बाद सफलता मिली, उम्र के इस पड़ाव पर आप कैसा महसूस कर रहे हैं। एडिसन ने मुस्कुराते हुए जवाब दिया, "नवयुवक आपको इस दुनिया के बारे में बहुत ज़्यादा कुछ नहीं पता है, क्योंकि मैं असफल नहीं हुआ, बल्कि मुझे पता है कि 5000 तरीक़े से बिजली का आविष्कार नहीं किया जा सकता, लेकिन अब मैं अपने लक्ष्य के बहुत क़रीब पहुँच गया हूँ।" वह अपनी प्रत्येक ग़लती को एक मील के पत्थर की तरह समझते थे जिसका इस्तेमाल करके वे अपने प्रयोग को एक नयी दिशा देते थे।

4. अपनी दुनिया का मालिक स्वयं बनने का अवसर

जेम्स हेटफील्ड जिनकी गिनती बीसवीं सदी के महानतम रॉक बैंड के रूप में की जाती है की कहानी बेहद ही रोचक है। अपनी ज़िन्दगी की शुरुआत स्टीकर प्रिंटिंग से करने वाले जेम्स को अपनी फैक्टरी के आस–पास पड़े मेटल को बजाना बहुत अच्छा लगता था। लेकिन उनके इस बेहूदे शौक़ के कारण उन्हें प्रिंटिंग फैक्टरी से निकाल दिया गया। फिर क्या था यहाँ से निकलते ही उन्होंने ड्रमर लार्स उलरिच के साथ मिलकर एक नया बैंड बना लिया जिसका नाम था मेटालिका। 1981 में शुरू हुआ उनका यह सफ़र अब तक नौ एल्बम बना चुका है

जो एक से बढ़कर एक हैं। जेम्स हेटफील्ड का नाम रॉक बैंड की दुनिया में अपनी आज अलग पहचान बना चुका है।

कोई भी व्यक्ति कैसे अपने एक क्षेत्र में मेहनत करके महारत हासिल कर सकता है और स्वयं किसी काम का मालिक बन सकता है, मैल्कम ग्लैडवेल की पुस्तक, आउटलेर (Outliers) में इसके बारे में विस्तार से चर्चा की गयी है। इसके लिए वे 10,000 घण्टे के एक ऐसे फ़ॉर्मूले का जिक्र करते हैं (जिसको पूरा करने और अभ्यास करने के बाद, इसमें सफलता हासिल की जा सकती है)। इसके लिए वे तीन चरणों की एक ऐसी ही सरल प्रक्रिया का हवाला देते हैं। सरल से मतलब यहाँ आसान अथवा तेज़ नहीं है, बल्कि महारत हासिल करने के वे सरल तरीक़े जिसको करने के बाद आप भी अपनी ज़िन्दगी की इबारत एक नये ढंग से लिख सकते हैं।

पहला चरण : देखना (Watch)

यदि आप जीवन में कुछ नया सीखना चाहते है तो आपको एक ऐसे गुरु की ज़रूरत होती है जो आपको व्यावसायिक शिक्षा अथवा औपचारिक शिक्षा के सन्दर्भ में बता सके। जैसा कि पाब्लो पिकासो ने कहा है, "एक ऐसे शिष्य की तरह किसी नियम को सीखें जिससे आप एक कलाकार की तरह होड़ ले सकें।" इसके लिए आपको अपने आप से सबसे पहले कुछ ऐसे सवाल पूछने होंगे जो आपकी कमजोरियों और मज़बूतियों के बारे में हो। फिर इसके बाद आप लगातार ऐसे सवालों के सम्पर्क में रहें और उनका जवाब ढूँढ़ते रहें।

इसके लिए नयी भाषा सीखने की कोशिश करनी चाहिए। शब्द संरचना से लेकर, उन ध्वनियों और अक्षरों को भी सीखना होगा, जिससे एक काल और शब्दों की बनावट का निर्माण किया जा सके। जैसे एक बिल्डर्स को अपरेंटिस का कोर्स करना पड़ता है। एक बिज़नेस लीडर को पहले इंटर्नशिप की ज़रूरत होती है क्योंकि इसके माध्यम से आप यह सीखते हैं कि कैसे किसी काम को करना है। इसके लिए आपको एक महान शिक्षक को खोजने की आवश्यकता होती है जो आपको सही मार्ग दिखा सके और सही सीख दे सके।

दूसरा चरण : स्वयं करना (Do it Own)

देखने के बाद दूसरा चरण होता है स्वयं किसी काम को करना। एक तीक्ष्ण अवलोकन इस बात का प्रमाण तभी हो सकता है। जब आप बड़े से बड़े जोखिम को उठाते हुए गुरु के मार्गदर्शन में किसी काम को आप स्वयं करे। जैसे आप एक बिल्डर हैं तो अपनी बिल्डिंग का ढाँचा आप स्वयं तैयार करें और उसका समुचित निरीक्षण करें। इसी तरह यदि आप एक नेता हैं तो किसी बड़ी परियोजना और काम की ज़िम्मेदारी आप स्वयं ले।

यह क़दम थोड़ा कठिन है, लेकिन असम्भव नहीं। क्योंकि बिना बोले कभी कोई भाषा नहीं सीखी जाती और न ही बिना किसी जोखिम और असफलता के बड़ी सफलता हासिल की जाती है। जब तक आप कोशिश करना बन्द नहीं कर देते, तब तक हार का कोई प्रश्न ही नहीं उठता। जिस दिन आप कोशिश करना बन्द कर देते। दरअसल वही असली हार मानी जाती है। "करना" सफलता का वह चरण माना जाता है जहाँ आपको साहस के साथ ठोकर खाने, गिरने और असफल होने के लिए तैयार रहना पड़ता है। इतने सबके बावजूद आपको अपने गुरु के सहारे फिर से उठ खड़ा होना होता है और फिर से प्रयासरत हो जाना होता है।

महारत विफलता से आती है, जोख़िम और सिखाये जाने के लिए तैयार रहना क्योंकि आप इसे बेहतर, तेज़ और सरल बनाना सीखते हैं। उस एक दिन तक जब आप इसे प्राप्त करते हैं।

जब आप विश्वास करते हैं कि आपने महारत हासिल कर ली है, मंजिल बस अब तो एक और क़दम है। मेरे अनुभव में यह वह जगह है जहाँ इतने सारे लोग जो महारत के क़रीब हैं वे अपनी पैठ खो देते हैं और अन्त में पीछे रह जाते हैं।

यदि आप वास्तव में अपने वांछित कौशल पर काफ़ी अच्छे हैं, तो कार्य को करने के लिए विश्वसनीय होना चाहिए, आपके लिए यह समय है कि आप शिक्षण द्वारा अपनी महारत हासिल कर लें। यदि आप कभी यह देखना चाहते हैं कि आप वास्तव में कितने स्मार्ट हैं, तो किसी और को सिखाने की कोशिश करें।

हमेशा इस बात का ध्यान रखें किसी काम में मास्टरी विफलता, जोख़िम और निरन्तर सीखने की प्रक्रिया से आती है। यह आप पर निर्भर करता है कि किसी काम को कितने अच्छे ढंग से, तेज़ी से और सरल तरीक़े से सीख सकते हैं। यह प्रक्रिया तब तक जारी रहती है जब तक आप "इसे प्राप्त नहीं कर लेते हैं।"

तीसरा चरण : पढ़ाना और सिखाना (Teaching & Learning)

जब आपको यह विश्वास हो जाता हैं कि आपने अपने काम में 'महारत' हासिल कर ली है, तो इससे एक क़दम और आगे आप बढ़ जाते हैं। यह वह अनुभव होता है जहाँ पहुँच कर बहुत सारे लोग अपनी आशा खो देते हैं। जो मास्टरी के किनारे तक पहुँचने के बावजूद भी उम्मीद खो बैठते हैं।

सामाजिक उत्तरदायित्व का यह वह क्षण होता है जहाँ आपको महसूस होने लगता है कि आपने वांछित कौशल काफ़ी अच्छे से प्राप्त किया हैं। तब आपकें इस अनुभव और मास्टरी की ज़रूरत समाज को होती है और आप शिक्षण के माध्यम से दूसरों तक अपने ज्ञान का विस्तारण करने लगते हैं। यदि आप अपने–आप का मूल्यांकन करना चाहते हैं कि आप वास्तव में कितने स्मार्ट हैं, तो किसी और को सिखाने से अच्छा कोई दूसरा माध्यम हो ही नहीं सकता।

शिक्षण अपने आप में उस प्रक्रिया का नाम है जो स्वयं को सिखाने का सबसे बड़ा साधन है। कारण बिना स्वयं ज्ञान और दक्षता के आप दूसरे को कुछ नहीं बता सकते। स्वयं की अनुकूलन क्षमता, धैर्य और समस्याओं के समाधान की ऐसी प्रक्रिया है जहाँ आकर आपको भी प्रशिक्षु का अनुभव होने लगता है क्योंकि आपके छात्र निस्सन्देह आपसे कुछ ऐसे सवाल पूछेंगे, जिनके जवाब आपको पहले नहीं पता होगा।

तब आपको पहली बार एहसास होगा कि ऐसा कैसे हो सकता है? आप तो इस हुनर के मालिक हैं, आख़िर। अचानक आपको महसूस होता है कि हम सभी को निरन्तरता के आधार पर कुछ न

कुछ सीखते रहना चाहिए और अपने क्षेत्र में निपुणता हासिल करते रहना चाहिए। इस तरह शिक्षण जीवन का वह सबसे महत्त्वपूर्ण चरण है जो आपको यह बताता है कि कैसे अपने क्षेत्र में महारत हासिल की जा सकती है और उसको बरकरार रखा जा सकता है।

हमने सीखा

I. जो जीवन में यह सोचते रह जाते हैं कि लोग क्या कहेंगे, वह कुछ नहीं कर पाते। जबकि सफलता के इतिहास के पन्नों को यदि खँगाला जाये तो पता चलेगा कि जीवन में सफलता प्रायः उन्हें ही मिली है जिन्होंने दुनियावालों की परवाह किये बिना वही काम किया है जो उन्हें अच्छा लगा है।

II. लगन एक ऐसा ईंधन है जिसके माध्यम से आप अपने सपनों को पंख दे सकते हैं, जिसके माध्यम से आपकी ज़िन्दगी का हवाई–जहाज़ उड़ सकता हैं।

III. लगन एक व्यक्ति के भविष्य की सफलता का मात्र संकेतक भर नहीं है अपितु वह मार्ग भी है जो आपको एक सुनिश्चित मंज़िल तक लेकर जाता है।

IV. ग़लतियाँ करना और फेल होना यह इस बात का प्रदर्शन करता है कि कोई भी व्यक्ति बार–बार सफल होने की कितनी सकारात्मक पहल करता है।

V. जब तक आप कोशिश करना बन्द नहीं कर देते, तब तक हार का कोई प्रश्न ही नहीं उठता। जिस दिन आप कोशिश करना बन्द कर देते। दरअसल वही असली हार मानी जाती है।

कर्मठता

किसी भी कम्पनी के जब सी.ई.ओ. (CEO) की बात होती है, तो दिमाग़ में यही ख़याल आता होगा कि यह 60 वर्ष का ऐसा कोई बंदा होगा, जिसके बाल सफेद हो गये होंगे। ज़िन्दगी में कई कम्पनियों में पहले नीचे से ऊपर तक पहुँचने में बहुत धक्के खायें होंगे अथवा अपनी कम्पनी स्थापित करते–करते स्वयं बूढ़ा हो गया होगा। जी नहीं, ऐसा कुछ नहीं है अपितु सबसे कम उम्र में दुनिया का सी.ई.ओ. बनने का यह कीर्तिमान किसी अमेरिकन, जर्मन, रसियन आदि ने नहीं किया है अपितु यह करिश्मा किया है एक ऐसे विलक्षण भारतीय लड़के ने जिसका नाम है सुहास गोपीनाथ। 4 नवम्बर, 1986 को बंगलौर में जन्मे गोपीनाथ ने यह करिश्मा महज़ 14 वर्ष की उम्र में कर लिया जब उन्होंने ग्लोबल फाउंडेशन नाम की कम्पनी की नींव डाली। मज़े की बात यह है कि इस कम्पनी की स्थापना किसी बड़े ऑफ़िस अथवा किसी बड़े घर में नहीं हुई थी अपितु बंगलौर के एक छोटे–से साइबर कैफे में हुई थी। इससे भी मज़ेदार बात यह थी कि स्वयं गोपीनाथ को नहीं पता था कि वे दुनिया के सबसे कम उम्र के सी.ई.ओ. बन गये हैं।

आज ग्लोबल फाउंडेशन दुनिया की एक मल्टी मिलियन डॉलर कम्पनी है और इसका ऑपरेशन यू.एस.ए., यू.के. ऑस्ट्रेलिया, स्पेन आदि देशों तक फैल चुका है। सबसे प्रेरक बात यह है कि जब पूरी दुनिया के लोग उम्र के कम से कम पच्चीस वर्ष तक जब महज़ एक अदद नौकरी की तलाश में डिग्रियाँ हासिल कर रहे होते हैं उस उम्र में गोपीनाथ ने कई कीर्तिमान अपने नाम कर लिए थे। मसलन :

1. वर्ष 2008–09 वर्ल्ड इकोनॉमिक फोरम ने उन्हें यंग ग्लोबल लीडर सम्मान से नावाज़ा।
2. वे वर्ल्ड इकोनॉमिक फोरम के अभी तक के सबसे कम उम्र के सदस्य भी हैं।
3. वर्ष 2007 में उन्हें यूरोपियन पार्लियामेंट एंड इंटरनेशनल ऐसोसियेशन फ़ॉर ह्यूमन वैल्यू ने यंग येक्चिवर एवार्ड (Young Achiever Award) से सम्मानित किया।
4. वे वर्ल्ड बैंक की आई.सी.टी. एडवाईजरी काउन्सिल (ICT Advisory Council) के बोर्ड मेंबर भी है।

गोपीनाथ की कहानी को एक युवा की उपलब्धियों की कहानी को महज़ बखान करने के लिए मैंने नहीं चुना बल्कि मेरा मकसद उन युवाओं को एक ऐसा आईना दिखाना था जो अपनी पारिवारिक और आर्थिक परेशानियों का हवाला देकर किसी भी काम को पूरी सच्ची निष्ठा और कर्मठता के साथ नहीं कर पाते। मेरा मुख्य उद्देश्य यही है कि मैं इस कहानी के माध्यम से एक ऐसे निष्कर्ष तक पहुँचूँ और दुनिया के लोगों को बता सकूँ कि यदि एक व्यक्ति अपनी ज़िन्दगी के उसूलों को लेकर कर्मठ है तो वह कुछ भी हासिल कर सकता है।

गोपीनाथ की कर्मठता और उनके बचपन की कहानी

गोपीनाथ एक मध्यम–वर्गीय परिवार से ताल्लुक रखते हैं। इनके पिता भारतीय सेना में एक सामान्य वैज्ञानिक के रूप में काम करते थे और इनकी पढ़ाई लिखाई बंगलुरू के एयरफोर्स स्कूल में हुई। इनकी बचपन में रुचि जानवरों और इससे जुड़े हुए विज्ञान को समझने में थी। लेकिन एक बार जब उन्होंने दोस्तों के पास एक कम्प्यूटर को देखा और इसके कार्य करने के ढंग को समझा तो इनकी रुचि इसे और गहराई से समझने की तरफ़ बढ़ चली।

गोपीनाथ ने अपने बचपन के बारे में बताते हुए एक बार स्वयं कहा था कि "उस वक़्त हमारे घर पे कम्प्यूटर नहीं था और न ही मेरे पिता जी के पास इतना पैसा कि उसे ख़रीद पाते।

इसलिए मैंने अपने घर के पास ही एक इंटरनेट कैफे को ढूँढ़ निकाला। तब मुझे मात्र 15 रुपये बतौर हर महीने जेब ख़र्च के लिए मिलते थे और इतने पैसे से रोज़–रोज़ इंटरनेट सर्फ नहीं किया जा सकता था। लेकिन मैं अपनी इस इच्छा को पूरी करने के लिए कुछ नयी तरकीब सोचने लगा। ऐसे में एक दिन मैंने महसूस किया कि यह दुकान रोज़ाना एक से चार बजे के बीच बन्द रहती है। यह देखकर मैंने एक दिन दुकानदार को एक ऑफ़र दिया कि आपकी दुकान एक से चार बजे तक जो बन्द रहती है उसमें स्कूल के बाद मैं एक से चार बजे के बीच बैठ जाऊँगा। वह भी बिना किसी पैसे और वेतन के। इस तरह आपका कोई नुकसान नहीं होगा और मुझे सिर्फ़ मुफ़्त में इंटरनेट सर्फ़ करने देंगे। साथ ही मैं आपके ग्राहकों को कोई नुकसान नहीं होने दूँगा और न ही आपको। यह बात उस दुकानदार को समझ में आ गयी और उसने हामी भर दी। गोपीनाथ कहते हैं इस तरह यह हमारे ज़िन्दगी की पहली बिज़नेस डील थी जो काफ़ी सफल साबित हुई।"

इंटरनेट की दुनिया को समझने और वेबसाइट बनाने की दीवानगी

गोपीनाथ आगे कहते हैं, "इस तरह अब मेरे पास कम्प्यूटर और इंटरनेट दोनों था। धीरे–धीरे मैंने अपनी वेबसाइट बनाना प्रारम्भ कर दिया और कुछ ही समय में मेरा यह पैशन बन गया। इंटरनेट में सर्फ करने के दौरान मैंने पाया कि इसमें कुछ मुफ़्त के मार्केट स्पेस होते हैं जहाँ मैं अपनी वेबसाइट को रजिस्टर कर सकता हूँ।" गोपीनाथ कहते है, "जब मैंने वेबसाइट बनाना सीखा तो मुझे सबसे पहले वेबसाइट मुफ़्त में बनानी पड़ी क्योंकि मेरे पास कोई बड़े बिज़नेस लिंक नहीं थे। इसके बाद मैंने भारत में बैठकर अगली वेबसाइट न्यूयार्क की एक कम्पनी के लिए बनायी थी जिससे मुझे 100 डॉलर मिले। मेरी ज़िन्दगी की यह पहली कमाई थी। तब मेरी उम्र महज़ 13 वर्ष की थी। चूँकि तब तक मेरा कोई खाता भी किसी बैंक में नहीं था। तब मैंने पहली बार अपने पापा को बताया कि मैंने यह काम सीखा है जिसके बदले मुझे पैसे मिलते हैं।

"किसी के जीवन की पहली कमाई उसके लिए बहुत महत्त्वपूर्ण होती है। लेकिन सच बताऊँ तो मुझे पैसे ने कभी बहुत अधिक आकर्षित नहीं किया क्योंकि यह काम मैंने पैशन को पूरा करने के लिए किया। जब मैं नौवीं कक्षा का छात्र था। तभी मैंने coolhindustan.com नाम का एक पोर्टल बनाया जो ग़ैर–प्रवासी भारतियों (NRI's) पर केन्द्रित था। जिसके माध्यम से मैं अपनी स्किल (skills) को उन तक पहुँचाना चाहता था। इसके बाद तो मुझे दुनियाभर की कई कम्पनियाँ अपनी web डिज़ाइन करने के लिए सम्पर्क करने लगी।

ज़िन्दगी का अपना पहला कम्प्यूटर और ख़ुद की कम्पनी की स्थापना

गोपीनाथ का कहना है कि जब वे नौवीं कक्षा में थे तभी उन्होंने अपने काम के माध्यम से इतना पैसा कमा लिया था कि आराम से एक कम्प्यूटर ख़रीद सकते थे। उस समय मेरा भाई इंजीनियरिंग की पढ़ाई कर रहा था तब मैंने एक कम्प्यूटर ख़रीदा जिसे पापा ने सोचा कि उसके लिए ख़रीदा है। इसके थोड़े ही दिनों बाद मैंने भी अपने लिए एक कम्प्यूटर ख़रीदा। लेकिन तब मेरे घर में इंटरनेट कनेक्शन नहीं था और इंटरनेट कैफे में अधिक समय बैठने से मेरी पढ़ाई में प्रभाव पड़ रहा था। उस समय मैंने पढ़ाई पर ध्यान दिया। लेकिन गर्मियों की छुट्टी में मैंने पूरा समय इंटरनेट कैफे में काम करते हुए बिताया।

अमेरिका से नौकरी का प्रस्ताव और अपनी कम्पनी बनाने का सपना

गोपीनाथ जब महज़ चौदह वर्ष के थे तब अमेरिका की एक कम्पनी नेटवर्क सॉलूशन से पार्ट टाइम काम करने का प्रस्ताव मिला। "साथ ही उन्होंने यह भी प्रस्ताव रखा कि वे मेरी आगे की पढ़ाई का ख़र्च भी स्वयं वहन कर लेंगे। लेकिन मैंने वह प्रस्ताव इसलिए नहीं स्वीकार किया क्योंकि उसी दौरान मैंने बिल गेट्स के बारे में पढ़ा था तथा मैंने यह जाना कि कैसे उन्होंने अपनी कम्पनी माइक्रोसॉफ्ट की स्थापना की थी।

तब से मेरे मन में भी अपनी कम्पनी स्थापित करने का भूत सवार हो गया।

"क्योंकि जब भी मैं व्यक्तिगत रूप से किसी कम्पनी को सेवा देने की बात करता था तो अमेरिका की कई कम्पनियाँ मुझसे कहतीं मेरे तो मूँछ भी नहीं आयी है और वो मेरी सेवा किस विश्वास के साथ ले लें। वो मेरी योग्यता और क्षमता को तो समझती थीं लेकिन मेरी उम्र देखकर बहुत घबराती थीं। इसीलिए मैंने अपनी ख़ुद की कम्पनी स्थापित करने की सोची जिससे मैं दुनिया को यह बता सकूँ कि उम्र का योग्यता और हुनर से कोई सम्बन्ध नहीं होता है और न ही सफलता के रास्ते में कोई बड़ी शैक्षणिक योग्यता मायने रखती है। और यही वजह है कि जब मैंने अपनी कम्पनी प्रारम्भ की तो मैंने सिर्फ़ युवाओं को तरजीह दी। उनकी शैक्षणिक योग्यता और अंकों को कभी भी महत्त्वपूर्ण नहीं माना। क्योंकि मेरा मानना है जो चीज़ आप जीवन में धक्के खाते हुए सीखते है वो दुनिया की कोई किताब बनी ही नहीं है जो आपको वह पाठ पढ़ा सके जिसको पढ़कर आप सफल हो जाये।"

गोपीनाथ जब मात्र चौदह वर्ष के थे तब नौवीं कक्षा की छुट्टियाँ ख़त्म होने के कुछ दिन बाद ही उन्होंने अपनी कम्पनी ग्लोबल इंडस्ट्री की स्थापना की। उन्होंने अपने एक साक्षात्कार में कहा कि "जब मैंने कम्पनी का नाम ग्लोबल या ग्लोबल सॉलुशन रखना चाहता था, तो दोनों नाम उपलब्ध नहीं थे तब मैंने ग्लोबल्स नाम रख लिया।

"लेकिन इसे दुर्भाग्य ही कहा जायेगा कि जब मैंने अपनी कम्पनी को भारत में रजिस्टर करना चाहा तो यहाँ भी मेरी उम्र आड़े आ गयी क्योंकि अपने देश में 18 वर्ष से कम आयु में आप अपनी कम्पनी नहीं रजिस्टर कर सकते जबकि अमेरिका में कम्पनी रजिस्टर करने में मात्र पन्द्रह मिनट लगते हैं। लेकिन अब समस्या मेरी सिटिजनशिप की थी कि भारत का एक व्यक्ति कैसे अमेरिका में अपनी कम्पनी खोल सकता है। तब मैंने अपने एक दोस्त का सहारा लिया जो अमेरिका की एक यूनिवर्सिटी में पढ़ता था। उसको मैंने सम्पर्क किया,

फिर अपनी कम्पनी के बोर्ड में लाकर अमेरिका में अपनी कम्पनी की स्थापना की। इस तरह मैं एक कम्पनी का मालिक और सी.ई.ओ. बन गया। कम्पनी के अमेरिका में रजिस्टर होते ही मैं इतना ख़ुश हो गया मानो मेरे पंख लग गये हो। अब मैं अपनी कम्पनी को माइक्रोसॉफ़्ट जितना बड़ा बनाने का ख़्वाब देखने लगा। यहाँ बताना चाहूँगा कि पहले वर्ष मेरी कम्पनी का टर्न ओवर 1 लाख था, जो दूसरे वर्ष बढ़कर 5 लाख हो गया।

गोपीनाथ की ज़िन्दगी और ज़िन्दगी के मायने

गोपीनाथ की ज़िन्दगी कई मायनों में ऐसे दरवाज़े उन अभिभावकों और छात्रों के लिए खोलती है जो ज़िन्दगी की परीक्षा में कम अंक आने की वजह से कुछ ग़लत क़दम उठा लेते हैं और आत्महत्या तक कर लेते हैं। अभिभावकों को सबसे बड़ी शिक्षा यही मिलती है कि बच्चों के कामकाज में नज़र तो रखें लेकिन अपनी पसन्द के किसी काम को करने के लिए मजबूर न करें बल्कि उसकी इच्छा के अनुसार उसके उस टैलेंट को पहचानने की कोशिश करें जो उसके अन्दर समाहित है।

जैसा कि गोपीनाथ ने स्वयं बताया कि वह अपने पैशन को फॉलो करने में इतना मशगूल था कि वह अपने प्री बोर्ड की परीक्षा में गणित में फेल हो गया। यह परिणाम देखकर उसके स्कूल की हेड मिस्ट्रेस भी अचम्भित थी कि इतना टैलेंटेड लड़का भला गणित में कैसे फेल हो गया। "यह मेरी ज़िन्दगी की पहली परीक्षा थी जिसमें मैं फेल हुआ था। मेरे इस परिणाम को देखकर मेरी माँ को स्कूल बुलाया गया और मेरी शिकायत की गयी। लेकिन जैसा कि प्रत्येक माँ के साथ होता है, मेरी माँ ने भी मुझ पर भावनात्मक असर डालते हुए मुझ से कसम ली कि अब तुम पढ़ाई पर ध्यान दोगे। लेकिन मैं भी कहाँ हार मानने वाला था। मैंने भी अपनी माँ से तर्क किया कि जब दुनिया के सबसे अमीर आदमी बिल गेट्स ने भी अपनी पढ़ाई पूरी नहीं की तो आप मुझे क्यों ज़बर्दस्ती पढ़ाना चाहती हो।

तब माँ ने कहा कि सबकी क़िस्मत एक जैसी नहीं होती और ज़रूरी नहीं कि तुम्हारी कुण्डली और बिल गेट्स की कुण्डली एक ही हो।

"ख़ैर माँ के सामने मुझे हार माननी पड़ी क्योंकि मेरे फेल होने और इस बहसबाज़ी से वे काफ़ी अपसेट हो गयी थी। क्योंकि मैं एक ऐसे परिवार से हूँ जहाँ इंटरप्रेनुरशिप (entrepreneurship) को पाप समझा जाता है। वो चाहती थीं कि मैं पहले इंजीनियरिंग करूँ और फिर बाद में एम.बी.ए. करके किसी अच्छी कम्पनी में नौकरी करूँ। ख़ैर मैंने भी माँ की भावनाओं की कद्र करते हुए चार महीने तक कम्पनी के लिए कोई काम नहीं किया और बोर्ड की परीक्षा की तैयारी में जुट गया। और अन्ततः मैंने यह परीक्षा प्रथम श्रेणी में पास की।

"लेकिन सच बताऊँ, बोर्ड की परीक्षा पास करने के बाद भी मुझे लगा, जीवन में किताबी ज्ञान से कुछ बदलाव नहीं आता। बदलाव आता है तो व्यावहारिक ज्ञान से जिसे आज भी हम मानने को तैयार नहीं है। मेरा तो मानना है कि ज़िन्दगी के मायने बदलने हैं तो व्यावहारिक ज्ञान प्राप्त कीजिए। डिग्री से सम्बन्धित सफलताएँ और असफलताएँ तो आती–जाती रहती हैं, असल बात तो यह है कि इन परीक्षाओं के बाद आपकी व्यक्तिगत ज़िन्दगी में कितने बदलाव आये। यह महत्त्वपूर्ण बात होती है, यह नहीं कि आपने अपने खाते में एक और डिग्री जोड़ ली।

सोलह–सत्रह वर्ष की आयु और यूरोपीय मार्केट में प्रवेश

गोपीनाथ की ज़िन्दगी रहस्य और रोमांस का एक ऐसा पिटारा है जिसको जितनी बार खोलो हर बार एक नयी और चौंकाने वाली चीज़ सामने आती है। इनके बारे में मैं जितना जानने की कोशिश करता गया, उतनी ही नयी–नयी बातें सामने आती गयीं। जब ये जनाब 16–17 वर्ष के हुए तब भी इनके परिवार के लोगों को नहीं पता था कि ये कम्पनी के मालिक हैं। "सबको यही लगता था कि खाली समय में कुछ पॉकेट–मनी के लिए फ्रीलांस का काम करता है जबकि इधर मैं दुनिया की कई बड़ी कम्पनियों के लिए ऑनलाइन शॉपिंग,

ई–कॉमर्स, और वेबसाइट आदि बनाने का काम प्रारम्भ कर चुका था। कभी–कभी हम अमेरिका के कुछ प्रोग्रामरों और सॉफ़्टवेयर इंजीनियरों को पार्ट टाइम काम पर भी रखते थे जिससे हमारा काम आसान हो जाये। उसका एक बड़ा कारण यह भी था कि अभी तक हमारा कोई ऑफ़िस भी नहीं था। सबकुछ कम्प्यूटर के माध्यम से ही चल रहा था। इसी बीच जब गोपीनाथ 16 वर्ष के थे तब उनको एहसास हो गया कि युरोप में इससे सम्बन्धित बहुत अवसर हैं। क्योंकि तब तक अधिकतम भारतीय आई.टी. कम्पनियाँ अमेरिका पर ही अपना ध्यान केन्द्रित कर रही थीं। यही सोचकर मैंने अपना विस्तार करते हुए जब स्पेन की एक कम्पनी से सम्पर्क किया तो उन्होंने हमारे साथ काम करने से यह कहते हुए मना कर दिया की भारतीयों को स्पेनिस नहीं आती।

"यह तिरस्कार और रिजेक्शन हमारे लिए एक और नया अवसर लेकर आया क्योंकि एक सच्चे उद्यमी के लिए किसी तरह का रिजेक्शन स्वीकार तब तक नहीं होता जब तक कि वह उसे पा नहीं लेता और तब तो बिल्कुल नहीं जब वह अभी सफलता की सीढ़ियाँ चढ़ रहा हो। इस तिरस्कार का परिणाम यह रहा कि तब मैंने स्पेनिस यूनिवर्सिटीज़ के ही पाँच नये लड़कों को नौकरी पर रखा और कहा कि आपकी सेल्स के हिसाब से ही आपकी सैलरी होगी। आप जितने हमारे लिए प्रोजेक्ट लायेंगे उतनी ही सैलरी बढ़ती चली जायेगी। यह फार्मूला काम कर गया और कुछ दिनों बाद ही मैंने स्पेन में अपना एक ऑफ़िस खोल लिया इसके बाद मैंने इटली में भी यही काम किया।

जर्मनी के बाज़ार में प्रवेश और बारहवीं की परीक्षा

अब तक अमेरिकी समाचार पत्रों ने तथा बी.बी.सी. ने गोपीनाथ के बारे में विश्व के सबसे छोटे सी.ई.ओ (CEO) के रूप में कुछ प्रचार कर चुके थे। साथ ही यह भी बता चुके थे कि कैसे एक मध्य वर्ग का लड़का महज़ 14 वर्ष की आयु में दुनिया का सबसे छोटी उम्र का सी.ई.ओ बन गया। गोपीनाथ कहते थे कि पब्लिसिटी मुझे कभी

पसन्द नहीं थी लेकिन मेरे लिए एक कम्पनी स्टार्ट करना और उसे चलाना ही सबसे बड़ा पैशन था। यही सब देखकर और समाचार पत्रों में पढ़कर के जर्मनी के एक बिज़नेस स्कूल ने मुझे उद्यमिता (इंटरप्रिनुयेरशिप) पर बात करने के लिए आमंत्रित किया। तब मेरी आयु 17 वर्ष की थी। इसी बीच मैंने अपनी बारहवीं की पढ़ाई पूरी कर ली और बंगलुरु के एक इंजिनीयरिंग कॉलेज में एडमिशन ले लिया। और 18 वर्ष का होते–होते मैंने अपना एक ऑफ़िस जर्मनी के बॉन शहर में स्थापित कर लिया जिसे मैंने बाद में यूरोपियन देशों का हेड क्वाटर भी बनाया।"

गोपीनाथ कहते हैं, "इस तरह से हमने एक छोटे से इंटरनेट कैफे से बहुउद्देशीय राष्ट्रीय कम्पनी (multinational company) तक का सफ़र तय किया जिसके ऑफ़िस आज अमेरिका, युरोप, यू.के., कनाडा और ऑस्ट्रेलिया आदि देशों तक फैले हुए हैं।"

18 वर्ष की आयु और भारत में कम्पनी की स्थापना

गोपीनाथ जैसे ही अठारह वर्ष के हुए उन्होंने उसी दिन अपनी कम्पनी को भारत में ग्लोबल्स नाम से रजिस्टर कर लिया और इसमें चार लोगों की नियुक्ति की। इन्होंने अपना ऑफ़िस उसी कैफे के बगल में खोला जहाँ से उन्होंने अपने कॅरियर की कभी शुरुआत की थी। लेकिन अब तक वो कैफे बन्द हो चुका था और उस कैफे का मालिक किसी फैक्ट्री में काम करने लगा था। लेकिन जब भी वे अपने उस मालिक से मिलते तो गोपीनाथ यही कहते कि "आपने मुझे तो उद्यमी (entrepreneur) बना दिया, लेकिन आपने ख़ुद एक नौकरी कर ली। ऐसे लोग दुनिया में बहुत कम होते हैं, जो एक अनजान व्यक्ति पर विश्वास करके किसी को आगे बढ़ा दें।"

कम्पनी के भारत में खुलते ही गोपीनाथ का लक्ष्य था कि वह अपनी कम्पनी को एक ऐसी उत्पादक कम्पनी बनाना चाहते थे जिसका मुख्य लक्ष्य शिक्षा पर केन्द्रित हो। इसके लिए उन्होंने एक ऐसा सॉफ़्टवेयर भी बनाया जो बच्चे के स्कूल में एडमिशन से लेकर

उसके निकलने तक उसकी सारी जानकारी रखे। जिसमें वे कामयाब भी रहे। इस क्षेत्र में उनका उद्देश्य यही था कि कैसे वह शिक्षा के इस क्षेत्र में मार्केट लीडर बन जायें। इसमें वे बहुत हद तक सफल भी रहे। आज इनके उत्पाद अथवा सॉफ़्टवेयर भारत, मिडल ईस्ट के देशों जैसे दुबई, ओमान, बहरीन, कुवैत, कतर आदि तथा सिंगापुर इत्यादि के सौ से अधिक विद्यालयों में प्रयोग किये जाते हैं।

राष्ट्रपति अब्दुल कलाम से मुलाक़ात और जीवन की सीख

गोपीनाथ ने भारत के भूतपूर्व राष्ट्रपति डॉ. अब्दुल कलाम से अपनी मुलाक़ात का जिक्र करते हुए बताया कि "जब मैं उनसे मिला तब हमारी आयु सत्रह–अठारह वर्ष की थी। मुझे उनसे मिलने और बात करने का समय सिर्फ़ पन्द्रह मिनट ही निर्धारित हुआ था लेकिन हमारी बातचीत में इतनी गहराई थी कि समय का पता ही नहीं चला और हम डेढ़ घण्टे तक आपस में बात करते रहे। मुझे उनसे बात करते हुए लगा ही नहीं कि मैं भारत के राष्ट्रपति से बात कर रहा हूँ। डॉ. कलाम की महानता ही थी कि उन्होंने कभी महसूस ही नहीं होने दिया कि वे एक अठारह वर्ष के लड़के से बात कर रहे हैं। उन्होंने बिल्कुल एक दोस्त की तरह बात की। मज़े की बात यह थी कि वे पहले टेबल की दूसरी ओर बैठे थे, फिर बाद में मेरी बगल में आ के बैठ गये। यह मेरे लिए एक बड़ी ही यादगार और अच्छा अनुभव देने वाली मुलाक़ात थी।

"डॉ. कलाम से यह मुलाक़ात हमें कई सीख एक साथ देकर गयी। पहला, कि कितने भी बड़े पद पर पहुँचने के बाद भी आप हमेशा उस शख्स और व्यक्ति को सम्मान दो जो कुछ जीवन में सीखना चाहता है और नया करना चाहता है क्योंकि ज्ञान का उम्र से कोई सीधा नाता नहीं होता है। दूसरा, संघर्ष से जीवन के शिखर तक पहुँचे व्यक्ति में किसी तरह का दिखावा नहीं होता बल्कि उसमें स्वाभाविक सहजता होती है जिसको कभी भी नहीं मरने देना चाहिए। तीसरा, प्रत्येक व्यक्ति से कुछ न कुछ सीखते रहना चाहिए और

अपनी जिज्ञासा को निरन्तर जीवित रखना चाहिए। चौथा, जीवन को जितना सरल बनाकर रखेंगे उतना ही सुखी रहेंगे।

गोपीनाथ कहते हैं कि "ये कुछ ऐसी सीखें थी जो एक मनुष्य को हमेशा ज़मीन से जुड़े रहने और अपनी वास्तविकता को बनाये रखने के लिए मजबूर करती हैं क्योंकि आदमी बड़े बंगले और पद से बड़ा नहीं बनता बल्कि उस व्यवहार, विनम्रता और ज्ञान से बड़ा बनता है जो उसकर प्रवृत्ति में समाहित होती है। नहीं तो भारत के राष्ट्रपति से बड़ा बंगला आज भी भारत में किसी के पास नहीं है।"

अपनी कम्पनी और ख़ुद के भविष्य के बारे में योजनाएँ

गोपीनाथ का सूचना प्राद्योगिकी (IT) के बारे में कहना है कि "यह एक टेक्नोलॉजी मात्र नहीं है बल्कि समस्या का समाधान करने का एक उपकरण है। इसलिए मैं इस कम्पनी और इस तकनीक के माध्यम से उन सभी समस्याओं का समाधान करने की कोशिश करता हूँ जिससे एक कम्पनी और मनुष्य अपने रोज़मर्रा की ज़िन्दगी से दो–चार होता है। मैं चाहता हूँ कि मेरी कम्पनी ग्लोबल्स, शिक्षा के क्षेत्र में पूरे विश्व की लीडर बनकर उभरे और इससे जुड़े तमाम सॉफ़्टवेयर को बनाने में मैं अपने आपको सक्षम बना सकूँ।

"दूसरा, पहले जब मैं छोटा था तब मैं पैसों के बारे में बहुत अधिक चिन्तित नहीं होता था और न ही किसी बात की परवाह करता था। लेकिन जबसे मैंने कम्पनी को विस्तार देना प्रारम्भ किया है तब से कम्पनी में काम करने लोगों की तनख्वाह और उनकी तरक्की की जवाबदारी भी मेरी बनती है इसलिए ऐसे में अब मैं पैसे के बारे में नहीं सोचूँगा तो तरक्की न तो कम्पनी की होगी और न ही उसमें काम करने वाले लोगों की। क्योंकि जब मैंने बंगलुरु के एक छोटे–से इंटरनेट कैफे में यह कम्पनी प्रारम्भ की थी तब मैंने सोचा भी नहीं था कि एक दिन ये करोड़ों की कम्पनी बन जायेगी। लेकिन ये सब धीरे–धीरे अपने आप होता गया। शायद इसके पीछे मेरी ड्राइविंग फोर्स, वह पैशन ही था जो अभी तक पूरे सफ़र को अद्‌भुत बनायें हुए है। मैं चाहता हूँ कि मैं आगे भी ऐसे जोश और उत्साह से भरे

युवाओं को साथ लेकर आगे बढ़ता रहूँ और कम्पनी को एक दिन सफलता के उच्चतम शिखर तक पहुँचाऊँ।

हमने सीखा

I. उम्र का योग्यता और हुनर से कोई सम्बन्ध नहीं होता है और न ही सफलता के रास्ते में कोई बड़ी शैक्षणिक योग्यता मायने रखती है।

II. जो चीज़ आप जीवन में धक्के खाते हुए सीखते है वह दुनिया की कोई किताब नहीं सिखा सकती है; जिसको पढ़कर आप सफल हो जायें।

III. अभिभावकों को सबसे बड़ा संदेश यही है कि बच्चों के कामकाज में नज़र तो रखें लेकिन अपनी पसन्द के किसी काम को करने के लिए मजबूर न करें बल्कि उसकी इच्छा के अनुसार उसके उस टैलेंट को पहचानने की कोशिश करें जो उसके अन्दर समाहित है।

IV. जीवन में किताबी ज्ञान से कुछ बदलाव नहीं आता। बदलाव आता है तो व्यावहारिक ज्ञान से। जिसे आज भी हम मानने को तैयार नहीं है।

बड़ी सोच का बड़ा जादू

"ग़रीब के घर पैदा होना यह आप की ग़लती नहीं है, ग़रीब होकर मर जाना यह आप की ग़लती है।" **बिल गेट्स**

मुझे नहीं मालूम माइक्रोसॉफ्ट कम्पनी के मालिक बिल गेट्स ने यह वाक्य कब कहा था और किस सन्दर्भ में कहा था लेकिन यह वाक्य मेरे ज़ेहन में इस कदर बस गया कि मेरे कई व्याख्यानों का यह हिस्सा हो गया और मैं पूरी तरह से इस बात से सहमत हूँ कि एक आदमी का बस इसमें नहीं है कि वह कब और कहाँ पैदा होगा, किसके घर पैदा होगा लेकिन इतना बस तो ज़रूर अपने हाथ में होता है कि हम अपनी सोच से अपने जीवन को बदल सकते हैं।

सवाल उठता है वह सोच होती क्या है जिसके माध्यम से जीवन बदला जा सकता है। एक सामान्य सोच और बड़ी सोच में अन्तर क्या है। इसे जानने के लिए हमें अपनी प्रत्येक बात और काम को मूल्यवान समझना होगा। अपने अन्दर एक ऐसा साहस और सामर्थ्य पैदा करना होगा कि आप जब भी कोई काम करें उसको बड़ा सोचे। हमेशा इस बात को ध्यान में रखें कि आप जो काम कर रहे हैं वह सबसे बड़ा है, और साथ में इस बात का भी ध्यान रखें कि आपसे भी बड़ा कोई है इस जगत में जो आपको कभी भी नीचे गिरा सकता है, तब आप अपना सर्वश्रेष्ठ देने की कोशिश करेंगे। ऐसी सोच ही वह चाभी है जिसके माध्यम से आप अपने जीवन में मिली ग़रीबी के उस दरवाज़े को खोल सकते हैं और अमीरी के द्वार में प्रवेश कर सकते है। इसके कुछ चरण इस प्रकार है :

1. मूल्यवान सोच

इस अवसर पर मुझे जे.आर.डी. टाटा की वह कहानी याद आती है कि "जे.आर.डी. टाटा के एक मित्र थे। वो जब भी उनसे मिलते तो कहते 'मेरी पेन बहुत गुमती है' जिसे वह कहीं भी रखकर भूल जाते हैं। इसलिए उन्होंने फैसला किया कि अबसे मैं सस्ती पेन ही रखूँगा जिससे न खोने का गम होगा और न ही सँभालकर रखने का तनाव भी। यद्यपि वे अपनी इस आदत से परेशान भी थे।

उनकी इस समस्या को देखते हुए जे.आर.डी. टाटा जी ने उन्हें महँगी पेन रखने की सलाह दी और कहा देखना अब क्या होता है।

मित्र ने टाटा की सलाह मानते हुए एक 22 कैरट सोने का पेन ख़रीद लिया। लगभग छह–आठ महीने बाद जब वे मित्र टाटा से मिले, तो जेआरडी टाटा ने पेन के बारे में पूछा।

अब बारी मित्र की थी। मित्र ने मुस्कुराते हुए कहा, 'मैं अपने महँगे पेन का बहुत ध्यान रखता हूँ क्योंकि 22 कैरेट सोने की है और मुझे सबसे हैरानी खुद पर होती है कि मैं कितना बदल गया हूँ। जेआरडी ने कहा, 'तुम नहीं बदले हो। पेन की क़ीमत के एहसास ने तुम्हें बदल दिया है। मूलतः व्यक्ति के तौर पर तुममें पहले भी कोई कमी नहीं थी। सबके' जीवन के साथ भी ऐसा ही होता है। दरअसल हम उन चीज़ों का बहुत ध्यान रखते हैं, जिन्हें मूल्यवान समझते हैं, जिनके होने और खोने का एहसास हमें हमेशा होता है।"

दरअसल हमारे पूरे जीवन का दर्शन भी यही है, जिस व्यक्ति और चीज़ को हम महत्त्वपूर्ण मानते हैं उसके प्रति हमारा नज़रिया भी उतना ही गम्भीर और सचेत हो जाता है। जिस दिन से हम किसी व्यक्ति और चीज़ को मूल्यवान मानने लगते हैं उस दिन से हमारा किसी को देखने के प्रति पूरा दृष्टिकोण ही बदल जाता है और यह दृष्टिकोण तभी बदलता है जब आप किसी चीज़ के महत्त्व और मूल्य को समझें। ऐसा दृष्टिकोण पैदा करने के लिए हमें कुछ उपाय करने पड़ते हैं, मसलन :

2. बड़ा सोचें

बड़ी सोच से तात्पर्य यहाँ किसी बड़े काम को करने से नहीं है, बल्कि बड़ी सोच से मतलब छोटी–छोटी बातों को भी बड़ी गम्भीरता से लेने की है क्योंकि बड़ा आदमी कोई एक दिन में नहीं बनता। बस वह छोटे–छोटे काम ही इतनी शिद्दत से करता है कि वह एक दिन बड़ा आदमी बन जाता है। इस सन्दर्भ में अली बाबा कम्पनी के मालिक जैक माँ ने उद्यमी बनने के जो लक्षण गिनाये हैं उससे बहुत कुछ समझा जा सकता है। उन्होंने अपने एक इन्टरव्यू में कहा कि 'जब आप इंटरप्रेन्योर बनने की ठान लेते हैं तो आप यह भी मान लेते हैं कि इंटरप्रेन्योर का मतलब क्या होता है :

कोई निश्चित आय नहीं।
कोई निर्धारित अवकाश भी नहीं।
और न ही किसी प्रकार का बोनस भी।

लेकिन आप जैसे ही यह निर्धारित करते हैं यह अनिश्चितता ही आपको उस ऊँचाई की तरफ़ ले जाती है जिसकी कोई निश्चित सीमा भी नहीं होती अर्थात :

आपकी आय की कोई निर्धारित सीमा नहीं।
आपके समय का अधिक अच्छे ढंग से उपयोग।
पहले से अधिक अनुशासित।

आपके पास पहले से इस बात की अधिक स्वतन्त्रता है कि हमें क्या काम करना है अथवा नहीं करना है।

जैक माँ इतनी–सी छोटी बात को कितने बड़ी सोच के साथ कहते हैं, "अगर आपके विचार अलग हैं, तो परिणाम अलग होंगे! अगर आपकी पसन्द अलग है, तो जीवन भी सबसे अलग होगा।"

इसीलिए कहा जाता है कि एक सफल व्यक्ति की सबसे बड़ी पूँजी होती हैः "सही समय पर सही सोच को ढूँढ़ पाना। न कि सबसे सफल व्यक्ति को ढूँढ़ना।" यदि सही समय पर सही सोच आपकी काम कर गयी तो सफलता तो अपने आप ही मिल जायेगी।

3. सोच को निर्धारित करें

ऐसा माना जाता है कि एक सामान्य मनुष्य में 24 घण्टे में 60,000–80,000 विचारों के बीच सोचता है। यह औसतन 2,500–3,300 विचार प्रति घण्टे है। यह अकल्पनीय और अविश्वसनीय जान पड़ता है लेकिन सच है। यदि कुछ अन्य विचारकों की राय मान ली जाये तो कम से कम एक आदमी के मन में 45,000 से 50,000 विचार तो आते ही हैं। जिसका अर्थ है प्रति घण्टे लगभग 2,100 से लेकर 2,500 विचार।

इतनी सारी सोच में से किसी एक को निर्धारित कर पाना असम्भव जान पड़ता है। लेकिन यही वह बिन्दु है जहाँ एक बड़ा आदमी सबको छोड़कर एक पर केन्द्रित हो जाता है और वह अपने आप में पूरी तरह से दृढ़ निश्चय कर लेता है कि कुछ भी हो अब मुझे यही काम करना है, परिणाम चाहे जो भी हो। और जिस दिन आप अपनी छोटी सोच को भी पूरे दृढ़ निश्चय के साथ किसी एक काम के लिए सुनिश्चित कर देते हैं, उस दिन से आपका सब काम होना प्रारम्भ हो जाता है। 'बड़ी सोच का बड़ा जादू' का मूलभूत सिद्धान्त भी यही कहता है कि आज जितने भी बड़े लोग ऊँची–ऊँची जगहों तक गये हैं, उनके पीछे का सिद्धान्त और दर्शन यही रहा है। जैसा कि प्रॉफेट डेविड, ने लिखा, 'जैसा आप अपने–अपने दिल में सोचते हैं, आप वैसे ही होते हैं।' इसी तरह इमर्सन का भी कहना था कि 'महान लोग वे होते हैं जो यह देख सकते हैं कि विचार किस तरह सम्पूर्ण दुनिया पर शासन करते हैं।'

मिल्टन, ने तो अपने 'पैराडाइज लॉस्ट' में यहाँ तक लिख दिया कि, 'एक मस्तिष्क का अपना स्थान निश्चित होता है जो स्वर्ग को नर्क बना सकता है और नर्क को स्वर्ग।' कुछ ऐसी ही सोच शेक्सपियर जैसे महान मस्तिष्क वाले व्यक्ति की भी थी। उनका कहना था, 'कोई भी चीज़ बुरी या अच्छी नहीं होती, हमारा नजरिया ही उसे अच्छा या बुरा बनाता है।'

इससे एक बात तो पूरी तरह स्पष्ट है कि जिस दिन आपको इस बात का एहसास हो जाता है कि हमारी ज़िन्दगी की सफलता और असफलता का ज़िम्मेदार कोई अन्य नहीं बल्कि हम स्वयं होते हैं उस दिन से आप अपनी सोच को बदलना प्रारम्भ कर देते है। और जो व्यक्ति ग़लतियों से सीख कर अपनी सोच को समय रहते बदल देता है और उसे मूल्यवान मानकर अपने मन को एक सुनिश्चित दिशा में लगा देता है उसी दिन से उसकी सफलता की कहानी शुरू हो जाती है।

हमने सीखा

I. हमेशा इस बात को ध्यान में रखें कि आप जो काम कर रहे हैं वह सबसे बड़ा है, और साथ में इस बात का भी ध्यान रखें कि आपसे भी बड़ा कोई है इस जगत में जो आपको कभी भी नीचे गिरा सकता है, तब तक आप अपना सर्वश्रेष्ठ देने की कोशिश करते रहेंगे।

II. सही समय पर सही सोच को ढूँढ़ पाना ही सबसे बड़ी पूँजी है न कि सबसे सफल व्यक्ति को ढूँढ़ना।

III. जिस दिन आप अपनी छोटी सोच के साथ भी पूरे दृढ़ निश्चय के साथ किसी एक काम को करना प्रारम्भ कर देते हैं उस दिन से आपका सब काम होना प्रारम्भ हो जाता है।

IV. जिस दिन आपको इस बात का एहसास हो जाता है कि हमारी ज़िन्दगी की सफलता और असफलता का ज़िम्मेदार कोई अन्य नहीं बल्कि हम स्वयं होते हैं उस दिन से आप अपनी सोच को बदलना प्रारम्भ कर देते है।

सकारात्मक सोच बनाये रखें

ब्राज़ीलियन उपन्यासकार पाउलो कोएलो का एक प्रसिद्ध उपन्यास है 'वेरोनिका डिसाइड टू डाई' जिसमें जीवन में मिले धोखों और परेशानियों से छुटकारा पाने के लिए उपन्यास की नायिका वेरोनिका अपने जीवन से मुक्ति चाहती है। लेकिन उसके मन में यह बात आती है कि मरना तो अब है ही तो क्यों न अच्छी तरह से मरा जाये। इसके लिए वह घर की सफ़ाई करती है, उसे सजाती है, प्रार्थना करती है और जब मरने का वक़्त आता है, तब वह सोचती है यह सब कुछ कितना अच्छा लग रहा है। घर सजाने के लिए इतना मेहनत किया हैं तो क्यों न एक दिन अपनी मृत्यु को टाल दिया जाये और इसकी खूबसूरती को एन्जॉय कर लिया जाये। लेकिन अगले दिन फिर वह उसी तरह मरने की तैयारी करती है जैसे पहले दिन करती है। और फिर वह अपनी मृत्यु की तारीख़ को अगले दिन के लिए टाल देती है। ऐसा बार–बार करते रहने से उसे जीवन के रहस्य का पता चल जाता है और वह महसूस करने लगती है की जीवन बहुत ख़ूबसूरत है। यदि उसको मनोरंजन के साथ और सकारात्मक ढंग से जिया जाये तो जीवन की किसी भी परेशानी से छुटकारा पाया जा सकता है और आप जो चाहते है वह सब मिल सकता है। उपन्यास को पढ़ते हुए ऐसे कई पहलू आपके सामने आयेगे जो आपकी सकारात्मक सोच को बढ़ाने का काम करेंगे। सकारात्मक सोच के फ़ायदे क्या–क्या है। इसकी एक झलक इस प्रकार है :

1. जीवन जीने का उद्देश्य सुनिश्चित

दुनिया के इतिहास में अपनी अलग पहचान बनाने वाले दो बड़े नेता साउथ अफ्रीका के नेल्सन मंडेला और म्यांनमार की आंग सांग सूकी का नाम बड़े आदर और सम्मान से लिया जाता है। जहाँ एक तरफ नेल्सन मंडेला को अपने देश को उपनिवेशवाद से छुटकारा दिलाने के लिए 27 वर्ष जेल में रहना पड़ा वही दूसरी तरफ आंग सांग सूकी को अपने देश को ब्रिटिश उपनिवेशवाद से छुटकारा दिलाने के लिए लगभग 21 वर्ष जेल के सलाखों के पीछे अपना जीवन व्यतीत करना पड़ा। लेकिन इन दोनों ने कभी हार नहीं मानी और अपने कर्तव्य पथ पर डटे रहे। परिणामस्वरूप इन दोनों के इतिहास में एक दिन ऐसा आया जब इनके देश की जनता ने उन्हें न सिर्फ़ अपना नेता चुना बल्कि इन दोनों को देश के सर्वोच्च पद राष्ट्रपति पर विराजमान किया। आंग सांग सूकी तो अभी भी अपने देश के सर्वोच्च पद पर विराजमान हैं।

2. उद्देश्य को पाने के लिए लगातार कोशिश

हिन्दी के किसी कवि ने एक बड़ी अच्छी कविता लिखी थी "कोशिश करने वालों की हार नहीं होती, लहरों से डरकर नौका पार नहीं होती, एक चीटी दाना लेकर बार–बार दीवाल पर चढ़ती और फिसलती है, लेकिन हर बार उसकी कोशिश बेकार नहीं होती।" यह कविता सकारात्मक सोच रखने वालों के लिए पूरी तरह फ़िट बैठती है। न जाने अपने जीवन के संघर्ष में नेल्सन मंडेला और आंग सांग सूकी को कितने कष्टों का सामना करना पड़ा होगा लेकिन इन दोनों लोगों ने हार नहीं मानी और लगातार कोशिश करते रहे और अन्ततः उन्हें वह चीज़ मिल गयी जिसकी उन्हें दरकार थी।

3. आशा का संचार

अमेरिका के कैंसास यूनिवर्सिटी के प्रोफ़ेसर डॉ. चार्ल्स आर. सिन्डर ने 'द जर्नल ऑफ़ पर्सनालिटी एंड सोरूल साइकोलॉजी' में लिखा है कि

"आशा के साथ किया गया कोई भी कार्य उस कार्य से ज़्यादा सफल होता है जिसको एक रूटीन के तहत किया जाता है। इनका कहना था कि आशा का सीधा सम्बन्ध व्यक्ति के सकारात्मक सोच से जुड़ा हुआ होता है। इस स्थिति में कोई भी व्यक्ति जीवन में असफल होने के बावजूद अपनी उम्मीद को नहीं छोड़ता और वह अपने काम में उत्साह के साथ तब तक लगा रहता है जब तक की उसे सफलता नहीं मिल जाती।"

4. जीवन में सफलता के हक़दार

सकारात्मक सोच को लेकर की गयी एक केस स्टडी में यह पाया गया की जीवन में अन्ततः सफलता उसी को मिलती है जो जीतने का जज्बा रखता हैं। निराश और हताश लोगों के लिए सफलता के सभी दरवाज़ें हमेशा बन्द ही नज़र आते हैं। इस बात को इस तरह से भी समझा जा सकता है जैसे कि "मान लीजिए राम और श्याम नाम के दो व्यक्ति एक कम्पनी में काम करते हैं। इन दोनों का बॉस पहले राम को एक काम देता है और पूछता है क्या तुम इस काम को कर पाओंगे? राम इसका 'न' कहकर उत्तर देता है। मतलब राम के काम करने की सारी सम्भावना उसके 'न' कहते ही ख़तम हो जाती है। वही काम कम्पनी का बॉस श्याम को देते हुए कहता है कि क्या तुम यह काम कर पाओंगे? श्याम थोडा सोचकर बोलता है, "येस सर, क्यों नहीं।" मतलब श्याम के 'हाँ' कहते ही उस काम की सारी सम्भावनाएं खुल जाती है। यदि वह काम श्याम को बहुत अच्छी तरह से नहीं भी आता है तो वह इसके लिए अन्य व्यक्तियों से पूछेगा। लगातार कोशिश करता रहेगा। जब तक की वह उस काम को कर नहीं डालता क्योंकि उसके 'हाँ' कहने मात्र से उसके अन्दर ज़िम्मेदारी की एक भावना जो आ गयी है। इस तरह वह जीवन में कभी भी किसी काम से पीछे नहीं भागेगा और हर नए काम को स्वीकार करने की इच्छा रखेगा। उसके इस प्रवृत्ति को देखकर

भविष्य में जब भी कोई बड़ा और ज़िम्मेदारी वाला काम आयेगा तो वह हमेशा श्याम को ही मिलेगा न की राम को। क्योंकि श्याम ही वह व्यक्ति है जो सकारात्मक सोच से भरपूर है न की राम।

हमने सीखा

I. यदि किसी काम को मनोरंजन के साथ–साथ सकारात्मक ढंग से किया जाये तो जीवन की किसी भी परेशानी से छुटकारा पाया जा सकता हैं और आप जो चाहते हैं वह सब मिल सकता है।

II. आशा के साथ किया गया कोई भी कार्य उस कार्य से ज़्यादा सफल होता है जिसको की एक रूटीन के तहत किया जाता है।

III. किसी काम की ज़िम्मेदारी लेने मात्र से अनजाने काम के प्रति भी काम करने की सम्भावना बढ़ जाती हैं। अतः कोई भी नया काम लेने से घबराना नहीं चाहिए।

फ़र्स्ट इम्प्रेशन इज़ द लास्ट इम्प्रेशन

अंग्रेज़ी में एक कहावत है "ऑपर्चुनिटी नॉक द डोर बट ओनली ओन्स इन लाइफ़" अर्थात् "जीवन में अवसर एक बार ही दरवाज़ा खटखटाता है"। शेष आप पर निर्भर करता है कि हाथ आये हुए अवसर को सफलता में कैसे तब्दील करें। कुछ लोगों में ऐसी कुछ ख़ूबियाँ होती है जो एक बार में किसी के ऊपर ऐसा प्रभाव छोड़ देते हैं कि वह जीवनभर उनका क़ायल बन जाता है। जबकि कुछ लोगों के पास अच्छी योग्यता, ज्ञान और अनुभव सब कुछ होने के बाद भी जीवन की सफलता में महज़ इसलिए नहीं सफल हो पाते क्योंकि उनके पास वह गुण नहीं होता जिसके माध्यम से वे पहले ही प्रयास में ऐसा प्रभाव छोड़ सके, जो उन्हें सफलता की सीढ़ियों तक पहुँचा दे। अंग्रेज़ी में इसी को 'फ़र्स्ट इम्प्रेशन' के नाम से जाना जाता है।

बहुत लोगों को यह पता नहीं होता की दैनिक जीवन में रोज़मर्रा के काम से लेकर नौकरी के इंटरव्यू तक में सफलता प्राप्त करने में पहले इम्प्रेशन का बहुत बड़ा योगदान होता है। माई न्यूज़ डॉट कॉम, नॉर्थ कैरिलीना, अमेरिका में 2000 बड़े अधिकारियों पर किये गये एक अध्ययन के अनुसार नब्बे मिनट के भीतर 33 प्रतिशत कम्पनियों को यह पता चल जाता है कि कौनसा व्यक्ति नौकरी पाने के योग्य है और कौनसा नहीं। इसका मतलब मुश्किल से तीन में से एक ही व्यक्ति दुनिया में ऐसे होते है जो पहले ही प्रयास में अपनी पहचान सामने वाले के मन में बना लेते है कि वह कैसा व्यक्ति है। शेष 67 प्रतिशत व्यक्ति किसी भी व्यक्ति के सामने बनी अपनी नकारात्मक

इमेज को सकारात्मक इमेज में तब्दील करने में संघर्ष करते रहते है। इसीलिए अंग्रेज़ी में कहा जाता है "फर्स्ट इम्प्रेशन इज़ द लास्ट इम्प्रेशन।" फ़र्स्ट इम्प्रेशन को बढ़ाने के लिए एक सामान्य व्यक्ति को क्या–क्या करना चाहिए, उसके व्यक्तित्व में कैसे निखार आये, इसको अभिव्यक्त करने की मूलतः तीन सीढ़ियाँ हैं. जो इस प्रकार हैं–

1. देह भाषा (Body Langauge): देह भाषा का किसी भी व्यक्ति की सफलता में बहुत बड़ा योगदान है. इसको भी तीन प्रकार से समझा जा सकता है।

(क) **कोई देख रहा है** : जब आप किसी से मिलें अथवा किसी इंटरव्यू को देने के लिए किसी भी ऑफ़िस में घुसें तब हमेशा इस बात का ध्यान रखे़ कि आपको कोई देख रहा है। आपका चलना, आपका खड़े होना बिलकुल वैसे ही होना चाहिए जैसे कि आप अपने ज़िन्दगी की सफलताओं के पन्नों को ब्रीफ़केस में सँभालकर रखते है। इसी तरह आपकी ज़िन्दगी की देह भाषा यह दर्शाती है कि आप जीवन में कितना व्यवस्थित है। इसी देह भाषा से आपके फ़र्स्ट इम्प्रेशन की पाठशाला शुरू हो जाती है।

(ख) **पहनावे का चुनाव महत्त्वपूर्ण** : इस बात का हमेशा ध्यान रखें कि बालों की सजावट से लेकर आपके चेहरे की चमक तक, आपके कपड़े पहनने के ढंग से लेकर आपके जूतों के चयन तक, सब कुछ फर्स्ट इम्प्रेशन का पार्ट होता है। इसलिए जब भी पहनावे की बात आये तो उसे गम्भीरता से लें क्योंकि यह दूसरा सबसे महत्त्वपूर्ण बिन्दु है, जिसके आधार पर आपकी इमेज निर्मित होती है।

(ग) **आत्मविश्वास के साथ हाथ मिलायें अथवा मिलें** : हाथ मिलाना ही केवल आपका वह पहला शारीरिक सम्पर्क होता है जिसके आधार पर सामने वाला आपके आत्मविश्वास का परीक्षण करता है। हाथ मिलाते समय इस बात का ध्यान रखे

कि आपका हाथ काँपे नहीं। कन्धों का मिलन पूरा नब्बे डिग्री के कोण में हो लेकिन येसा करते समय बिल्कुल ध्यान रखें आपके बॉड़ी लान्येज में कही से कोई घमण्ड सामने वाले को महसूस न हो दें और आप विनम्रता को बरक़रार रखें।

2. **व्यवहार** : व्यक्तित्व विकास का दूसरा सबसे महत्त्वपूर्ण और प्रभावी तरीक़ा है एक व्यक्ति का व्यवहार, जो वह दूसरों के साथ करता है। यह व्यवहार आपके फ़र्स्ट इम्प्रेशन को बढ़ाने में सहायक की भूमिका अदा करता है। दूसरों से बात करते समय अथवा किसी से मिलते समय किन–किन बातों का ध्यान रखना चाहिए, यह ग़ौर करने वाली बात है।

(क) **खुलकर अपनी बात रखें** : हमेशा इस बात का ध्यान रखे कि जो व्यक्ति किसी से खुलकर अपनी बात रखते हैं उनमें आत्मविश्वास उस व्यक्ति से हमेशा अधिक होता है जो व्यक्ति किसी भी तथ्य को छुपाकर अपनी बात रखते हैं। जिन व्यक्तियों को पढ़ पाना मुश्किल होता है उनको पसन्द करने वालों लोगों की संख्या हमेशा उनके बनिस्वत कम होती है, जो व्यक्ति खुले विचारों का होता है।

(ख) **अपनी जानकारी पुख़्ता रखे** : ऐसे व्यक्ति अथवा अभ्यर्थी जो किसी कम्पनी में इंन्टरव्यू आदि परीक्षाओं के लिए जा रहे हैं। उनको सलाह यह दी जाती है कि वे सम्बन्धित कम्पनी के बारे में शोध करके जायें क्योंकि सभी लोग ऐसे व्यक्ति को पसन्द करते हैं जिनमें आपस में कुछ कामन हो, इसलिए हमेशा इस बात का ध्यान रखें जिससे आप मिलने जा रहे है अथवा जिस कम्पनी में आप साक्षात्कार देने जा रहे है उसमें और आपके व्यक्तित्व में कुछ कामन है। जिससे कोई भी व्यक्ति आप में रुचि ले सके और आपसे बातें बढ़ाने में उसे आनन्द आये।

(ग) **अच्छे श्रोता बनें** : देखने में यद्यपि यह फ़र्स्ट इम्प्रेशन का पहला और सबसे सामान्य बिन्दु लगता है लेकिन एक अच्छा वक्ता होने के लिए अच्छा श्रोता होना ज़रूरी है। अच्छा श्रोता बनकर आप सामने वाले के मन में यह छाप छोड़ सकते हैं कि आप उसकी बातों में रुचि ले रहे है और उसकी बातें आपको अच्छी लग रही है। येसा करने से आप किसी व्यक्ति के करीब आ सकते है।

3. **सम्प्रेषण क्षमता बढ़ायें** : दुनिया के तमाम अनुसन्धानों ने यह साबित कर दिया है कि किसी भी व्यक्ति की सफलता में उसकी सम्प्रेषण–क्षमता का महत्त्वपूर्ण योगदान होता है। आपके पास कितनी ही योग्यता, ज्ञान और अनुभव हो लेकिन इन सबको अभिव्यक्त करने की क्षमता आप में यदि नहीं है तो आप सफलता का स्वाद कभी चख ही नहीं सकते। फ़र्स्ट इम्प्रेशन को बढ़ाने में इस अभिव्यक्ति कौशल का भी बहुत बड़ा योगदान है। जानें कैसे :

(क) **मनोबल बढ़ाने वाली सूचना** : हमेशा इस बात का ध्यान रखें कि व्यक्ति चाहे कितना भी बड़ा क्यों न हो, वह हमेशा इस बात की फ़िराक में रहता है कि कही से कोई ऐसा कोना और भरोसा मिल जाये जो उसके मनोबल को बढ़ा सके और उसके सकारात्मक सोच और सार्थक कामों को सहयोग कर सके। ऐसा करके आप किसी भी व्यक्ति की आन्तरिक जीवन का हिस्सा हो सकते है। जो उसके जीवन और व्यवसाय को बढ़ाने में उपयोगी हो सकता है। पाल जे. मेयर ने इसी बात को आगे बढ़ाते हुए कहा है "सम्प्रेषण क्षमता एक येसी मानवीय सम्बन्ध है जो किसी भी व्यक्ति के व्यक्तिगत और कॅरियर में सफलता का कारण बन सकता है।"

(ख) **वातावरण का निर्माण करें** : सम्प्रेषण क्षमता का दूसरा सिद्धान्त कहता है कि किसी से बात करते समय हमेशा

इस बात का ध्यान रखें कि आप उसकी बात को सुनने के लिए–उत्साहित हैं। इससे सामने वाले के मन में आपके प्रति एक श्रद्धा और प्रेम का भाव उत्पन्न होगा, इससे सामने वाला व्यक्ति आपसे ज़्यादा खुलकर अपनी बात को शेयर करने में दिलचस्पी लेगा।

(ग) **सहमति के साथ आई कांन्टेक्ट बनाये रखें** : जब भी आंप किसी से बात करें, इस बात का हमेशा ध्यान रखें कि आप क्यों उस व्यक्ति के साथ जुड़ना चाहते हैं, जो आपको प्रेरणा देता है। ऐसा करते समय इस बात का भी सदैव ध्यान रखें कि आपका सम्बन्धित व्यक्ति के साथ आई कांन्टेक्ट बराबर बना हुआ है। इससे आप उसकी मुद्रा को पहचान सकते हैं और साथ ही उसकी उस परिस्थिति को भी जाने, जो उसे सहज और असहज बनाती है।

(घ) **ऊर्जावान दिखे** : प्रायः यह देखने में आता है कि ऐसे लोगों के आसपास अधिक भीड़ होती है जिनसे यह उम्मीद की जाती है कि वह उनके जीवन में कुछ बदलाव ला सकते हैं। बनिस्बत इसके की जिनके आसपास रहने से कोई नुक़सान हो सकता है। अतः किसी से बात करते समय हमेशा यह ध्यान में रखना चाहिए कि आपकी ऊर्जा का स्तर उस व्यक्ति से अधिक है जिससे आप बात कर रहे होते है। इससे सामने वाले के मन में भी आपके साथ बात करके एक उत्साह और ऊर्जा का एहसास होगा। जो फ़र्स्ट इम्प्रेशन को बढ़ाने में मददगार साबित होगा।

हमने सीखा

I. कुछ लोगों के पास अच्छी योग्यता, ज्ञान और अनुभव सब कुछ होने के बाद भी जीवन की सफलता में महज़ इसलिए नहीं सफल हो पाते क्योंकि उनके पास वह गुण नहीं होता जिसके माध्यम से वे पहले ही प्रयास में ऐसा प्रभाव छोड़ सकें, जो उन्हें सफलता की सीढ़ियों तक पहुँचा दे। अंग्रेज़ी में इसी को "फ़र्स्ट इम्प्रेशन" के नाम से जाना जाता है।

II. जब आप किसी से मिलें अथवा किसी इंटरव्यू को देने के लिए किसी भी ऑफिस में घुसें। तब हमेशा इस बात का ध्यान रखें की आपको कोई देख रहा है। आपका चलना, आपका खड़े होना बिल्कुल वैसे ही होना चाहिए जैसे की आप अपने ज़िन्दगी की सफलतायों के पन्नों को ब्रीफ़कस में सँभालकर रखते हैं।

III. बालों की सजावट से लेकर आपके चेहरे की चमक तक, आपके कपड़े पहनने के ढंग से लेकर आपके जूतों के चयन तक, सब कुछ फ़र्स्ट इम्प्रेशन का पार्ट होता है।

IV. किसी से बात करते समय हमेशा यह ध्यान में रखना चाहिए कि आपकी ऊर्जा का स्तर उस व्यक्ति से अधिक है जिससे आप बात कर रहे होते हैं। इससे सामने वाले के मन में भी आपके साथ बात करके एक उत्साह और ऊर्जा का एहसास होगा। जो फ़र्स्ट इम्प्रेशन को बढ़ाने में मददगार साबित होगा।

तीन पत्ती, तीन दोस्त और तीन चालें

कभी सोचा नहीं था कि रीवा के एक सामान्य से स्कूल में पढ़े तीन दोस्तों की पच्चीस वर्ष बाद एक साथ मुलाक़ात होगी और वो भी तीन पत्ती ताश के खेल पर। हुआ यूँ कि स्कूल के कुछ मित्रों ने मिलकर व्हाट्सअप पर "सहपाठी" नाम से एक ग्रुप बनाया। इसमें जहाँ जो भी मित्र एक–दूसरे के सम्पर्क में था एक–दूसरे को जोड़ता चला गया। ऐसे ही एक दिन अचानक मैं कब सहपाठी ग्रुप का सदस्य बन गया पता ही नहीं चला। इसी बीच एक दिन एक मित्र नलिन का फ़ोन आया, "हाय! भाई, कैसा है।" मैंने उत्तर में कहा कि, "मैंने आपको पहचाना नहीं।" "अरे मैं नलिन जैन।" मेरी जिज्ञासा अभी भी शान्त नहीं हुई थी। "अरे मैं मॉडल स्कूल रीवा में साथ–साथ पढ़े हैं।" तब भी उसका चेहरा मुझे बिल्कुल ध्यान नहीं आ रहा था। इस बीच फ़ोन कट हो गया। मैंने तुरन्त जाकर व्हाट्सअप प्रोफाइल में उसका चेहरा ढूँढ़ा। फ्रेंच कट दाढ़ी और उस पर उड़े हुए बाल। मैं और भी असमंजस में पड़ गया क्योंकि मेरे 11 या 12 के सेक्शन का होता तो फिर भी मैं उसके चेहरे से कुछ रिलेट कर पाता। इतनी देर में उसका फिर से फ़ोन आया। फिर पूछा। "भाई पहचाना।" मैंने फिर कहा, "भाई कोशिश कर रहा हूँ।" तब उसने खुलकर बोला। "अरे भाई मैं "बी सेक्शन" में था। और तुम लोग "सी सेक्शन" में और सब मुझे इस कंजी ओर नीली आँखें होने के कारण "मंदाकिनी" के नाम से चिढ़ाते थे।" जैसे ही उसने स्कूल का अपना असली नाम बताया, दिमाग़ की बत्ती जल गयी।

उसके कुछ दिन बाद ही दिवाली का त्योहार आने वाला था। बातचीत में पता चला हमारे सेक्शन का दूसरा एक और लड़का

जिसका असली नाम दिव्यकान्त श्रीवास्तव था, वह भी उसके पड़ोस नॉएडा में ही रहता है जिसका स्कूल का असली नाम "हीरो पुक मोटर बाइक वाला 'लंबू'" था। उसके इतना बोलते ही दिव्यकान्त का चेहरा तुरन्त आँखों के सामने तैरने लगा। ख़ैर अब हम लोग अपनी व्यस्ततम ज़िन्दगी के बीच में से समय निकालते रहे और फ़ोन पर बातचीत होती रही। इसी बीच दिवाली का त्योहार नज़दीक आने ही वाला था कि हम लोगों ने निर्णय लिया कि किसी एक के घर हम सब लोग फॅमिली सहित मिलते हैं। डेट और टाइम फिक्स किया गया। हम लोग नलिन के यहाँ ही पहली बार बैठे। निर्णय लिया गया कि समय थोड़ा अच्छे से और लम्बा गुज़रे। इसलिए खाने-पीने के साथ ताश की पत्ती का भी जुगाड़ कर लिया गया और निर्णय लिया गया कि दिवाली के दिनों में जो सबसे शुभ खेल माना जाता है। वह है 'तीन पत्ती'। हम तीनों बादशाहों के बीच हमारी बेगम साहिबा लोगों ने भी माहौल जमाना चाहा। इस तरह बच्चों को उनकी संगत में करके हम लोग बैठ गये तीन पत्ती खेलने।

मेरे लिए यह खेल बिल्कुल नया था। इसीलिए बिल्कुल समझ में नहीं आ रहा था। इसलिए बीच-बीच में मैं सबसे पूछता रहा। मेरी बेगम को भी बहुत अधिक नहीं आता था। इसलिए हम लोग खेल तो खेल रहे थे लेकिन तुक्के के आधार पर अधिक और जानकारी के आधार पर कम। लेकिन नलिन और उसकी बेगम और दिव्यकान्त तथा उसकी बेगम को फिर भी यह खेल हमसे बेहतर आता था।

किसी भी खेल में हार-जीत तो लगी रहती है। लेकिन हमने दिल्ली जैसे शहर में इतना आनन्द वर्षों बाद पाया। रात के लगभग ढाई बजे जब हम उठे तो यह निर्णय लिया गया कि हम लोग अब महीने में एक बार पूरे परिवार सहित वीक एंड में मिला करेंगे और 'तीन पत्ती' भी खेली जायेगी। मुझे भी यह खेल बड़ा आनन्दित करने वाला लगा और बहुत सीख देने वाला भी।

हम लोगों के मिलने मिलाने का सिलसिला यूँ ही चलता रहा। तीन पत्ती भी खेलते रहे। इस बीच मैंने गौर किया।

दिव्यकान्त के स्वभाव में कोई परिवर्तन नहीं आया है। उसका सदैव मुस्कुराता हुआ चेहरा और कम बात करने का अन्दाज़ आज भी वैसे का वैसे ही है। नलिन भी पहले जैसा ही चुलबुला और हमेशा कुछ नया करने के लिए तैयार रहता है। लेकिन उसकी चाल को अन्त तक समझ पाना मुश्किल है। हमारी ज़िन्दगी की पूरी फिलॉस्फ़ी भी तीन पत्ती पर ही आधारित है। मसलन। तीन पत्ती, तीन दोस्त, तीन तरह की चाल और ज़िन्दगी के तीन क्षेत्र।

रहस्य, रोमांच और जोख़िम का पहला नाम : नलिन

तीन पत्ती के खेल का अपना आनन्द तब और बढ़ जाता है जब बिना पत्ती देखे लोग इसको लम्बा खींचते रहे और परिणाम की चिन्ता बिल्कुल न करें। नलिन इस खेल में हम सबसे माहिर था। पत्तियाँ डालने के बाद मैं यह महसूस करता था कि हम सबमें एक स्वभाव था कि सबसे पहले पत्तियाँ देख ले, यदि अच्छे कलर या मैचिंग अथवा अच्छी सीरिज आयी होगी तो चाल चली जायेगी। नहीं तो हम पहले ही पत्ते डाल देते थे। इस काम में सबसे आगे मैं ही रहता था। मेरी बेगम मेरे पीछे–पीछे। वह भी अच्छी पत्ती न आने पर तुरन्त रख देती थी। जो टिकता था वह है नलिन और उनकी बेगम साहिबा अथवा अपनी सदाबहार मुस्कान लिए दिव्यकान्त भाई और उनकी बेगम। लेकिन दिव्यकान्त और उनकी बेगम भी एक–दो चाल बाद ही पत्ते उठा ही लेते थे। लम्बा खींचने और जोख़िम लेने का गुण उनमें भी नहीं था।

लेकिन नलिन भाई अपनी रहस्यमयी आँखों से सबको ताड़ते हुए अन्त तक पत्ते नहीं फेंकते थे अथवा कई बार बिल्कुल पत्ते डालते ही उठाकर देख लेते थे और मियाँ–बीबी दोनों एक साथ यह कहकर पत्ते डाल देते थे, एकदम ख़राब पत्ते आये है। इसलिए मैं आगे नहीं खेलूँगी अथवा खेलूँगा। इसलिए इनकी चाल का अन्दाज़ा लगा पाना मुश्किल था।

ऐसी असमंजस भरी चाल और बिना देखे ही चाल को लम्बा खेल जाने का जोख़िम यदि कोई उठाता था तो नलिन और उनकी बेगम। परिणाम यह होता था कि जब तक हम लोग उनकी अगली

चाल को समझ पाते तब तक वह पैसा समेट चुके होते थे और हम लोग बस यह पछताते रहते थे कि अच्छे पत्ते होने के बावजूद भी हमने अपने पत्ते पहले क्यों फेक दिये। जबकि ख़राब पत्ते के बावजूद भी नलिन भाई अन्त तक टिके रहते और हम सबको चूना लगा देते।

नलिन की चाल से एक बात तो साफ़ समझ में आयी कि उसकी आँख ही सिर्फ़ बिल्ली जैसी नहीं हैं। सम्पूर्ण ज़िन्दगी का निर्णय ही वैसा ही है। यदि निर्णय ले लिया तो आगे बढ़ जायेगा। नहीं तो रुक गया तो रुक गया। बिल्ली और कुत्ते के स्वभाव में भी यही अन्तर होता है। आप लोगों ने देखा होगा कि बिल्ली रोड पर बहुत कम मारी जाती है जबकि कुत्ता बहुत ज़्यादा। कारण यदि बिल्ली एक बार रोड पार करने का निर्णय ले लेती है तो वह दायें–बायें, आगे–पीछे देखकर या तो सड़क पार कर जायेगी अथवा रुक ही जायेगी। इसलिए वह हमेशा बच जाती है। जबकि इसके उलट कुत्ता सड़क पार करूँ या न करूँ सोचते–सोचते सड़क पार करता है और जैसे ही कोई वाहन सामने से आता है रुक जाता है परिणामस्वरूप मारा जाता है।

नलिन की चाल और बिल्ली की चाल से मुझे एक चीज़ ज़रूर सीखने को मिलती है कि ज़िन्दगी में यदि कोई निर्णय ले लिया हो तो उसपर आगे बढ़ जाओं नहीं तो आगे बढ़ो ही नहीं। ऐसे मार्ग पर चलने में चुनौतियाँ तो ज़रूर हैं और जोख़िम भी। लेकिन उसके साथ–साथ सफलता का पैमाना भी उतना ही बड़ा होगा जितनी बड़ी चुनौती और जोख़िम होगा।

आज जब हम नलिन को देखते हैं और उसकी ज़िन्दगी के उतार–चढ़ाव और संघर्ष के किस्से सुनते हैं तो पाते हैं कि वह हम सबसे बेहतर कर रहा है। एक अमेरिकन मल्टीनेशनल कम्पनी का कंट्री हेड होने के साथ–साथ अपनी बेगम साहिबा के साथ अपनी एक समानान्तर कम्पनी भी चला रहा है और एक फैक्ट्री का मालिक भी है।

शान्त स्वभाव, सरलता और सफलता का दूसरा नाम : दिव्यकान्त

जैसा नाम वैसा काम, चेहरे में दैदीप्यमान आभा और ओठों में मधुरिम मुस्कान तथा स्वभाव से बिल्कुल शान्त व्यक्ति का नाम है दिव्यकान्त।

आप जब भी उससे मिलेंगे आप उसके चेहरे पर हरदम एक मधुरिम मुस्कान पायेंगे। ऐसा लगेगा कोई छह फुटा लम्बी बुद्ध की मुस्कुराती हुई कोई प्रतिमूर्ति आपके सामने खड़ी हो। और स्वभाव भी बिल्कुल वैसा ही। कुछ मिल गया तो भी ठीक, नहीं मिला तो भी ठीक।

ताश के पत्ते की चाल पर बड़े जतन से बैठना, पत्ते को बड़े आराम से छुपते–छुपते देखना और प्रारम्भ से अन्त तक एक ही मुस्कान बरकरार रखना। क्या मजाल किसी की कि कोई उसकी नज़रों और चेहरों को पढ़ पाये। जब तक आप उसकी नज़रों और चेहरे को पढ़ने की कोशिश करेंगे और चाल को समझेंगे तब तक दिव्यकान्त भाई मुस्कुराते हुए सारे पैसे समेट चुके होंगे।

दिव्यकान्त भाई के साथ तीन पत्ती खेलते हुए अनुभव किया की जीवन में यथास्थिति का कितना महत्त्व है। परिस्थिति कोई भी हो निर्णय सूझबूझ के साथ ही लिया जाना चाहिए। पत्ती ठीक न आने पर पत्ते को तुरन्त रख देना और पत्ती थोड़ा बेहतर आने पर थोड़ी देर टिकने की कोशिश करना। और जब लगे बाज़ी हाथ से जाने वाली है तो बाजी मुस्कुराते हुए बीच में छोड़ देना। यह एक समन्वय और समांजस्य वाली ऐसी स्थिति होती है। जो सबसे बेहतर होती है एक सच्चे और सही प्रबन्धन (Management) के लिए सबसे बेहतरीन स्थिति होती है।

दिव्यकान्त की चाल और स्वभाव को देखकर मुझे लगा जीवन में ख़ुश रहने का शायद सबसे बेहतर तरीक़ा यही मध्यम मार्ग है जिसको गौतम बुद्ध और महावीर भी मानते हैं। जीवन की सबसे अच्छी, सफल और शान्तिपूर्ण सीख शायद यही है कि परिस्थिति कैसी भी हो सदैव मुस्कुराते रहो। मानो वह हम सबको सन्देश दे रहे हों, "दौर कैसा भी हो, गुज़र जाता है"।

बातचीत में पता चला कि दिव्यकान्त के माता–पिता आज दोनों इस जगत में नहीं है लेकिन उनके पास एक सुन्दर–सी पत्नी है जो एयर इंडिया में एयर होस्टेज है। साथ में छोटी बहन भी साथ रहती है और जीवन बड़े ख़ुशहालीपूर्वक बीत रहा है। और स्वयं की काबिलियत

इतनी बड़ी है और प्रबन्धन का गुर इतना बड़ा है कि आज एक बड़ी मल्टीनेशनल कम्पनी के एच.आर. हेड हैं जिसके आधीन 12,000 से 15,000 हज़ार लोग काम करते हैं।

खुद को न जान पाने और सबको जानने का दावा करने वाला : मैं

तीन पत्ती के इस खेल में मेरी भूमिका एक मँझे हुए खिलाडी की कम और एक नौसिखिये की अधिक जान पड़ती रही जो हर बार यही जानने की कोशिश में लगा रहता था कि इस बार एक ही सिरीज़ के तीन पत्ते आ गये तो क्या मैं जीतूँगा अथवा एक ही रंग के पत्तों का क्या महत्त्व है। ये सब जानते–जानते और सीखते–सीखते मैं भी कई बार जीत जाता था। लेकिन उतना नहीं जितना हमारे दोनों अन्य मित्र मेरी तुलना में जीत रहे थे। लेकिन इन सबसे एक चीज़ ज़रूर सीखने को मिलती रही कि ताश के तीन पत्ती के खेल में ऑब्जर्वेशन का एक बहुत बड़ा योगदान है क्योंकि जो समय रहते वस्तु स्थिति को समझ गया वह तो विजेता, जो नहीं समझ पाया वह पराजित। मैं अपने आपको इस पूरे गेम में एक नौसिखिये के जैसे खेलता रहा और जीतने की उम्मीद कभी नहीं की क्योंकि मैंने इस पूरे गेम को एक खेल की तरह ही देखा। जीतने के लिए नहीं बल्कि आनन्द लेने के लिए खेला। लेकिन इस सबको देखते हुए यह महसूस हुआ कि इस गेम में भी जितना जोख़िम इन्वॉल्व है उतना ही आनद भी और पैसा कमाने की धुन भी। यही खेलते हुए मैं ख़ुद को पहचानने की कोशिश करता रहा और ज़िन्दगी की चाल को समझने की कोशिश भी।

अपना मूल्यांकन करना दुनिया का सबसे कठिन काम है लेकिन जिसने कर लिया वह महान हो गया। यदि थोड़ा बहुत मैं करने की कोशिश करूँ भी तो पाऊँगा कि मैं इस खेल में बिल्कुल अनफिट हूँ। हाँ इतना ज़रूर है कि सीखने की इच्छा और चाल जानने की प्रवृत्ति बढ़ती जा रही है क्योंकि मुझे लगता है यह गेम सिर्फ़ अच्छे पत्तों का गेम न होकर के बहुत कुछ सामने वाले के मस्तिष्क को पढ़ने का भी गेम है।

जिसने सामने वाले की चाल को उसके चेहरे से पहचान लिया, वही असली विजेता है। इस खेल में पत्ते तो कमोबेश सबके पास एक जैसे आते हैं, लेकिन जो सामने वाले के मनोभाव को न पढ़ सके वह लम्बा टिक नहीं सकता और न ही जीत सकता है। इसलिए इस गेम की ख़ूबी यह है कि जिसमें लम्बा टिकने का साहस है वही इसमें जीत हासिल कर पाता है।

कामयाबी के दरवाज़े और तीन पत्ती की तीन चालें

इस तीन पत्ती खेल के बहाने हम सफलता के उस मार्ग तक पहुँच सकते हैं जिसकी ज़रूरत आज हर एक संघर्षरत व्यक्ति को होती है। दरअसल यह खेल कोई शारीरिक गेम नहीं है, बल्कि एक ऐसा मानसिक गेम है जिसकी ब्रेन मैपिंग करके हम सामने वाले को उसी के पत्ते से मार सकते हैं। बस ज़रूरत है तो सामने वाले की मनोस्थिति को जानने और समझने की।

यदि हम आज पूरे मैंनेजमेंट सिस्टम को समझने की कोशिश करें तो पायेंगे कि लगातार बदलती हुई टेक्नोलॉजी में किसी भी मैनजेमेंट के लिए जो सबसे बड़ी चीज़ होती है वह है जोख़िम। जोख़िम भी कोई छोटा–मोटा नहीं। जितना बड़ा जोख़िम होगा सफलता का पैमाना भी उतना बड़ा होगा। इस पूरे खेल में तीन चीज़ जो सबसे उभरकर आती है उनमें है : पहला जोख़िम, दूसरा सम्यक दृष्टिकोण और तीसरा सजगता। जीवन की इन तीन गतियों अथवा चाल को जो समझ गया, उसको फिर जीवन में कोई झुका नहीं सकता और न ही परास्त कर सकता है। कैसे इन तीनों का जीवन में बहुत बड़ा योगदान है इसको एक–एक समझने की कोशिश करेंगे :

1. जोख़िम

कहा जाता है एक सामान्य जीवन तो सभी जी लेते हैं, लेकिन ऐसे बहुत कम लोग होते हैं जो जोख़िम उठाते हैं। आपने महसूस किया होगा समाज के अधिकतम लोग जीवन के अन्त तक यही नहीं समझ

पाते कि उन्हें जीवन में करना क्या है। और जो लोग इस बात को समझ जाते हैं वो चाहते हैं कि कुछ ऐसे कामों में हाथ आजमा लिया जाये जिससे जीवन में कोई पछतावा न रह जाये। जो एक निश्चित उद्देश्य के साथ जीवन में कुछ नये काम करने का जोख़िम उठा लेते हैं वही दूसरों के लिए कुछ उदाहरण बन जाते हैं जैसा कि हॉकी के दिग्गज खिलाड़ी वेन ग्रेट्जकी ने एक बार कहा था, "आप उन 100 प्रतिशत शॉट्स को याद नहीं करते जिन्होंने आपको वह एक शॉट मारने के लिए तैयार किया था जो आपको लक्ष्य तक पहुँचाता है। आपको केवल वही शॉट याद रहता है जो आपको अमर कर देता है।" लेकिन यहाँ तक पहुँचने के लिए आप शॉट पर शॉट मारते चाले जाते हैं। जोख़िम का सिद्धान्त भी कुछ ऐसा ही है। जो लोग शॉट पर शॉट मारते चले जाते हैं वही एक दिन सफल हो जाते हैं। जोख़िम उठाने के क्या–क्या फ़ायदे होते हैं। उसके लक्षण इस प्रकार है–

1. नयी सँभावनाएँ उत्पन्न करने में सक्षम : यदि आप जोख़िम उठाते हैं तो समझिए आप ऐसे काम में आप हाथ आजमा रहे है जिसपर अभी किसी ने सफलता प्राप्त नहीं की है। साथ ही आप भविष्य में दूसरों के लिए अवसरों का एक नया सेट भी तैयार कर रहे होते हैं।

2. आप हमेशा कुछ न कुछ नया सीखते हैं : जोख़िम उठाने में सबसे बड़ी उपलब्धि यही होती है या तो आप सफल होते हैं, या नहीं। लेकिन तब भी आप वह तजुर्बा पैदा कर लेते हैं जो आपके जीवन में कहीं–न–कहीं ऐसा सीख दे जाता है जिसका ज्ञान आप हज़ारों पुस्तकों को पढ़ने के बाद भी नहीं प्राप्त कर सकते और यह जान जाते हैं कि यदि भविष्य में ऐसी परिस्थितियाँ आएँगी तो उससे कैसे निपटा जा सकता है।

3. जीवन में सक्रियता बनी रहती है : अगर आप कुछ नया करने के सपने लगातार देखते रहते हैं तो आप कुछ न कुछ करते रहते हैं। इससे आप लगातार न सिर्फ़ सक्रिय रहते है अपितु वह आरामदायक तरीक़ा भी छोड़ने पर मजबूर रहते हैं, जो आपको एक नयी योजना को कार्यान्वित करने के लिए प्रेरित करती रहती है।

4. डर पर काबू : आपने यह स्लोगन ख़ूब सुना होगा "डर के आगे जीत है।" इसका वास्तविक अर्थ यहीं से शुरू होता है कि जो व्यक्ति डरता नहीं है वह आगे बढ़ता भी नहीं है। आगे बढ़ने वाला व्यक्ति हमेशा आने वाले भविष्य को लेकर चिन्तित रहता है और सोचता रहता है। यदि ऐसा नहीं हुआ तो क्या होगा। इसलिए वह अपने भविष्य की चिन्ता के डर से हमेशा कुछ न कुछ नया करने की कोशिश करता रहता है। परिणामस्वरूप इस कोशिश में वह इतनी महारत हासिल कर लेता है कि फिर उसे किसी चीज़ से डर लगता ही नहीं है। इसलिए बड़े से बड़ा जोख़िम भी कई बार उसे उसके जीवन का एक अभिन्न अंग लगने लगता है। इसलिए जोख़िम लेने वाला व्यक्ति कमज़ोर नहीं बल्कि इतना मज़बूत हो जाता है कि फिर उसे जीवन का प्रत्येक बड़े से बड़ा काम छोटा लगने लगता है।

5. उदाहरण प्रस्तुत करें : दुनिया में जितने भी लोगों ने उदाहरण प्रस्तुत किये हैं उनमें से जोख़िम उठाने वाले की ही संख्या सबसे अधिक रही है। कोई भी ऐसा व्यक्ति तब तक संसार का पथ प्रदर्शक नहीं हो सकता जब तक कि उसने किसी न किसी तरह का जोख़िम न उठाया हो। अमेजन के संस्थापक और मुख्य कार्यकारी अधिकारी जेफ बेजोस ने कहा कि "मुझे पता था कि जब मैं 80 साल का होऊँगा तो मुझे इस बात का पछतावा नहीं होगा कि हमने अपने मन की किसी भी चीज़ पर हाथ नहीं आजमाया। असफलता जीवन का हिस्सा है। लेकिन अब मुझे हर दिन इस बात का गम नहीं होगा कि हमने अपनी पसन्द की चीज़ को करने की कोशिश नहीं की।" यही बात फ्रेडरिक विलकॉक्स ने भी कही कि "प्रगति में हमेशा जोख़िम शामिल होता है। आप दूसरों के गुणों को चुरा नहीं सकते लेकिन आप अपना पैर पहले रख सकते हैं।"

2. सामंजस्य

आपने देखा होगा लोगों में इन दिनों असहिष्णुता बढ़ती जा रही है। संयुक्त परिवारों, कार्यालयों, स्कूलों, सोसाइटियों में रह रहे लोग भी आज एक–दूसरे के साथ शान्ति स्थापित नहीं कर पा रहे हैं।

समायोजन और सहयोग की भावना मानो ख़त्म सी हो गयी है। ऐसा कई बार महसूस होने लगता है जैसे किसी का कोई अब महत्त्व ही नहीं रह गया है। शायद यही कारण है कि हम तेज़ी से संयुक्त परिवारों की अवधारणा को खोते जा रहे हैं।

यद्यपि हमारे शुरुआती स्कूल के दिनों में नैतिक विज्ञान को पढ़ाया जाता था। जीवन और परिवेश के साथ तालमेल बिठाने की कोशिश की जाती थी लेकिन आज हम बढ़ती उम्र के साथ नैतिक विज्ञान के उन अध्यायों को भूलते जा रहे हैं जो हमारी ख़ुशी का कभी कारण होते थे।

आज के जीवन में सामंजस्य का कितना महत्त्व है और इसका क्या क्या लाभ हो सकता हैं इसको हम दिव्यकान्त की तीन पत्ती की उन चालों के माध्यम से समझ सकते हैं जिसमें उसकी हर एक चाल में एक सन्तुलन होता था और मानो सीख दे रहा हो, जीवन एक खेल है इसको सिर्फ़ अपने तरीक़े से ही खेला जा सकता है, परिस्थिति चाहे जैसी हो। इसी आधार पर उन परिस्थितियों को हम समझने की कोशिश करेंगे कि जीवन को कैसे ख़ुशहाल रखा जा सकता है :

1. मनुष्य एक सामाजिक प्राणी है

अपने आपको जानने के लिए सबसे बेहतर है हमें अपने उस चरित्र को जानना चाहिए जिसमें हमें वर्षों से सिखाया गया कि मनुष्य एक सामाजिक प्राणी है जो एक ऐसे समाज में रहता है जो विविधताओं से घिरा हुआ है, जिनमें से प्रत्येक की अपनी मानसिकता, व्यक्तित्व और दृष्टिकोण है जो हमारे दृष्टिकोण से भिन्न है। ऐसे में अपने आप को एक समान रखकर ही जीवन जिया जा सकता है।

चूँकि हम छोटे–छोटे क्षुद्र मुद्दों के लिए हर बार विरोध, संघर्ष और संघर्ष करके ख़ुद को अलग–थलग नहीं कर सकते, इसलिए यह सामंजस्य की कला का अभ्यास करने और इसके अनुसार जीने में ही हमारी भलाई है और हम इसी में ख़ुश भी रह सकते हैं।

2. दो दोस्त ही बेहतर हैं दो हज़ार दुश्मनों से

जब आप थोड़े से सामंजस्य के साथ शान्ति से रह सकते हैं तो हज़ारों दुश्मन क्यों पैदा करें। किसी को भी शिकायत करने वाला साथी, पड़ोसी, दोस्त, सहकर्मी पसन्द नहीं होता है इसलिए बहुत कुछ पाने की अभिलाषा में थोड़ा कम में जीवन की उन ख़ुशियों को तिलांजलि नहीं दे देनी चाहिए जो शान्तिपूर्ण तरीक़े से हमें मिलती जाती हैं। कई बार लोगों के साथ सामंजस्य और समझौता करना बिल्कुल ठीक होता है, बशर्ते किसी तनाव के। किसी ने ठीक ही कहा है "थोड़ा सामंजस्य हमेशा एक लम्बे तर्क से बेहतर होता है।"

इसलिए सदैव अपने लिए अपने आसपास के लोगों के साथ तालमेल बिठाने की कोशिश करें जिससे ज़िन्दगी में सुकून रहे।

3. सामंजस्य और शान्ति का अर्न्तसम्बन्ध

जीवन में जिस व्यक्ति को सामंजस्य स्थापित करना आ गया मसलन उसे जीना आ गया। सामंजस्य सन्तुष्टि और शान्ति का एक ऐसा एहसास देता है जो आपको किसी भी परिस्थिति में गिरने नहीं देता। जब आप अपने आस–पास शान्ति बनाये रखना सीख जाते हैं तब आपका अहंकार तिरोहित होने लगता है और आप किसी भी परिस्थिति को नियंत्रित कर सकते हैं।

यद्यपि शुरुआती दिनों में, ये चीज़ें करना कठिन होता है लेकिन जैसे–जैसे आपका अहंकार किसी भी चीज़ के प्रति कमज़ोर होता जाता है आपके भीतर यह गुण बढ़ता चला जाता है।

4. परिपक्वता और ज़िम्मेदारी की निशानी

जो लोग परिपक्व होते हैं उनको यह पता होता है कि बदलती परिस्थितियों में कैसे सामंजस्य स्थापित किया जाता है। जब आप सामंजस्य स्थापित करने की कला सीखते हैं तो आप जीवन के प्रति एक सकारात्मक दृष्टिकोण बनाते हैं और मूर्खतापूर्ण झगड़े और अनावश्यक तर्कों से दूर रहना सीख लेते हैं।

आप यह फिर मानने लगते हैं कि कष्टप्रद लोग हमेशा कष्टप्रद ही रहेंगे इसलिए एक बेवकूफ के साथ क्यों लड़ें और अपने मन की शान्ति को बर्बाद करें। ऐसे लोगों को नज़रअन्दाज़ करें और आगे बढ़ें।

5. यह भी स्वीकार करें, आप हमेशा सही नहीं हो सकते

हम में से बहुत कम लोग होते हैं जो अपने स्वयं के दोष (जो पर्याप्त परिपक्वता, साहस और सकारात्मक दृष्टिकोण रखते हैं) को स्वीकार कर सकते हैं। वह यह मानते हैं ग़लती करना मानवीय स्वभाव है और चूंकि हम हमेशा सही नहीं हो सकते हैं इसलिए वे अपनी सीमाओं को समझते हैं। इसीलिए सामंजस्य करने वाले लोग समायोजन के साथ कई अनावश्यक विवादों और झगड़ों से बच जाते हैं। एक मिनट का बेवजह गुस्सा और बेकार का तर्क आपके पूरे दिन को बर्बाद कर सकता है इसलिए ऐसी परिस्थितियों से बचें और शान्त रहें।

सामंजस्य के जो मूल फ़ायदे हैं वो इस प्रकार हैं–

(i) इससे आप एक बेहतर इन्सान बनते हैं।

(ii) आप लोगों के साथ तालमेल बिठा सकते हैं और आपका फ्रेंड सर्कल बड़ा हो जाता है।

(iii) आप कितनी भी कठिन परिस्थिति में क्यों न हों, आत्मविश्वास के माध्यम से आप उससे निपट सकते हैं।

(iv) आप सबसे प्रतिकूल परिस्थितियों और स्थितियों में भी जीवित रह सकते हैं।

3. अवलोकन और सजगता

दो अलग–अलग शख्सियतों और व्यक्तित्यों के बीच ख़ुद को जान पाना बहुत कठिन काम है। लेकिन मुझे लगता है ऐसी कोई जगह नहीं होती जहाँ से आदमी कुछ न कुछ सीखता न हो। बस यही आदत मुझे यहाँ से भी एक ऐसी बहुत बड़ी सीख दे गयी जिसको जागरूकता पूर्ण अपनाने मात्र से मुझे लगता है, बहुत सारी समस्यायों का हल निकल सकता है। साथ ही उन अभिलाषाओं की पूर्ति भी की

जा सकती है जिसकी चाह एक आम आदमी को होती है। इतना ही नहीं एक शान्तिपूर्ण जीवन कैसे मात्र सामंजस्य स्थापित करने मात्र से जिया जा सकता है इसको भी जाना और समझा जा सकता है। जैसा कि भूतपूर्व अमेरिकी राष्ट्रपति अब्राहम लिंकन भी कहते हैं : "मैं कभी भी ऐसे व्यक्ति से नहीं मिला, जिनसे मैंने कुछ न कुछ सीखा न हो, निश्चित रूप से आप हर जगह कुछ न कुछ सीखते है। इसके लिए बस आपको अपने आस–पास चल रही चीज़ों को देखते हुए सतर्क और जीवित रहना चाहिए और लगातार अवलोकन करते रहना चाहिए। हमारे आसपास बहुत सी ऐसी चीज़ें घटती रहती हैं। जिनसे हम ख़ुद को बेहतर बना सकते हैं। बस हमें अपनी संकीर्ण सुरंग दृष्टि और स्वार्थी तरीक़ों से ऊपर उठना होगा।"

मेरे पास शायद बस यही एक दृष्टिकोण था जिसके भरोसे मैंने अपने आप को शिक्षण और प्रशिक्षण में अन्ततः उपयुक्त पाया और इसको लोगों तक अपनी लेखनी और व्याख्यानों के माध्यम से पहुँचाने की कोशिश की। दूसरों की ज़िन्दगी में बदलाव लाने और उन्हें नयी–नयी सीख देने का मैं कोई दावा नहीं करता। बस अपनी ज़िन्दगी के उन संघर्षों को बाँटने की कोशिश मात्र है जिसको मैंने कई जगहों पर धक्के खाते हुए अर्जित किया। आज जब मैं अपने आपको पीछे मुड़कर देखता हूँ तो मुझे लगता है, मेरी ज़िन्दगी में शायद बहुत बदलाव नहीं हुआ है। बस अनुभव, और व्यापक, और परिपक्व होता जा रहा है। यह शायद संघर्ष और उस धोखे का परिणाम रहा है। जिसको मैंने उनसे पाया जिस पर कभी सबसे अधिक विश्वास रहा है। कहते हैं न "आदमी को अक्ल बादाम खाने से नहीं आती बल्कि ठोकर खाने से आती है।" बस अपनी भी कहानी यही है।

सबसे भरोसे के व्यक्ति से भरोसा उठ जाना शायद एक व्यक्ति को इतना सजग और अवलोकी बना देता है कि आदमी प्रत्येक चीज़ में कुछ न कुछ ढूँढ़ने लगता है। यही कारण है कि मैंने तीन पत्ती के खेल में भी ऐसी बहुत–सी चीज़ें देख लीं जिसको एक सामान्य व्यक्ति के जीवन में कार्यान्वित कर दिया जाये तो उससे बहुत कुछ

उपलब्धि हासिल की जा सकती है। ऐसी सजग दृष्टि और अवलोकन के क्या–क्या फ़ायदे हो सकते हैं आप स्वयं महसूस कर सकते है :

1. यह निर्धारित करना कि क्या करना है और क्या नहीं करना है

जब आप संघर्ष में होते हैं और आप बहुत बड़ी अपेक्षा लेकर आगे बढ़ रहे होते हैं तभी आपके नेत्र सबसे अधिक बन्द होते हैं। क्योंकि आपके दिमाग़ में आपकी योजना और लक्ष्य के अलावा कुछ दिखाई नहीं देता। जबकि यही वह समय होता है जब आपको सबसे अधिक सजग और सतर्क रहने की ज़रूरत होती है। आपके भावनाओं का दोहन सबसे अधिक इसी स्टेज पर किया जाता है क्योंकि सामने वाला आपके दिमाग़ को पढ़ चुका होता है और आप यहीं गच्चा खा जाते हैं। आपकी वस्तु–स्थिति बिल्कुल वैसी होती है कि आप एक ऐसे बीहड़ जंगल से गुज़र रहे हैं जिसमें आपके लिए फलदार पेड़ लदे पड़े हैं। आपको सब दिखाई दे रहा है। सिर्फ़ वही पेड़ नहीं दिखाई दे रहा है जिसकी खोज में आप भटक रहे हैं। क्योंकि आप तो सिर्फ़ इस धुन में होते हैं कि कैसे भी करके आप अपने लक्ष्य तक पहुँच जायें। बस यही वह भूल होती है जो आपके जीवन की पटरी को आपके सही ट्रैक से उतार देती है। इसीलिए यह वह समय होता है, जब आपको सबसे अधिक सुनिश्चित करना पड़ता है कि हमें किस समय, किसके लिए क्या करना है अपितु हम अपने लिए स्वयं एक रास्ता ख़ुद ढूँढ़ें और आगे बढ़ें।

2. अपने कौशल क्षमता को बढ़ाना

तीन पत्ती का खेल आपको यह सीख देता है कि आप तब तक जोख़िम न उठायें अब तक कि आप इस खेल में माहिर नहीं हो जाते। अतः यह सबक देता है कि पहले आप अपने आसपास के वातावरण और अन्य खिलाड़ियों के मनोभावों को समझें। अपनी समझ को और बेहतर बनायें और कौशल क्षमता का विस्तार करें। आप उस संचार और समानानुभूति को समझें जो किसी भी परिस्थिति में आपके भीतर कोई अन्तर न डालती हो। जैसे दिव्यकान्त की सदाबहार मुस्कराहट

से कभी कोई पता ही नहीं कर सकता कि यह व्यक्ति आपसे चाहता क्या है और आपसे उम्मीदें क्या हैं। बस आप अपनी चाल एक समान चले। आप अपने आप अपने लक्ष्य तक पहुँचते चले जायेंगे।

3. अपने अवचेतन से बाहर निकलें और कुछ नया करें

हम सबके दैनिक जीवन को चलाने के लिए कुछ न कुछ योजना होती है। वास्तव में इसके बिना हमारी ज़िन्दगी की राह एक ऐसे अन्धेंरे रास्ते की तरह होती है जिसका कोई अन्त नहीं होता और न ही कोई मुकाम। जबकि यही वह वक़्त होता है जब आप सबसे कठिन निर्णय ले सकते हैं और अपने लिए एक नया रास्ता ढूँढ़ सकते हैं। इसके लिए बीच–बीच में आपको कठोर निर्णय लेना चाहिए और उन जोख़िमों को लेने के लिए तैयार रहना चाहिए जो आपको मज़बूत बनाते चलें। ऐसा काम करने के लिए आपकी अपने ही परिवार और समाज में आलोचना हो सकती है लेकिन घबराएँ नहीं, न ही ऐसी कोई प्रतिक्रिया दें जो आपके लक्ष्य से आपको भटका दें। बस प्रत्येक परिस्थिति का अवलोकन करते रहें और आगे बढ़ते रहें। बस अपने काम का बीच–बीच में निरीक्षण स्वयं करते रहें। आप अपने आप देखते जायेंगे आपकी आलोचना करने वाले के स्वभाव में आपके प्रति एक सदभाव पैदा होता चला जायेगा। यही आपकी सर्वश्रेष्ठ प्रतिक्रिया होगी।

4. अपना ध्यान दूसरे की मदद करने में केन्द्रित करें, खुद पर नहीं

अवलोकन और सजगता का सबसे बड़ा फ़ायदा यह होता है कि आप इसके माध्यम से अपना ध्यान दूसरों पर केन्द्रित कर देते हैं जिससे आप दूसरों की भावनाओं को अच्छी तरह समझने लगते हैं। इससे आप अपने से जुड़े हुए लोगों, उपभोक्ताओं और सहकर्मियों की मदद अच्छे ढंग से कर पाते हैं क्योंकि जब आप अपने आसपास के लोगों की बातों और भावनाओं को अच्छी तरह सुन पाते हैं तो आप उनकी उम्मीदों पर भी खरा उतरते चले जाते हैं। परिणामस्वरूप आप उनकी अच्छी सेवा कर सकते हैं और यही वह बिन्दु है जब

लोगों का दृष्टिकोण आपके प्रति बदलने लगता है और आप अपने लक्ष्य के क़रीब पहुँचने लगते हैं।

5. एक चीज़ पर ध्यान केन्द्रित करने के लिए अग्रसर

अवलोकन का सबसे बड़ा लाभ यह होता है कि इससे आपके अन्दर एक ऐसी क्षमता का विकास हो जाता है। जिससे आपको यह पता चल जाता है कि आप किसके माध्यम से अपने लक्ष्य का संधान कर सकते हैं, जिससे आप अपनी पूरी क्षमता के साथ इसे पाने के लिए प्रयासरत हो जाते हैं। जब आप अपने आसपास के वातावरण का अवलोकन नहीं करते तो आप अपनी आकांक्षाओं का पालन भी नहीं करते। फलस्वरूप आपके ख़ुद के निर्णय में कमी आने लगती है। इससे होता है कि आपके दिमाग़ में अपेक्षाओं के असंख्य बादल तो उमड़ते–घुमड़ते रहते हैं, लेकिन एक भी बादल आपकी वर्षा करने में अक्षम होते हैं। अवलोकन की सबसे बड़ी शक्ति यही है कि इसके माध्यम से हम अपने अन्दर ऐसी योग्यता पैदा कर सकते हैं जो हमारी आकांक्षाओं और कॅरियर को डिज़ाइन करने की न सिर्फ़ हमारे भीतर क्षमता पैदा कर सकती है अपितु वह मार्ग भी प्रशस्त कर सकती है जिसके माध्यम से हम मनचाही मुराद हासिल कर सकते हैं।

इस तरह हम देखें तो तीन पत्ती का खेल एक ऐसा खेल है जो हमें जीवन के पथ पर चलने के उन सभी रास्तों को बोधगम्य बनाता है जिसके माध्यम से हम सफलता की नयी–नयी सीढ़ियों को लाँघ सकते हैं जिसका पहला चरण अवलोकन और सजगता से प्रारम्भ होता है। फिर जोख़िम की तरफ़ बढ़ता है। अन्ततः सामंजस्य पर आकर अटक जाता है। क्योंकि जीवन का असली सत्य वह सामंजस्य ही है जिसके बिना आप जीवन के किसी भी सुख का आनन्द नहीं उठा सकते।

संसार में तीन तरह के लोग होते हैं। एक, जो बार–बार ग़लती करते है लेकिन कभी नहीं सुधरते। दूसरे, वे होते हैं जो ग़लती तो करते है लेकिन साथ ही सुधरने की लगातार कोशिश भी करते हैं। तीसरी तरह के लोग वे होते हैं, जो बहुत कम ग़लती है और किसी

काम में कोई ग़लती न हो जाये इसलिए कोई काम करने के पहले दस बार सोचते हैं। साथ ही साथ अपने पास हमेशा एक ऐसे व्यक्ति अथवा मार्गदर्शक को रखते हैं जो समय–समय पर उनका मार्गदर्शन करता रहे और जिसके सुझाव और सलाह पर वह प्रत्येक कार्य को आसानी से अंजाम देते रहें। ऐसा व्यक्ति जो अपने अनुभव और तजुर्बे से दूसरे का मार्गदर्शन करने में सक्षम होता है, उसी को हम गुरु के नाम से जानते हैं।

भारतीय साहित्य और सांस्कृतिक परम्परा में गुरु की महिमा का बखान सदियों पुराना रहा है। कबीरदास का यह दोहा गुरु की महिमा को लेकर काफी प्रचलित रहा है जिसमें गुरु को भगवान से भी बड़ा बताया गया है :

गुरु गोविन्द दोऊ खड़े, काके लागूँ पाँय।
बलिहारी गुरु आपने गोविन्द दियो बताय।।

कबीर के दोहे का अर्थ है : गुरु और गोविन्द (भगवान) एक साथ खड़े हों तो किसे प्रणाम करना चाहिए–गुरु को अथवा गोबिन्द को? ऐसी स्थिति में गुरु के श्रीचरणों में शीश झुकाना उत्तम है जिनके कृपा रूपी प्रसाद से गोविन्द का दर्शन करने का सौभाग्य प्राप्त हुआ।

मसलन यदि जीवन में गुरु न हो तो आपको जीवन के किसी मार्ग तक पहुँचने के लिए बड़ी कठिनाई का सामना करना पड़ सकता है। यह गुरु ही होता है जो आपको सफलता के उच्चतम शिखर तक पहुँचाता है।

जीवन में आप विभिन्न मौक़ों पर अलग–अलग लोगों से मिलते रहते हैं। लेकिन कई बार एक ऐसे व्यक्ति से मिलकर आपके भीतर एक सकारात्मक ऊर्जा का संचार हो जाता है और आपको कुछ नया करने की जिससे प्रेरणा मिल जाये वही असली गुरु होता है। ज़रूरी नहीं यह गुरु आपका शिक्षक ही हो। वह कोई एक सामान्य व्यक्ति भी हो सकता है जो स्वयं कुछ बड़ा काम न करता हो और सामान्य जीवन जीता हो लेकिन बड़े काम करने का तरीक़ा उसे पता हो।

प्रायः हम जीवन में तीन तरह के शिक्षको से मिलते हैं। पहले तरह के शिक्षकों को हम निरीक्षक अथवा प्रशिक्षक (Intructor) कहते हैं।

जो आपको कक्षा में बैठने के तौर–तरीक़े से लेकर अनुशासन तक का पाठ पढ़ाता है। दूसरे तरह के शिक्षक को हम शिक्षक (Teacher) के नाम से ही जानते हैं जो किताबों में लिखी हुई बातों को स्वयं पढ़कर आपको उसका आसान तरीक़े से अर्थ बता देता है। तीसरा जो सबसे महत्त्वपूर्ण शिक्षक होता है उसको गुरु (Mentor) कहा जाता है जो बहुत आसानी से नहीं मिलता। इसको आपको अपनी रुचि और आवश्यकता के अनुसार खोजना पड़ता है। इसकी विशेषता यह होती है कि यह जीवन की उन सभी पथरीली राहों से चलकर गुज़रा होता है जिसमें अभी आपको चलना है। इसके जीवन का सबसे महत्त्वपूर्ण पहलू यह भी होता है कि यह सिर्फ़ किताबी बातों को ही नहीं समझता–बूझता अपितु जीवन की उन तमाम सच्चाइयों को अपने अनुभव और तजुर्बे से हासिल किया होता है जिसको अभी आपको प्राप्त करना है। एक तरह से कहें तो भविष्यवक्ता न होते हुए भी एक ऐसा मार्गदर्शक होता है, जो आपके आने वाले पथ को प्रकाशित कर सकता है। अँधेरे में रहकर भी आपको उजाले की राह दिखा सकता है। सही मायनों में आज एक ऐसे गुरु को पा पाना बहुत बड़ा कठिन काम है।

इन्फोसिस के संस्थापक नारायण मूर्ति ने भी एक समाचार–पत्र में दिये अपने एक इन्टरव्यू में कहा था कि 'जब मैं आई.आई.टी. कानपुर का तृतीय वर्ष का छात्र था तब वहाँ एक प्रोफ़ेसर कम्प्यूटर टेक्नोलॉजी पर व्याख्यान देने आये थे। तब मैं एप्लाइड फिजिक्स तृतीय वर्ष का छात्र था लेकिन उन्होंने इस प्रकार से कम्प्यूटर टेक्नोलॉजी और उसके भविष्य के बारे में अपनी बात रखी जिससे मैं बहुत प्रभावित हुआ। परिणाम यह हुआ कि जब लोग एक सेमिनार के वक्ताओं को सुनने के बाद चाय–नाश्ते और खाने–पीने की तरफ़ दौड़ते हैं तब मैं उस वक्ता की तरफ़ भागा जिसने मेरे मन में कम्प्यूटर टेक्नोलॉजी के प्रति एक नयी जिज्ञासा पैदा कर दी थी। बातचीत में उन्होंने बताया कि आने वाला भविष्य कम्प्यूटर टेक्नोलॉजी का होगा और जो छात्र इस विषय में जितनी जल्दी महारथ हासिल कर लेगा वह अधिक फ़ायदे में रहेगा।

आगे बातचीत में उन्होंने यह भी बताया कि इस विषय से सम्बन्धित कुछ किताबें भी बाज़ार में आ चुकी हैं। हो सकता है आपकी लाइब्रेरी में भी ऐसी किताबें हों। आप उन्हें यदि पढ़ेंगे तो मुझे लगता है आपको और एक नयी दृष्टि इस विषय पर मिलेगी।'

नारायण मूर्ति जी ने आगे अपने इन्टरव्यू में कहा कि 'सेमिनार में उस वक्ता से बातचीत करने के बाद सीधे मैं अपनी आई.आई.टी. की लाइब्रेरी में गया। जहाँ इस विषय पर कुछ किताबें मिलीं। उनको पढ़ने के बाद मैंने तुरन्त ही निर्णय लिया कि अब आगे की पढ़ाई मैं कम्प्यूटर साइंस में करूँगा और मैंने आगे चलकर अपना एप्लाइड फिजिक्स वाला विषय छोड़कर कम्प्यूटर साइंस ले लिया।' साथ ही उन्होंने यह भी कहा कि 'यदि मैं उस दिन उस वक्ता को नहीं सुन पाता तो शायद आज मैं वहाँ नहीं होता जहाँ आज मैं हूँ।'

कुल मिलाकर उनका कहना था कि ऐसे गुरु कभी–कभार ही जीवन में मिलते हैं जो आपकी ज़िन्दगी को एक नयी दिशा दे सकते हैं। इसीलिए कई बार सेमिनार और कॉन्फ्रेंस जीवन में इतने महत्त्वपूर्ण हो जाते हैं जिसके माध्यम से हम एक नयी तरह की जानकारी प्राप्त कर सकते हैं क्योंकि एक अच्छा संस्थान प्रायः ऐसे लोगों को ही अपने सेमीनार और कॉन्फ्रेंस में बुलाता है जिसने अपने जीवन में कुछ मुकाम हासिल किया हो।

इसलिए हम सभी को एक ऐसे गुरु की तलाश में रहना चाहिए जो आपके मन में उठने वाले किसी भी तरह के संशय के बादल को बीच–बीच में छाँटता रहे और आपका मार्गदर्शन करता रहे। इससे जीवन में किसी तरह के निर्णय लेने में आसानी हो जाती है। एक अच्छे गुरु के मार्गदर्शन में चलने में आपको जीवन में क्या–क्या फ़ायदे हो सकते हैं। इसकी कुछ बानगी इस प्रकार है :

1. **गुरु नयी जानकारी और ज्ञान प्रदान करने में सक्षम :** बेंजामिन फ्रैंकलिन ने गुरु के बारे में एक बात कही थी, "जो आपने मुझे बताया था उसे मैं भूल गया, जो मुझे आपने सिखाया था उसे मैं याद रख सकता था, लेकिन जब आप मेरे पास होते हैं तब मैं कुछ भी सीख सकता हूँ।"

जब मैंने अपनी ज़िन्दगी शुरू की थी, मुझे पता नहीं था कि एक व्यवसाय चलाने के लिए क्या–क्या किया जाना चाहिए, कैसे–कैसे व्यवसाय योजना बनायी जाती है, बजट कैसे बनता है, रोज़मर्रा के काम कैसे पूरे किये जाते हैं, रणनीतिक निर्णय कैसे लिए जाते हैं, और पूरे बिज़नेस को सफल बनाने के लिए मार्केटिंग अभियान कैसे चलाये जाते हैं। लेकिन जैसे ही एक गुरु आपके जीवन में आता है आपका काम प्रारम्भ हो जाता है क्योंकि उसके ज्ञान के खजाने में से निकली प्रत्येक एक चीज़ आपकी व्यावसायिक गति को तीव्र बना देती है और प्रत्येक कठिन काम को छोटा और आसान बना देती है।

2. गुरु को पता होता है, कहाँ सुधार करने की आवश्यकता है : यदि आप लोगों ने आमिर खान वाली 'दंगल' फ़िल्म देखी होगी, तो आपको याद होगा कि उनकी बेटी जब नेशनल गेम में हारती है, तो आमिर खान जो गीता फोगाट के पिता जी बने हैं वह एक स्थानीय कैफे हाउस में जाकर उस गेम की वीडियो देखते हैं और बेटी को फ़ोन पर बताते हैं कि "तू इतने पॉइंट की लीड लेते हुए भी अपने प्रतिद्वन्दी को मौक़ा दे बैठी और गेम गँवा बैठी।" आमिर खान इस फ़िल्म में सिर्फ़ पिता नहीं, बल्कि अपनी ही बेटी के लिए एक गुरु के समान हैं।

आमिर खान जैसे यदि गुरु किसी के जीवन में मिल जाते हैं तो वो आपकी ज़िन्दगी का नक्शा बदल देते हैं क्योंकि एक गुरु अपने शिष्य को अच्छी तरह जानता है कि उसको कहाँ और सुधार करने की आवश्यकता है। जैसा कि जॉर्ज लुकास भी कहते हैं कि "गुरु हमारी कमियों और दोषों को पहचान सकते हैं साथ ही हमें यह बताने में सक्षम होते हैं कि आपको उन्नति करने के लिए अभी कहाँ सुधार की आवश्यकता है।"

3. गुरु सम्बल प्रदान करता है : अपने संघर्ष के दिनों की याद करते हुए हम सबके लिए प्रेरणादायी उद्यमी ओपरा विन्फ्रे ने कहा, "एक गुरु ऐसा व्यक्ति होता है जो आपके अन्दर की आशा को मरने नहीं देता है।" वह किसी प्रकार के जयकारे पर विश्वास नहीं करता

बल्कि आपको एक ऐसा नैतिक समर्थन करता है जिससे आप अपने रास्ते से अडिग न हों। विन्फ्रे ने एक इन्टरव्यू में स्वीकार किया कि "मेरे जीवन में वह क्षण आया जब मैं भावनात्मक रूप से लगभग टूट चुकी थी और व्यवसाय छोड़ने का विचार कर रही थी। लेकिन मेरे गुरु ने मुझे लगातार प्रोत्साहित किया और वह मार्गदर्शन प्रदान किया जिससे मुझे एक नयी आशा और विश्वास के साथ आगे बढ़ने का मौक़ा मिला और आज हम जहाँ हैं, खुलकर कह सकते हैं, यदि मेरे पास एक अच्छा गुरु नहीं होता तो शायद मैं आज वहाँ नहीं होती जहाँ आज मैं हूँ।"

4. गुरु हमारे व्यक्तिगत और व्यवसायिक जीवन को विकसित करने में सहायक होता है : एक अच्छा गुरु जब आपके लिए काम कर रहा होता हो तब आपकी किसी भी प्रकार की छवि को नहीं गढ़ रहा होता बल्कि यह सोच रहा होता है कि कैसे आपके ब्रांड और विश्वास का विस्तार और लोगों तक किया जाये। इसके लिए वह दूसरों से ख़ुद कई सवाल पूछता है, और फिर ख़ुद आपके लिए ऐसा उत्तर ढूँढ़ता है, जो आपके व्यवसायिक और व्यक्तिगत जीवन के लिए उपयोगी हो।

एक पिता और दूसरा गुरु ही एकमात्र दुनिया में ऐसे दो शख़्स होते हैं जो आपके लिए एक नये लक्ष्य का निर्धारण कर देते हैं और फिर आपको ढीला छोड़कर दूर खड़े होकर देखते हैं कि आप उस लक्ष्य को हासिल कर पा रहे हैं कि नहीं। साथ ही साथ दूर रहते हुए भी वह सब आपकी उन प्रक्रियाओं को देखता रहता है कि कैसे आप किसी लक्ष्य को हासिल करने के लिए प्रयासरत हैं। यदि उसे कहीं आपकी पूरी प्रक्रिया में कही कठिनाई समझ में आती है तो उसे सही करने का प्रयास भी करता है, और आपके अन्दर उस क्षमता के विकास पर भी बल देता है।

5. गुरु एक ऐसा व्यक्ति होता है, जो आपके लिए एक नये लक्ष्य का निर्धारण करता है और उसको प्राप्त करने के लिए प्रोत्साहित करता है : आपने किसी भी खेल के कोच को क़रीब से देखा होगा। वह सबसे पहले आपको शारीरिक रूप से फिट

रखने के लिए खेल के मैदान में दौड़ाता है, फिर आपको धीरे–धीरे खेल के नियम बताता है। फिर आपको विभिन्न परिस्थिति में कैसे और कौन–सा निर्णय लेना है यह बताता है। और जब उसको लगने लगता है कि आप खेल को समझ चुके है और आप अब परिपक्व हो गये है, तब एक ऐसा लक्ष्य आपके सामने रख देता है जिसकी कल्पना आप भी नहीं कर पाते। मसलन गुरु आपके उस लक्ष्य का निर्धारण भी स्वयं करता है जिसके बारे में आप सोच नहीं सकते। किसी भी खेल अथवा व्यवसाय के नियम को बताने के पहले वह स्वयं अपने जीवन में इतना अनुशासित होता है कि दूसरों के लिए उदाहरण बन सके। स्व–प्रेरणा और स्व–अनुशासन उसकी रूह में होती है। तभी तो किसी भी खेल के मैदान में पहुँचने वाला व्यक्ति वह कोच अथवा गुरु होता हैं, जो सबसे पहले खेल के मैदान में पहुँचता है। ठीक यही बात एक कम्पनी चलाने वाले के साथ होती है, वो कम्पनी के ऑफ़िस के सुबह के ताले खोलने से लेकर बन्द करने तक बैठने वाला अकेला व्यक्ति होता क्योंकि उसको यह बात अच्छी तरह पता होती है कि यदि हम ऑफ़िस में नहीं रहेंगे तो लोग क्या काम करेंगे! इसीलिए काम और लक्ष्य के निर्धारण से लेकर जीवन में अनुशासन बनाये रखने की सारी ज़िम्मेदारी एक अच्छे गुरु की होती है। इस तरह हम देखें तो गुरु सिर्फ़ एक अच्छा मार्गदर्शक ही नहीं होता अपितु एक ऐसा सलाहकार भी होता है, जो आपके जीवन में परिवर्तन लाने में सक्षम होता है।

6. लक्ष्य और सफलता के बीच की कड़ी होता है गुरु : एक अच्छा गुरु सिर्फ़ आपके जीवन के लक्ष्य का ही निर्धारण नहीं करता अपितु आपको उस लक्ष्य और मुकाम को हासिल करने के लिए उन सभी संसाधनों और प्रक्रियायों को उपलब्ध कराने की कोशिश भी करता है, जिसके माध्यम से आप एक नयी मंज़िल को हासिल कर सकें। आपको उन सभी लोगों से मिलवाता है, जिनके माध्यम से आप सफलता की एक नयी ऊँचाई तक पहुँच सकें। आपकी प्रतिभा को परख कर उसको तराशने का काम भी यही करता है।

साथ–ही–साथ ऐसी कहानियाँ और कथाएँ भी सुनाता रहता है, जिससे आपका मनोबल न टूटे। प्रारम्भिक दिनों के असफल प्रयास और उसको परास्त करके परचम लहराने तक की पूरी प्रक्रिया का नाम ही है, गुरू। जो परदे के पीछे रहकर भी आपके अन्दर की छुपी हुई प्रतिभा को सातवें आसमान तक पहुँचा देता है।

7. अपना बहुमूल्य देकर के जो कोई मूल्य न ले उसी का नाम है गुरु : गुरु एक ऐसे शख्स का नाम होता है जो अपने जीवनभर की पूँजी, अनुभव और ज्ञान को आपकी सफलता के लिए मिनटों में गँवा देता है और उसके बदले किसी तरह के पुरुस्कार की अपेक्षा नहीं करता। इसीलिए इतिहास में गुरु द्रोणाचार्य का नाम एक ऐसे गुरु के रूप में कम लिया जाता है जो धनुष विद्या और युद्ध कौशल में निपुण है, अपितु ऐसे गुरु के रूप में अधिक जाने जाते हैं जो अपने शिष्य एकलव्य को हराने के लिए गुरु दक्षिणा के रूप में उसके दाहिने हाथ का अँगूठा माँग लेते हैं। यह दुनिया में और भारतीय इतिहास में गुरु की महिमा को ठेस पहुँचाने वाली एक ऐसी कहानी है, जिसका नाम हमेशा नकारात्मक रूप से ही लिया जाता है।

दरअसल गुरु एक ऐसा देवता है, जो दान के बदले किसी भी तरह की अपेक्षा नहीं रखता। सन्तुष्टि ही उसके जीवन का सबसे बड़ा लक्ष्य और पुरस्कार होता है।

इसीलिए अपने आसपास गुरुओं और परामर्षदातायों को रखना कोई बुरी बात नहीं है और न ही यह किसी प्रकार की कमज़ोरी है। बल्कि यह एक ऐसी स्मार्टनेस है, जिसके माध्यम से हम सफलता के नये पायदान पर चढ़ सकते हैं।

किसी ने ठीक ही लिखा हैं–

गुरु की महिमा अनन्त, अनन्त किया विस्तार...

हमने सीखा

I. बिल्ली की चाल से मुझे एक चीज़ ज़रूर सीखने को मिलती है कि ज़िन्दगी में यदि कोई निर्णय ले लिया हो तो उसपर आगे बढ़ जाओं नहीं तो आगे बढ़ो ही नहीं। ऐसे मार्ग पर चलने में चुनौतियाँ तो ज़रूर हैं और जोख़िम भी। लेकिन उसके साथ–साथ सफलता का पैमाना भी उतना ही बड़ा होगा जितनी बड़ी चुनौती और जोख़िम होगा।

II. जोख़िम लेने वाला व्यक्ति कमज़ोर नहीं बल्कि इतना मज़बूत हो जाता है कि फिर उसे जीवन का प्रत्येक बड़े से बड़ा काम छोटा लगने लगता है।

III. थोड़ा सामंजस्य हमेशा एक लम्बे तर्क से बेहतर होता है।

IV. अपने आसपास गुरुओं और परामर्शदाताओं को रखना कोई बुरी बात नहीं है और न ही यह किसी प्रकार की कमज़ोरी है। बल्कि यह एक ऐसी स्मार्टनेस है, जिसके माध्यम से हम सफलता के नये पायदान पर चढ़ सकते हैं।

ज़िन्दगी का खेल एवं खेल और ज़िन्दगी

ज़िन्दगी को क़रीब से जाकर देखने पर पता चलता है कि ज़िन्दगी कुछ नहीं बल्कि एक ऐसा खेल है जिसको प्रत्येक व्यक्ति अपनी क्षमता, सामर्थ्य और समझ के हिसाब से खेलने की कोशिश करता है। लेकिन सफल वही हो पाता है, जिसको खेल के सारे गुण पता होते हैं अथवा खेल का अच्छा अभ्यास होता है। कमज़ोर दिल और सर्वश्रेष्ठ माहौल की तलाश का इन्तज़ार कर रहा व्यक्ति न तो खिलाड़ी बन पाता और न ही इसके योग्य हो पाता है। ज़िन्दगी के इस खेल के नियम सभी पर एक जैसे लागू होते हैं। फिर चाहे यह खेल फुटबॉल का हो, क्रिकेट का अथवा कबड्डी का। सभी के नियम लगभग एक से हैं। बस खिलाडी अलग–अलग होते हैं और जीतने वाला व्यक्ति और टीम अलग–अलग। उदाहरण के लिए फुटबॉल को यदि लें तो जब यह खेल एक आदमी प्रारम्भ करता है तो उसको अपने कई सारे प्रतिद्वंदियों के बीच में से गेंद को निकालकर ले जाना होता है। इस क्रम में वह कई बार गिरता है, पड़ता है, चोट खाता है, तब भी वह हार नहीं मानता और वह उठ खड़ा होता है। और फिर फुटबॉल लेकर दौड़ने लगता है। जब आदमी एक फुटबॉल को लेकर दौड़ रहा होता है तो उसे उम्मीद होती है कि वह पाले तक पहुँच जायेगा और गेंद को पाले में डालने की इसी उम्मीद का नाम है ज़िन्दगी।

आपने देखा होगा कि इस खेल में एक खिलाड़ी जब बॉल लेकर प्रतिद्वन्दी टीम की तरफ़ भागता है, तो उससे बॉल छीनने के

लिए कई लोग उसके पीछे भागते हैं। तब वह अपने लक्ष्य पर नज़र गड़ाएँ हुए अपने प्रतिद्वन्दियों को चकमा देते हुए बॉल को निकालने की कोशिश करता है। कई बार तो वह गोल तक पहुँच जाता है और कई बार वह पहुँच भी नहीं पाता क्योंकि गेंद छीनकर कोई और ले जाता है और उसके हाथ से वह उम्मीदों की बॉल जब कोई और छीन ले जाता है, तो उसे बहुत निराशा होती है। लेकिन हर बार ऐसा नहीं होता। बार–बार अभ्यास के बाद आदमी को सामने वाले की रणनीति का पता चल ही जाता है। और एक दिन ऐसा आता है जब वह गोल पर गोल दागता चला जाता है, और सामने वाली टीम सिर्फ़ देखती रह जाती है, और वह देखते ही देखते विजेता बन जाता है।

इस पूरे खेल में सिर्फ़ एक व्यक्ति महत्त्वपूर्ण नहीं होता बल्कि वह पूरी टीम होती है, जो उसके मंसूबे को समझते हुए उसको सही समय पर सही स्थान पर बॉल को पास करके उसके पास तक पहुँचाती है। यदि ये टीम मज़बूत न हो तो अकेला आदमी चाहकर भी कुछ नहीं कर सकता। इसलिए फुटबॉल अथवा यूँ कहें कि किसी भी व्यक्ति को यह घमण्ड नहीं करना चाहिए कि यह उसकी प्रतिभा और अकेली क्षमता की वजह से वह विजेता बना है। उसकी सफलता के मार्ग के कई सारथी होते हैं। हाँ! यह बात और है कि गोल दागने वाला व्यक्ति मात्र एक था। यह व्यक्ति बदलता रहता है। लेकिन खेल के नियम वही रहते हैं। यह बात जीवन के प्रत्येक क्षेत्र के लिए लागू होती है। फिर वह कॅरियर हो, राजनीति हो, बाज़ार हो अथवा फिर और कोई।

यही बात क्रिकेट के लिए लागू होती है। खिलाड़ी बल्लेबाज के रूप में खेले अथवा बॉलर के रूप में, दोनों का लक्ष्य एक–दूसरे के विपरीत होता है। एक का लक्ष्य होता है रन बनाना, दूसरे का लक्ष्य होता है रन बनाने वाले को आउट करना। जब एक खिलाडी बल्लेबाज की तरह खड़ा होता है तो उसका उद्देश्य होता है रन पर रन बनाये और शतक पर शतक जड़े। लेकिन हर बार बल्ला घुमाने

के बावजूद भी कई बार बॉल और बल्ले का कनेक्शन नहीं हो पाता। लेकिन पाँच बॉल कई बार खाली जाने के बावजूद भी जब छठी बॉल में कोई खिलाडी छक्का मार देता है तो हर वो पाँच बॉल की कसर पूरी हो जाती है जो उसके हाथ से छूटी है। उस पर उसके पक्ष में पड़ने वाली तालियों की गडगडाहट उसकी उस मायूसी को छूमंतर कर देती है जो उसे पाँच बॉल के छूटने के बाद महसूस हुई थी।

लेकिन इस पूरे खेल को पूरे जोश और ताक़त के बाद खेलने के बावजूद भी हमेशा इस बात का ध्यान रखना पड़ता है कि ज़ोर से मारी गयी बॉल या तो बाउंड्री के बाहर चली जाये अथवा ऐसी जगह गिरे जहाँ कोई प्रतिद्वन्द्वी टीम का खिलाड़ी खड़ा न हो क्योंकि कैच पकड़े जाने का अर्थ हुया खेल से बाहर हो जाना। और बाहर होने का अर्थ हुआ सर झुकाकर खेल के मैदान से बाहर हो जाना। सही अर्थों में अपने आपको साबित करने का एक और मौक़ा खो देना। सही जगह तक पहुँचना और पहुँच कर सही ढंग से परफॉर्म करना यह सिर्फ़ बिरले को ही आता है क्योंकि इसके लिए बहुत अभ्यास की ज़रूरत होती है। हमें यह नहीं भूलना चाहिए कि बल्लेबाज और मारने वाला एक होता है और उसको आउट करने वाले ग्यारह। ऐसी हालत में मैदान में टिके रहना और टिके रहकर लगातार रन बनाते रहना ही एक सफल खिलाडी के लक्षण हैं।

इसी तरह बॉलर के पक्ष से देखा जाये तो कई बार आपने सुना होगा कि आज बल्लेबाज नहीं चले बॉलरों का दिन था। आप कई बार कितने ही बड़े तोपची बल्लेबाजों को मैदान में लेकर उतरे लेकिन बड़े–बड़े तुर्रम खान भी कई बार धीरे से फेंकी गयी गुगली के सामने ढेर हो जाते हैं। आपने कई बार सुना होगा आज फास्ट बॉलरों का दिन था तो कई बार स्पिनरों का। ऐसे दिन ही ज़िन्दगी के उतार–चढ़ाव के दिन कहलाते है। जब तक बॉल खेलने वालों को समझ में आती रहे तब तक सही दिन कहलाते हैं। जब बॉल को डालना और खेलना इनमें से दोनों कमज़ोर होने लगे, तब समझ लेना चाहिए कि रिटायर्मेंट का समय आ गया है।

कबड्डी का खेल इससे एक क़दम और बढ़कर होता है। इसमें एक खिलाड़ी दूसरे खिलाड़ियों के पाले में घुसने की कोशिश करता है और उसको पटकने के लिए सात लोग तैयार होते हैं। ऐसे में सातों में से किसी एक को भी उसके पाले में मारकर आना बड़ा चुनौतीपूर्ण कार्य है। लेकिन एक मँझा खिलाडी सिर्फ़ एक–एक ही नहीं कई बार, पांच–पाँच को भी मारकर आ जाता है और प्रतिद्वन्द्वी टीम देखती रह जाती है। जो ऐसा खिलाड़ी होता है। उसी को 'प्लेयर ऑफ़ दी मैच' अथवा 'मैन ऑफ़ दी मैच' की उपाधि दी जाती है। उक्त तीनों खेलों में कुछ बात एक समान दिखती है जो इस प्रकार है :

1. ख़ुद को पहचनाना

लियो टालस्टॉय की एक बहुत प्रसिद्ध किताब है, जिसका नाम है 'द किंगडम ऑफ़ गॉड इज विदिन यू' अर्थात "ईश्वर का साम्राज्य तुम्हारे अन्दर ही है।' इसका प्रभाव महात्मा गाँधी के जीवन में भी बहुत पड़ा। ऐसा माना जाता है गाँधी जी के सत्य और अहिंसा के सिद्धान्त के पीछे इस किताब का बहुत बड़ा योगदान है।

लेकिन इस किताब के माध्यम से जो सबसे बड़ी चीज़ हमें जानने की है वह है ख़ुद को पहचानना। हम सब के अन्दर एक विरल प्रतिभा और क्षमता छुपी होती है जिसके बारे में हमें स्वयं नहीं पता होता। बिल्कुल वैसे ही जैसे हनुमान को स्वयं नहीं पता था कि उनके अन्दर इतनी शक्ति है कि वह एक पर्वत को उठा सकते हैं। जब तक की जामवंत ने उन्हें उनके असली रूप से परिचय नहीं कराया। इसलिए प्रत्येक वह आदमी जो अपने अन्दर की प्रतिभा को न पहचान पाने में सक्षम हो, उसे कोई एक ऐसा जामवन्त अथवा गुरु अथवा कोच ढूँढ़ लेना चाहिए जो आपके अन्दर छुपी हुई प्रतिभा को पहचान ले और आपके अन्दर की शक्ति को जगा दे जिसकी चर्चा हमने पिछले अध्याय में क़ी है।

हममें से अधिकांश लोग तब तक दूसरे लोगों की शरण में इस उम्मीद के साथ घूमते रहते हैं जब तक कि उनका उपयोग करके

फेंक नहीं दिया जाता जिसे हम धोखा के नाम से जानते है। हमें लगता है, यदि हम किसी से जुड़ जायेंगे तो हमें कुछ मिल जायेगा। लेकिन ऐसा कभी होता नहीं है क्योंकि जो देने वाला होता है, वह पहले आपको बहुत परखता है। साथ ही उसका हमेशा लक्ष्य होता है कि कैसे दूसरों का उपयोग करके अपना उल्लू सीधा कर ले। कई बार उसके अपने ही इतने रिश्तेदार, परिवार वाले होते हैं कि उन्हीं की डिमांड को पूरा नहीं कर पाता। भारतीय राजनीति तो इसका सशक्त उदाहरण है। बाप एक बड़ा नेता बन गया तो बेटा स्वाभाविक रूप से उसका उत्तराधिकारी बन जाता है, भले ही उसमें काबिलियत हो अथवा नहीं हो। यही बात अन्य प्रोफेशनल्स के लिए भी लागू होती है।

ऐसे समय में ख़ुद को तराशना और अपने आपको सिद्ध करना थोड़ा मुश्किल काम ज़रूर होता है, लेकिन नामुमकिन नहीं। क्योंकि एक बात याद रखिये दुनिया उन बेटों से नहीं चलती जो अपने बाप के बल पर कुछ बने हैं, दुनिया उन बेटों के बल पर चलती है, जो अपने दम पर दुनिया में खड़े हैं और उन्हें सम्हाले हुए हैं। और ऐसे लोगों क़ी ज़रूरत सभी को होती है। क्योंकि यही लोग होते हैं जो न सिर्फ़ अपना रास्ता स्वयं बनाते हैं, बल्कि दूसरों का मार्ग भी प्रसस्त करते हैं और असंख्य लोगों की प्रेरणा भी होते हैं इसलिए अपने आपको अपनी प्रतिभा को ख़ुद पहचानना चाहिए। आपको अपना मार्ग स्वयं बनाना चाहिए जिससे दूसरे लोग आपका अपने काम के लिए उपयोग न कर पायें और जिस दिन आप अपना मुकाम स्वयं बना लेंगे उसी दिन से ये उपयोग करने वाले लोग भी आपके तारीफ़दार बन जायेंगे।

2. चुनौती स्वीकार करना

आप सभी ने अपने जीवन में यह कहावत सुनी होगी "संघर्ष में हर आदमी अकेला होता है" लेकिन जब आप किसी काम को ठान लेते हैं तो फिर लोग अपने आप मिलते चले जाते हैं और कारवाँ बनता चला जाता है। सबसे बड़ा मुश्किल काम होता है चुनौती को स्वीकार करना।

जैसे ही आप चुनौती स्वीकार करते हैं और दूसरों को चुनौती देते हैं तो सामने वाले को आपसे ख़तरा महसूस होने लगता है क्योंकि सामने वाला भी यही करके आज उस पद और सत्ता तक पहुँचा है, जहाँ एक आम आदमी पहुँचना चाहता है। ऐसे में घबराएँ नहीं, धैर्यपूर्वक काम लें और महात्मा गाँधी के कथन को अपने जीवन का यह सिद्धान्त बना लें कि जो आपसे ख़तरा महसूस कर रहे हैं, पहले वे लोग "आपको नज़रअन्दाज़ करेंगे, फिर वे आप पर हँसेंगे, फिर वे आपसे लड़ेंगे, और अन्ततः जब आप अपने कर्तव्य पथ से नहीं डिगेगें तो आप जीत जायेंगे।"

3. समुचित अभ्यास ज़रूरी

सफलता की सीढ़ियाँ चढ़ने के लिए अभ्यास क्यों ज़रूरी है, इस पर भारतीय पौराणिक कथा में एक बहुत रोचक कहानी है। एक बार, भगवान इन्द्र किसानों से परेशान हो गये, उन्होंने घोषणा कर दी कि 12 साल तक बारिश नहीं होगी और आप फसलों का उत्पादन नहीं कर पायेंगे।

किसानों ने भगवान इन्द्र से क्षमादान की याचना की, जिन्होंने कहा, "बारिश तभी सम्भव होगी जब भगवान शिव अपना डमरू बजायेंगे", लेकिन उन्होंने चुपके से भगवान शिव से इन किसानों से सहमत नहीं होने का अनुरोध किया और जब किसान भगवान शिव के पास पहुँचे, तो उन्होंने वही बात दोहरायी। और कहा कि वह 12 साल तक डमरू नहीं बजायेंगे।

निराश किसानों ने 12 साल तक इन्तज़ार करने का फैसला किया, लेकिन एक किसान नियमित रूप से खुदाई कर रहा था, मिट्टी में खाद डाल रहा था लेकिन फसल नहीं बो रहा था।

यह सब देखकर अन्य किसान उस किसान का मज़ाक उड़ा रहे थे। 3 वर्ष बाद सभी किसानों ने उस किसान से पूछा, "आप अपना समय और ऊर्जा क्यों बर्बाद कर रहे हैं जब आप जानते हैं कि 12 साल से पहले बारिश नहीं होगी?"

उन्होंने जवाब दिया, "मुझे पता है कि फसल नहीं निकलेगी, लेकिन मैं इसे" अभ्यास "के रूप में कर रहा हूँ। 12 साल के बाद, मैं फसलों को उगाने और खेतों में काम करने की प्रक्रिया को भूल जाऊँगा, इसलिए मुझे ऐसा करते रहना चाहिए ताकि मैं फसल का उत्पादन करने के लिए फिट रहूँ, और जब 12 वर्ष बाद बारिश हो तो मैं उसका लाभ ले सकूँ।"

उस किसान का तर्क सुनकर, देवी पार्वती ने भगवान शिव के सामने अपने विचार प्रकट करते हुए कहा कि "आप 12 वर्ष तक जब डमरू नहीं बजायेंगे तो आप उसे ठीक से बजाना भूल जायेंगे।"

पार्वती की यह बात भगवान शिव को ठीक लगी। अपनी चिन्ता में निर्दोष भगवान शिव ने फिर से डमरू बजाने की कोशिश की और जैसे ही डमरू बजायी उसकी आवाज़ के कारण बारिश हो गयी। परिणाम यह हुआ जो किसान नियमित रूप से खेत में काम कर रहा था, उसकी फसल तुरन्त निकल गयी और अन्य किसान हाथ में हाथ रखे बैठे रह गये और उनको सिर्फ़ निराशा ही हाथ लगी।

यह कथा हमें यह शिक्षा देती है कि यदि हम लगातार जब बिना अपेक्षा के अभ्यास करते रहते हैं तो उससे कोई भी जीत हासिल की जा सकती है। हाँ! कोई भी अभ्यास कुछ सीखने के लिए होना चाहिए, प्रदर्शन के लिए नहीं। इससे सफलता ज़रूर मिलेगी।

यदि हम अपनी दिनचर्या की गतिविधियों को ध्यान से देखे तो हम पाते हैं अभ्यास के कई उदाहरण एक आदमी को परिपूर्ण बनाते हैं। अन्य जीवों की तरह मनुष्य को भी अपनी आजीविका चलाने के लिए कड़ी मेहनत करनी पड़ती हैं। एक सफल मनुष्य को स्वयं अपना लक्ष्य निर्धारित करना पड़ता हैं और फिर जीवन में सफल होने के लिए लगातार अभ्यास करना पड़ता है। इसके लिए व्यक्ति को बहुत धैर्य, समर्पण और इच्छा के साथ नियमित रूप से अभ्यास करना पड़ता है तब जाकर कुछ संतोषजनक जीवन में हासिल किया जा सकता है।

एक बात याद रखें बिना दृढ़ निश्चय और अभ्यास के कोई भी सफलता नहीं मिलती है। यदि हम इतिहास पर अपनी दृष्टि डालें,

तो हम देखते हैं कि एकलव्य एक ऐसा अभागा लड़का था, जिसको गुरु द्रोणाचार्य ने धनुर्विद्या की कला सिखाने के लिए मना कर दिया था। लेकिन उसने दृढ़ संकल्प के साथ अपने गुरु की मूर्ति को सामने रखकर ऐसा अभ्यास किया कि उसका नाम इतिहास में अमर हो गया।

वैज्ञानिकों ने भी अपने शोध में यह पाया है कि विश्वास के साथ लगातार अभ्यास करने से मन में एक सामंजस्यपूर्ण शक्ति पैदा होती है जो शारीरिक और मानसिक संस्थाओं को एक साथ जोड़ती है। कोई भी व्यक्ति अपने लक्ष्य को धीरे–धीरे प्राप्त कर सकता है लेकिन निश्चित रूप से यदि वह नियोजित अभ्यास करता है तो उसकी सफलता की गति बहुत तीव्र हो जाती है। महत्त्वाकांक्षी लोग अपनी महत्त्वाकांक्षाओं को पूरा होते देखने के लिए कठिन अभ्यास करते हैं लेकिन कभी हार नहीं मानते हैं। अभ्यास एक ऐसा अच्छा दोस्त है जो हमें सफलता की ओर ले जाता है और ज्ञान को हमेशा हमारे साथ बनाये रखता है।

4. किसी भी परिस्थिति में टूटना और हार नहीं मानना

सम्पूर्ण जीवन की संघर्षमय यात्रा में एक सामान्य मनुष्य के पास दो तरह की परिस्थितियाँ आती हैं। एक वह है जिससे परेशान होकर व्यक्ति टूट जाये और दूसरा सम्पूर्ण कष्ट को सहकर निखर जाये। दोनों स्थितियाँ मनुष्य की दरअसल उस सहनशक्ति की परीक्षा होती हैं जिसके सन्दर्भ में गाँधी जी कहा करते थे, 'जब मनुष्य का साहस टूटने लगता है तभी भगवान उसे कुछ देकर उसका भरोसा जीत लेते हैं जिससे उसकी जिजीविषा बनी रहे।' कुछ ऐसा ही विचार शिरडी के साईं बाबा का था, "जीवन संघर्ष को झेलने के लिए, उन्होंने 'श्रद्धा–सबूरी' का विचार प्रतिपादित किया जिसका आशय था, जो व्यक्ति पूरी श्रद्धा के साथ जितना अधिक सब्र रख लेता है, विजय उसी की होती है।"

इस सन्दर्भ में मैंने एक बड़ी रोचक कहानी भी सुनी थी कि "एक बार एक ठेकेदार राजस्थान के मकराना की एक माइन से दो बड़े

पत्थरों को कटवाता है, और दुबई बेचने के लिए ले जाता है। पत्थर को उठाने–चढ़ाने, लाने, लेने जाने में एक–दूसरे में कुछ घर्षण होता है, कुछ ज़मीन में उठाने–पटकने में एक पत्थर धीरे–धीरे टूटने लगता है। लेकिन दूसरा सब उठा–पटक में भी अपनी हिम्मत नहीं हारता और जस का तस बना रहता है। और वे दोनों किसी तरह दुबई पहुँच जाते हैं। अब दोनों को मन्दिर निर्माण के लिए एक जगह उतारा जाता है। अब तो उनका सामना उन कारीगरों से होना था, जो उनके ऊपर छैनी–हथौड़ी बरसाने वाले थे। काम शुरू हुआ, चोट पर चोट दोनों के ऊपर पड़नी प्रारम्भ हुई। इसमें एक पत्थर तो धीरे–धीरे ऐसी चोट और मार से टूटता रहा और अपने वास्तविक स्वरूप को खोता रहा, लेकिन दूसरे पत्थर को जितनी भी मार पड़ी उससे घबराया नहीं, न ही टूटा–बिखरा बल्कि जैसा–जैसा कारीगर ने जिस स्वरूप में उसे ढालना चाहा, वह ढलता चला गया। जो चोट खाकर के छोटे–छोटे टुकड़ों में टूट गया, वह सड़क का कंकर बन गया और जिसने इतनी चोट खाकर के भी अपने को टूटने और खंडित नहीं होने दिया वह मन्दिर का शंकर बन गया।"

कहने का तात्पर्य बस इतना ही है कि ज़िन्दगी सबके लिए समान अवसर देती है। बस अन्तर इतना सा है, जो चोट खा–खाकर के बिखर जाता है वह सामान्य व्यक्ति हो जाता है, और जो हर चोट के बाद मज़बूत और मज़बूत होता चला जाता है अर्थात् जो निखर जाता है, वह भगवान हो जाता है।

अन्ततः पूजा ऐसे ही व्यक्ति की होती है, जिसमें सब कुछ सहने और सब्र करने की शक्ति होती है। ऐसे महापुरुष के सामने ही लोग शीश नवाने और झुकाने आते है जिससे एक सामान्य व्यक्ति को जीवन जीने का सार और सामर्थ्य मिलता है। वास्तव में सफलता का असली सूत्र भी यही है।

हमने सीखा

I. लियो टालस्टॉय की एक बहुत प्रसिद्ध किताब है, जिसका नाम है 'द किंगडम ऑफ़ गॉड इज विदिन यू' अर्थात ईश्वर का साम्राज्य तुम्हारे अन्दर ही है।'

II. एक बात याद रखिये दुनिया उन बेटों से नहीं चलती जो अपने बाप के बल पर कुछ बने हैं, दुनिया उन बेटों के बल पर चलती है, जो अपने दम पर दुनिया में खड़े हैं और उन्हें सम्हाले हुए हैं। और ऐसे लोगों की ज़रूरत सभी को होती है। क्योंकि यही लोग होते हैं जो न सिर्फ़ अपना रास्ता स्वयं बनाते हैं, बल्कि दूसरों का मार्ग भी प्रसस्त करते हैं और असंख्य लोगों की प्रेरणा भी होते हैं

III. जो आपसे ख़तरा महसूस कर रहे हैं, पहले वे लोग आपको नज़रअन्दाज़ करेंगे, फिर वे आप पर हँसेंगे, फिर वे आपसे लड़ेंगे, और अन्ततः जब आप अपने कर्तव्य पथ से नहीं डिगेंगे तो आप जीत जायेंगे।

IV. हम लगातार जब बिना अपेक्षा के अभ्यास करते रहते हैं तो उससे कोई भी जीत हासिल की जा सकती है।

'एक्स'+'वाई' (पूर्वार्द्ध) = 'जेड' (उत्तरार्द्ध) : (X + Y = Z)

पूर्वार्द्ध : उम्मीदों का टूटना

जीवन में कई बार आप जिसकी कल्पना नहीं कर सकते वो हो जाता है, ज़िन्दगी का सबसे बहुमूल्य समय कई बार मात्र आप यह सोचकर न्योछावर कर देते है कि आज जिसके लिए आप खड़े हैं, जिसके लिए आप लड़ाइयाँ लड़ रहे हैं, अवसर आने पर वह आपका साथ देगा। फिर जीवन के प्रारम्भिक वर्ष के 20 से 25 वर्ष कम भी नहीं होते। एक आदमी, एक संगठन के लिए आप दिन–रात मात्र इसलिए लगे रहते हैं कि भविष्य में आज की मेहनत रंग लायेगी और आप को कुछ बेहतर मिलेगा। वास्तव में किसी के प्रति समर्पण और दोस्ती का आधार ही वह आस्था और विश्वास होती है जिसके भरोसे आप जीवन की कोई भी वैतरणी पार कर जाना चाहते हैं। लेकिन आज के समय में अक्सर ऐसा नहीं होता, क्योंकि न वचन निभाने वाले वे दोस्त रहे जिनके बारे में आप सुनते रहे हैं, "प्राण जाइ, पर वचन न जाइ" और न ही वह समय रहा जहाँ "असत्य पर सत्य की विजय" होती थी।

यह कविता कहीं पढ़ी थी "एक आदमी के भीतर होते हैं, दस बीस आदमी, जब भी किसी को देखना तो बार–बार देखना" लेकिन समझी तब तक नहीं थी, जब तक ठेस नहीं लगी। अब कैसे बताऊँ कि मैंने जीवन में कइयों का बायोडाटा (CV) मात्र इस सोच के

साथ बनाया कि "यदि आप किसी का भला करेंगे तो सामने वाला आपका भला न करेगा तो बुरा भी नहीं करेगा।" लेकिन ऐसा भी हर बार नहीं होता। ऐसे भी लोग आपको जीवन में मिल सकते हैं कि जिनका आप बायोडाटा बनाते हैं, जिनको आप आगे बढ़ाते हैं, "वही आपका बॉस बन जाता है, और सबसे पहले वह आपका ही पत्ता काटता है क्योंकि उसको यह पता होता है कि आपमें वह क्षमता है, जिसके माध्यम से आप उसको अपदस्थ कर सकते है।" ऐसे लोगों की संख्या आज समाज में अधिक है। जीवन के ये वे कारक होते हैं, जिनको देखकर और सुनकर आपको लगने लगता है कि मेरा काम तो सिर्फ़ उस साँप–सीढ़ी की तरह है, जिसका उपयोग करके लोग अपनी मंज़िल तक तो पहुँच जायेंगे; लेकिन आप ख़ुद को वहीं के वहीं खड़े पायेंगे।

परिणामस्वरूप आपकी उम्मीदें टूटने लगती हैं। दोस्ती की वे मिसालें चकनाचूर होने लगती हैं, जिनके भरोसे आप जीवन जीना चाह रहे थे। कई बार आप निराशा के भँवर में फँसते चले जाते हैं। ख़ुद को उत्पीड़ित भी महसूस करते हैं। इससे हम कई बार इतना घबरा जाते है कि डिप्रेशन में भी चले जाते हैं। कारण आप कुछ ऐसी स्थिति से गुज़र रहे होते हैं कि आप बहुत सकारात्मक सोच नहीं पाते। ख़ुद को बौना समझने लगते हैं। इसका कारण वही होता है जिसपर आप सबसे अधिक भरोसा करते हैं, उन्हीं से धोखा जो मिला होता है। क्योंकि जिनको आप जानते ही नहीं उनसे उम्मीद भी नहीं करते।

लेकिन कुछ लोगों का जीवन निराशा से न भरकर, आत्महत्या के रास्ते से न गुज़रकर, अनुभव के हथोड़े की चोट खा–खाकर इतना मज़बूत हो जाता है कि फिर वह सूर्यकांत त्रिपाठी 'निराला' हो जाता है जो निराशा की पराकाष्ठा को पचाकर 'राम की शक्ति पूजा' के जैसे अनोखा और उर्जस्वित हो जाता है और ख़ुद के लिए अन्दर ही अन्दर कहने लगता है "वह एक और मन राम का जो न थका, जो नहीं जानता दैन्य, नहीं जानता विनय, कर गया भेद वह मायावरण प्राप्त कर जय।" और तब आप क्या देखते हैं इस धोखे का आधार मात्र जाति क्षेत्र अथवा भाई–भतीजावाद है।

अथवा वह क्षणभंगुर कामना जिसको आधुनिक शब्दों में 'सेक्स' कहा जाता है जिसके लिए आप 'सत्ता' में बने रहना चाहते हैं।

तमाम झंझावातों और विपरीत परिस्थितियों के बावजूद यदि आप अडिग रहते तो आपके भीतर 'राम की शक्ति पूजा' की ही तरह एक आवाज़ मन के अन्दर अनुगूँजती है, "होगी जय, होगी जय, हे पुरुषोत्तम नवीन, कह महाशक्ति राम के वदन में हुई लीन" आपको एक अद्‌भुत नजारा आपको देखने को मिलता है। जो धोखा देने वाला होता है वह अन्दर ही अन्दर आपसे डर जाता है। सत्ता के चले जाने की घबराहट उसके चेहरे पर साफ़ नज़र आती है। लेकिन सच्चाई यह है कि ऐसे लोग इतने कमज़ोर भी-होते हैं और झूठे भी कि इनको अब नैतिकता, ईमानदारी और बार–बार अपमान से कोई फ़र्क़ नहीं पड़ता। सत्ता के प्रति मोह इनका इतना प्रबल होता है कि वे जनमानस की अवहेलना रोज़ झेलते हुए भी उसी से चिपके रहना चाहते है और ऐसी अवहेलना वही झेल सकता है जो वैचारिक और बौद्धिक रूप से खोखला हो जिसका स्वाभिमान मर चुका हो।

परिणाम यह होता है, सत्ता पर विराजमान लोग अपने इर्द–गिर्द ऐसे लोगों की फौज़ खड़ी करते हैं जो बौद्धिक रूप से कमज़ोर हो। जो इनकी हाँ में हाँ मिलाते रहे जो इनकी हर बात का समर्थन करें और जो कोई बहुत सवाल–जवाब न करें। इसलिए ऐसे लोग सर्वप्रथम किसी भी राष्ट्र, समाज, सत्ता और संस्था के आसपास अपने जैसे ऐसे लोगों को पल्लवित और पुष्पित करने की कोशिश करते हैं, जिनसे इनका आधिपत्य लम्बे समय तक बना रहे और इनका आपस में भावनात्मक और आत्मीय जुड़ाव भी हो। इसीलिए सर्वप्रथम ये लोग सजातीय लोगों का साम्राज्य गढ़ते हैं।

एकता का आधार (सजातीयता)

सजातीयता : सम्पूर्ण भारतीय इतिहास इस बात का साक्षी रहा है कि आज तक जितनी भी लड़ाई लड़ी गयी उसमें किसी न किसी वंश, जाति, धर्म और प्रान्त ही उनकी एकता का आधार रहा है।

लेकिन जब हम राष्ट्र और किसी संस्था के विकास की बात करते हैं तो देखते है वही राष्ट्र और राष्ट्राध्यक्ष सबसे अधिक शक्तिशाली और गौरवशाली रहा है जिसका राष्ट्राध्यक्ष सभी धर्मों, जातियों और वंशों को साथ लेकर चला है। फिर चाहे वह महान शासक अशोक सम्राट रहा हो जिसने बौद्ध धर्म जैसी विचार की स्थापना देश से अधिक विदेशों में की, अथवा महान शासक अकबर रहा हो जिसने "दीन–ए–इलाही" जैसे मत की स्थापना की, या फिर हाल–फिलहाल में हमारे देश के भूतपूर्व राष्ट्रपति डॉ. ए.पी.जे. अब्दुल कलाम साहब रहे हों, जिन्होंने देश के विकास और तरक्की के लिए अपना पूरा जीवन समर्पित कर दिया और अपनी जाति, धर्म से ऊपर उठकर हमेशा देश को सर्वोपरि माना। लेकिन दुर्भाग्य यह है कि आज जब हम अपने आसपास देखते हैं तो पाते हैं, आज ऐसे लोगों की संख्या इतनी बढ़ गयी है, जो राष्ट्र जैसी महान सोच और एक अच्छे संस्थान के निर्माण की जगह जाति और धर्म को प्राथमिकता देकर न सिर्फ़ अपने ही समाज को ख़त्म कर रहे हैं, बल्कि उन बड़ी–बड़ी संस्थाओं और संगठनों को भी ख़त्म कर रहे हैं, जिसका निर्माण एक बहुत बड़े सार्थक उद्देश्य की प्राप्ति के लिए हुआ था। दुर्भाग्य तो इस बात का है कि ये यह सब जानते हैं कि हमारा विकास इन्हीं संस्थाओं में हुआ है। आज जो भी हमारी उपलब्धि है, उसका आधार यही शिक्षण और प्रशिक्षण संस्थान थे। तब भी वे ऐसा करने से बाज नहीं आते लेकिन जो वे आने वाली पीढ़ियों के लिए छोड़कर जा रहे हैं वह भयावह है।

इस सन्दर्भ में मै दो उदाहरण आप के सामने रखना चाहूँगा एक, कॉर्पोरेट सेक्टर और दूसरा, दिल्ली विश्वविद्यालय। कॉर्पोरेट सेक्टर वह सेक्टर है जहाँ प्रवेश स्तर (Entry Level) पर प्रायः कोई भेदभाव नहीं होता, और उनके चयन की प्रक्रिया या तो प्रारम्भिक परीक्षा के आधार पर होती है अथवा आपके टैलेंट और परफार्मेंस के आधार पर होती है। अतः आपकी नियुक्ति आपकी प्रतिभा पर आधारित होती है। इसीलिए जब मैं बैंकिंग सेक्टर में गया तो पाया मेरे साथ प्रशिक्षण लेने वाले साथी देश के सभी प्रान्तों से थे।

सचमुच एक सम्पूर्ण भारत की झाँकी यहाँ देखी जा सकती थी। लेकिन जैसे–जैसे बैंक के अन्दर घुसता गया, मैंने देखा कि यहाँ भी उत्तर भारतीय और दक्षिण भारतीय का एक समूह है और अपने लोगों को आगे बढ़ाने और प्रमोट करने का खेल खेला जाता है। लेकिन उससे भी गहरी बात मैंने जो देखी यहाँ भी अन्दर–ही–अन्दर लोग जातियाँ में बँटे हुए हैं। उत्तर–भारत की कुछ जातियाँ जैसे ब्राह्मण और भूमिहार में तगड़ी एकता होती है। इसी तरह दक्षिण भारत के तमिल ब्राह्मणों में (नोट : इससे किसी जाति और प्रान्त का साधारणीकरण नहीं किया जा सकता।) अधिकांशतः लोग ऐसे हो सकते हैं, लेकिन सभी नहीं। यह एक मेरा निजी मूल्यांकन भर है यद्यपि मेरे सबसे बेहतर मित्र इन्हीं दोनों जातियों से सम्बद्ध रखते हैं।

लेकिन सारी सच्चाई यही नहीं है। बैंक जैसे संस्थानों का काम इसलिए धड़ल्ले से चलता है क्योंकि यहाँ कम से कम 20 से 30 प्रतिशत ऐसे लोग भी हैं जो अपने काम को बहुत ही गम्भीरता से लेते हैं और अपना काम बेहद ईमानदारी से करते हैं। ऐसे लोगों की यहाँ सबसे अधिक पूछ होती है। उदाहरण के लिए मैं और मेरे एक मित्र। हम लोग जिस विभाग में काम कर रहे थे और जिस ईमानदारी से करते थे उसका परिणाम हम लोग स्वयं थे। (मैं छह साल बैंक में रहा लेकिन मेरा कही ट्रांसफ़र नहीं हुआ, जबकि बैंक में तीन साल के भीतर सामान्यतः एक स्थान से दूसरे स्थान पर ट्रांसफ़र हो जाता हैं)। इसी तरह मेरे जो मित्र हैं, वो इतनी ईमानदारी से काम करते है, और इतनी रुचि के साथ करते हैं, कि उनको चापलूसी करने वाले, शीर्षस्थ पदों में उनके अपने प्रदेश और जाति के लोगों के न होते हुए भी उनको जिस तरह से प्रमोशन मिला। इससे साफ़ जाहिर होता है कि काबिलियत और मेहनत की कद्र भी बैंक जैसे अन्य कॉर्पोरेट सेक्टरों में होती है। लेकिन 80–20 का नियम यहाँ भी चलता है। 80 प्रतिशत लोग चापलूसी करके, जाति और प्रान्त के रिश्ता निकालकर के आगे बढ़ते हैं तो 20 प्रतिशत लोग ऐसे भी हैं जो अपनी मेहनत और लगन से आगे बढ़ते हैं।

दूसरी जगह है, दिल्ली विश्वविद्यालय : मेरे जीवन की वह सबसे बड़ी पाठशाला जो ज्ञान के मामले में अद्वितीय तो है ही; है लेकिन अनुभव के मामले में और भी बहुत। यहाँ जितना मैंने पढ़ाई के दौरान नहीं सीखा उससे अधिक अनुभव काम करते हुए सीखा। पिछले 8–10 वर्ष में तो बहुत अधिक। सजातीयता और प्रान्तीयता का यहाँ जो खेल चलता है वह तो अद्‌भुत है। सीधे–सीधे नौकरी में नियुक्ति में जिस तरह से धांधली चलती है वह अद्‌भुत है। यदि आप एक विशेष वर्ग से सम्बन्ध रखते हैं एक विशेष प्रान्त के हैं और एक विशेष जाति के हैं तो आपके लिए तमाम नियमों को ताक पर रखकर उसकी व्याख्या नये तरीक़े से कर दी जायेगी और आपकी नियुक्ति कर दी जायेगी। नियुक्ति से लेकर प्रमोशन तक यही खेल चलता है क्योंकि यहाँ संघ लोक सेवा आयोग अथवा आई.आई.टी. की प्रवेश परीक्षा जैसे कोई नियम लागू नहीं है, नियुक्ति का आधार मात्र इंटरव्यू होता है (यदि आप नेट और पीएच.डी.) है तो।

कोई भी बड़ी आसानी से सर्वेक्षण कराकर इस सच्चाई को पहचान सकता है। सबसे मज़ेदार बात मैंने यह देखी कि संस्था तो संस्था, संगठनों के भीतर भी यही खेल चलता है। यहाँ दिल्ली विश्वविद्यालय के शिक्षकों के हित में जो संगठन बनाये गये उसमें भी इन्हीं का बोलबाला है। यदि इनके लोगों के हित में कोई नियुक्ति नहीं हो रही है तो नियुक्ति ही नहीं होने दी जायेगी। और तो और एक–दो जातियाँ ऐसी हैं जो पूरी रणनीति के तहत अपना सरनेम भी ऐसे रखती हैं कि कोई समझ न पाये कि असल में आप हैं क्या, कौन से वर्ण और जाति से है? जब तक आप समझ पायेंगे तब तक ये आपके आगे–पीछे करके आपसे अपनी सजातीयता जोड़कर अपना काम निकाल ले जायेंगी। प्रायः ये लोग उच्च जाति का सरनेम रखते है, जिनका इस तरह के संस्थानों में दबदबा और प्रभुत्व है। लेकिन इनमें आन्तरिक एकता इतनी होती है कि आप इनके बनाये हुए कवच को तब तक भेद ही नहीं सकते जब तक कि आप कोई बड़ा जुगाड़ या सत्ता का समीकरण नहीं ढूँढ़ पाते।

आश्चर्य की बात यह होती है कि इन सबको सुनने के बाद लगेगा कि समाज हित, राष्ट्र हित और शिक्षा हित के लिए इनसे बड़ा हितैषी कोई दूसरा हो ही नहीं सकता। लेकिन दरअसल इनका इससे कोई वास्ता नहीं होता और सिर्फ़ अपने और अपने लोगों को फ़ायदा पहुँचाना ही एक मात्र मकसद होता है।

मैंने यह खेल बैंक में भी देखा था, तब समझ में नहीं आया था कि भारत सरकार के वित्त मन्त्रालय के एक बड़े अधिकारी जब कुछ लोगों की प्रशंसा करते थे उनका मकसद क्या था। लेकिन जब भारतीय स्टेट बैंक में एक अध्यक्ष एवं प्रबन्ध निदेशक की नियुक्ति हुई और उसकी नियुक्ति करने वाले सज्जन भी उन्हीं की जाति के थे, तब खेल समझ में आया। मुझे लगता है यह बात भारत सरकार को तक को नहीं पता होगी क्योंकि नियुक्ति करने वाले सज्जन का सरनेम जमींदार जैसा लगता था और नियुक्त होने वाले सज्जन का नाम 'फला–फला कुमार' था।

राजनीति में मैंने जातीय ध्रुवीकरण देखा और सुना था, लेकिन शिक्षण और कॉर्पोरेट संस्थान में मैंने कभी नहीं देखा था। मसलन मायावती का वोट बैंक दलित है तो मुलायम सिंह का यादव और मुस्लिम। इसी तरह वर्तमान मुख्यमन्त्री माननीय योगी जी का अगड़ा वर्ग जिसमें राजपूत, ब्राह्मण के साथ अन्य हिन्दू वर्ग शामिल हैं।

मज़ेदार बात यह है कि इस सजातीयता का खेल शिक्षा में भी इस तरह होता है। बड़े–बड़े शिक्षण संस्थानों से लेकर छोटी–छोटी जगहों में नियुक्ति से लेकर ट्रांसफ़र और प्रमोशन तक में सजातीयता घुसी होती है। और तो और यह सजातीयता का खेल इस तरह खेला जाता है कि एक रणनीति के तहत अपनी जातियों को सब जगह फिट कर दिया जाता है कि ऐसी कोई जगह न बचे जहाँ अपना काम रुके। सरकार से लेकर शिक्षण संस्थान तक। इस तरह इनकी गोलबंदी इतनी तगड़ी होती है कि बड़े–से–बड़ा गुनाह करके के आप दिल्ली विश्वविद्यालय जैसे संस्थान से बाइज्जत बरी हो जाते हैं क्योंकि आपके लोग सभी पार्टियों और जगहों पर विराजमान है।

सेक्स : कॉर्पोरेट काउच किस चिड़िया का नाम है, मैंने बैंक ज्वाइन करने के पहले सिर्फ़ पढ़ा और सुना था। लेकिन कॉर्पोरेट का यह नेक्सस राजनीति से भी जुड़ा है, वहाँ काम करते हुए देखा। कॉर्पोरेट संस्थान कैसे भारत सरकार द्वारा बनी बड़ी–बड़ी संसदीय समितियों के नीति और नियमों का उल्लंघन करती हैं यह जब तक आप अन्दर न घुसे हों, तब तक चीज़ समझ में आपको नहीं आयेगी। यह मेरा सौभाग्य था कि बैंक के जिस जनसम्पर्क विभाग में मैं काम करता था, उसका काम ही था ऐसे नेताओं और बड़े कॉर्पोरेट के बीच होने वाली डील, समझौते और कार्यवाई को सुचारू रूप से संचालित करना और उनसे जुड़ी आवश्यक माँगों को त्वरित पूरा करना। "सेक्स और मनी' इनकी सबसे पसन्दीदा वस्तु है। और कॉर्पोरेट को चाहिए क्या? उनके हित में उनके प्रस्ताव पास हो जायें, बस! और नेताओं को चाहिए जब भी किसी बड़ी जगह जायें उनके पसन्द की चीज़ें उन्हें नज़राने स्वरूप मिल जाये। बाकी भारत सरकार द्वारा विभिन्न कामों के लिए बनायी गयी बड़ी–बड़ी संसदीय समितियाँ तो मात्र खाना–पूर्ती का साधन मात्र होती हैं।

बड़ी–बड़ी संसदीय समितियों वाले नेता जब ऐसे किसी संस्थान और कॉर्पोरेट का निरीक्षण करने जाते हैं, तो उनका निरीक्षण एक दिखावे से अधिक कुछ नहीं होता। जब कि सच्चाई यह होती है कि बड़ी–बड़ी संसदीय समितियों का काम सरकार द्वारा संचालित नियमों का सुचारू रूप से अनुपालन हो रहा है अथवा नहीं, यह पता करना और इसकी सूचना संसद को देना है। जिससे वे और अपनी रिपोर्ट को सार्वजनिक कर सकें। जबकि ये समितियाँ ऐसे किसी भी संस्थान के कार्यालय में जाकर वास्तविक स्थिति जानने और समझने तक की कोशिश नहीं करतीं। ऐसे कार्यालयों तक आते हुए मैंने कभी भी एक भी समिति के सदस्य को नहीं देखा। चाहे वह पब्लिक और प्राइवेट सेक्टर के बैंक हों, अथवा पेट्रोलियम सेक्टर के कोई भी संस्थान। बड़े–बड़े फाइव स्टार होटल में रुकेंगे, यहीं उन संस्थानों की फाइलें मँगाकर खानापूर्ति करेंगे,

खायेंगे–पियेंगे और अपनी जितनी डिमांड है, वह सब पूरी करेंगे। कई–कई बार तो मैंने देखा बड़े–बड़े नेता और मन्त्री जो केन्द्र में कैबिनेट मिनिस्टर तक रहे उनका एयरपोर्ट से लेकर होटल के कमरे तक सुरा और शबाब के साथ जिस तरह स्वागत किया जाता है, वह बस फ़िल्मों में ही दिखाया जाता है। मैंने तो कई बार इन लोगों के कमरों में एक से एक बड़े स्टारों तक का रातभर जमावड़ा देखा जिसमें छोटी–मोटी नायिकाओं से लेकर डांस–बार की लड़कियाँ तक होती थी। और रही सही पोल–पट्टी तो इनकी गाड़ी को चलाने वाले वे ड्राइवर खोल देते थे जो इनको लेकर एक जगह से दूसरी जगह जाते थे। करप्शन की यह चैन ऊपर से लेकर नीचे तक जिस तरह चलती है उसका परिणाम पी.एन.बी. और आई.सी.आई.सी.आई. बैंक जैसा बड़ा घोटाला भी होता है।

बात उन दिनों की है जब हमारे बैंक में एक दिन उस समय के एग्जीक्यूटिव डाइरेक्टर (कार्यकारी निदेशक), जो बैंकिंग इंडस्ट्री में काफ़ी तेज़–तर्रार माने जाते थे, आये। और मुम्बई में बांद्रा–कुर्ला स्थित बैंक के कॉर्पोरेट कार्यालय की रिसेप्शन लॉबी में सभी कर्मचारियों के सामने खड़े होकर के हम सभी कर्मचारियों को सम्बोधित करते हुए बोले कि "मैं फाइनेंस मिनिस्टर से बहुत बड़ा प्रॉमिस करके आया हूँ कि बैंक को सुधार के रहूँगा। तब मुझे यह पोस्ट मिली है। इसके बाद उन्होंने तुरन्त हमारे कार्यालय के कुछ एच.आर. के कर्मचारियों को कहा 'फलाँ फलाँ मैडम' (जो महिला कर्मचारी उनकी पसन्दीदा थी) का ऑर्डर तुरन्त आज ही बनाओ और उसको मेरे कार्यालय में आज ही रिपोर्ट करने को बोलो।" यह सब इतने सारे कर्मचारियों के सामने ही होता रहा और देखते ही देखते मैडम को एक दिन के भीतर उनको एक जोन से बुलाकर कॉर्पोरेट कार्यालय में ज्वाइन करा दिया गया।

बात यहीं तक होती तो शायद इसको सार्वजनिक रूप से यहाँ तक बताने की ज़रूरत नहीं होती। मेरे देखते ही देखते छह वर्ष के भीतर वह मैडम एक सामान्य मैनेजर से कब जनरल मैनेजर बन गयी, यह बैंकिग इंडस्ट्री में एक मिसाल है।

ख़ैर, इसके पीछे की कहानी को मैं बहुत अधिक विस्तार नहीं देना चाहता हूँ। बस इतना बताकर अपनी आँखों–देखी को विराम देना चाहूँगा कि जब मैं उस बैंक में काम कर रहा था, तो मुझे अध्यक्ष एवं प्रबन्ध निदेशक (CMD) के कमरे में बार–बार किसी न किसी काम की वजह से जाना पड़ता था। तब मैंने देखा की सी.एम.डी. साहब के कमरे के पीछे एक और कमरा था, जिसमें उनका बिस्तर होता था, काम करते–करते जब अधिक थक जाते थे, तो उन मैडम के साथ कई बार आराम फरमा रहे होते थे। बाकी आगे की कहानी आप स्वयं समझ सकते हैं।

इसी बीच छह वर्ष बैंक की नौकरी करने के बाद दिल्ली विश्वविद्यालय आ गया। लेकिन इस बीच मैं अपने कई बैंकों के साथियों के सम्पर्क में रहा। इसी बीच मैं उन मैडम के किस्से भी सुनता रहता। देखते–देखते मैडम बैंकिंग इंडस्ट्री की सबसे कम उम्र की सी.एम.डी. भी बन गयीं। बाद में वे एक बड़े बैंक की सी.एम.डी. भी रही। उन्हीं के रहते मेहुल चोक्सी, नीरव मोदी जैसे बड़े घोटालेबाज़ों के नाम भी सामने आये। लेकिन... वहीं 'ढ़ाक के तीन पात।'

इस कहानी का अन्त यह नहीं है कि मैडम कितनी जल्दी प्रमोशन पाकर एक बड़े बैंक के शीर्ष तक पहुँचीं। मेरे बताने का मकसद मात्र इतना है कि जब मैंने बैंक में डाइरेक्ट रिक्रूटेड ऑफ़िसर (डी.आर.ओ.) के रूप में बैंक ज्वाइन किया था, तब अहमदाबाद स्थित ट्रेनिंग सेंटर में एक ट्रेनर ने कहा था, कि 'बैंक में 'कॉर्पोरेट काउच' चलता है, और आपको आगे बढ़ने में एक महिला से कम से कम पाँच गुना अधिक मेहनत करनी पड़ेगी। तब जाकर आप कुछ हासिल कर पायेंगे।' तब ये बात मुझे नहीं समझ आयी थी लेकिन अब मैंने मैडम को जिस तरह आगे बढ़ते देखा तो हम लोगों को लगने लगा कि हमारे पास एक चीज़ नहीं है, जो एक महिला में होती है, जिसका इशारा प्रशिक्षण के दौरान एक प्राध्यापक ने किया था।

यह कहानी एक बैंक की नहीं है। यहाँ यह बैंक तो मात्र एक उदाहरण है। मैंने कई कॉर्पोरेट्स के कल्चर को बहुत क़रीब से देखा।

चाहे ये बैंक, यस बैंक अथवा नो बैंक। अम्बानी, क्या अडानी, क्या सेबी, क्या बॉम्बे स्टॉक एक्सचेंज और क्या बॉलीवुड। मैंने अपने मुम्बई के कार्यकाल में सब जगह कॉर्पोरेट काउच से लेकर कास्टिंग काउच तक का धन्धा ज़बर्दस्त तरीक़े से चलता हुआ देखा। छोटे–छोटे फ़िल्म और सीरियल डाइरेक्टर से लेकर बड़े–बड़े नेता तक इस नेक्सस का हिस्सा है। कई बड़े–बड़े फ़िल्म डाइरेक्टरों और कॉर्पोरेट लोगों के मुम्बई के आसपास बसे उपनगरों में इनके फार्म हाउसेस हैं। जहाँ सुरा, शबाब और सेक्स का गोरख–धन्धा चलता है। मैं यह सब इसलिए जान पाया कि हमारे बैंक के कई बड़े उच्च अधिकारी भी इस नेक्सस में शामिल थे और मैं तो मात्र उनका एक प्यादा था, जो एक–दूसरे के बीच संवाहक का काम करता था। यही मैंने वह नेक्सस भी देखा फाइनांस मिनिस्ट्री के बड़े ऑफ़िसरों से लेकर, बड़े–बड़े बैंक के सी.एम.डीज., नेता और कॉर्पोरेट के बीच जो आपस में बैठकर एक बड़े प्रोजेक्ट को कैसे पास कराते हैं, और फिर उन्हें कैसे एन.पी.ए. (NPA) कराते है, यह सब होते हुए मैने देखा।

सत्ता

मशहूर लेखक शेक्सपियर का मानना है कि सत्ता के पद पर लोग प्रायः तीन तरह से पहुँचते हैं, पहला जन्म से (अर्थात आपका जन्म ऐसे परिवार में हुआ हो, जो पहले से ही प्रभुत्वशाली रहा हो और जिसका प्राचीन राजसी इतिहास रहा हो)। दूसरा कर्म से (जो अपने मेहनत के बल पर सत्ता के शिखर तक पहुँचते है), तीसरा जिस पर सत्ता थोप दी जाती है (एक ऐसे सत्ताधारी परिवार में जन्म पाना, जिसके पूर्वज अपनी प्रतिभा और परिश्रम के बल पर सत्ता के सिंहासन तक पहुँचते हैं, लेकिन उनके बच्चों में वह प्रतिभा नहीं होने के बावजूद भी उनके प्रशंसकों और चापलूसों द्वारा उन पर सत्ता थोप दी जाती है–आज की भारतीय राजनीति इसका सबसे बड़ा उदाहरण है)।

यदि उपरोक्त तीनों तरह के सत्ताधारियों का विश्लेषण करें तो एक बात साफ़ है कि सत्ता के शिखर तक पहुँचने के सदैव तीन मार्ग रहे हैं।

लेकिन आज की सत्ता उसूलों से कम चलती है और शूलों भरी अधिक होती है, ख़ासकर के उनके लिए जिनके आगे–पीछे कोई नहीं होता और जिनको अपने कर्मों और मेहनत के बल पर आगे बढ़ना होता है। लेकिन यह भी सच है कि एक वर्ग ऐसा भी है, जो अपने कर्मों के बल पर यहाँ पहुँचता है। लेकिन उसको भी कहीं–न–कहीं उन सभी रास्तों का सहारा लेना पड़ता है, जिसको अन्य दल (जो दलदल में डूबे होते है) लेते है। ऐसे में भी एक रास्ता बचता है ईमानदारी और साहस का। दिल्ली की यदि केजरीवाल सरकार को देखें तो उसका भी उभार कुछ ऐसी ही शासन–व्यवस्था के ख़िलाफ़ भ्रष्टाचार के ख़िलाफ़ हुआ था लेकिन तमाम आरोपों के बावजूद अन्य सरकारों की तुलना में कम भ्रष्ट निकली इसलिए उसको दूसरी बार मौक़ा मिल गया। वरना कोई भी व्यक्ति चन्द्रशेखर आजाद से 'रावण' बनना पसन्द नहीं करता। कहीं–न–कहीं आर्टिकल 15 जैसी संवैधानिक शक्तियों का दुरूपयोग होता है, तभी एक सामान्य व्यक्ति को पढ़ा–लिखा होने के बावजूद 'रावण' कहलाने में भी कोई परहेज नहीं होती।

सत्ता के बारे में एक और बात लोगों की ज़ुबान से अक्सर सुनने के लिए मिलती है कि सत्ता उस वेश्या की तरह होती है, जिसका कोई दीन, ईमान और चरित्र नहीं होता। और जो भी आता है कुछ भी बोलकर चला जाता है। मसलन सत्ता तक पहुँचने का मार्ग अति घृणित होता है। और जो इस स्तर तक पहुँचने और सुनने के लिए तैयार हो वही इस पद तक पहुँच पाता है।

उत्तरार्द्ध (अनुभव और ज्ञान)

उपरोक्त तीनों बातें सही होने के बावजूद एक बात हमेशा याद रखना चाहिए कि किसी भी जीवन के हमेशा दो पहलू होते हैं जिसको हम 'एक्स' + 'वाई' (पूर्वाद्ध) कहते हैं, और दूसरा जिसको हम जीवन के 'जेड' (उत्तराद्ध) के रूप में समझ सकते हैं। इसमें एक्स और वाई दो ऐसे शख्स है, जो आपके भीतर छुपी हुई प्रतिभा अथवा आपके हक

को मारकर आगे बढ़ते हैं और आपको आगे नहीं बढ़ने देते क्योंकि आप उनकी जाति, समुदाय अथवा किसी सत्ताधारी पार्टी से नहीं जुड़े होते। इसको इस रूप में समझ सकते हैं कि आपके द्वारा किये जा रहे प्रयास को वह सफलता नहीं मिल पा रही जिसकी आपको दरकार होती है, ऐसे में आप निराश न हों। आप पूरे जीवन के चरण को दो भागों में बाँटकर देख सकते हैं : एक है 'एक्स' + 'वाई'। दूसरा 'जेड'।

'एक्स' + 'वाई' किसी के जीवन का वह क्षण होता है, जो अपने अनुकूल नहीं होता है। यह आपकी निराशा, उत्पीड़न का वह समय होता है जब आपकी मेहनत का फ़ायदा कोई और उठा रहा होता है और आप अपने आपको असहाय महसूस कर रहे होते हैं जिससे कई बार एक सामान्य आदमी का बाहर निकलना मुश्किल जान पड़ता है।

लेकिन वास्तव में यही वह समय होता है, जब आदमी को आदमी की सही पहचान होती है। साथ ही वह सबसे अधिक मुश्किल में होता है। लेकिन यही वह स्थिति पैदा करती है जहाँ से आप अपनी ज़िन्दगी का यू–टर्न मार सकते हैं क्योंकि आपके पास एक ऐसा खाली (vaccum) वाला समय मिलता है जिसका आप समुचित उपयोग करके एक लम्बी छलांग मार सकते हैं। शेक्सपियर इसी समय को सबसे सदुपयोगी समय मानते हैं। उनका मानना है कि एक आदमी अपनी विकट परिस्थितियों से जितना अधिक सीखता है वह अपने सबसे बेहतरीन समय से नहीं।

ऐसी परिस्थितियों के समानान्तर जो एक समय मिलता है उसको हम 'जेड' कहते हैं। इस समय का आप उपयोग कुछ नया सीखने, नया ज्ञान अर्जन करने, नयी रणनीति बनाने और कुछ बेहतर करने के लिए कर सकते हैं। क्योंकि ये समय आपके जीवन में वह अनुभव जोड़कर जायेगा जिसको किसी भी पद पर बैठा व्यक्ति नहीं महसूस कर सकता। हमेशा एक चीज़ हम सबको याद रखनी चाहिए, नौकरी और पद एक बार "किसी के आशीर्वाद और जुगाड़ से मिल तो सकती है, लेकिन बरक्कत अपनी मेहनत से ही मिलती है।" इसलिए अपने उस समय को कभी नहीं जाया होने देना चाहिए जो आपको ऐसे समय में मिलता है।

‘जेड’ वाला समय जीवन में उस वरदान की तरह होता है, जिसमें ऊर्जा दुगुनी हो जाती है, सृजनात्मकता प्रबल हो जाती है।

ऐसे समय आदमी ने यदि अपने आप को एकाग्र करके कुछ अच्छा रच दिया तो समझिये वह अमरत्व के वरदान से कम कुछ भी नहीं। कवियों ने भी कहा है, “वियोगी होगा पहला कवि, आह से निकला होगा गान, निकलकर आँखों से चुपचाप, बही होगी कविता अनजान,” आपको पीड़ा देने वाला व्यक्ति जब अपनी सत्ता और गद्दी को बचाने के लिए संघर्षरत होगा तब आपके पास उसके द्वारा मिली हुई पीड़ा को कलमबद्ध करने का जो समय होगा वह बहुमूल्य होगा जो उसको कभी नहीं मिलने वाला है। अतः इस बहुमूल्य समय में बिना निराश हुए, दृढ़–निश्चय और संकल्प के साथ कुछ कर गुज़रना चाहिए। ‘जेड’ के पास ‘समय’ यह समय ही उसकी सबसे बड़ी ताक़त होती है जिसका उपयोग करके वह ख़ुद को बुलन्दियों तक पहुँचा सकता है।

जिसने भी इस ‘जेड’ का उपयोग अपने बनाये हुए ‘आइडिया’ पर कर लिया, वह दुनिया के लिए मिसाल बन जाता है। ऐसे अवसर पर इन तीन लाइनों को हमेशा याद रखना चाहिए। पहला : ”सामान्य सोच वाला व्यक्ति दूसरों पर बात करते हुए अपना समय व्यतीत करता है”। दूसरा : ”औसत सोच वाला व्यक्ति सिर्फ़ इवेंट अथवा किसी दूसरे के बनाये आइडिया को क्रियान्वित करता है।” तीसरा : ”सबसे बेहतर सोच वाला आदमी वह होता है, जो अपना आइडिया स्वयं जेनेरेट करता है, और उसपर लगातार काम करता है।” जेड इसी श्रेणी के व्यक्ति होते है जो स्वयं के आत्मचिन्तन से कुछ ऐसा मार्ग निकाल लेते हैं जिससे उनकी निराशा दूर हो जाती है और कृत–संकल्पित होकर कोई बड़ा काम करने लगते हैं। इसलिए ऐसे समय को वे कभी भी हाथ से नहीं जाने देता। इसीलिए वे उस मंज़िल तक पहुँच जाते हैं, जहाँ तक उनके दुश्मन की सोच भी नहीं पहुँच पाती।

‘जेड’ ‘अप्प दीपो भव’ (अपना दीपक स्वयं बनो) वाला वह समय होता है जब आप अपने लिए काम कर रहे होते हैं। आप दूसरों से अपेक्षा रखने के बजाय ख़ुद पर भरोसा करने लगते हैं।

आप जानने लगते हैं, दूसरों से अपेक्षा जब रखते हैं और काम नहीं होता तो आप दुखी हो जाते हैं। जबकि जब आप अपने से अपेक्षा रखने लगते हैं तो इससे आपके भीतर स्वयं कुछ करने की प्रेरणा जागृत होने लगती है। दरअसल असली ज़िन्दगी यही है। जब दूसरे के द्वारा बनायी हुई चेतना से मुक्त हो जाते हैं, आप किसी अवचेतन में नहीं रहते, बल्कि आपके भीतर एक ऐसी चेतना जागृत हो चुकी होती है जिसके बाद आप स्वयं यह जानने लगते है। ऐसा 'पहले भी होता था, आज भी होता है, आगे भी होता रहेगा' इस वास्तविकता से अवगत होकर आप अपने आप पर भरोसा करने लगते हैं और यही वास्तव में वह ताक़त होती है जो आदमी के अन्दर उस शक्ति का संचार करती है जिसके बाद आदमी अपना ख़ुद का मूल्य समझने लगता है। साथ ही, जान जाता है कि "भरोसा जब ख़ुद पर हो तो ताक़त, और जब दूसरों पर हो तो कमज़ोरी" बन जाती है। अतः इस ताक़त को ख़त्म होने और दिमाग़ से ओझल होने के पहले स्वयं को इतना जागृत कर देना चाहिए कि फिर आपका उपयोग कोई दूसरा जीवन में न कर पाये और ख़ुद उन औरों के लिए मार्ग दिखाने वाली वह मसाल बन जाता है जो लोग आज भी दूसरे के भरोसे अँधेरे में भटक रहे होते हैं।

एक जागृत व्यक्ति की कारीगरी इसी में है कि वह स्वयं का मार्ग प्रशस्त करते हुए दूसरों को भी ऐसी कुछ सीख दे जाये जिससे आने वाली पीढ़ी ऐसे किसी प्रलोभन और लालच में न पड़े, जिससे आपकी मेहनत का फल कोई दूसरा खाता रहे और आप स्वयं भूँखे रहे। इसलिए जहाँ भी रहें, स्वयं पर विश्वास करें, ख़ुद पर भरोसा रखें। किसी भी तरह के वाद–विवाद से बचें, किसी की आलोचना न करें, तटस्थ रहें, मेहनत खुलकर करें, लेकिन आँख खोले रखें जिससे आपके समय और ज्ञान का उपयोग दूसरे सिर्फ़ अपने हित में न कर पायें। और यह बात मानकर चलिए जिस दिन से आप अपने लिए काम करना प्रारम्भ कर देते हैं, उस दिन से न सिर्फ़ आपकी ज़िन्दगी बदलने लगती है, आपके प्रति लोगों का नजरिया भी बदलने लगता है और फिर आपके समय का कोई दुरूपयोग करने की हिम्मत भी नहीं कर सकता।

जीवन में सुकून

'जेड' की महिमा को जिस दिन से आप जान जाते हैं, तो यकीन मानिए उस दिन से आपका समय आपके अनुकूल होने लगता है। दुनिया की कोई ताक़त आपका बॉल बाँका नहीं कर सकती। ऐसे ऐरे–गैरे लोग छोटे–मोटे लालच और पद का हवाला देकर आपको ललचाने और नीचा गिराने की कोशिश करेंगे लेकिन तब भी आप उनके प्रलोभन और झाँसे में नहीं आयेंगे और आप नीचे नहीं गिरेंगे क्योंकि आप ऐसे किसी भी लालच से ऊपर उठ चुके होंगे, आपको अपने मूल्य का एहसास हो चुका होगा। आप नैतिकता के उस समंदर में गोता लगा रहे होंगे, जहाँ आप दूसरे के लिए प्रेरणा होंगे। दूसरे लोग अपने यहाँ व्याख्यान और अपना अनुभव शेयर करने के लिए आपको बुला रहें होंगे। आप दूसरे के लिए रोल मॉडल बन रहे होंगे और वो लोग जिन्होंने आपको नीचे गिराया, लाभ और लोभ में पड़े रहे, वे अपने बुढ़ापे में अपने किये हुए पापों का मन ही मन पश्चाताप कर रहे होंगे, उन सब स्मृतियों को गिन रहे होंगे कि हम कितने लोगों को गिराकर और हक मारकर यहाँ तक पहुँचे थे। घर में रहते हुए भी बाहर की उस दुनिया में विचर रहे होंगे जहाँ सुकून भरी नींद नहीं आ रही होगी। इसका उदाहरण मैंने एक ही जन्म में उन तीनों को झेलते हुए देखा, जो ग़लत रास्ते का उपयोग करके सत्ता के सिंहासन तक पहुँचे थे। मसलन सी.एम.डी. साहब जिन्होंने मैडम को लगाया था और ख़ुद अपनी पत्नी, जो आई.ए.एस. थी और भारत सरकार में एक राज्य में सचिव पद पर कार्यरत थी, जिनकी सिफारिश पर इस ओहदे तक यहाँ तक पहुँचे थे, अपनी रिटायरमेंट के बाद बैंकिंग फ्रॉड के चलते कोर्ट और कचहरी के धक्के खा रहे थे और उनकी इज्जत बैंक में अब एक चपरासी के बराबर नहीं थी। जब बैंक आते थे तो लोग उनको देखकर मुँह फेर लेते थे। दूसरा, मैडम जो जितनी जल्दी बैंक के इस शिखर तक पहुँची थीं, उतनी ही जल्दी पी.एन.बी. बैंक घोटाले के बाद जेल की हवा खा चुकी थी

और अब सरकार की पूछताझ (Enquiry) में झेल रही थी। तीसरा, दिल्ली विश्वविद्यालय के एक कॉलेज और विश्वविद्यालय में सर्वेसर्वा रहे महोदय अब कई जगह सब से यह कहते फिर रहे थे कि मुझे अपने यहाँ लेक्चर के लिए बुलाओं। और कभी–कभी उनको वे लोग बुला भी लेते थे। वह भी शर्म के मारे, जिनकी बदौलत वह कॉलेजों में प्रिंसिपल बने थे। लेकिन अब जाति से बाहर उनकी कोई इज्जत नहीं थी क्योंकि अब तक उनके घोटाले बेईमानी और बौद्धिकता का चोला सबके सामने पर्दाफाश हो चुका था। और, वे प्राचार्य महोदय भी जो जिन मित्रों की वजह से इस पद तक पहुँचे थे, उन्हीं के सामने अपनी नज़रों में गिर चुके थे क्योंकि अब उनमें आन्तरिक रूप से वह हिम्मत ही नहीं रही कि वह अपने एक समय के सबसे क़रीबी मित्रों से नज़रें मिला सकें क्योंकि उनके ऊपर इतने केश ठुक चुके थे कि वे जेल जाने के डर से सबके सामने हाथ जोड़ने और पाँव पकड़ने के लिए हर समय तत्पर रहते थे।

जबकि 'जेड' श्रेणी वाले लोग इसके उलट अपने जीवन में एक सन्तुष्टि महसूस कर रहे थे। ख़ुद को आत्म–सम्मानित महसूस कर रहे थे और सोच रहे थे कि समाज को कुछ देने के लिए एक जीवन कितना छोटा है।

इसलिए निराश तो होना ही नहीं चाहिए। न किसी परिस्थिति से, न स्थिति से, और न ही किसी व्यक्ति से, न किसी की कारगुजारियों से। बस इतना सोचना चाहिए कि यह एक समय था जो कभी 'एक्स' और 'वाई' का था और आज 'जेड' का है। विश्वास मानिये जीवन के पीछे का अनुभव जो 'जेड' की तरह होता है उस समय से लाख गुना बेहतर होता है जिसको हमने किसी के हक को मारे हुए जिया है। नहीं तो आपकी आत्मा, आपकी सोच, आपकी स्मृतियों से बड़ी गवाही दुनिया की कोई भी अदालत नहीं दे सकती। क्योंकि आप कितना भी अपने मन में आने वाली स्मृतियों को जनता के सामने नज़रअन्दाज़ कर दें लेकिन आपको स्वयं पता होता है आप अपनी ही नज़रों में गिरे होते हैं।

आज मेरे सामने न जाने कितने ऐसे लोग गुज़रते है, जिनको मैंने अपने से हमेशा बड़ा माना, सम्मान दिया और आगे बढ़ाने की कोशिश की लेकिन उन्होंने मुझे धोखा दिया। लेकिन आज जब वे मेरी नज़रों के सामने से गुज़रते है मैं उनकी तरफ़ एक उम्मीद–भरी निगाह से देखता हूँ कि कुछ बात करेंगे लेकिन मेरे लाख चाहने के बावजूद वो सर झुकाकर, अपना रास्ता बदल कर आगे निकल जाते हैं सबसे बुरी हालात विश्वविद्यालय के उन सर्वेसर्वाओं महोदय की होती है, जिनके व्याख्यानों का मैंने कभी सम्पादन किया था और जब उनसे सेवानिवृत्ति के बाद समय माँगा तो समय तक नहीं दिया। लेकिन उनसे मैं कहीं एक बार बाहर किसी सेमिनार में मिला और अपनी शिकायत दर्ज की कि सर आपने मुझे मिलने का समय नहीं दिया। उस समय वे बिल्कुल अकेले थे तो उन्होंने सर झुकाकर कहा "मैं जानता हूँ, तुम्हारे अन्दर बहुत प्रतिभा है, लेकिन तुम्हारे लिए कुछ न कर सका। काश मैं तुम्हारे लिए कुछ कर पाता।" (सत्ता पर रहते हुए, बुद्धि पर जाति का प्रभाव जो अधिक प्रभावी था!) यह कहते हुए हाथ जोड़कर, नजरे झुकाए लगभग रोनी हालत में मानो मुझसे कह रहे हों "मुझे माफ करना" यह कहते हुए उनकी नजरों में अपराध–बोध साफ पढ़ा जा सकता था। साथ ही आदरणीय भूतपूर्व राष्ट्रपति महोदय ए.पी.जे. अब्दुल कलाम साहब का यह वाक्य आपके कामों में गूँजने लगेगा। "यदि आप अपने काम को सलाम करते हुए, पूरी मेहनत के साथ आगे बढ़ते हैं तो पूरी दुनिया, आपको सलाम करेगी।"

बस यही सोच हमें वह एक ऐसा सुकून देती है कि मैंने जीवन में कोई गुनाह नहीं किया न ही किसी के सामने से गुज़रते हुए मुझे सर झुकाने की ज़रूरत होती है। तब मुझे अन्दर ही अन्दर महसूस होता है। मैं उन सभी से अपनी लड़ाई जीत चुका हूँ जो सजातीयता, सेक्स और सत्ता के बल पर एक मुकाम तक तो पहुँचे हैं। लेकिन उस मुकाम को कभी नहीं पा सकते जिसको मैंने बिना किसी सत्ता और पद की कुर्सी में बैठे हुए प्राप्त किया है।

नैतिकता और सच्चाई के मार्ग पर चलते हुए हमेशा इस बात को याद रखना चाहिए कि "चंदन है तो महकेगा, आग में हो या आँचल में"।

यदि आपके भीतर कोई प्रतिभा होगी तो आपको ज़रूर वह पद मिलेगा जिसके आप असली हकदार है। लाख आपकी दुश्मन दुनिया आपको कितना भी रोकने की कोशिश कर ले लेकिन कहते हैं यदि आप अपनी मर्जी के मालिक हैं, आप मानसिक रूप से मज़बूत हैं और मर्यादा के साथ अपने मार्ग पर चलते चले जाते हैं तो एक दिन हम सबका मसीहा भी ख़ुद ही बोल उठता है :

रात लम्बी है, मगर तारों भरी है।
हर दिशा का दीप पलकों ने जलाया।
साँस छोटी है, मगर आशा बड़ी है।
ज़िन्दगी ने मौत पर पहरा बिठाया।

हमने सीखा

I. आज ऐसे लोगों की संख्या इतनी बढ़ गयी है, जो राष्ट्र जैसी महान सोच और एक अच्छे संस्थान के निर्माण की जगह जाति और धर्म को प्राथमिकता देकर न सिर्फ़ अपने ही समाज को ख़त्म कर रहे हैं, बल्कि उन बड़ी–बड़ी संस्थाओं और संगठनों को भी ख़त्म कर रहे हैं, जिसका निर्माण एक बहुत बड़े सार्थक उद्देश्य की प्राप्ति के लिए हुआ था।

II. एक आदमी अपनी विकट परिस्थितियों से जितना अधिक सीखता है वह अपने सबसे बेहतरीन समय से नहीं।

III. पहला : सामान्य सोच वाला व्यक्ति दूसरों पर बात करते हुए अपना समय व्यतीत करता है। दूसरा : औसत सोच वाला व्यक्ति सिर्फ़ इवेंट अथवा किसी दूसरे के बनाये आइडिया को क्रियान्वित करता है। तीसरा : सबसे बेहतर सोच वाला आदमी वह होता है, जो अपना आइडिया स्वयं जेनेरेट करता है, और उस पर लगातार काम करता है।

IV. जिस दिन से आप अपने लिए काम करना प्रारम्भ कर देते हैं, उस दिन से न सिर्फ़ आपकी ज़िन्दगी बदलने लगती है, आपके प्रति लोगों का नजरिया भी बदलने लगता है और फिर आपके समय का कोई दुरूपयोग करने की हिम्मत भी नहीं कर सकता।

V. नैतिकता और सच्चाई के मार्ग पर चलते हुए हमेशा इस बात को याद रखना चाहिए कि "चंदन है तो महकेगा, आग में हो या आँचल में"।

कोरोना, लॉकडाउन और खुद की खुद से मुलाक़ात

हर सुबह अपने घर से निकलने की दौड़ थी,
अपने आप को किसी न किसी टाइम–टेबल
से बाँधे रखने की होड़ थी,
वो दो मिनट वाला नाश्ता, वो ऑन द गो वाली काफ़ी,
वो ऑन द वे वाला मेरा फ़ोन कॉल, और वो टेक अवे वाला मेरा लंच,
वो क्विक वाली मेरी प्रोटीन डाइड, वो दरवाज़े से ही माँ को बाय बोल देने वाली आदत,
हाँ गाड़ी में ही हूँ, बस पहुँचने ही वाला हूँ वाला, वो पुराना बहाना,
निकलते वक़्त पीछे से पुकारे जाने पर चिढ़ जाना,
लिफ़्ट जब हर फ्लोर पर रुकती है तो 'उफ्फ' करने वाली वो आदत,
हर वक़्त "आई डोंट हैव टाइम फॉर एनीथिंग इन लाइफ" वाली रटी–रटाई वो लाइन।
शाम को घर आते 'मी टाइम" की सख्त ज़रूरत जताना,
अनवाइंड करने के लिए वो बस एक ड्रिंक बनाना,
दिनभर की वो ओवर ईटिंग करने वाली वो सालेड,
और रात होते–होते "हाउ टू क्योर फ्रॉम इनसोम्निया" वाला वो गूगल सर्च
क्या लाइफ है यार, आज यहाँ तो कल वहाँ,

पर सच तो यह है कि ऐसी ज़िन्दगी में सुकून कहाँ,
अब इस सुकून की आदत सी हो रही है,
इक्कीस दिनों की वो लॉकडाउन की मोहलत अब कम सी हो रही है,
वाइरस–वायरस तो बस एक बहाना था,
हम सबको ज़िन्दगी जीने का ढंग फिर से सिखाना था।

कोरोना वाइरस को लेकर सरकार ने जब इक्कीस दिन का लॉकडाउन किया था, तब ये कविता ख़ूब वाइरल हो रही थी। मुझे लेखक का नाम नहीं पता लेकिन उस लड़की का चेहरा याद है, जिसने यह कविता पढ़कर इसको वाइरल किया था। बहरहाल मेरा मकसद बस इतना था, क्या ज़िन्दगी सचमुच लॉकडाउन के पहले यही थी। भागमभाग ज़िन्दगी में ख़ुद से ख़ुद से मुलाक़ात न कर पाने की मजबूरी थी, वो एक झटके में ऐसे रफ़ू–चक्कर हो गयी कि एहसास होने लगा, यदि इस भागमभाग ज़िन्दगी के अनुसार नहीं चले तो बहुत कुछ नहीं बदलने वाला होता है, ज़िन्दगी वैसे ही चलती है, जैसे पहले थी, बस अन्तर सिर्फ़ इतना है, कि हम अपनी मनमर्जी के अनुसार सड़क पर नहीं घूम पाते, अनाप–शनाप नहीं खा पाते, और छुट्टी मिलते ही, जंगल और पहाड़ को गंदा करने के लिए नहीं भागते। घर पर रहकर अपने हाथ से बना हुआ कुछ अच्छा खाते हैं, घर के किसी कोने में बैठकर सुकून से कुछ अच्छा पढ़ने की कोशिश करते हैं, मन–पसन्द का कोई सिनेमा देखते हैं, जिसको जीवन की आपाधापी में नहीं देख पाये थे, घर में कामवाली नहीं आती तो घर का काम ख़ुद करते हैं, और जब थक जाते हैं तो मस्त चौड़े होकर सो जाते हैं और अब ""हाउ टू क्योर फ्रॉम इनसोम्निया" वाला वो सवाल गूगल पर सर्च नहीं करते हैं, जिसकी वजह से नींद नहीं आती थी।

कोरोना, लॉकडाउन और ख़ुद से मुलाक़ात का अवसर

क्या ज़िन्दगी सचमुच यही है, जिसको हमने ख़ुद के बनाये मायाजाल में उलझा दिया है, जिसका कोई अन्त नहीं है। ऐसी भागमभाग ज़िन्दगी भी क्या जो अपने मन का न करने के लिए हमें विवश कर दे।

हाँ एक ग़रीब परिवार, के लिए यह लॉकडाउन एक समस्या हो सकती है, जिसके पास बुनियादी समस्याएँ हैं और रोज कमाने और खाने के लिए बाहर निकलना पड़ता था। इसके अलावा दुनिया में बहुत परिवर्तन तो नहीं दिखाई देता। क्या सचमुच 'कोरोना' प्रकृति के द्वारा भेजा हुआ एक ऐसा मानवीय उपहार है कि आप अपने आप की स्वयं पहचान कर सकें।

आज तक दुनिया के जितने भी महान चिंतक, वैज्ञानिक और दार्शनिक हुए हैं, उन सबका अन्ततः निष्कर्ष यही रहा है कि जीवन वही है, जितना आप ख़ुद के अन्दर प्रवेश कर जायें और ख़ुद की ख़ुद से मुलाक़ात कर ले। बाहर तो सिर्फ़ धोखा है, जिसमें बहुत कुछ पाने की होड़ में सबकुछ खो देते हैं और अन्ततः निराशा ही हाथ लगती है।

दरअसल जितनी बड़ी समस्या आपके सामने आती है, उसका मुकाबला आप जितनी ही अधिक मज़बूती से करते हैं, वहीं से आपकी ज़िन्दगी की शुरुआत हो जाती है, हर विकट समय में आप अपने आप को जितना मज़बूत बनाते चले जाते हैं और एक निश्चित लक्ष्य की तरफ़ बढ़ना प्रारम्भ कर देते हैं तो आपको अपनी ज़िन्दगी का मकसद मिलता चला जाता है। वास्तव में कोरोना एक बीमारी नहीं है, यह आत्म–अवलोकन करने का एक ऐसा अन्तराल हैं, कि हम ख़ुद को पहचानें और जान पायें कि क्या जो हम कर रहे है वह सचमुच सही है। यदि यह जान पाये तो समझिये भविष्य बहुत सुन्दर होने वाला है, यदि नहीं जान पाये तो सौ प्रतिशत मानकर चलिए आने वाला भविष्य इससे भी बदतर होने वाला है। इस सन्दर्भ में चलिए आपको एक कहानी सुनाता हूँ!

बात 17 वीं सदी की है, इस सदी में जिन तीन–चार लोगों ने ख़ूब नाम कमाया उनमें से न्यूटन भी एक थे। न्यूटन 1665 में कैम्ब्रिज यूनिवर्सिटी के ट्रिनिटी कॉलेज में उन दिनों पढ़ा करते थे। उस समय उनकी उम्र यही कोई 23–24 साल की रही होगी जब वे वहाँ विज्ञान और गणित की पढ़ाई कर रहे थे। इसी वर्ष 1665 में लन्दन में 'प्लेग' फैल गया। उस समय की स्थिति वही थी,

जो आज कोरोना की थी क्योंकि नयी–नयी बीमारी थी। उस समय साइंस भी इतना विकसित नहीं हुआ था। कोई वैक्सीन और इलाज नहीं था, तो उस समय की वहाँ की सरकार ने वही फैसला लिया जो आज दुनिया की अधिकांश सरकारें कोरोना से बचने के लिए ले रही हैं। मतलब कम्पलीट लॉकडाउन क्योंकि उस लन्दन की एक चौथाई आबादी उस प्लेग से मर गयी थी। ऐसे में न्यूटन को भी लगा कि यहाँ रहना उचित नहीं होगा। इसलिए वे उचित समय को देखकर घर चले गये और सौभाग्य कहिये या दुर्भाग्य, उन्हें कई वर्षों तक अपने उस घर में अकेले रहना पड़ा। अब इस अकेलेपन में उनके पास दो रास्ते थे कि आदमी ख़ुद को अकेला महसूस करे, ख़ुद को बोर महसूस करते हुए चिड़चिड़ा हो जाये अथवा इस अकेलेपन का फ़ायदा उठाकर वह सब कर डाले, जो आज तक मात्र इसलिए नहीं कर पाया था कि जीवन की आपाधापी में उसे समय ही नहीं मिला। न्यूटन ने दूसरा रास्ता चुना। उन्होंने इस अकेलेपन का फ़ायदा उठाते हुए, उन किताबों में लिखी हुई बातों के बारे में सोचना प्रारम्भ किया जिसको वह अभी तक पढ़ रहे थे और रिसर्च कर रहे थे। चूँकि यहाँ और भी किताबें नहीं थीं इसलिए वह खाली समय उन शोधों के बारे में सोचने लगे। यह सोच अब बाहर से नहीं आ रही थी, यह सोच उसके उस एकान्त मनोयोग से आ रही थी जिसमें उनका सोचना अन्दर से प्रारम्भ हो गया। कुछ ही दिनों में उनको महसूस होने लगा कि अभी तक वे क्या ग़लती कर रहे थे जिससे कोई शोध निकलकर बाहर नहीं आ रहा था। परिणाम यह हुआ कि वह सोच में इतना डूब गये कि माना जाता है आज जो हम प्रारम्भिक कॅलकुलस पढ़ रहे हैं वह न्यूटन के उस एक वर्ष के उस अकेलेपन की सोच से पैदा हुई। इतना ही नहीं उन्होंने एक पेड़ के पास एक छोटी–सी जगह बनायी जहाँ से रोशनी बहुत कम आती थी और वह घण्टों–घण्टों उस पेड़ की तरफ़ से आती हुई रोशनी की किरण को देखा करते थे। उस किरण को देखते हुए उन्हें महसूस होने लगा कि यह कुछ अद्‌भुत किरण है और कहा

जाता है उस किरण से ही ऑप्टिक्स (Optics) का विकास यहीं से होना प्रारम्भ हुआ था। इनमें सबसे बड़ी और मनोरंजक बात यह कि एक बार न्यूटन ने एक पेड़ से सेब को गिरते देखा। तब उनके मन में महसूस हुआ कि यह सेब नीचे ही क्यों गिरा, ऊपर क्यों नहीं गया। और यहीं से गुरुत्वाकर्षण (Gravity) के सिद्धान्त की शुरुआत हुई। ये जो सेब का पेड़ था, वह भी तब भी वहीं था जहाँ पर वह अकेले अक्सर रहा करते थे। बिल्कुल उस खिड़की के सामने जहाँ उन्होंने अपने जीवन का वह एक वर्ष 1665 से लेकर 1666 तक वहाँ गुज़ारा था।

सवाल उठता है उस एक वर्ष में उन्होंने ऐसा क्या देखा कि एक साथ कई सिद्धान्त दे दिये। दरअसल सेब भी वर्षों से लन्दन में गिर रहे थे, रोशनी भी उसके घर में बराबर आ रही थी। फिर ऐसा क्या हुआ कि उन्होंने उस एक साल में वह सब महसूस किया जिसको वह सब इतने वर्षों से महसूस नहीं कर पा रहे थे। वास्तव में माना जाता है, जब हम अकेले होते हैं तो हमारा दिमाग़ उन छोटी–छोटी जगहों और सोच की तरफ़ जाना प्रारम्भ होता है जिसकी तरफ़ हम कभी गम्भीरतापूर्वक देखते तक नहीं हैं। महत्त्वपूर्ण यह नहीं है कि हमें जो अकेलापन मिला है वह हम सबके लिए दुर्भाग्यपूर्ण है, दुर्भाग्यपूर्ण मात्र मैं फिर से दुहरा रहा हूँ उनके लिए हो सकता है, जिनके लिए जीवन की बुनियादी सुविधाओं जैसे रोटी, कपड़ा और मकान का अभाव है। लेकिन हममें से बहुतों के लिए जिनका पेट भरा हुआ हुआ है, जिनको कल की चिन्ता नहीं है, उनके लिए तो यह एक ऐसे सौभाग्य की तरह है कि वह इस अवसर का लाभ उठायें और वह सब कर पायें, वह आत्मचिन्तन करें जिसके लिए उन्हें शिकायत थी कि ख़ुद के लिए अभी तक जीवन नहीं जिया। दरअसल यह अकेलापान वह अकेलापन नहीं जो एकान्त की तरफ़ ले जाता है, बल्कि इस अकेलेपन को हम एकात्मवाद की तरफ़ ले जायें जहाँ हमारी ख़ुद से मुलाक़ात होने लगे। फिर आपको किसी से बहुत अधिक उम्मीद नहीं रखनी पड़ेगी। ख़ुद पर भरोसा और विश्वास होने लगेगा।

मुझे लगता है भगवान ने कोरोना के नाम पर हमें जो यह अकेलापन दिया है वह सचमुच ख़ुद से ख़ुद की मुलाक़ात करने जैसा ही है। मसलन जीवन में जो हम आज तक नहीं कर पाये वह अब कर रहे हैं। कम से कम मुझे ऐसा महसूस हो रहा है क्योंकि अब वह पर्याप्त समय मिल रहा है जिसके लिए हम अक्सर शिकायत करते थे।

वास्तव में कोरोना द्वारा दिया गया यह उपहार उनके लिए ज़रूर संकट हो सकता है जो इससे प्रभावित हैं, लेकिन उनके लिए यह एक उपहार की तरह है जो किसी वजह से अपनी आत्मा की खोज के लिए समय नहीं निकाल पा रहे थे। एकात्मवाद के सिद्धान्त के अनुसार यह आत्मा का परमात्मा के साथ इस तरह मिलन है कि जहाँ स्वयं की सत्ता तिरोहित हो जाती है, और परम सत्ता अथवा परमात्मा में विलीन हो जाती है। और जब आप अपने भीतर परम सत्ता का अनुभव करने लगते है तो बाहर की भौतिक चीज़ें आपको गौण लगने लगती हैं। आप अन्दर ही अन्दर ख़ुद को पहचानने लगते हैं, ख़ुद से बातें करने लगते हैं, और अपने जीवन के उद्देश्य को भी परखने लगते हैं।

बाह्य दुनिया से आन्तरिक दुनिया का प्रवेश द्वार

ऐसा कहा जाता है कि एक बार मशहूर सूफी सन्त और भक्त राबिया अपनी छोटी सी कुटिया में बैठकर परमात्मा से संवाद कर रही थी, तभी उसके पड़ोसी ने उन्हें बाहर से आवाज़ लगायीं, "राबिया! ओ राबिया! बाहर निकल, देख, बाहर कितना बढ़िया चाँद निकला है।" पहले तो एक–दो बार उसने अनसुना किया। फिर भी वह आदमी जब उन्हें बाहर से पुकारता ही रहा और कहता रहा "एक बार बाहर निकलकर तो देख बाहर की दुनिया कितनी अच्छी है, प्रकृति का नजारा तो देख, चाँद तो आज अपने अनुपम रूप में बाहर निकला है।" इतना सुनने के बाद राबिया ने अन्दर से ही बाहर वाले व्यक्ति को बोला, "मैं जिस चाँद को अभी अन्दर बैठ के महसूस कर रही हूँ, उसको तुम कभी महसूस ही नहीं कर सकते क्योंकि यह बाहर कहीं

निकलता ही नहीं। यह तो बाहर से अन्दर की तरफ़ जाने की यात्रा के समान है। जिस दिन तुम इसको पहचान लोगे, तुम्हें बाहर की दुनिया निस्सार लगने लगेगी।"

क्या आपको ऐसा नहीं महसूस होता कि कोरोना आपकी स्मृति में यह पहली बार यह एहसास दिला रहा है कि जिस भागमभाग ज़िन्दगी की तलाश में भाग रहे हैं, उसका प्रकाश अन्दर ही छिपा हुआ है! बस मंज़िल को तलाशने की ज़रूरत है।

खुद की खोज

कोरोना काल में ये पंक्तियाँ ख़ूब प्रचलित रहीं कि–

"एक मुद्दत से आरजू थी, फुरसत की...
मिली, तो इस शर्त पर कि, किसी से न मिलो,
शहरों का यूँ वीराँ होना, कुछ यूँ गजब कर गयी,
वर्षों से गुमशुद पड़े घर को आबाद कर गयी,
कि कैसा समय आया कि दूरियाँ ही दवा बन गयी।
ज़िन्दगी में पहली बार ऐसा वक़्त आया,
कि इन्सान ने ज़िन्दा रहने के लिए कमाना छोड़ दिया,
बस्ती–बस्ती में क़ैद हर हस्ती हो गयी,
घर गुलजार, सूने शहर,
आज फिर ज़िन्दगी महँगी और दौलत सस्ती हो गयी!"

यह बहुतों के जीवन का एक सत्य हो सकता है, लेकिन सब का नहीं, क्योंकि कुछ लोगों को इस बात का भी सुकून होगा कि कुछ वक़्त तो ख़ुद के लिए निकला। नहीं तो पूरी ज़िन्दगी ही सुबह से शाम तक दूसरों के लिए पिसता रहा और मिला क्या? अब कुछ दिन तो अपने लिए जीभर कर जी लेंगे। अपने लिए जीवन जीने की सकारात्मक सोच ही बाहर से अन्दर की ओर जाने की यात्रा का मार्ग प्रशस्त करती है। नहीं तो लॉकडाउन तो सभी के लिए एक सा है। किसी के लिए अभिशाप की तरह होगा, तो किसी के लिए वरदान की तरह। कई संस्थानों के लिए तो पूरी प्रणाली के

पुनरावलोकन और आत्मालोचन के जैसे भी हो सकता है और महसूस कर सकते हैं जो काम घर बैठकर हो सकता है, उसको ऑफ़िस में किसी को बुलाकर क्यों कराया जाये। उस पर आने–जाने का भाड़ा, बिजली–पानी का ख़र्च और समय की बर्बादी ऊपर से। बस जीवन को जीने और देखने का यही नज़रिया और सोच ही आदमी को भीड़ में से अलग खड़ा करती है। अवसर और समय तो सबके लिए एक समान है। बस समय का मूल्य सबके लिए अलग–अलग होता है। एक ऐसी ही कहानी हम आपको यहाँ बताने जा रहे हैं, जो शायद आपकी सोच और नज़रियें को बदल दे और आप अपने जीवन को एक नया अर्थ दे सकें।

कहाँ जाता है द्वितीय विश्व–युद्ध के समय लाखों क़ैदियों को यातना घरों (Torcher Cell) में डाल दिया जाता था। एक तो इन यातना घरों का अकेलापन, उस पर उन्हें शारीरिक और मानसिक दोनों तरह की यातनाएँ दी जाती थीं। उनके सामने ही उनके कई मित्रों की मौत हो जाया करती थी। यह देखकर दूसरे क़ैदियों को भी लगता था कि उनका भी मरना अब पक्का ही है। यह सब कई कैदी तो बर्दाश्त नहीं कर पाते थे और सदमे से ही मर जाते थे। वहाँ पर इन्हें रखने के लिए कई कैम्प बनाये जाते थे। उन्हीं कैम्पों में से एक में कैद थे मनोवैज्ञानिक डॉ. विक्टर फ्रैंक। विक्टर उन कैम्पों में तीन साल तक रहे। उन्होंने उन कैम्पों में जो देखा, जो भी यातनाएँ सहीं, जो कष्ट झेला उसके बारे में किसी को नहीं पता था कि विक्टर इस पर एक किताब लिख देंगे और उस किताब की करोड़ों कापियाँ बिक जायेंगी और कई भाषाओं में उसका अनुवाद हो जायेगा। उस किताब का नाम था 'मैन सर्च फार मीनिंग' (Man Search for Meaning)। अभी जो कोरोना वाइरस चल रहा है, जिसके चलते आप घरों में बन्द है, बोरियत महसूस कर रहे हैं, शायद यह किसी को अच्छा नहीं लग रहा होगा, बहुत तकलीफ़ महसूस हो रही होगी। लेकिन यदि आप उस समय की तस्वीरें देख लेते तो आपको पक्का विश्वास हो जाता कि उस तकलीफ़ के सामने आपकी तकलीफ़ कुछ भी नहीं है। जब विक्टर को उस समय उन कैंपों में डाला गया तो उनके साथ

उनका परिवार भी था जो एक–एक करके देखते ही देखते उनकी नज़रों के सामने मरते गये।

विक्टर अपनी किताब में उस समय की घटना बताते हैं कि उनके साथ उस कैंप में एक कैदी भी था जिसने उन्हें बताया कि उसने पिछली रात एक सपना देखा है। यह फ़रवरी माह के मध्य की कुछ बात रही होगी। उसने कहा जब वह सपना देख ही रहा था तभी उसके कान में एक आवाज़ आयी। उसने मुझसे कहा, 'आज पूछो तुम्हें जो भी पूछना है, मैं सब कुछ बताऊँगा।' तब मैंने उससे पूछा कि 'हम लोग कब रिहा होंगे।' तो उसने कहा कि '30 मार्च को।' उसको सपने में आयी उस आवाज़ पर पूरा यकीन हो गया था कि वह 30 मार्च के बाद रिहा हो जायेगा। मार्च का महीना शुरू हो गया था। वह एक–एक दिन गिन रहा था। अब जैसे–जैसे महीना बढ़ता चला गया उसको लगने लगा कि वह रिहा नहीं होगा तो वह मार्च के अन्त तक जाते–जाते 29 मार्च को वह बीमार पड़ गया और 30 मार्च को मर गया। ऊपरी तौर पर तो यह लग रहा था कि उस कैदी को कोई बीमारी नहीं थी फिर भी मर गया था। लेकिन विक्टर को पता था कि वह किसी बीमारी से नहीं मरा था बल्कि वह नाउम्मीदी से मरा था जिसके बारे में मशहूर कवि पाश भी कहते हैं, "सबसे ख़तरनाक होता है, हमारे सपनो का मर जाना" सच में उसके सारे सपने और उम्मीद उसके उस एक सपने के साथ ही मर गये थे। जब उसे लगने लगा था कि मैं 30 मार्च तक रिहा हो जाऊँगा और ऐसा नहीं हुआ।

इस किताब का सबसे बड़ा सन्देश यही है कि इन्सान को तकलीफ़ें उतना नहीं मारतीं, धोखा उतना नहीं मारता है, इन्सान को चुनौतियाँ भी उतना नहीं मारती हैं, इन्सान को सबसे अधिक कोई चीज़ मारती है तो वह है नाउम्मीदी, वह है निराशा। जिस व्यक्ति के भीतर आने वाले कल को लेकर कोई आशा नहीं होती, कोई उम्मीद नहीं होती, जीने का कोई मकसद नहीं होता तो वह जीते जी एक मुर्दों के समान होता है। विक्टर ने गौर किया था कि ज़्यादातर मौतें

क्रिसमस और नये वर्ष के आसपास हुई थी, क्योंकि लोगों को उम्मीद थी कि क्रिसमस आ रहा है, नया वर्ष आ रहा है, तो मुझे ज़रूर रिहा कर दिया जायेगा। लेकिन ऐसा नहीं हुआ। इसलिए लोगों की उम्मीदें टूटी, वे निराश हुए। परिणाम यह हुआ कि बहुत सारे लोग उसी समय मर गये। विक्टर कहते हैं यह बात बिल्कुल सही है जब किसी की उम्मीद टूटती है तो वह मानसिक रूप से कमज़ोर हो जाता है, साथ ही उसकी शारीरिक क्षमता (Immune system) भी कमज़ोर हो जाती है। फिर वह किसी भी छोटी–मोटी बीमारी से भी मर जाता है। मसलन पहले एक व्यक्ति कि उम्मीदें कमज़ोर होती हैं, फिर उसकी शारीरिक प्रतिरोधक क्षमता कमज़ोर होती है, फिर उसकी बीमारी ताक़तवर होती है।

दूसरी चीज़ विक्टर इस किताब में लिखते हैं आपको ज़िन्दा रहने के लिए एक बड़ा सपना होना चाहिए। लम्बे समय के लिए एक बड़ा लक्ष्य होना चाहिए जिसके पास आने वाले कल के लिए बड़ा ख्वाब होता है, बड़ा सपना होता है, उसके लिए आज की कोई भी तकलीफ़ें बहुत छोटी जान पड़ती हैं। वे आगे लिखते हैं, जब किसी का विश्वास बड़ा होता है, किसी का सपना बड़ा होता है, किसी का आत्मविश्वास बड़ा होता है, किसी का दृढ़–निश्चय बड़ा होता है, तो उसके सामने आने वाली कोई भी तकलीफ़, संकट और परेशानी बहुत छोटी जान पड़ती है।

इसी तरह हम कोरोना वाइरस से घर पर रहकर अपनी ख़ुद कि सुरक्षा कर सकते हैं, इससे हमें नहीं घबराना चाहिए, इससे परेशान नहीं होना चाहिए। विक्टर कहते हैं, जब कोई बड़ी तकलीफ़ आपके सामने आती है तो आपका शरीर ज़रूर कमज़ोर होता है, लेकिन आपका दिमाग़ बहुत मज़बूत हो जाता है। और आपको अपनी मानसिक स्थिति को कमज़ोर नहीं होने देना चाहिए। जैसे हम आजकल रोज़ टेलीविज़न में, सोशल मीडिया में देखते हैं आज इतने बीमार हुए, आज इतने मरे, यह बार–बार सुनकर आपका दिमाग़ कमज़ोर हो सकता है, लेकिन आपको अपने दिमाग़ को कमज़ोर नहीं होने देना चाहिए।

ऐसा करने से आपके बीमार होने का ख़तरा बढ़ जायेगा। विक्टर कहते हैं, वे तीन साल इस कैम्प में इसलिए ज़िन्दा रह पाये क्योंकि उनके पास ज़िन्दा रहने के लिए बड़े सपने थे, बड़ा लक्ष्य था, और वह था इन सबके बारे में एक किताब लिखना। इसलिए वे सारी तकलीफ़ें, सारी यातनाएँ झेलते रहे लेकिन यह सब उनकी उस इच्छाशक्ति और सपने के सामने छोटी पड़ गयी। इसलिए वे इन सब तकलीफ़ों से बाहर निकल गये।

इस किताब को आगे व्याख्यायित करते हुए विक्टर लिखते हैं जब किसी भी व्यक्ति के पास कोई समस्या आती है तो वह उसे कैसा अर्थ (meaning) देता है इस बात पर आपकी ज़िन्दगी बहुत निर्भर करती है। उसे सकारात्मक अर्थ देता है अथवा नकारात्मक अर्थ देता है। यह अर्थ ही वह आपकी किसी समस्या को या तो बढ़ा देगा अथवा ख़त्म कर देगा। उदाहरण के लिए आप कहीं जाने के लिए घर से बाहर निकलते हैं और आप देखते हैं आपकी गाड़ी का टायर पंक्चर है, तो कई लोगों को बहुत गुस्सा आ जाता है कि इसको भी अभी ही पंक्चर होना था। और आप सोचने लगते हैं कि यह आपके साथ क्यों होता है। आपके ऐसा सोचते ही आप इसे नकारात्मक अर्थ दे बैठते हैं। लेकिन आपके पास एक दूसरा विकल्प भी हो सकता है कि भगवान ने आपको वहाँ जाने से रोका हो, आप किसी बड़ी दुर्घटना से बच गये हों। अच्छा हुआ आपके घर से निकलने के पहले ही टायर पंक्चर हो गया।

प्रायः ऐसा होने पर एक सामान्य आदमी ऐसी किसी भी घटना के लिए नकारात्मक अर्थ ही लेता है, लेकिन हर बार ऐसा नहीं होता है। एक सकारात्मक व्यक्ति इस कोरोना के इस संकट को बहुत सकारात्मक ढंग से भी ले सकता है। कईयों के लिए यह वरदान के समान है। यहाँ तक कि पर्यावरण के लिए भी बहुत बड़ा वरदान जैसा लगता है। आज जब मैं अपने घर की बालकनी में बैठता हूँ तो आसमान बहुत साफ़ दिखता है, सुबह से ही चिड़ियों की चहचाहट हमारे शयन कक्ष में होने लगती है, कोयल हमारी बालकनी के सामने

लगे पेड़ों पर दिनभर अपनी मधुर कूक सुनाती रहती है, सुना है गंगा का पानी भी बहुत साफ़ हो गया है, कई जगह तो अब यह भी सुनने में आने लगा है कि जानवर अब जंगल से निकलकर खुली सड़कों में भी घूमने लगे हैं। आज आपके पास अपने परिवार के लिए भी पहले से अधिक समय है। ऐसा लगता है कोरोना के बहाने प्रकृति ने एक रिसेट बटन दबा दिया है जिससे कुछ दिनों बाद ज़िन्दगी फिर से पटरी पर आ जाये और पर्यावरण को लेकर पहले से हम आप अधिक जागरूक हो जाय।

लेकिन इन सबके बीच आपसे कोई एक चीज़ नहीं छीन सकता है, वह है आपके सोचने का नजरिया, आपका सकारात्मक दृष्टिकोण। लेकिन जब तक आपके पास एक नकारात्मक दृष्टिकोण है तब तक आप किसी भी समस्या से छुटकारा नहीं पा सकते। क्योंकि कोई भी समस्या अपने साथ कोई न कोई न अवसर भी लेकर आती है तो परेशानी भी। एक बात हमेशा ध्यान रखिये दुनिया जब से बनी है किसी न किसी रूप में समस्या हमेशा रही है। नहीं तो आज हम यहाँ तक नहीं पहुँच पाते। यह समस्या ही थी जो हमें हर समय कुछ न कुछ सीख देती रही और हम उससे निजात पाने के लिए हम आगे बढ़ते रहे।

विक्टर अन्त में कहते हैं आपसे सब कुछ छीना जा सकता है, धन–दौलत, घर–बार, बीबी–बच्चे, लेकिन आपसे सिर्फ़ एक चीज़ नहीं छीनी जा सकती है, वह है निर्णय लेने की क्षमता (Power of Decision)। वे आगे कहते हैं यदि आप किसी भी परिस्थिति से घबराकर फैसला करते हैं तो वह परिस्थिति आप पर हावी हो जायेगी। लेकिन यदि आप परिस्थिति के हिसाब से ख़ुद को मज़बूत बनाते हो और निर्णय ख़ुद लेते हो तो आपकी ज़िन्दगी बदल जायेगी। दुनिया में जैसा कि मैंने पहले ही कहा कि कई बीमारियाँ आयीं और इससे करोड़ों लोगों की मौत हुई, उसकी वजह यह थी कि पहले विज्ञान इतना विकसित नहीं हुआ था, लोगों में जागरूकता नहीं थी। सूचना का अभाव था, लोगों तक वर्षों–वर्ष सूचना ही नहीं पहुँचती थी। बीमारी से लड़ने के कोई उपाय नहीं थे, लेकिन आज का वक़्त सबसे अच्छा वक़्त है। हमारे पास सूचना बहुत तेज़ी से पहुँचती है।

हमारे पास दुनिया के सर्वश्रेष्ठ साधन हैं, तो उम्मीद रखिये आपका आने वाला वक़्त आज से बेहतर होगा। ऐसा मेरा पूरा विश्वास है।

और अन्त में सच बताऊँ तो यदि आपके हाथ में यह पुस्तक पहुँच रही है तो इसमें कोरोना की ही भूमिका सर्वश्रेष्ठ रही है क्योंकि इस पुस्तक को लिखने और पूरा करने में मैं पिछले पाँच वर्षों से प्रयासरत था लेकिन समय का अभाव कहें या भागमभाग ज़िन्दगी का परिणाम। बैठकर पूरा करने का समय ही नहीं मिलता था। लेकिन पिछले 20 से 25 दिनों में हमने जिस तरह से अपनी बहुप्रतीक्षित किताबों पर काम किया, ईमानदारी से बताऊँ तो पिछले पाँच वर्षों में नहीं कर पाया।

मेरे लिए तो सच में यह कोरोना का समय वरदान बनकर आया। मैंने इस समय में अपने न जाने कितने अधूरे काम पूरे कर पाया, अपितु प्रकृति की ऐसी खुली हवा में बहुत दिनों बाद साँस ले पाया, जिसकी चाह मुझे वर्षों से थी।

हमने सीखा

I. हर विकट समय में आप अपने आप को जितना मज़बूत बनाते चले जाते हैं और एक निश्चित लक्ष्य की तरफ़ बढ़ना प्रारम्भ कर देते हैं तो आपको अपनी ज़िन्दगी का मकसद मिलता चला जाता है।

II. अपने लिए जीवन जीने की सकारात्मक सोच ही बाहर से अन्दर की ओर जाने की यात्रा का मार्ग प्रशस्त करती है।

III. जिस व्यक्ति के भीतर आने वाले कल को लेकर कोई आशा नहीं होती, कोई उम्मीद नहीं होती, जीने का कोई मकसद नहीं होता तो वह जीते जी एक मुर्दों के समान होता है।

❑❑